CORSO DI ITALIANO PER COREANI

동사를 알면 이탈리아어가 보인다

최보선 지음

문예림

동사를 알면 이탈리아어가 보인다

2판 1쇄 인쇄 2018년 2월 12일
2판 1쇄 발행 2018년 2월 22일

지은이 최보선
펴낸이 서덕일
펴낸곳 문예림

출판등록 1962. 7. 12 (제406-1962-1호)
주소 경기도 파주시 회동길 366 (10881)
전화 (02)499-1281~2   팩스 (02)499-1283
전자우편 info@moonyelim.com
홈페이지 www.moonyelim.com

이 책은 저작권법에 의해 보호를 받는 저작물이므로 무단 복제 · 전재 · 발췌할 수 없습니다.
잘못된 책은 구입하신 곳에서 교환해 드립니다.

ISBN 979-89-7482-444-0 (13780)
값 28,000원

Introduzione

'史記'를 저술할 당시 사마천은 성기가 잘리는 형벌을 받고 힘겨운 삶을 이어가고 있었다. 모든 것을 포기하고 죽음을 선택할 수 있었음에도 그는 역사상 위대한 업적을 남겼고 지금도 후세에게 영향을 미치고 있다. 그가 '사기'에서 결론을 내린 "究天人之際, 通古今之變(하늘과 사람의 관계를 연구하고, 과거와 현재의 변화를 통달하라)"은 수세기가 지난 오늘날에도 불변의 진리로 받아들여지고 있다.

1997년 '쉬운 이탈리아어'를 집필할 당시, 나는 무척 어렵고 힘든 상황에 있었다. 좌절할 시간적 여유도 없이 어디엔가 기댈 수 있는 곳을 찾던 중에 '쉬운 이탈리아어'를 쓰기 시작했었다. 집필 자체가 내게는 큰 위안이었다. 다행스러운 것은 이탈리아어에 입문하는 거의 모든 독자들이 그것을 소유하고 있다는 점이다. 지금도 스테디셀러로 꾸준히 사랑받고 있어 그저 독자들이 고마울 뿐이다.

2007년 또 다시 나는 시련을 맞게 되었다. 경제적으로 재기가 불가능할 정도로 타격을 받고 홀로 집에 남아 좌절과 시련의 고통으로 시간을 보내고 있었다. 북한산을 거의 매일 오르며 자신을 돌아보는 반성과 성찰의 소중한 기회도 맛보았으나 어딘가 허전한 구석을 메울 길이 없어 보이던 중에 우연히 서점에 들러 나의 책을 구입하는 학생을 발견하게 되었다. 그는 꺼져가는 내 가슴에 용기를 불어넣었던 것이다.

올해로 내가 이탈리아어를 공부한 것은 25년, 가르친 것은 20년이 되었다. '쉽게 이탈리아어를 배울 수 있는 방법은 없는 것인가', '이탈리아어를 어렵게 만드는 것은 무엇인가', '어떤 매듭을 풀어야 술술 이탈리아어가 입 밖으로 나올 수 있을까'. 늘 이런 물음을 자신에게 던지며 고민하던 끝에 '동사를 알면, 이탈리아어가 보인다'는 결론에 이르게 되고 독자의 입장에서 담담하게 원고를 써내려갔다.

한 행 한 행 이어가면서 현재의 고통도 하나씩 날려버릴 수 있었던 나의 소중한 경험을 결코 잊을 수 없을 것이다. 독자 여러분들이 나를 살려낸 것이나 다름없다는 행복한 생각에 날이 새는 것도 모른 채 집필에 몰두 했다. 또한 곁에서 정신적 물질적 힘을 보태 준 나의 둘도 없는 친구 오항녕 박사와 사촌 동생 강희복 박사에게 감사한다. 그리고 나로 인해 고통을 격고 있는 아내와 딸 아들에게 미안한 마음을 지울 수가 없다.

독자 여러분이 있기에 내가 있고 제자가 있기에 스승도 있다는 평범한 나만의 기준에서 볼 때 책을 통해 서로 만나고 서로 통할 수 있다면 이 또한 즐거움이 아니겠는가. 또한 이 책을 통해 이탈리아어에 더욱 가까이 다가갈 수만 있다면, 보다 쉽게 매듭을 풀어헤쳐 근본을 발견할 수만 있다면 그것으로 나는 기뻐할 것이다.

항상 나의 졸저들을 사랑해주고 있는 독자 여러분께 진심으로 감사드린다.

북한산을 담고 있는 송추에서
2008년 4월 5일

"정년 퇴임하시는 이성훈 교수님께 이 책을 바칩니다."   － 제자 **최 보 선** 드림 －

Indice

PARTE A  기본 동사 15

	동사원형	작 문	연습문제	어 휘	
1	essere	★	★	★	p.16
2	avere	★	★	★	p.40
3	andare	★	★	★	p.49
4	venire	★			p.63
5	volere	★	★	★	p.68
6	dovere	★	★	★	p.77
7	potere	★		★	p.87
8	fare	★	★	★	p.92
9	stare	★		★	p.104
10	uscire	★		★	p.109
11	riuscire	★		★	p.114
12	preferire	★		★	p.117
13	sapere	★		★	p.120
14	piacere	★		★	p.126
15	dispiacere	★		★	p.130

PARTE B

← 필수 동사 85

	동사원형	작 문	연습문제	어 휘	
16	abitare	★		★	p.136
17	accendere	★		★	p.140
18	accettare	★		★	p.143
19	accompagnare	★		★	p.145
20	aiutare	★		★	p.147
21	amare	★		★	p.149
22	aprire	★		★	p.152
23	arrivare	★		★	p.155
24	ascoltare	★		★	p.160
25	aspettare	★		★	p.164
26	bastare	★		★	p.168
27	bere	★		★	p.172
28	cambiare	★		★	p.175
29	capire	★			p.178
30	cercare	★		★	p.181
31	chiamare	★		★	p.186
32	chiedere	★		★	p.189
33	chiudere	★		★	p.193
34	cominciare	★			p.196
35	comprare	★		★	p.200
36	conoscere	★		★	p.206
37	continuare	★		★	p.213
38	controllare	★		★	p.216
39	correre	★		★	p.218
40	costruire	★		★	p.222
41	dare	★		★	p.224
42	decidere	★		★	p.228

43	dimenticare	★		★	p.232
44	dire	★			p.235
45	diventare	★			p.240
46	domandare	★			p.243
47	dormire	★		★	p.246
48	entrare	★		★	p.250
49	esistere	★		★	p.254
50	finire	★		★	p.256
51	guardare	★		★	p.261
52	incontrare	★		★	p.267
53	iniziare	★		★	p.270
54	invitare	★		★	p.275
55	lasciare	★		★	p.278
56	lavare	★		★	p.282
57	lavorare	★		★	p.285
58	leggere	★		★	p.290
59	mancare	★		★	p.295
60	mandare	★		★	p.300
61	mangiare	★		★	p.302
62	mettere	★			p.307
63	offrire	★		★	p.310
64	pagare	★		★	p.313
65	parlare	★		★	p.316
66	partire	★		★	p.324
67	passare	★		★	p.328
68	pensare	★		★	p.333
69	perdere	★		★	p.339
70	portare	★		★	p.344
71	prendere	★		★	p.350
72	prenotare	★		★	p.358
73	preparare	★		★	p.361

74	provare	★		★	p.364
75	restare	★		★	p.367
76	ricevere	★		★	p.371
77	ricordare	★		★	p.374
78	rimanere	★			p.378
79	rispondere	★		★	p.381
80	salire	★		★	p.384
81	salutare	★		★	p.387
82	scegliere	★		★	p.390
83	scendere	★		★	p.393
84	scrivere	★		★	p.396
85	sembrare	★		★	p.401
86	sentire	★		★	p.405
87	smettere	★			p.411
88	sognare	★		★	p.413
89	spegnere	★		★	p.416
90	studiare	★		★	p.418
91	succedere	★		★	p.421
92	telefonare	★		★	p.424
93	tenere	★			p.429
94	tornare	★		★	p.433
95	trovare	★		★	p.437
96	usare	★		★	p.441
97	vedere	★		★	p.445
98	viaggiare	★		★	p.451
99	visitare	★		★	p.455
100	vivere	★		★	p.458

Parte C

 주요 동사 280

1	abbandonare~ammirare	p.464
2	analizzare~arrestare	p.465
3	assaggiare~avvisare	p.466
4	badare~cenare	p.468
5	circolare~comprendere	p.469
6	comunicare~consumare	p.471
7	contare~credere	p.472
8	criticare~dimagrire	p.473
9	dimostrare~escludere	p.475
10	esortare~formulare	p.476
11	fotografare~girare	p.477
12	giudicare~incrociare	p.479
13	indicare~intervistare	p.480
14	invadere~misurare	p.482
15	modificare~nominare	p.483
16	notare~parcheggiare	p.484
17	parere~premere	p.486
18	presentare~proteggere	p.487
19	pulire~richiamare	p.489
20	restituire~riformare	p.490
21	riguardare~ripetere	p.492
22	ripensare~rivedere	p.493
23	rompere~schiacciare	p.494
24	sciare~sfilare	p.496
25	sistemare~sottolineare	p.497
26	spedire~stendere	p.499
27	strappare~tirare	p.500
28	toccare~vincere	p.501

P ARTE D

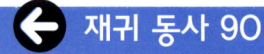 재귀 동사 90

1	abbracciarsi, accomodarsi, accontentarsi, accordarsi, accorgersi, addormentarsi, adeguarsi, affacciarsi, allontanarsi, alzarsi	p.505
2	annoiarsi, arrabbiarsi, assomigliarsi, augurarsi avvicinarsi, baciarsi, bloccarsi, bruciarsi, cambiarsi, chiamarsi	p.507
3	chiedersi, chiudersi, complicarsi, comportarsi, concedersi, concentrarsi, controllarsi, conoscersi, darsi, dimenticarsi	p.510
4	dirigersi, diventarsi, divertirsi, domandarsi, farsi, fermarsi, fidanzarsi, fidarsi, figurarsi, godersi	p.513
5	guardarsi, imbarcarsi, incontrarsi, innamorarsi, interessarsi, interrogarsi, intrecciarsi, iscriversi, lamentarsi, lavarsi	p.516
6	levarsi, mantenersi, mettersi, pettinarsi, preoccuparsi, prepararsi, presentarsi, pulirsi, raggrupparsi, rassegnarsi	p.519
7	regolarsi, reggersi, riconoscersi, ricordarsi, riferirsi, rilassarsi, riposarsi, ritrovarsi, salutarsi, sbrigarsi	p.522
8	scambiarsi, scusarsi, sedersi, sentirsi, sistemarsi, specchiarsi, spogliarsi, sposarsi, sporcarsi, spostarsi	p.524
9	svegliarsi, tagliarsi, tenersi, togliersi, trovarsi, truccarsi, vedersi, vergognarsi, vestirsi, stancarsi	p.527

PARTE E   동사에서 파생된 형용사

[1] 명사구에 사용된 형용사(← 과거분사 ← 동사)   p.532

1	abbandonato, abbreviato, abbronzato, compiuto, accaldato, affannato, affittato, affollato, affrancato, amato
2	animato, annoiato, aperto, arrabbiato, arrotolato, attilato, bagnato, bruciato, cambiato, chiuso, colorato, colpito, comparato, comprato, coniugato
3	considerato, consigliato, continuato, controllato, coperto, corretto, curato, definito, delicato, dimenticato, disordinato, divertito, eccitato, elencato, emozionato
4	esagerato, evidenziato, fatto, guidato, impegnato, incartato, incompiuto, incuriosito, ininterrotto, innamorato, incantato, isolato, lasciato, legato, limitato
5	macchiato, metallizzato, occupato, organizzato, passato, pescato, poggiato, posseduto, prenotato, preparato, presentato, pulito, rassegnato, realizzato, rifinito
6	ripetuto, riservato, rotto, salato, salito, scioccato, seduto, smarrito, sorpreso, sparso, spensierato, sposato, stabilito, stordito, stressato, tornato, venduto

[2] 술어적인 표현에 사용된 형용사(← 과거분사 ← 동사)   p.538

acceso, ammirato, applaudito, disgustato, frainteso, gasato, guarito, impregnato, legato, paragonato, stempiato, vietato

[3] 명사구 혹은 술어적인 표현에 사용된 형용사(← 현재분사 ← 동사)   p.540

abbondante, affascinante, ambulante, aspirante, attraente, convincente, corrispondente, croccante, deludente, diffidente, dipendente, divertente, emozionante, esigente, ignorante, impaziente, importante, insofferente, interessante, invadente, riposante, seguente, soddisfacente, sorprendente, trasparente, vivente

PARTE F

1. 동사(Verbi) | 544
    - 1.1 직설법 | 544
        - 1.1.1 현재 | 545
        - 1.1.2 근과거 | 546
        - 1.1.3 불완료과거 | 548
        - 1.1.4 원과거 | 550
        - 1.1.5 단순미래 | 551
        - 1.1.6 복합미래(미래완료) | 553
        - 1.1.7 대과거 | 554
    - 1.2 조건법 | 555
        - 1.2.1 단순조건법 | 555
        - 1.2.2 복합조건법 | 556
    - 1.3 접속법 | 558
        - 1.3.1 접속법 현재 | 561
        - 1.3.2 접속법 과거 | 562
        - 1.3.3 접속법 불완료과거 | 563
        - 1.3.4 접속법 대과거 | 564
    - 1.4 명령법 | 565
        - 1.4.1 긍정명령 | 565
        - 1.4.2 부정명령 | 566
        - 1.4.3 명령형+대명사 | 567
    - 1.5 부정법 | 568
        - 1.5.1 부정법 현재 | 568
        - 1.5.2 부정법 과거 | 570

2. 재귀동사(Verbi riflessivi) | 571
    - 2.1 현재 | 571
    - 2.2 근과거 | 572

3. 비인칭 "SI" (SI Impersonale) | 573

4. 수동태(Forma passiva) | 574
    - 4.1 일반 형태 수동태 | 574
    - 4.2 수동태 "SI" | 575

5. 동명사(Gerundio) | 577
    - 5.1 단순동명사 | 577
    - 5.2 단순동명사의 용법 | 577
    - 5.3 복합동명사의 용법 | 578
    - 5.4 진행형 | 579

6. 명사 | 580
    - 6.1 성(남성/여성) | 580
    - 6.2 수(단수/복수) | 582

 Grammatica

7. 대명사 (Pronomi) | 584
- 7.1 직접대명사 | 584
  - 7.1.1 대명사 NE | 585
  - 7.1.2 직접대명사와 과거분사의 성수일치 | 586
  - 7.1.3 직접대명사 + salutare / pregare ringraziare | 587
  - 7.1.4 강조 용법 | 587
- 7.2 간접대명사 | 588
- 7.3 복합대명사 | 589
- 7.4 복합관계대명사 | 589
- 7.5 관계대명사 | 590
- 7.6 의문대명사 | 592
- 7.7 지시대명사 | 592

8. 형용사 (Aggettivi) | 593
- 8.1 소유형용사 | 593
- 8.2 지시형용사 | 593
- 8.3 수 형용사 | 594
  - 8.3.1 기수 | 595
  - 8.3.2 서수 | 596
- 8.4 비교급 | 596
- 8.5 최상급(상대적/절대적) | 597

9. 부사 (Avverbi) | 598

10. 전치사 (Preposizioni) | 599
- 10.1 단순전치사 | 599
- 10.2 기타 전치사 | 603
- 10.3 전치사구 | 604
- 10.4 전치사관사 | 605

11. 접속사 (Congiuntivi) | 606

12. 관사 (Articoli) | 608
- 12.1 정관사 | 608
- 12.2 부정관사 / 부분관사 | 610

13. 음과 철자 (Suoni e scrittura) | 612
- 13.1 알파벳 | 612
- 13.2 발음 | 612
- 13.3 강세 | 614

책의 구성과 특징

01 • PARTE A와 PARTE B에서 기본 동사 15개와 필수 동사 85개를 엄선하여 분석
  • 회화에서 빈번하게 사용되는 시제(현재, 근과거, 불완료과거)를 중심으로 분석
  • 작문의 문장은 가능한 한 회화체만을 고집
  • 초급자는 *표시 문장만을, 중급자는 *표시와 **표시 문장을 작문 하면서 100개의 동사를 익혀라
  • 해당 동사와 관련된 어휘를 Glossario에 수록하여 어휘력 강화 시도

02 • PARTE C에서는 주요 동사 280개를 엄선하여 분석
  • 10개씩 쪼개 시제를 자유롭게 만들어낼 수 있는가와 해석능력을 검증할 수 있게 구성
  • 동사를 중심으로 구성되는 문장 해석 방법 제시

03 • PARTE D에서는 이탈리아어를 어렵게 하는 재귀동사 90개를 분석
  • 대부분 타동사에서 만들어지는 재귀동사의 실체가 들어난다

04 • PARTE E에서는 동사에서 파생된 형용사(과거분사/현재분사) 분석
  • 몰라보게 강력해지는 어휘력과 문장력

05 • PARTE F에서는 문법을 알기 쉽게 요약
  • 대부분을 차지하는 동사 그리고 명사, 대명사, 형용사, 부사, 전치사, 접속사, 관사, 발음과 강세까지 문법 전체 요약

PARTE A

기본 동사 15

- v.tr. 타동사
- v.intr. 자동사
- v. rifl. 재귀동사
- presente indicativo : 직설법 현재
- passato prossimo : 근과거
- imperfetto indicativo : 직설법 불완료과거
- passato remoto : 원과거
- trapassato prossimo : 직설법 대과거
- futuro semplice : 단순미래
- futuro composto : 복합미래
- condizionale semplice : 단순조건법
- congiuntivo presente : 접속법 현재
- participio passato : 과거분사
- participio presente : 현재분사
- gerundio : 동명사

01 | essere

v.intr. ~이다, ~에 있다 ➡ be

- presente indicativo : **sono**, **sei**, **e'**, **siamo**, **siete**, **sono**
- passato prossimo : **essere** 직설법현재+**stato/a/i/e**
- imperfetto indicativo : **ero**, **eri**, **era**, **eravamo**, **eravate**, **erano**
- futuro semplice : sa**ro'**, sa**rai**, sa**ra'**, sa**remo**, sa**rete**, sa**ranno**
- condizionale semplice : sa**rei**, sa**resti**, sa**rebbe**, sa**remmo**, sa**reste**, sa**rebbero**
- congiuntivo presente : **sia**, **sia**, **sia**, **siamo**, **siate**, **siano**
- participio passato : **stato**
- participio presente : –
- gerundio : ess**endo**

(io) 나는	**sono**	Francesco. 프란체스꼬이다. insegnante. 교사이다. coreano/a. 한국인이다. (여자/남자) di Seoul. 서울 출신이다. stanco/a. 피곤하다. contento/a. 만족한다. preoccupato/a. 걱정이다. annoiato/a. 지루하다. arrabbiato/a. 화났다. sudato/a. 땀났다. divertente. 재미있다. triste. 슬프다. felice. 행복히다. a Milano. 밀라노에 있다.
(tu) 너는	**sei**	a Roma? 로마에 있니? a casa? 집에 있니? in Italia? 이탈리아에 있니?

		qui per studiare l'italiano? 이탈리아어 공부하러 여기 와 있니? sul treno? 기차에 있니?
(lui, lei, Lei) 그는, 그녀는, 당신은	**e'**	tedesco/a. 독일인이다. inglese. 영국인이다.
(noi) 우리들은	**siamo**	coreani/e. 한국인들이다. insegnanti. 교사들이다. di Busan. 부산 출신이다. stanchi/e. 피곤하다. contenti/e. 만족한다. divertenti. 재미있다. tristi. 슬프다. felici. 행복하다.
(voi) 너희들은	**siete**	italiani/e? 이탈리아인들이니?
(loro) 그들은	**sono**	americani/e. 미국인들이다. indipendenti. 독립적이다. di New York. 뉴욕 출신이다.

COMPOSIZIONE

A Primo livelo *

01. Daniel은 성악가다/프랑스 소년이다/다정다감하다/일 때문에 여기 와 있다.
    <u>essere affettuoso</u> 다정다감하다

02. Piero, 커피 준비됐어.
    <u>essere pronto</u> 준비되다

01. Essere

03. 얘는 Robert다 / 얘는 Marina다 / 이거 쉽다 / 이거 어렵다.
essere facile 쉽다 ; essere difficile 어렵다

04. (그거) 좋지 않아 / (그는) 훌륭한 소년이 아니야.
essere buono 좋다

05. 나 늦었어 / 나 시간에 맞췄어 / 나 정말 늦었어.
essere in ritardo 늦었다 ; essere in orario 시간에 맞추다 ;
essere proprio tardi 정말 늦었다

06. 김 선생님, 왜 이탈리아에 와 계신가요? – 이탈리아어 공부하러 와 있어요.

07. (그녀는) 누구야? – Luisa야.

08. 너 어디 출신이야? – 서울 출신이야 / 북부 출신이야.
di dove essere 어디 출신인가

09. 너 국적이 어디니? – 한국인이야.
di che nazionalita' essere 국적이 어디인가

10. Delia와 Piera는 밀라노 출신 이탈리아인이야.

11. Robert와 Richard는 뉴욕 출신 미국인이야.

12. 우리는 같은 반이다.
essere nella stessa classe 같은 반이다

13. 이 외투 / 이 우산 / 이 글라스 / 이 휴대폰 / 이 책 누구 것이니?
내 것 / 네 것 / 그의 것 / 우리 것 / 너희 것 / 그들 것이다.
이 재킷 / 이 가방 누구 것이니?
내 것 / 네 것 / 그의 것 / 우리 것 / 너희 것 / 그들 것이다.
이 장갑 / 이 안경 누구 것이니?

18 동사를 알면 이탈리아어가 보인다

내 것/네 것/그의 것/우리 것/너희 것/그들 것이다.
이 셔츠들/이 신발/이 사진들 누구 것이니?
내 것/네 것/그의 것/우리 것/너희 것/그들 것이다.
di chi essere 누구 것인가 ; **essere mio** 내 것이다

14. 몇 시입니까?-한 시/한 시 15분/정오/자정입니다.
    몇 시입니까?-7시/8시 10분/9시 15분/10시 반/11시 45분/13시 35분/5분 전 9시입니다.
    che ora essere 몇 시인가 ; **essere le** ~시이다

15. 오늘 무슨 요일이지?-오늘은 월요일/화요일/수요일/목요일/금요일/토요일/일요일이다.
    che giorno essere 무슨 요일인가

16. 넌 키가 몇이니?-170(1미터 70)이다.
    quanto essere alto 키가 몇인가

17. Fabio는 Rossella의 전 애인이다.
    l'ex-ragazzo 전 애인

18. 회의는 17시에 있다.

19. Dino는 회의 때문에 피렌체에 있다.

20. 피렌체는 '아름다운 유혹'의 도시다.
    una bella tentazione 아름다운 유혹

21. 저 유명한 Cupola는 누가 만들었나?-Brunelleschi가 만들었다.
    di chi essere 누구의 것인가, 누가 만들었나

22. 네가 보기에 어때?
    come essere 어때 ; **per te (secondo te)** 네가 보기에

01. Essere

23. 약국은 어디 있니? - 모르겠는데.
 dove essere 어디에 있나

24. 너 동의하니?
 essere d'accordo 동의하다

25. 문제는 체중이다.
 il peso 체중

26. Pino Chiodo는 유명한 스타일리스트/음악가/예술가이다.
 un famoso stilista 유명한 스타일리스트 ; **musicista** 음악가 ; **artista** 예술가

27. Romeo는 Annarita에게 무척 친절하다.
 essere gentile con ~에게 친절하다

28. 그는 다재다능한 소년이다.
 essere un ragazzo d'oro / un ragazzo bravo in tutti i campi 다재다능하다

29. 넌 정말 컨디션이 좋구나!
 essere in forma 컨디션이 좋다

30. 넌 컨디션이 안 좋구나!
 essere fuori forma 컨디션이 나쁘다 / 안 좋다

31. 다음 주에 우리 집에서 큰 파티가 있을 것이다.

32. 몇 시 쯤 되었을까? 여섯 시 쯤 되었을 거다.

*Corso Di **Italiano** Per Coreani*

A Chiavi

01. Daniel **e' cantante**.
    Daniel **e' un ragazzo francese**.
    Daniel **e' affettuoso**.
    Daniel **e' qui per il lavoro**.

02. Piero, il caffe' **e' pronto**.

03. Questo **e' Robert**.
    Questa **e' Marina**.
    Questo **e' facile**.
    Questo **e' difficile**.

04. Non **e' buono /a**.
    Non **e' un bravo ragazzo**.

05. **Sono in ritardo /Sono in orario /Sono proprio tardi**.

06. Perche' **e' in Italia**, signor KIM?
    Sono qui per studiare l'italiano.

07. **Chi e'?**
    E' Luisa.

08. **Di dove sei?**
    Sono di Seoul /Sono del nord(settentrionale).

09. **Di che nazionalita' sei?**
    Sono coreano /a.

10. Delia e Piera **sono italiane, di Milano**.

11. Robert e Richard **sono americani, di New York**.

12. **Siamo nella stessa classe**.

13. **Di chi e'** questo cappotto? /questo ombrello? /questo bicchiere? /
    questo telefonino? /questo libro?

01. essere

01. Essere

    E' (il) mio /tuo /suo /nostro /vostro /loro.
    Di chi e' questa giacca? /questa borsa?
    E' (la) mia /tua /sua /nostra /vostra /loro.
    Di chi sono questi guanti? /questi occhiali?
    Sono (i) miei /tuoi /suoi /nostri /vostri /loro.
    Di chi sono queste camicie? /queste scarpe? /queste fotografie?
    Sono (le) mie /tue /sue /nostre /vostre /loro.

14. **Che ora e'? (Che ore sono?)**
    E' l'una /E' l'una e quindici (un quarto) /E' mezzogiorno /E' mezzanotte.
    Sono le sette /le otto e dieci /le nove e un quarto /le dieci e mezzo /
              le undici e tre quarti (quarantacinque) /le tredici e trentacinque / le
               nove meno cinque.

15. **Che giorno e'** oggi?
    Oggi **e' lunedi'** /martedi' /mercoledi' /giovedi' /venerdi' /sabato /domenica.

16. **Quanto sei alto /a?** Un metro e settanta(1,70).

17. Fabio **e' l'ex ragazzo di Rossella**.

18. Il convegno **e' alle 17.00.**

19. Dino **e' a Firenze** per un convegno.

20. Firenze **e' una bella tentazione**.

21. **Di chi e'** la famosa cupola? E' di Brunelleschi.

22. **Com'e'** per te?

23. **Dov'e'** la farmacia? Non lo so. (= Non so dov'e' la farmacia)

24. **Sei d'accordo?**

25. Il problema **e' il peso**.

26. Pino Chiodo **e' un famoso stilista** /**musicista** /**artista**.

27. Romeo e' molto **gentile** con Annarita.

*Corso Di **Italiano** Per Coreani*

28. **E' un ragazzo d'oro** (un ragazzo bravo in tutti i campi).

29. **Sei** proprio **in forma**!

30. **Sei fuori forma!**

31. La settimana prossima **ci sara'** una grande festa a casa mia.

32. Che ore **saranno**? – Mah, **saranno** le sei!

B Secondo livelo **

33. 아이들은 피곤하지 않지만 난 피곤해.
    essere stanco 피곤하다

34. 내겐 이탈리아어가 쉽다.
    essere facile 쉽다

35. 동사들은 어렵다.
    essere difficile 어렵다

36. 그 소년들은 별로 독립적이 못하다.
    essere poco indipendente 별로 독립적이지 못하다

37. 기차의 문들이 열려 있다.
    essere aperto 열려 있다

38. 엄마는 Piero에게 다정다감하다.
    essere affettuoso di ~에게 다정다감하다

39. Piero의 몇몇 친구들은 부자다.
    essere ricco 부자다

01. essere

01. Essere

40. Piero에겐 밀라노는 아름답다.
essere bello 아름답다

41. 난 요리할 수 있어.
essere capace di + inf. ~를 할 수 있다

42. 난 축구를 잘 해/피아노를 잘 쳐/인터넷 검색을 잘 해/춤을 잘 춰.
essere bravo di + inf. ~를 잘 하다 ; navigare in Internet 인터넷 검색하다

43. 난 행복해, 왜냐하면 오늘이 내 생일이거든.
essere felice 행복하다

44. 난 지루해, 왜냐하면 늘 컴퓨터 앞에 있거든.
essere annoiato 지루하다

45. 난 지루해, 왜냐하면 영화가 흥미 없거든.
essere interessante 흥미롭다

46. 늦어서 난 걱정이다.
essere tardi 늦다 ; essere preoccupato 걱정이다

47. 날씨가 맑아서(햇빛 나서) 난 기쁘다.
ci essere il sole 햇빛 나다

48. Piero는 어떤 타입이니? - 젊고, 날씬하고, 키 크고, 호기심 많고, 머리카락은 갈색이고, 친절하며, 꿈 많은 밀라노 사람이다.
essere curioso 호기심 많다 ; essere bruno 갈색머리이다 ;
essere sognatore 꿈 많은 사람이다

49. Giovanni는 어떤 타입이니? - 늙고, 뚱뚱하고, 키 작고, 호기심도 없고, 금발이고, 불친

절하며, 현실주의자인 볼로냐 사람이다.
essere biondo 금발이다 ; essere scortese 불친절하다 ; essere realista 현실주의자이다

50. Caterina 부인은 어떤 타입이니? — 상냥하고, 주의 깊고, 다정다감하고, 수다쟁이이고, 전통을 소중히 하며, 자기중심주의자인 밀라노 사람이다.
essere simpatico 호감이 간다 ; essere riservato 주의 깊다 ;
essere affettuoso 다정다감하다 ; essere chiacchierona/e 수다쟁이다 ;
essere tradizionale 전통적이다 ;

51. 페라리 아가씨는 어떤 타입이니? — 무뚝뚝하고, 도발적이고, 차갑고, 현대적이며, 관대한 시칠리아 사람이다.
essere antipatico 무뚝뚝하다 ; essere invadente 도발적이다 ;
essere freddo 차갑다 ; essere generoso 관대하다

52. 너희들은 슬픈데 반해, 우리는 피곤하다.

53. 그녀는 일본인인데 반해, 그는 한국인이다.

54. 너희들은 나폴리 사람인데 반해, 그들은 밀라노 사람이다.

55. 내 머리카락은 어두운 색인데 반해, 내 아들은 금발이다.

56. Emilia 지방 사람들은 무척 개방적이다.
essere aperto 개방적이다, 열려 있다

57. Piero는 산만한 타입의 사람이다.
essere un tipo distratto 산만한 타입이다

58. Fulvio와 Paolo는 스트레스 좀 받았다.
essere stressato 스트레스 받다

59. 이 광장엔 비둘기만 있다.

01. Essere

60. 이 관장엔 많은 비둘기들이 있다.

61. 네 집에 발코니 있니?

62. 네 집에 그림들이 있니?

63. 밀라노는 오염된 도시다.
una citta' inquinata 오염된 도시

64. 일반적으로 시칠리아의 날씨는 습기가 덜 하다.
essere meno umido 습기가 덜 하다

65. 여기엔 아무도 없다.

66. 고속도로는 철도로부터 멀리 있다.
essere lontano da ~로부터 멀리 있다

67. 객실(6인용)에는 이탈리아인들만 있다.

68. 엄마와 딸의 좌석은 가까이 있다.
essere vicino 가까이 있다

69. 6월부터 9월까지 학교들은 방학이다(문이 닫혀 있다).
essere chiuso 닫혀 있다

70. 냉장고에 마실 게 뭐가 있나요?
(qualcosa) da bere 마실 것 cf. da mangiare 먹을 것 ; da fare 해야 할 일

71. 오늘 저녁 어떤 TV 프로그램들이 있나요?

72. TV 뉴스는/공연은 몇 시에 있나요?
il telegiornale TV 뉴스 ; lo spettacolo 공연

73. 기자들과 공연의 등장인물들이 있다.
    personaggio 등장인물

74. 세일 한다(있다).
    ci essere saldi 세일 하다(있다)

75. 날씨가 맑다(햇빛 난다) / 바람이 분다(있다).
    ci essere il sole 햇빛 나다 ; **ci essere il vento** 바람이 있다

76. 너희 나라의 4계절은 어때?

77. Piero의 아버지는 아들의 선택에 동의하지 않는다.
    essere d'accordo con ~와 의견을 같이 하다, ~에 동의하다

78. 50년 후에 세상은 완전히 달라질 것이다.
    essere diverso 다르다

79. 다음 주 금요일에 운송 파업이 있을 예정이다.
    ci essere lo sciopero dei trasporti 운송 파업이 있다

80. 미래의 가장 중요한 음식은 피자일 것이다.

81. 미래에 우리는 더욱 떠돌이 신세(방랑자들)가 될 것이다.
    essere nomadi 떠돌이 신세(방랑자들)가 되다

82. 미래의 부부들은 더욱 신뢰할 수 없는 사람들이 될 것이다.
    essere fedele 신뢰하다

01. Essere

B Chiavi

33. I bambini **non sono stanchi**, ma io si'.

34. Per me l'italiano **e' facile**.

35. I verbi **sono difficili**.

36. I ragazzi **sono** poco **indipendenti**.

37. Le porte del treno **sono aperte**.

38. La madre **e' affettuosa** di Piero.

39. Alcuni amici di Piero **sono ricchi**.

40. Per Piero Milano **e' bella**.

41. **Sono capace di** cucinare.

42. **Sono bravo di** giocare a calcio / suonare il piano / navigare in Internet / ballare.

43. **Sono felice** perche' oggi **e' il mio compleanno**.

44. **Sono annoiato** perche' **sono** sempre **al computer**.

45. **Sono annoiato** perche' il film **non e' interessante**.

46. **Sono preoccupato** perche' **e' tardi**.

47. **Sono felice** perche' **c'e' il sole**.

48. **Che tipo e'** Piero?
    E' giovane, magro, alto, curioso, bruno, gentile, sognatore e milanese.

49. **Che tipo e'** Giovanni?
    E' vecchio, grasso, basso, non curioso, biondo, scortese, realista e bolognese.

50. **Che tipo e'** la signora Caterina?
    E' simpatica, riservata, affettuosa, chiacchierona, tradizionale, egoista e milanese.

51. **Che tipo e'** la signorina Ferrari?
    E' antipatica, invadente, fredda, moderna, generosa e siciliana.

52. Voi **siete tristi.** Noi invece **siamo stanchi.**

53. Lei **e' giapponese.** Lui invece **e' coreano.**

54. Voi **siete napoletani.** Loro invece **sono milanesi.**

55. Io ho capelli scuri. Mio figlio invece **e' biondo.**

56. La gente in Emilia **e'** molto **aperta.**

57. Piero **e' un tipo distratto.**

58. Fulvio e Paolo **sono** un po' **stressati.**

59. In questa piazza **c'e' solo un piccione.**

60. In questa piazza **ci sono molti piccioni.**

61. Nella tua casa **c'e' un balcone?**

62. Nella tua casa **ci sono quadri?**

63. Milano **e' una citta' inquinata.**

64. In Sicilia, di solito, il clima **e' meno umido.**

65. Qui **non c'e' nessuno.**

66. L'autostrada **e' lontana** dalla ferrovia.

67. Nello scompartimento **ci sono solo italiani.**

68. I posti di madre e figlia **sono vicini.**

69. Da giugno a settembre le scuole **sono chiuse.**

70. Cosa **c'e' da bere** in frigorifero?

71. Cosa **ci sono i programmi TV** di stasera?

72. A che ora **c'e' il telegiornale / lo spettacolo?**

01. Essere

73. **Ci sono giornalisti e personaggi dello spettacolo**.

74. **Ci sono saldi**.

75. **C'e' il sole / il vento**.

76. **Come sono** le stagioni nel tuo paese?

77. Il padre di Piero **non e' d'accordo** con la scelta di suo figlio.

78. Fra 50 anni il mondo **sara'** completamente **diverso**.

79. Venerdi' prossimo **ci sara' lo sciopero dei trasporti**.

80. L'alimento piu' importante del futuro **sara' la pizza**.

81. Nel futuro **saremo** piu' **nomadi**.

82. Le coppie non **saranno** piu' **fedeli**.

C Terzo livello ✱✱

83. 베네치아 행 급행열차가 있어서, Massimo는 표 값을 지불해야한다.

84. 급행열차는 익스프레스 보다 비싸다. 왜냐하면 더욱 빠르고 정차역도 적기 때문이다.
    fare meno fermate 정차역이 적다

85. 며칠 전부터 집에 많은 긴장감이 돌고 있다.
    molta tensione 많은 긴장감

86. 그 남아메리카 관광객은 분명 외국인이지만, 그의 할아버지는 이탈리아인이다.
    il turista sudamericano 남아메리카 관광객

87. 강을 따라 포플라 나무들이 서 있다.
    lungo ~를 따라 ; i pioppi 포플라 나무들

Corso Di Italiano Per Coreani

88. 요리를 잘 하기 위해서는 조리법으론 충분하지 않다. 창조적이어야 한다.
la ricetta 조리법 ; creativo 창조적인

89. 공학부 3학년에 다니는 두 명의 대학생, Filippo와 Paolo입니다.
studenti universari 대학생들 ; ingegneria 공학(부)

90. Filippo는 게임을 이길 거라 확신한다.
la gara 게임, 시합

91. 늘 그렇듯이 가장 강한 팀이다.
la squarda 팀 ; come sempre 늘 그렇듯이

92. Filippo는 Rossella를 보고 대단히 놀랬다.
essere sorpreso di+inf. ~에 놀라다

93. 그 사진이 실린 신문은 방 침대 밑에 있다.

94. 네가 보듯이, 이 집에 모든 것이 엉망진창이다.
essere sottosopra 엉망진창이다

95. 맞은 편 좌석에 두 명의 수녀님들이 앉아 있다.
nel sedile di fronte 맞은 편 좌석에 ; le suore 수녀님들

96. 로마에서 밀라노까지 고속도로로 626km이다.

97. 집에서 학교까지 걸어서 몇 분 안 걸린다.

98. 학교는 월요일에서 금요일까지 매일 8시30분에서 18시까지 계속해서 열려 있다.
con orario continuato 계속해서

99. 교회는 두 가지 색의 대리석으로 되어 있다.
essere in marmo di ~의 대리석으로 되어 있다

01. essere

01. Essere

100. 내겐 사진기를 갖고 있는 친구가 있다. 나쁘지 않구나!
 meno male 나쁘지 않다

101. 너는 나 때문에 걱정할 필요 없다.
 essere preoccupato per ~ 때문에 걱정하다

102. 이 교회는 어느 시대의 것인가?
 di che epoca 어느 시대의 것

103. 여행자를 위한 십계명 : 우리와 다른 문화에 접하면 개방적이고 유연해져라!
 decalogo per il viaggiatore 여행자를 위한 십계명 ;
 essere aperto ed elastico 개방적이고 유연하다 ;
 le culture diverse dalla nostra 우리 문화와 다른 문화들

104. 관광객들과 해외동포들에게 남부 지방의 느린 리듬은 즐겁다.
 emigrante, emigrato 해외동포 cf. immigrante, immigrato 이주외국인 ;
 essere piacevole 즐겁다

105. 여자가 된다는 것은 커다란 걸음이고, 열정을 갖게 하는 것은 영웅적 모험이다.
 essere una donna 여자가 된다는 것 ; un grande passo 커다란 걸음 ;
 fare impazzire 열정을 갖게 하는 것 ; un'eroica impresa 영웅적 모험

106. 멜로디적인 전통을 지니는 성악가들과 전위음악을 하는 성악가들 간의 접촉은 없다.
 la tradizione melodica 멜로디적 전통 ; fare musica d'avanguardia 전위음악을 하다

107. 부인의 옆 테이블에 남자 두 명이 앉아 있다. 한 사람은 다른 사람보다 무척 젊다. 더위에도 불구하고 둘 다 모두 재킷을 입고 타이를 매고 있다.
 nel tavolo al fianco a ~의 옆 테이블에 ; essere seduto 앉아있다 ;
 entrambi 둘 다 모두 ; nonstante il caldo 더위에도 불구하고

108. Bellini 광장엔 문학카페들, 호화 사치스런 상점들, 음악이 연주되는 장소들, 거리의 음악가들, 국제적인 레스토랑들과 거리의 예술가들이 있다.
    caffe' letterario 문학 카페 ; negozio di lusso 호화 사치스런 상점 ;
    fare musica 음악을 연주하다

109. 교회의 작은 광장은 잔디, 분수, 비둘기들 그리고 백색과 녹색 대리석으로 건축된 교회의 정면을 응시하는 몇 몇 침묵의 사람들과 어우러진 매혹적인 곳이다.
    la piazzetta 작은 광장 ; un angolo incantevole 매혹적인 곳, l'erba 잔디 ;
    una fontana 분수 ; piccione 비둘기 ; persone in silenzio 침묵하는 사람들 ;
    ammirare la faccia della chiesa 교회의 정면을 응시하다 ; con il marmo 대리석으로 된

110. Fabio는 어려울 것이라고 알고 있다. 그러나 아마도 그의 친구들은 Giulia를 잊도록 그를 도울 것이다.
    aiutare a dimenticare ~를 잊도록 돕다

111. 결혼은 더욱 임시적인 것으로 인식될 것이다.
    essere considerato 여겨지다, 인식되다 ; piu' provvisorio 더욱 임시적인

C Chiavi

83. **C'e' un treno rapido** per Venezia e Massimo deve pagare il biglietto.

84. Il rapido **e' piu' caro** di un espresso perche' **e' piu' veloce** e fa meno fermate.

85. Da alcuni giorni a casa **c'e' molta tensione**.

86. Il turista sudamericano **e' straniero**, certo, ma ha un nonno italiano.

87. Lungo il fiume **ci sono i pioppi**.

88. Per cucinare bene non basta una ricetta, si deve **essere creativo**.

89. **Sono Filippo e Paolo**, due studenti universitari, al terzo anno di ingegneria.

01. Essere

90. Filippo **e' sicuro di** vincere la gara.

91. **E' la squadra piu' forte**, come sempre!

92. Filippo **e'** molto **sorpreso di** vedere Rossella.

93. Il giornale con la foto **e' sotto il letto**, in camera.

94. Come vedi in questa casa tutto **e' sottosopra**.

95. Nel sedile di fronte **sono sedute** due suore.

96. Da Roma a Milano **sono 626 chilometri** in autostrada.

97. Da casa a scuola **sono solo pochi minuti** a piedi.

98. La scuola **e' aperta** tutti i giorni con orario continuato dalle 8.30 alle 18.00 dal lunedi' al venerdi'

99. La chiesa **e' in marmo** di due colori.

100. Con me **c'e' un amico** che ha la macchina fotografica : meno male!

101. **Non devi essere preoccupato** per me.

102. Questa chiesa **di che epoca e'**?

103. Decalogo per il viaggiatore : **Essere aperti ed elastici** con le culture diverse dalla nostra!

104. Per i turisti e gli emigranti il ritmo lento del sud **e' piacevole**.

105. **Essere** una donna e' un grande passo, fare impazzire e' un'eroica impresa.

106. Non **ci sono** contatti fra i cantanti della tradizione melodica e quelli che fanno musica d'avanguardia.

107. Nel tavolo al fianco alla signora **sono seduti** due uomini, uno molto piu' giovane dell'altro, entrambi in giacca e cravatta nonstante il caldo.

108. A Piazza Bellini **ci sono** caffe' letterari, negozi di lusso, locali dove si fa musica, musicisti di strada, ristoranti internazionali, artisti di strada.

109. La piazzetta della chiesa **e'** un angolo incantevole, con l'erba, una fontana, i piccioni e alcune persone in silenzio che ammirano la faccia della chiesa con il marmo bianco e verde.

110. Fabio sa che **sara' difficile** ma forse i suoi amici lo aiuteranno a dimenticare Giulia.

111. Il matrimonio **sara' considerato** piu' provvisorio.

ESERCIZI

A "essere" 동사의 직설법현재 형태로 문장을 완성하라. gr.1.1.1

Il treno delle 8.20 e' in ritardo.
Il controllore non _____ sul treno. Le porte del treno _____ aperte.
I vagoni di prima classe _____ in testa.
Due ragazze con lo zaino domandano a un signore : "Scusi, perche' non parte il treno?". L'uomo risponde : "Eh!, il treno _____ in ritardo. Ma _____ normale qui in Italia. Voi non _____ italiane, vero?". "No, _____ inglesi!"

Chiavi

e', sono, sono, e', e', siete, siamo

8시 20분 기차는 연착한다.
검표원은 기차에 없다. 기차 문들은 열려 있다. 1등 칸들은 앞 쪽에 있다.
배낭을 멘 두 명의 소녀들은 한 남자에게 묻는다. "죄송한데요, 기차가 왜 출발하지 않는거죠?". 그 남자는 대답한다. "에! 기차가 연착한데요. 근데 여기 이탈리아에서는 일상적이죠. 여러분들은 이탈리아 사람들이 아니죠, 그렇죠?". "네, 영국인입니다".

01. Essere

B "essere" 동사를 <u>근과거</u> 형태로 문장을 완성하고 번역하세요. gr.1.1.2

01. Non ti vedo da tanto tempo! Ma dove (tu) _____?
02. Romeo _____ in vacanza a Riccione e l'ha conosciuta nella gelateria sul lungomare dove lei lavorava.
03. Quel giorno _____ terribile per me.
04. L'ultimo relatore _____ il piu' interessante.

Chiavi

01. sei stato : 널 못 본지 참 오래되었구나! 근데 넌 어디 있었니?
02. e' stato : 로메오는 릿치오네에서 휴가를 보냈다. 그리고 그녀가 일하던 해변가 아이스크림 가게에서 그녀를 알게 되었다.
03. e' stato : 그 날은 내게 끔찍했다.
04. e' stato : 마지막 보고자가 가장 흥미로웠다.

C "essere" 동사를 <u>불완료과거</u> 형태로 문장을 완성하고 번역하세요. 그리고 <u>근과거</u> 형태와 다른 동사의 <u>불완료과거</u> 형태를 골라내세요. gr.1.1.3

01. Il gesto _____ chiaro ... "ma dove sono i fiorentini a Firenze?" dice tra se' Dino.
02. Perche' non sei venuto alla mia festa ieri?
    Mi dispiace, ma (io) _____ prorio stanca.
03. Dino vede passare la ragazza bellissima che _____ nello scompartimento in treno.
04. Di solito faccio colazione in fretta. Ma ieri che _____ festa ho fatto colazione con calma.
05. Come _____ la festa?
    Bella, _____ (esserci) molta gente, la musica _____ buona, (noi) _____ su un terrazzo panoramico.
06. Dove (voi) _____ ieri sera alle 8.00? Ho telefonato ma non rispondeva nessuno.

Corso Di **Italiano** Per Coreani

07. Due anni fa questo quartiere _____ molto diverso.

08. Sono passato sotto casa tua e ho visto che la luce _____ spenta.

09. A quell'ora (noi) _____ a casa dei vicini.

10. In questo quartiere fino a pochi anni non _____ (esserci) la metropolitana.

11. Quando (io) _____ adolescente scrivevo stupide poesie d'amore.

12. In camera sua ha ancora una foto di gruppo, _____ tutti veramente molto legati.

13. Anna aveva i capelli lunghi, portava sempre gli orecchini, _____ spesso triste e parlava poco.

14. Gina _____ altissima e portava sempre jeans e scarpe da tennis.

15. Mariella _____ bassa ma portava sempre i tacchi a spillo.

16. Rossella _____ la piu' atletica, _____ la piu' ammirata per il suo fisico.

17. Ambrogio _____ un po' stempiato ed aveva un naso grande.

18. Martino _____ grasso e allegro, aveva capelli lunghi e neri.

19. Claudia _____ bionda, portava spesso le minigonne.

20. (Noi) _____ su una spiaggia bellissima, non _____ (esserci) quasi piu' nessuno, il sole tramontava e noi ci sentivamo felici e rilassati.

21. Ti ricordi di Carla? Si', certo, _____ la piu' bella del gruppo, aveva due occhi splendidi e tutti _____ innamorati di lei!

22. Domenica scorsa sono andato a Bracciano per visitare il castello : _____ (esserci) molta gente e la guida _____ molto brava.

Chiavi

01. era	**02.** ero	**03.** era	**04.** era
05. era, c'era, era, eravamo	**06.** eravate	**07.** era	**08.** era
09. eravamo	**10.** c'era	**11.** ero	**12.** erano	**13.** era
14. era	**15.** era	**16.** era, era	**17.** era	**18.** era
19. era	**20.** eravamo	**21.** era, erano	**22.** c'era, era

01. Essere

근과거 :
02. sei venuto
04. ho fatto
06. ho telefonato
08. Sono passato, ho visto
22. sono andato

불완료과거 :
06. rispondeva
11. scrivevo
13. aveva, portava, parlava
14. portava
15. portava
17. aveva
18. aveva
19. portava
20. tramontava, sentivamo
21. aveva

01. 제스추어는 확실했다… "도대체 피렌체에 피렌체 사람들은 어디 있는 거야?"라고 디노 스스로 말한다.
02. 왜 너는 어제 나의 파티에 오지 않았니? 미안해, 아주 피곤했어.
03. 디노는 열차 6인 객실에 있던 아름다운 여자가 지나가는 것을 본다.
04. 흔히 나는 아침을 급하게 먹는다. 그러나 파티가 있었던 어제는 마음 편하게 먹었다.
05. 파티는 어땠어? 좋았어. 많은 사람들이 있었고, 음악은 좋았고 우리들은 전망 좋은 테라스에 있었다.
06. 너희들은 어제 저녁 8시에 어디 있었니? 내가 전화했는데 아무도 받지 않았어.
07. 2년 전, 이 지역은 아주 달랐다.
08. 너의 집을 지나갔는데, 불이 꺼져 있는 것을 보았어.
09. 그 시간에 우리는 이웃집에 있었어.
10. 이 지역엔 몇 년 전까지만 해도 전철이 없었다.
11. 사춘기 때 나는 어리석은 사랑의 시들을 쓰곤 했다.
12. 그의 방에 아직도 단체 사진이 걸려 있다. 모두는 정말로 매우 가까웠지.
13. 안나는 머리가 길었고, 늘 귀고리를 하고 다녔으며, 가끔은 우울했고, 말 수도 적었지.
14. 지나는 키가 매우 컸고, 항상 청바지와 테니스 화를 신고 다녔다.
15. 마리엘라는 키가 작았지만 하이힐을 늘 신고 다녔다.
16. 롯셀라는 가장 균형 잡힌 몸매를 갖고 있어서, 그의 몸매에 대해 가장 탄복해 했다.
17. 암브로지오는 탈모증상이 약간 있었고 큰 코를 갖고 있었다.
18. 마르티노는 뚱뚱하고 쾌활했으며, 그의 머리는 검고 길었다.
19. 끌라우디아는 금발이었고, 항상 미니스커트를 입고 다녔다.
20. 우리는 아름다운 해변에 있었는데, 거의 아무도 없었다. 태양은 지고 있었고 우리는 행복하고 긴장이 완화되는 기분을 느꼈다.
21. 너는 까를라를 기억하니? 응, 물론이지. 그녀는 그룹에서 가장 아름다웠지. 반짝이는 두 눈을 갖고 있어서 모두들 그녀에게 푹 빠져있었지!
22. 지난 일요일에 나는 성곽을 방문하기 위해 브랏치아노에 갔다. 사람이 아주 많았고 가이드는 매우 훌륭했다.

Corso Di *Italiano* Per Coreani

D "essere" 동사를 단순조건법 형태로 문장을 완성하고 번역하세요. gr.1.2.1

01. Come _____ bello rimanere a vivere per sempre in quei posti incantati.
02. Come _____ bello fare un viaggio insieme!

Chiavi

01. sarebbe   02. sarebbe

01. 매혹적인 그런 곳에서 영원히 살기 위해 머물면 참 멋질텐데.
02. 함께 여행한다면 참 즐거울텐데!

E "essere" 동사를 접속법현재 형태로 문장을 완성하고 번역하세요. gr.1.3.1

01. Immagina che le foto di questa pubblicita' _____ quelle di un collega del tuo ufficio che e' scomparso!
02. L'uomo pensa che la Corea _____ un paese dinamico dove tutto cambia velocemente.

Chiavi

01. siano   02. sia

01. 이 광고 사진들이 사라진 너희 회사 동료의 것이라고 상상해봐라!
02. 그 남자는 한국이, 모든 것이 빠르게 변화되는, 역동적인 나라라고 생각한다.

GLOSSARIO(어휘)

l'essere 존재, 생명 ; 본질
gli esseri umani 인류 ← lo essere의 복수형
l'essenza 본질, 정수, 핵심, 원소 ← l'ess<u>ere</u>+enza(명사형 어미)
essenziale 본질적인 ← essenza+(i)ale(형용사형 어미)
l'essenzialita' 본질성 ← essenzial<u>e</u>+ita'(명사형 어미)

02 | avere

v.tr. ~을 소유하다 ➡ have

- presente indicativo : **ho**, **hai**, **ha**, **abbiamo**, **avete**, **hanno**
- passato prossimo : **avere** 직설법현재+**avuto**
- imperfetto indicativo : av**evo**, av**evi**, av**eva**, av**evamo**, av**evate**, av**evano**
- futuro semplice : av**ro'**, av**rai**, av**ra'**, av**remo**, av**rete**, av**ranno**
- condizionale semplice : av**rei**, av**resti**, av**rebbe**, av**remmo**, av**reste**, av**rebbero**
- congiuntivo presente : abbia, abbia, abbia, abbiamo, abbiate, abbiano
- participio passato : av**uto**
- participio presente : av**ente**
- gerundio : av**endo**

(io)	ho	una macchina. 자동차를 갖고 있다. ventisei anni. 26살이다. il passaporto. 여권을 소지하고 있다. mal di testa. 머리가 아프다. mal di gola. 목이 아프다. mal di stomaco. 배가 아프다. l'influenza. 유행성 독감에 걸렸다. la febbre. 열이 난다.
(tu)	hai	fame? 배 고프니? sete? 목 마르니? paura? 무섭니? fretta? 급하니? sonno? 졸려? tempo? 시간 있어? caldo? 더워? ragione? 옳아? un amico tedesco? 독일 친구 있어?

Corso Di Italiano Per Coreani

(lui, lei, Lei)	**ha**	dei problemi. 몇 가지 문제가 있다. paura di sbagliare. 실수할까봐 두렵다. paura di volare. 비행하는 것이 무섭다. paura del buio. 어둠이 무섭다. paura dei topi. 쥐가 무섭다. paura degli esami. 시험이 두렵다.
(noi)	**abbiamo**	tempo per il caffe'. 커피 마실 시간 있다. un appartamento nel centro di Milano. 밀라노 시내에 아파트를 소유하고 있다.
(voi)	**avete**	figlio unico? 아들 하나니? molti amici? 친구 많으니? pochi amici? 친구들이 별로 없어?
(loro)	**hanno**	belle macchine. 멋진 자동차를 소유하고 있다. belle case. 멋진 집을 소유하고 있다. vestiti eleganti. 우아한 옷을 갖고 있다.

COMPOSIZIONE

A Primo livello

01. 미안한데, 담배 있니?

02. 지금 우리는 배고프지 않아.

03. Piero는 밀라노 시내에서 약속이 있어.

04. 너희들 오늘 더워?

05. Piero는 외아들이 있다.

02. avere

figlio unico 외아들

06. Piero는 베레모를 쓰고 있다.
avere un berretto 베레모를 쓰다

07. 그의 머리 색깔은 짙다/밝다.
avere i capelli scuri/chiari 짙은/밝은 머리를 지니다

08. 네 주머니에 뭐가 있니?

09. 너 라디오 있어? 응, 있어/아니, 없어.

10. 그의 딸은 벌써 아이를 하나 가졌다. (근과거 ← gr.1.1.2)
avere un bambino 아이를 가지다

A Chiavi

01. Scusa, **hai** una sigaretta?

02. Adesso noi non **abbaimo** fame.

03. Piero **ha** un appuntamento nel centro di Milano.

04. Voi **avete** caldo oggi?

05. Piero **ha** figlio unico.

06. Piero **ha** un berretto.

07. **Ha** i capelli scuri/chiari.

08. Cosa **hai** in tasca?

09. **Hai** la radio?
Si', (ce l'ho)./No, (non ce l'ho).

10. Sua figlia **ha** gia' **avuto** un bambino.

*Corso Di **Italiano** Per Coreani*

B Secondo livelo ✱✱

11. 난 도움을 받을/휴식 기간을 가질/커피를 마실/바람 좀 쐬일/Marco랑 이야기할/쉴 필요가 있다.
avere bisogno di ~가 필요하다 ; aiuto 도움 ; un periodo di riposo 휴식 기간 ;
prendere un po' d'aria 바람 좀 쐬이다 ; riposarsi 쉬다

12. 몇 사람이 컴퓨터를 갖고 있나요? 여덟 사람입니다.

13. 늘 그렇듯이, 나는 애인이 없어서 외롭다.
come sempre 늘 그렇듯이 ; una ragazza 여자 애인

14. 너는 시간이 있는데 반해, 난 별로 없다.

15. Marco는 vespa(스쿠터)를 갖고 있는데 반해, Giulio는 차를 갖고 있다.

16. 그 소녀는 한 권의 책과 여러 장의 사진을 갖고 있다.

17. 그 소녀의 머리는 짙고 길다.

18. 그들은 여행 가방 속에 물 한 병을 갖고 있다.

19. 다행히 그는 사진기를 갖고 있다.
per fortuna 다행히 ; la macchina fotografica 사진기

20. 패션쇼는 대단히 성공적이었다.
la sfilata (di moda) 패션 쇼 ; avere successo 성공적이다

21. 승객들은 티켓 환불을 받을 수 없다.
avere il rimborso 환불 받다

22. 솔직히 말해 나는 다섯 가지 제안을 갖고 있지만 그는 선택할 줄 모른다.
in verita' 솔직히 말해 ; proposta 제안

02. avere

B Chiavi

11. **Ho bisogno di** aiuto / un periodo di riposo / un caffe' / prendere un po' d'aria / parlare con Marco / riposarmi.

12. Quante persone **hanno** il computer? Otto persone.

13. Sono solo, come sempre, perche' non **ho** una ragazza.

14. Tu **hai** tempo. Io invece poco tempo.

15. Marco **ha** la vespa. Giulio invece **ha** la macchina.

16. La ragazza **ha** un libro e delle foto.

17. La ragazza **ha** i capelli scuri e lunghi.

18. Nella valigia **hanno** una bottiglia d'acqua.

19. Per fortuna lui **ha** una macchina fotografica.

20. La sfilata **ha** molto successo.

21. I passeggeri non possono **avere** il rimborso del biglietto.

22. In verita' **ho avuto** cinque proposte ma non sa scegliere.

C Terzo livelo **

23. 난 늦어서 서두른다. 그리고 기차를 놓칠까봐 두렵다.
    essere in ritardo 지각하다, 늦다 ; avere fretta 서두르다 ;
    avere paura di ~를 두려워하다 ; perdere il treno 기차를 놓치다

24. 새벽에 Piero는 밥 먹을 시간이 없다.

25. 휴가 갈 돈이 없어 나는 슬프다.

26. 그 남아메리카 관광객은 분명 외국인이지만 그의 할아버지는 이탈리아인이다.
il turista sudamericano 남아메리카 관광객

27. 그녀의 손톱은 투명한 매니큐어로 잘 손질되어 있고 여성스러운 섬세한 분위기가 있다.
le unghie curate 손질된 손톱들 ; smalto trasparente 투명한 매니큐어 ;
l'aria delicata da ragazza 여성스러운 섬세한 분위기

28. 그 소녀의 손톱은 빨간색 매니큐어가 칠해져 있다.

29. 너는 몇 명의 이탈리아 친구들을 갖고 있니? 많아/적어.

30. 반면에 그 부인은 가족이 운영하는 작은 레스토랑을 하나 갖고 있다.
a gestione familiare 가족이 운영하는

31. 사령관의 아들은 학사학위를 소지하고 있다.
il maresciallo 사령관 ; avere una laurea (석사)학위를 소지하다

32. 나는 뭘 할 힘이나 능력이 없다.
la forza o la capacita' di+inf. ~할 힘이나 능력

33. 나는 많은 외국인 친구들이 있는데, 그들 가운데 미국인 친구들도 몇 있다.
(관계대명사 Cui ← gr.7.5)
tra cui /tra i quali 그들 가운데

34. 그의 동료는 며칠 전 두려워서 객차에 몸을 숨겼다.
un suo collega 그의 동료 ; qualche giorno fa 며칠 전 ; chiudersi in ~에 몸을 숨기다

C Chiavi

23. **Ho** fretta perche' sono in ritardo e **ho** paura di perdere il treno.
24. Al mattino Piero non **ha** tempo per mangiare.

02. avere

25. Sono triste perche' non **ho** soldi per andare in vacanza.
26. Il turista sudamericano e' straniero, certo, ma spesso **ha** un nonno italiano.
27. **Ha** le unghie ben curate con smalto trasparente e l'aria delicata da ragazza per bene.
28. La ragazza **ha** uno smalto rosso alle unghie.
29. Quanti amici italiani **hai**? Ne **ho** tanti (molti) / pochi.
30. La signora, invece **ha** un piccolo ristorante a gestione familiare.
31. Il figlio del maresciallo **ha** una laurea.
32. Non **ho** la forza o la capacita' di fare qualcosa. (= non ne posso piu')
33. **Ho** molti amici stranieri, tra cui (tra i quali) anche degli americani.
34. Un suo collega qualche giorno fa **ha avuto** paura e si e' chiuso in una carrozza.

ESERCIZI

A "avere" 동사를 불완료과거 형태로 문장을 완성하고 번역 하세요. 그리고 근과거 형태와 다른 동사의 불완료과거 형태를 골라내세요. gr.1.1.3

01. Cosa ricordi del tuo primo giorno di scuola?
    _____ un grembiule bianco col fiocco rosa, non conoscevo nessuno, piangevo perche' volevo la mamma.
02. Marco prima era molto grasso e _____ la barba.
03. I miei genitori _____ una piccola casa in campagna.
04. Negli anni '60 non tutti _____ un televisore in Italia.
05. Giuliana non e' venuta a scuola ieri perche' _____ la febbre.
06. (Voi) _____ solo soldi o anche documenti nella borsa che vi hanno rubato?
07. Hai trovato le chiavi? – Si', le _____ nei pantaloni che portavo ieri.
08. Anna _____ i capelli lunghi, portava sempre gli orecchini, era

spesso triste e parlava poco.
09. Gustavo portava occhiali da vista ed _____ un tatuaggio sul braccio.
10. Ambrogio era un po' stempiato ed _____ un naso grande.
11. Martino era grasso e allegro, _____ capelli lunghi e neri.
12. Il bambino _____ sette anni.
13. (Io) _____ mal di denti e sono andato dal medico.
14. Da bambino (lei) _____ un cane.
15. Non (io) _____ soldi e cosi' non ho comprato tutto quello che volevo.

Chiavi

01. avevo 02. aveva 03. avevano 04. avevano 05. aveva
06. avevate 07. avevo 08. aveva 09. aveva 10. aveva
11. aveva 12. aveva 13. avevo 14. aveva 15. avevo

근과거 :
05. e' venuta   06. hanno rubato   07. Hai trovato
13. sono andato   15. ho comprato

불완료과거 :
01. conoscevo, piangevo, volevo   02. era
07. portavo   08. portava, era, parlava   09. portava
10. era   11. era   15. volevo

01. 너의 학교 첫 날 뭐가 기억나니? 나는 분홍색 장식용 술이 달린 하얀 에이프론을 입고 있었고, 아는 사람이 아무도 없었다. 난 엄마가 보고 싶어 울었다.
02. 마르꼬는 전에 무척 뚱뚱했고 수염도 길렀다.
03. 나의 부모임들은 시골에 조그마한 집을 한 채 갖고 계셨다.
04. 60년대에 이탈리아의 모든 사람들이 텔레비전을 갖고 있지는 않았다.
05. 열이 있어서 줄리아는 어제 학교에 오지 않았다.
06. 그들이 훔쳐 간 가방 속에 돈만 있었니 아니면 여권도 있었니?
07. 너 열쇠 찾았니? 응, 어제 입고 나간 바지 속에 있었어.
08. 안나의 머리는 길었고 늘 귀고리를 하고 다녔으며 종종 우울했고 말 수도 적었다.
09. 구스타보는 시력 안경을 끼고 있었고 팔에 문신이 새겨져 있었다.

02. avere

10. 암브로지오는 약간 탈모증상이 있었고 큰 코를 갖고 있었다.
11. 마르티노는 뚱뚱하고 쾌활했다. 그의 머리는 길고 검은 색이었다.
12. 그 어린이는 일곱 살이었다.
13. 나는 이가 아파 병원에 갔다.
14. 어렸을 때 그는 개를 갖고 있었다.
15. 나는 돈이 없어 내가 원하는 모든 것을 사지 못했다.

GLOSSARIO(어휘)

l'avere 재산, 자산, 부
    Ha perso al gioco tutti i suoi averi. 그는 전 재산을 도박에서 잃었다.

03 | andare

v.intr. ~에 가다 ➡ go

- presente indicativo : **vado, vai, va, andiamo, andate, vanno**
- passato prossimo : **essere** 직설법현재+**andato/a/i/e**
- imperfetto indicativo : and**avo**, and**avi**, and**ava**, and**avamo**, and**avate**, and**avano**
- futuro semplice : and**ro'**, and**rai**, and**ra'**, and**remo**, and**rete**, and**ranno**
- condizionale semplice : and**rei**, and**resti**, and**rebbe**, and**remmo**, and**reste**, and**rebbero**
- congiuntivo presente : vada, vada, vada, andiamo, andiate, vadano
- participio passato : and**ato**
- participio presente : and**ante**
- gerundio : and**ando**

(Io) La mattina All'una Il martedi' e il giovedi' Qualche volta Adesso 매일 아침에 한 시에 화요일과 목요일에 가끔 지금	**vado**	al bar. 빠에 간다. al supermercato. 슈퍼마켓에 간다. alla mensa. 구내식당에 간다. alla posta. 우체국에 간다. alla stazione. 기차역에 간다. all'aeroporto. 공항에 간다. in ufficio alle otto. 8시에 회사에 간다. in banca. 은행에 간다. in montagna. 산에 간다. in biblioteca. 도서관에 간다. in farmacia. 약국에 간다. in pizzeria con Marco. 마르꼬랑 피자집에 간다. in piscina con Patrizia. 빠뜨릿찌아랑 수영장에 간다. in Sardegna, al mare. 사르데냐 섬, 바닷가에 간다. a Firenze. 피렌체에 간다.

03. andare

		a letto. 잠자리에 든다. a lezione. 수업에 간다. a teatro. 오페라 극장에 간다. a casa. 집에 간다. a pranzo al ristorante/a casa. 　점심 먹으러 레스토랑에/집에 간다. a cena in trattoria/a cena fuori. 　저녁 먹으러 식당에/저녁 외식하러 간다. a dormire. 자러 간다. a mangiare. 먹으러 간다. a studiare. 공부하러 간다. a lavorare. 일 하러 간다.
Paolo, dove (tu) 빠올로, 넌 어디	**vai**	가니?
Clara (lei) Il signor Rossi (lui) 끌라라는 롯씨 선생님은	**va**	da Gianni. 쟌니 집에 간다. da mio fratello. 나의 형 집에 간다. dal professore. 교수님 연구실에 간다. dal giornalaio. 신문판매점에 간다. dal dottore/dalla dottoressa. 병원에 간다. dal parrucchiere. 미용실에 간다. dalla professoressa. 여교수님 연구실에 간다.
No, (noi) 아니, 우리는	**andiamo**	al cinema. 영화관에 간다. al mare. 바닷가에 간다. al ristorante. 레스토랑에 간다.
Ragazzi, (voi) 얘들아,	**andate**	in centro? 시내에 가니? in piscina? 수영장에 가니? in Spagna? 스페인에 가니?
Le ragazze (loro) 소녀들은	**vanno**	all'universita'. 대학에 간다. al cinema e poi, dopo il film al ristorante. 　영화관에 가서 영화 본 후 식당에 간다.

*Corso Di **Italiano** Per Coreani*

COMPOSIZIONE

A Primo livelo *

01. 그는 오후에 학교에 간다.

02. 너는 비행기 타고 파리에 가니?

03. 기차는 시칠리아의 Palermo로 간다.

04. Dino는 자전거 타고 간다.

05. 나는 절대로 영화관에 가지 않는다.

06. 우리는 자주 저녁 외식하러 간다.

07. 나는 한 달에 한 번 미용실에 간다.
    andare dal parrucchiere 미용실에 가다 cf. **da** + 사람 = 장소

08. Patrizia, 우리 목요일 저녁에 수영장 갈까? — 그래, 좋아, 수영하고 싶어. / — 물론이지. 좋은 생각이군. / — 그래, 좋아.
    avere voglia di + inf. / n. ~를 원하다(volere)

09. 어떻게 지내? — 잘 지내, 고마워! / — 그저 그래 / — 괜찮아, 고마워! / — 아주 좋아!

10. 잘 자라! 나 졸려서 자러 간다.

11. 우리는 일 년 동안 이탈리아에 가 있을거다.

12. 나는 직장에 차타고 가는데, 너는?

13. Carla와 Francesca는 Sicilia로 휴가 간다.

14. Piero는 스쿠터를 타고 역에 간다.
    andare in vespa / motorino 스쿠터 타고 가다

03. andare 51

03. andare

15. 오늘 저녁 우리는 친구들과 외출해서, 먼저 영화관에 갔다가 피자집에 간다.

16. 시칠리아에 가게 되어 나는 행복하다.

17. 모든 일이 잘 돌아가서 나는 만족스럽다.
contento 만족스러운

18. 흔히 나는 바닷가로 휴가 가는데 금년엔 돈이 없어서 도시에 머문다.
di solito 흔히, 보통, 일반적으로 ; non avere soldi 돈이 없다

19. 있잖아, 우리 만나자, 그리고 집에 가서, 보모를 부르고 (뭘 할지) 결정하자!
senti 내 말 들어봐, 있잖아 ; decidere 결정하다

20. Dino는 패션쇼를 보러 Pitti 궁전에 간다.
una sfilata di moda 패션 쇼

21. 그는 표를 사기 위해 Napoli 역으로 간다.

A Chiavi

01. **Va** il pomeriggio a scuola.

02. (Tu) **Vai** a Parigi in aereo?

03. Il treno **va** a Palermo in Sicilia.

04. Dino **va** in bicicletta.

05. Non **vado** mai al cinema.

06. **Andiamo** spesso a cena fuori.

07. **Vado** dal parrucchiere una volta al mese.

08. Patrizia, **andiamo** in piscina giovedi' sera?
Si', volentieri, ho voglia di nuotare / Certo, e' una buona idea / Perche' no?

Corso Di *Italiano* Per Coreani

09. Come **va**?
Bene, grazie! / Cosi', cosi' / Abbastanza bene, grazie! / Benissimo.

10. Buonanotte, io **vado** a letto, ho sonno.

11. Noi **andiamo** in Italia per un anno.

12. Io **vado** al lavoro in macchina, e tu?

13. Carla e Francesca **vanno** in vacanza in Sicilia.

14. Piero **va** in vespa alla stazione.

15. Stasera usciamo con amici, prima **andiamo** al cinema e poi in una pizzeria.

16. Sono felice perche' **vado** in Sicilia.

17. Sono contento perche' tutto **va** bene.

18. Di solito **vado** in vacanza al mare, ma quest'anno non ho soldi, cosi' resto in citta'.

19. Senti, vediamo, intanto **andiamo** a casa, poi chiamo la baby sitter e decidiamo!

20. Dino **va** a Palazzo Pitti per una sfilata di moda.

21. **Va** alla stazione di Napoli per comprare un biglietto.

B Secondo livello **

22. 사람들은 은행에 갈 때, 번호표를 뽑고 자신의 순서를 기다려야 한다.
(비인칭 Si ← gr.3)
prendere il numero 번호표를 뽑다 ; il proprio turno 자신의 순서

23. Filippo Moretti는 볼로냐에 가는 것을 항상 만족해한다.
essere contento di + inf. ~를 만족하다

24. 화장실에 가도 될까요?

03. andare

03. andare

25. Annarita는 피곤해서 잠자러 가길 원한다.

26. 내일 Massimo는 한 친구랑 베네치아에 가야 한다.

27. 내일 Fulvio와 Paolo는 Filippo의 유도 시합에 갈 수가 없다.

28. 신문판매인은 Dino에게 Pitti 궁전으로 가야 한다고 말한다.
    Il giornalaio 신문판매인 ; Palazzo 궁전

29. "이거 큰 일 났군! 근데 지금 난 어디로 가는건가… 어찌되었건 찾는데 필요한 시간은 많다. 회의는 17시에 있어서 말이야".
    Accidenti! 이거 큰 일 났군! ; comunque 어찌되었건 ; il convegno 회의

30. 그래요, 이게 좋겠네요… 그런데 굽이 좀 높은 것 같아 잘 걸을 수가 없겠어요.
    il tacco 구두 굽 ; mi sembra un po' alto 내가 보기에 좀 높은 것 같다 ; camminare 걷다

31. 너는 장 보러 언제 가니? - 보통 나는 저녁에 가.

32. Gianna, 자전거 타고 돌아다니는 거 어때? - 좋아.
    ti va di ~하는 것 어때?

B Chiavi

22. Quando si **va** in banca si deve prendere il numero e aspettare il proprio turno.

23. Filippo Moretti e' sempre contento di **andare** a Bologna.

24. Posso **andare** al bagno?

25. Annarita e' stanca e vuole **andare** a dormire.

26. Domani Massimo deve **andare** a Venezia con un amico.

27. Domani Fulvio e Paolo non possono **andare** all'incontro di judo' di Filippo.

Corso Di *Italiano* Per Coreani

28. Il giornalaio dice a Dino che deve **andare** a Palazzo Pitti.

29. "Accidenti! E adesso dove **vado** ... comunque ho tutto il tempo per cercare, il convegno e' alle 17.00".

30. Si', questa **va** bene... ma il tacco mi sembra un po' alto, non ci cammino bene.

31. Quando **vai** a fare la spesa? – Di solito ci **vado** la sera.

32. Gianna, **ti va di** andare a fare un giro in bici? – Perche' no?

C Terzo livelo **

33. 옆 테이블 신사 두 명은 계산을 하고 가 버린다.
    tavolo accanto 옆 테이블 ; pagare il conto 계산하다 ; andarsene 가 버리다

34. 반대방향으로 가는 것(역주행)은 도시 교통법 위반이다.
    andare contromano 역주행 ;
    fare parte delle trasgressioni locali della citta' 도시교통법 위반

35. 헬멧 없이 스쿠터 타고 다니는 것은 매우 위험하다.
    senza casco 헬멧 없이

36. 좀 더 앞으로 가라! (긍정명령 Tu ← gr.1.4.1)
    un po' piu' avanti 좀 더 앞으로

37. 자러 가라! / 잠자리에 들거라!

38. 사거리까지 가신 후, 두 번째 도로에서 우회전 하세요! (긍정명령 Lei ← gr.1.4.1)
    fino all'incrocio 사거리까지 ; girare alla seconda a destra 두 번째 도로에서 우회전하다

39. 난 가겠어! (약간 화가 난 상태)
    andare via 가버리다(= andarsene)

40. 봐라, 하늘이 어둡다! 폭풍우가 오고 있는 중이다. (현재진행형 ← gr.5.3)
    arrivare un temporale 폭풍우가 오다

03. andare

41. 나는 그녀에게 현대 음악 콘서트 보러 가라고 제안했다.
proporre di+inf. ~를 제안하다 ; musica contemporanea (동시대) 현대 음악

42. Piero의 어머니는 Piero가 출가하길 원한다는 사실에 대해 흡족해 한다.
del fatto che ~라는 사실에 대해

43. 내가 시칠리아에 가는 동기는 매우 개인적이다. (관계대명사 Cui ← gr.7.5)
il motivo 동기, 이유 ; personale 개인적인

44. 차로 직장에 가는 사람은 주차 문제를 갖는다. (복합관계대명사 Chi ← gr.7.4)
andare al lavoro 직장에 가다 ; avere problemi con il parcheggio 주차 문제를 지니다

45. 여행자 십계명 : 항상 환경을 존중하라. 절대 바닥에 아무것도 버리지 마라. 담배꽁초 조차도. (근데 이런 행동은 어디를 가든 행해져야 한다.) (수동태 ← gr.4.1)
Decalogo 십계명 ; il viaggiatore 여행자 ; rispettare 존중하다 ; l'ambiente 환경 ; gettare 버리다 ; per terra 바닥에 ; nemmeno ~조차도 아니다 ; dovunque 어디를 가든

C Chiavi

33. I due signori del tavolo accanto pagano il conto e **se ne vanno**. (andarsene)

34. **Andare** contromano fa parte delle trasgressioni locali della citta'.

35. E' molto pericoloso **andare** in motorino senza casco.

36. **Va'** un po' piu' avanti!

37. **Va'** a dormire! / **Va'** a letto!

38. **Vada** fino all'incrocio, poi giri alla seconda a destra!

39. **Vado** via da questo posto! (= me ne vado)

40. Guarda che cielo scuro! **Sta arrivando** un temporale.

41. Le ho proposto di **andare** a vedere un concerto di musica contemporanea.

42. La madre di Piero e' contenta del fatto che Piero vuole **andare** via di casa.

Corso Di *Italiano* Per Coreani

43. Il motivo, per cui **vado** in Sicilia, e' molto personale.

44. Chi **va** al lavoro in macchina ha problemi con il parcheggio.

45. Decalogo per il viaggiatore : Rispettare sempre l'ambiente. Non gettare mai nulla per terra, nemmeno una sigaretta. (ma questo **va** fatto dovunque.)

ESERCIZI

A "andare" 동사의 직설법미래 형태로 문장을 완성하고 번역하세요. 그리고 직설법현재, 다른 동사의 미래를 각각 찾아보세요. gr.1.1.5

01. Non (io) _____ a feste di compleanno.

02. L'anno prossimo (lui) _____ a vivere da solo.

03. L'anno prossimo (lei) _____ in vacanza in Italia.

04. Anche Piero, il controllore, ogni tanto guardando i passeggeri che scendono e salgono con pacchi e valigie si chiede : ma dove (loro) _____ ?

05. Fabio pensa dentro di se', ecco : non la chiamero', non rispondero' alle sue lettere, non ascoltero' piu' le canzoni, non mettero' piu' questa maglietta, non _____ piu' al caffe' "Zani", non prendero' l'autobus n.68, e non ... non le mandero' neanche questa lettera.

Chiavi

01. andro'   02. andra'   03. andra'   04. andranno   05. andro'

직설법현재 :
04. scendono, salgono, chiede   05. pensa

직설법미래 :
05. chiamero', rispondero', ascoltero', mettero', prendero', mandero'

03. andare

03. andare

01. 나는 생일 파티에는 가지 않을 거야.
02. 내년에 그는 혼자 살러 출가할 예정이다.
03. 내년에 그녀는 이탈리아로 휴가 갈 예정이다.
04. 검표원인 삐에뜨로 역시 가끔 보따리와 여행 가방을 갖고 기차에 오르내리는 승객들을 쳐다보면서 자문해 본다. '도대체, 그들은 어디로 가려 하는 것인가?
05. 파비오는 혼자 이렇게 생각한다. '나는 그녀에게 전화하지 않을 거야, 그녀의 편지에 답장 안 하고, 더 이상 노래도 듣지 않을 거야. 티셔츠도 더 이상 입지 않고 "짜니" 까페에도 안 갈 거야. 68번 버스를 타지 않을 것이며, 이 편지도 그녀에게 보내지 않을 거야.

B "andare" 동사의 근과거 형태로 문장을 완성하고 번역하세요. 그리고 직설법불완료과거, 다른 동사의 근과거를 찾아보세요. gr.1.1.2

01. Il signor Fantoni non e' in ufficio, _____ _____ al bar.
02. La signora Caterina _____ _____ a fare spese ed ha comprato queste cose.
03. Ragazze, dove _____ _____?
04. Annarita _____ _____ al cinema la sera prima.
05. Piero _____ _____ dal medico.
06. Ragazzi, _____ mai _____ in America? No, non ci _____ mai _____.
07. Di solito vado al lavoro in macchina. Ieri, invece, _____ _____ in autobus.
08. Ieri sera (noi) _____ _____ al cinema e abbiamo visto un film interessante.
09. Avevo mal di denti e _____ _____ dal medico.
10. Ieri avevo sonno, percio' _____ _____ a letto presto.
11. Domenica scorsa (loro) _____ _____ a Bracciano per visitare il castello : c'era molta gente e la guida era molto brava.
12. Non e' venuto nessuno con me a Firenze, ci _____ _____ da solo.

Corso Di *Italiano* Per Coreani

Chiavi

01. e' andato
02. e' andata
03. siete andate
04. e' andata
05. e' andato
06. Siete andati, siamo andati
07. sono andato/a
08. siamo andati/e
09. sono andato/a
10. sono andato/a
11. sono andati/e
12. sono andato/a

직설법불완료과거 :
09. avevo
10. avevo
11. c'era, era

근과거 :
02. ha comprato
08. abbiamo visto
12. e' venuto

01. 판또니 씨는 지금 회사에 없어요, 빠에 갔어요.
02. 까떼리나 부인은 쇼핑하러 가서 이런 물건들을 샀다.
03. 예들아, 어디 갔었니?
04. 안나리따는 전 날 저녁에 영화관에 갔다.
05. 삐에로는 병원에 갔다.
06. 얘들아, 미국에 가 본 적 있니? – 아니, 한 번도 못 갔어.
07. 보통 나는 차로 출근한다. 그런데 어제는 버스 타고 갔다.
08. 어제 저녁 우리는 영화관에 가서 흥미진진한 영화 한 편 보았다.
09. 나는 치통이 있어서 병원에 갔다.
10. 어제 나는 졸려서 일찍 잠자리에 들었다.
11. 지난 일요일 그들은 성을 둘러보기 위해 브랏치아노에 갔다. 사람이 아주 많았고 가이드는 무척 훌륭했다.
12. 아무도 나랑 피렌체에 가지 않았다. 거기에 나는 혼자 갔다.

C "andare" 동사의 직설법불완료과거 형태로 문장을 완성하고 번역 하세요. 그리고 다른 동사의 불완료과거를 찾아보세요. gr.1.1.3

01. Quando vivevo a Londra _____ al lavoro in metro. Lavoravo vicino alla City e scendevo alla fermata di "Bank".
02. L'anno scorso (io) _____ in palestra ogni settimana.
03. Da bambina (lei) _____ a letto con l'orsacchiotto.

03. andare

03. andare

Chiavi

01. andavo   02. andavo   03. andava

직설법불완료과거 :

01. vivevo, lavoravo, scendevo

01. 내가 런던에 살 때, 전철로 출근하곤 했다. 도시 근처에서 근무했고 "Bank" 역에서 내리곤 했다.
02. 작년에 나는 매주 체육관에 가곤 했다.
03. 어렸을 때 그녀는 곰돌이 인형과 잠자리에 들곤 했다.

D "andare" 동사의 <u>단순조건법</u> 형태로 문장을 완성하고 번역하세요. gr.1.2.1

01. Ti _____ un gelato?
02. Piero _____ volentieri in Sicilia.
03. (Io) _____ al mare con te.
04. (Tu) _____ a dormire?

Chiavi

01. andrebbe   02. andrebbe   03. Andrei   04. Andresti

01. 너 정말 아이스크림 먹고 싶니?
02. 삐에로는 정말로 시칠리아에 가고 싶어 한다.
03. 나는 정말로 너랑 바닷가에 가고 싶다.
04. 너 정말 잠자러 가고 싶으니?

*Corso Di **Italiano** Per Coreani*

COME SI DICE

- **Buongionro!** 안녕하세요! 안녕히 가세요! (아침부터 오후 2~3시 정도까지)
- **Buonasera!** 안녕하세요! 안녕히 가세요! (오후 3~4시부터 저녁 늦게까지)
- **Buonanotte!** 안녕히 주무세요! 잘 자! (잠자리에 들기 전)
- **Ciao!** 안녕! (주로 친구 사이에)
- **Arrivederci!** 우리 또 만나!
- **ArrivederLa!** 또 뵙겠습니다!
- **A domani!** 내일 봐!/내일 뵙겠습니다!
- **A presto!** 빠른 시일 내에 보자!/빠른 시일 내에 뵙겠습니다!

- **Buona giornata!** — Grazie, anche a te/a Lei!
  좋은 하루 되라/되세요! — 고마워, 너도/당신도요!
- **Buon lavoro!** 수고 해라/하세요!
- **Buon viaggio!** 즐거운 여행 되라/되세요!
- **Buone vacanze!** 즐거운 휴가 되라/되세요!
- **Buon fine settimana!** — Grazie, anche a te/a Lei!
  좋은 주말 되라/되세요! — 고마워, 너도/당신도요!
- **Me ne vado!** (andarsene = andare + se + ne) (삐쳐서) 나 갈래!
  me ne vado, te ne vai, se ne va ; ce ne andiamo, ve ne andate, se ne vanno
  me ne vado에서 'ne'는 '있던 장소로부터'의 뜻.
  'me'는 재귀대명사(mi)로서 '나 자신'의 의미.
  결국 "나는 나 자신을 ~장소로부터 가게 하겠다."
  즉 "나 갈래!"인 것이다.
- **Vado via!** (삐쳐서) 나 갈래!

03. andare

GLOSSARIO(어휘)

andante agg. [p.pr.] 평범한, 중간의 ; 품위 없는, 연속적인 ; 꾸밈없는 ; 적당히 느린
  ← and<u>are</u> + ante(현재분사 어미, 형용사로 파생)

andantino agg. 안단테보다 조금 빠른
  ← andant<u>e</u> + ino(축소형 어미)

andato agg. [p.ps.] 경과된, 과거의 ; 진부한
  il mese andato 지난 달, nei tempi andati 지난 시절
  ← and<u>are</u> + ato(과거분사 어미, 형용사로 파생)

l'andata 진행 ; 출발 ; andata e ritorno 왕복
  ← andato(과거분사 어미, 명사로 파생)

l'andatura 보행 ; 보행법 ; (배의) 속도
  ~ regolare 규칙적인 보행 ; 보행법. ~ naturale 자연스럽 보행법.
  all'~ di 20 nodi 20노트 속도로
  ← and<u>are</u> + (a)tura(명사형 어미)

l'andamento 진행, 경과, 동태, 상황 ; 경향 ; 전개
  ← and<u>are</u> + (a)mento(명사형 어미)

l'andazzo (일시적) 습관, 풍조, 유행 ; 경향

04 | venire

v.intr. ~에서 오다, ~에 가다 ➜ come

- presente indicativo : **vengo**, **vieni**, **viene**, **veniamo**, **venite**, **vengono**
- passato prossimo : **essere** 직설법현재+**venuto/a/i/e**
- imperfetto indicativo : ven**ivo**, ven**ivi**, ven**iva**, ven**ivamo**, ven**ivate**, ven**ivano**
- futuro semplice : ver**ro'**, ver**rai**, ver**ra'**, ver**remo**, ver**rete**, ver**ranno**
- condizionale semplice : ver**rei**, ver**resti**, ver**rebbe**, ver**remmo**, ver**reste**, ver**rebbero**
- congiuntivo presente : venga, venga, venga, veniamo, veniate, vengano
- participio passato : ven**uto**
- participio presente : ven**iente**
- gerundio : ven**endo**

(io)	**vengo**	da Seoul, Parigi, Monaco, Amburgo, Sidney. 서울, 파리, 뮌헨, 함부르크, 시드니 출신이다. dalla Corea, Svizzera, Cina, Polonia, Spagna. 대한민국, 스위스, 중국, 폴란드, 스페인 출신이다. dal Brasile, Giappone, Portogallo. 브라질, 일본, 포르투갈 출신이다. dall'Italia, Olanda, Australia. 이탈리아, 네덜란드, 호주 출신이다. dall'Iran, Egitto, Equador. 이란, 이집트, 에쿠아도르 출신이다. dagli Stati Uniti, Emirati Arabi. 미국, 아랍에미레이트 출신이다.
Da dove(tu)	**vieni?**	어디 출신이니?
Lui e' austriaco, 그는 오스트리아인이고 Da dove	**viene**	da Vienna. 비엔나 출신이다. Andreas? 안드레아스는 어디 출신이니?

04. venire

Si', (noi) 그래, 우리는	**veniamo**	da Londra. 런던 출신이다. dall'Olanda. 네덜란드 출신이다.
E voi 근데 너희들은	**venite**	dalla Grecia? 그리스 출신이니? dall'Inghilterra? 영국 출신이니? dalla Svizzera? 스위스 출신이니?
Anche le mie amiche sono brasiliane, 내 여자 친구들도 브라질 사람들이며,	**vengono**	da San Paolo. 쌍 파올로 출신이다.

COMPOSIZIONE

A Primo livelo *

01. 너 나랑 빠에 갈래? – 아니, 미안해, 지금 시간이 없어.
    <u>non avere tempo</u> 시간 없다

02. 나의 집에 곧 올래? – 그래, 이따가 갈게.
    <u>piu' tardi</u> 이따가

03. 너도 오늘 저녁 피자집에 갈래? – 그래, 좋아!

04. 대학교에서 공부하기 위해 많은 청년들이 로마에 온다.

05. 그는 차로 왔니?

*Corso Di **Italiano** Per Coreani*

A Chiavi

01. **Vieni** con me al bar? – No, mi dispiace, adesso non ho tempo.

02. **Vieni** subito da me? – Si', **vengo** piu' tardi.

03. **Vieni** anche tu stasera in pizzeria? – Come no!

04. Molti ragazzi **vengono** a Roma per studiare all'universita'.

05. Lui e' **venuto** in macchina?

B Secondo livelo **

06. 그러나 이번에 그는 유도 시합 때문에 온다.
    <u>questa volta</u> 이번에 ; <u>una gara di judo'</u> 유도 시합

07. 내일 우리는 축구 시합에 간다.
    <u>all'incontro di calcio</u> 축구 시합에

08. 올 수 없다고 말하지 마라, 정말 모두가 온다.

09. 너도 오늘 저녁 파티에 오는구나! 재미있을 거다.
    <u>divertirsi</u> 재미있다, 즐겁다

10. 오늘 저녁 우리 집에 아무도 오지 않는다.

11. 그런데 오늘 저녁 우리 집에 식사하러 오는 네 여자 친구는 누구니?

12. 기차에서 서비스되는 pasta는 인스턴트다. (일반수동태 ← gr.4.1)
    <u>servire</u> 서비스하다 ; <u>istantaneo</u> 인스턴트의

13. 네가 로마에 올 때 너를 예쁜 레스토랑에 데리고 갈게. (단순미래 ← gr.1.1.5)
    <u>portare</u> 데리고 가다

04. venire

04. venire

14. 결국 나는 말했다. "네가 오늘 저녁 콘서트에 오지 않는다면, 더 이상 네 집에 저녁 먹으로 가지 않을 거다."
Alla fine 결국 ; non ~ piu' 더 이상 ~ 아니다

15. 어제 나의 파티에 너는 왜 오지 않았니? - 미안해, 정말 피곤했거든.
(근과거 / 불완료과거 ← gr.1.1.2/1.1.3)

16. 나는 늘 버스로 학교에 간다. 그런데 오늘 아침엔 걸어서 갔다.
a piedi 걸어서

17. Giuliana는 열이 나서 어제 학교에 가지 못했다. (근과거 / 불완료과거)
avere la febbre 열이 나다

18. 어느 누구도 나랑 피렌체에 가지 않았다. 거기에 혼자 갔다. (근과거)
da solo 혼자

19. 내가 아플 때, 나의 할머니는 늘 예쁜 선물을 들고 나를 보러 오시곤 했다는 것을 기억한다. (불완료과거)
stare male 몸이 아프다 ; venire a trovare 보러 가다 ;
portare un regalino 예쁜 선물을 갖고 가다

B Chiavi

06. Questa volta pero' **viene** per una gara di judo'.

07. Domani **veniamo** all'incontro di calcio.

08. Non dire che non puoi **venire**, **vengono** proprio tutti.

09. **Vieni** anche tu alla festa stasera! Ti divertirai!

10. A casa nostra stasera non **viene** nessuno.

11. Ma chi e' questa tua amica che **viene** a cena da noi stasera?

Corso Di *Italiano* Per Coreani

12. La pasta che **viene servita** in treno e' istantanea.

13. Quando **verrai** a Roma ti portero' in un ristorante carino.

14. Alla fine ho detto : "Se non vieni al concerto stasera, non **verro'** piu' a cena da te!"

15. Perche' non **sei venuto** alla mia festa ieri? – Mi dispiace, ma ero prorio stanca.

16. Vengo sempre a scuola in autobus. Stamattina, invece, **sono venuto**/a a piedi.

17. Giuliana non **e' venuta** a scuola ieri perche' aveva la febbre.

18. Non **e' venuto** nessuno con me a Firenze, ci sono andato da solo.

19. Ricordo che quando stavo male mia nonna **veniva** sempre a trovarmi e mi portava sempre un regalino.

COME SI DICE

불확실성을 표현

01. Marco, vieni al mare con me domenica mattina?

    Non so, **non sono sicuro** : forse devo andare a Roma con i miei genitori.

    Forse, ...

    Puo' darsi ...

    마르꼬, 나랑 일요일 아침에 바닷가에 갈래?

    모르겠어, 확실하지 않아서 말이야. 부모님과 로마에 가야할 것 같아.

    아마도, …

    글쎄, …

02. **Benvenuto** a Seoul! 서울에 오신 걸 환영합니다! (Welcome to Seoul!)

05 | volere

v.tr/v.aus+inf./nome ～하길 원하다,/～를 원하다 ; (조건법) ～하고 싶다 ➡ want ; I'd like

- presente indicativo : **voglio**, **vuoi**, **vuole**, **vogliamo**, **volete**, **vogliono**
- passato prossimo : **avere voluto**+v.tr. ; **essere voluto/a/i/e**+v.intr.
- imperfetto indicativo : vol**evo**, vol**evi**, vol**eva**, vol**evamo**, vol**evate**, vol**evano**
- futuro semplice : vor**ro'**, vor**rai**, vor**ra'**, vor**remo**, vor**rete**, vor**ranno**
- condizionale semplice : vor**rei**, vor**resti**, vor**rebbe**, vor**remmo**, vor**reste**, vor**rebbero**
- congiuntivo presente : voglia, voglia, voglia, vogliamo, vogliate, vogliano
- participio passato : vol**uto**
- participio presente : vol**ente**
- gerundio : vol**endo**

(io)	**voglio**	un caffe'. 커피를 원한다. un gelato. 아이스크림을 원한다. parlare italiano. 이탈리아어를 말하고 싶다. fare un giro in macchina. 차타고 돌아다니고 싶다.
(tu)	**vuoi**	chiamarmi quando torni? 네가 돌아 올 때 내게 전화하고 싶어?
(lui, lei, Lei)	**vuole**	essere in forma per la gara. 시합을 위해 몸을 만들고 싶다.
(noi)	**vogliamo**	un passaggio per il centro. 시내를 돌아다니고 싶다.
(voi)	**volete**	rimanere a cena? 집에 있고 싶니?
(loro)	**vogliono**	uscire la sera per bere qualcosa. 뭘 좀 마시러 저녁에 외출하고 싶어 한다.

Corso Di *Italiano* Per Coreani

(io)	**vorrei =** **I would like**	vedere un vestito nero, molto elegante. 매우 우아한 검은 색 옷을 보고 싶어요. vedere un paio di pantaloni / jeans / calze / guanti. 바지/청바지/스타킹/장갑을 보고 싶어요. vedere due paia di stivali / scarpe. 부츠 두 켤레/신발 두 켤레 보고 싶어요. una giacca rossa. 빨간 색 재킷을 보고 싶어요. un maglione leggero. 가벼운 스웨터를 보고 싶어요. gli spaghetti alla carbonara. 가르보나라 스파겟띠 주세요. le tagliatelle al ragu'. 미트소스 딸리아뗄레 주세요. la bistecca ai ferri. 석쇠구이 비프스테이크 주세요. la cotoletta alla milanese. 밀라노 식 커틀렛 주세요. l'insalata mista / di pomodori. 혼합 샐러드/토마토 샐러드 주세요. le patate fritte / al forno. 감자튀김/오븐에 익힌 감자 주세요.
(tu)	**vorresti**	venire da noi? 우리 집에 정말 오고 싶니? andare in vacanza? 정말 휴가 가고 싶니?
(lui, lei, Lei)	**vorrebbe**	bere una birra. 정말 맥주 마시고 싶어 한다. vederti. 너를 정말 보고 싶어 한다. uscire un po'. 정말 잠시 외출하고 싶어 한다.
(noi)	**vorremmo**	fare colazione al bar. 정말 빠에서 아침을 먹고 싶다. fare un viaggio. 정말 여행하고 싶다. rimanere a casa. 정말 집에 있고 싶다.
(voi)	**vorreste**	dire la verita'? 정말 진실을 말하고 싶니?
(loro)	**vorrebbero**	stare a casa. 정말 집에 있고 싶어 한다. ricevere le tue notizie. 정말 너의 소식을 받아보고 싶어 한다. giocare a tennis. 정말 테니스 치고 싶어 한다.

05. volere

05. volere

COMPOSIZIONE

A Primo livelo *

01. 케이크 한 조각 먹을래? – 아니야, 고마워.
    una fetta 한 조각

02. 모든 사람들은 자식들을 사랑한다.
    volere bene a ~를 사랑하다, 그리워하다

03. 너희들은 오늘 저녁 뭘 하고 싶니? – 차 타고 돌아다니고 싶어.
    fare un giro 돌아다니다 ; in macchina 차로

04. 너 오늘 저녁 외출하니? – 아니, 나 피곤해. 일찍 잠자리에 들고 싶어.

05. 저녁 식사 때 우리 집에 있고 싶니? – 고마워, 기꺼이…

06. 난 목이 말라서 시원한 것 마시고 싶다.
    qualcosa di fresco 시원한 것

07. Piero는 기자 일을 하고 싶어 한다.
    fare il giornalista 기자 일을 하다

08. Filippo는 시합 전에는 저녁에 외출하길 원하지 않는다.
    prima della gara 시합 전에

09. 난 저녁에 외출하고 싶지 않다. 너무 피곤하거든!

10. 원하는 사람은 나가도 좋다. 수업이 끝났다.

11. Filippo는 시합을 위해 몸 만들기를 원한다.
    essere in forma 몸 만들다

12. Filippo의 친구들은 뭐 좀 마시기 위해 저녁에 외출하고 싶어 한다.

A Chiavi

01. **Vuoi** una fetta di torta? – No, grazie.

02. Tutti **vogliono** bene ai figli.

03. Che cosa **volete fare** stasera? – **Vogliamo fare** un giro in macchina.

04. Esci stasera? – No, sono stanco, **voglio andare** a letto presto.

05. **Vuoi rimanere** a cena da noi? – Grazie, volentieri ...

06. Ho sete, **voglio bere** qualcosa di fresco.

07. Piero **vuol fare** il giornalista.

08. Filippo non **vuole uscire** la sera prima della gara.

09. Non **voglio uscire** stasera, sono troppo stanco!

10. Chi **vuole**, puo' uscire, la lezione e' finita.

11. Filippo **vuole essere** in forma per la gara.

12. Gli amici di Filippo **vogliono uscire** la sera per bere qualcosa.

B Secondo livelo **

13. 이기길 원한다면, 너무 많이 먹어서는 안 된다.
    <u>vincere</u> 이기다, 승리하다

14. 원한다면 네가 돌아올 때, 내게 전화해라! (긍정명령 ← gr.1.4.1)

15. 지금은 됐다. 너희들이 친구들과 대화를 원한다면, 밖에서 서로 만나지 그러니?

05. volere

ora basta 지금은 됐다

16. 몇 장의 엽서를 원하니? – 나는 세 장 / 서너 장을 원해 / 나는 아무 것도 원하지 않아.

B Chiavi

13. Se **vuole vincere** non deve mangiare troppo.

14. Se tu **vuoi**, chiamami quando torni!

15. Ora basta, se **volete parlare** con gli amici perche' non vi incontrate fuori?

16. Quante cartoline **vuoi**?

   Ne **voglio** tre. / Ne **voglio** alcune. / Non ne **voglio** nessuna.

C Terzo livelo **

17. 나는 정말 음악을 듣고 싶다 / 축구 하고 싶다 / 책을 읽고 싶다 /
커피 마시고 싶다 / 친구들과 나가고 싶다 / 기자가 되고 싶다 /
의사일을 하고 싶다 / 정보학을 공부하고 싶다 / 은행에서 일하고 싶다 /
의류점을 오픈하고 싶다 / 미국에서 살고 싶다. (단순조건법 ← gr.1.2.1)

   giocare a calcio 축구하다 ; fare il medico 의사일을 하다 ;

   aprire un negozio di abbigliamento 의류점을 오픈하다

18. 너 도움을 좀 주겠니? / 내게 좀 와 주겠니? / 정말 휴가 가고 싶니? / 정말 늦잠 자고 싶니?

   dare una mano 도움을 주다 ; andare in vacanza 휴가 가다 ;

   dormire fino a tardi 늦잠 자다

19. 그는 아이스크림을 정말 먹고 싶어 한다 / 일자리를 정말 바꾸고 싶어 한다 /
Stefano에게 정말 편지 쓰고 싶어 한다 / 정말 저녁 외식하고 싶어 한다.

Corso Di *Italiano* Per Coreani

andare a cena fuori 저녁 외식하러 가다

20. 여보세요! 안녕하세요, Marchi 부인과 통화하고 싶은데요.

pronto 여보세요

21. 외국인을 위한 이탈리아어 학교 주소들을 원하는데요.

per stranieri 외국인들을 위한

22. 주스 용 오렌지 1 킬로 주세요/1 유로짜리 엽서 두 장 주세요/
1 리터짜리 생수 한 병 주세요/저렴한 케이크 하나 주세요/
의식에 입을 옷 한 벌 주세요/테이블 위에 놓을 스탠드 하나 주세요/
콩 500그램 한 상자 주세요.

arance da spremuta 주스 용 오렌지들 ; da 1 euro 1유로짜리 ;

una torta economica 저렴한 케이크 ; un abito per una cerimonia 의식에 입을 옷 ;

la lampada 스탠드 ; contenere 담다, 포함하다 ; piselli 콩들

23. Piero는 호기심이 많아 그녀가 뭘 그리는지 정말 알고 싶어 한다.

curiosito 호기심 많은 ; disegnare 그리다, 디자인하다

24. Piero는 정말 기자가 되고 싶어 한다.

diventare giornalista 기자가 되다 ; fare il giornalista 기자일을 하다

25. 우리는 이 나라를 정말 바꾸고 싶다.

questo paese 이 나라, 이 마을, 이 고향

C Chiavi

17. Vorrei ascoltare la musica/giocare a calcio/leggere un libro/
prendere un caffe'/uscire con gli amici/diventare giornalista/

05. volere

05. volere

fare il medico/studiare informatica/lavorare in banca/
aprire un negozio di abbigliamento/vivere negli Stati Uniti.

18. **Vorresti** dare una mano?/venire da me?/andare in vacanza?/
dormire fino a tardi?

19. **Vorrebbe** mangiare un gelato/cambiare lavoro/
scrivere a Stefano/andare a cena fuori.

20. Pronto! Buongiorno, **vorrei parlare** con la signora Marchi, per favore.

21. **Vorrei** gli indirizzi delle scuole d'italiano per stranieri.

22. **Vorrei** un chilo di arance da spremuta/due cartoline da 1 euro/
una bottiglia di acqua minerale da un litro/una torta economica/
un abito per una cerimonia/una lampada per mettere su un tavolo/
una scatola che contiene mezzo chilo di piselli.

23. Piero e' curiosito e **vorrebbe** sapere cosa disegna.

24. Piero **vorrebbe** diventare/fare il giornalista.

25. Noi lo **vorremmo** cambiare questo paese.

ESERCIZI

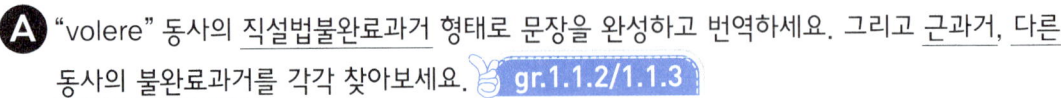

A "volere" 동사의 직설법불완료과거 형태로 문장을 완성하고 번역하세요. 그리고 근과거, 다른 동사의 불완료과거를 각각 찾아보세요. gr.1.1.2/1.1.3

01. Cosa ricordi del tuo primo giorno di scuola?
Avevo un grembiule bianco col fiocco rosa, non conoscevo nessuno, piangevo perche' (io) _____ la mamma.

02. Franco ha deciso di lavorare come cameriere sul treno perche' (lui)

Corso Di Italiano Per Coreani

_____ provare a vivere in Italia per un po'.
03. Il bambino _____ raccogliere le uova della gallina.
04. Non avevo soldi e cosi' non ho comprato tutto quello che (io) _____.
05. E suo padre gli diceva che un po' di militare ci _____ per tutti, per diventare uomini.
06. (Io) _____ pagare ma alla cassa non c'era nessuno.

Chiavi

01. volevo
02. voleva
03. voleva
04. volevo
05. voleva
06. Volevo

근과거 :
02. ha deciso
04. ho comprato

직설법불완료과거 :
01. Avevo, conoscevo, piangevo
04. avevo
05. diceva
06. era

01. 너의 학교 첫 날 뭐가 기억나니? 나는 분홍색 장식용 술이 달린 하얀 에이프론을 입고 있었고, 아는 사람이 아무도 없었다. 난 엄마가 보고싶어 울었다.
02. 프랑꼬는 잠시 동안이라도 이탈리아에 살고자 원하기 때문에 열차 웨이터로 일하기로 결심했다.
03. 그 아이는 암탉의 알을 줍고 싶어 했다.
04. 나는 돈이 없어서 내가 원하는 모든 것을 사지 못했다.
05. 그의 아버지는, 남자가 되기 위해 모든 사람들에게 약간의 군복무는 필요하다고 그에게 말씀하시곤 했다.
06. 나는 지불하고 싶었지만 계산대엔 아무도 없었다.

05. volere

GLOSSARIO(어휘)

il volere 의지
volente agg. [p.pr.] 바라는, 기꺼이 ~하는
    ← vol<u>ere</u>+ente(현재분사 어미, 형용사로 파생)
volenteroso agg. 열의가 있는
    ← volent<u>e</u>+eroso(형용사형 어미)
volentieri avv. 기꺼이, 흔쾌히, 자진하여
    ← volent<u>e</u>+ieri
la volonta' 의지. di mia ~ 나의 의지로
    ← vol<u>ere</u>+onta'(명사형 어미)
volontario agg. 자발적인. offerta ~ 자발적 헌금
    ← volonta'+ario(형용사형 어미)
il volontariato, il volontario 지원자, 지원병
    ← volontari<u>o</u>+ato(과거분사 어미, 명사로 파생)

06 | dovere

v.aus.+inf. ~ 해야만 하다 ; (조건법) ~해야 할 것 같다
→ must ; should

- presente indicativo : **devo**, **devi**, **deve**, **dobbiamo**, **dovete**, **devono**
- passato prossimo : **avere dovuto + v.tr.** ; **essere dovuto/a/i/e + v.intr.**
- imperfetto indicativo : dov**evo**, dov**evi**, dov**eva**, dov**evamo**, dov**evate**, dov**evano**
- futuro semplice : dov**ro'**, dov**rai**, dov**ra'**, dov**remo**, dov**rete**, dov**ranno**
- condizionale semplice : dov**rei**, dov**resti**, dov**rebbe**, dov**remmo**, dov**reste**, dov**rebbero**
- congiuntivo presente : debba, debba, debba, dobbiamo, dobbiate, debbano
- participio passato : dov**uto**
- participio presente : dov**ente**
- gerundio : dov**endo**

(io)	**devo**	andare alla posta per pagare in bolletta del telefono. 전화요금 내러 우체국에 가야 한다. andare dal dentista alle 11. 11시에 치과에 가야 한다. andare dal meccanico alle 18. 18시에 정비소에 가야 한다. andare da Paolo per la festa di compleanno. 생일 파티를 위해 빠올로 집에 가야 한다.
(tu)	**devi**	andare in banca per l'appuntamento con direttore? 지점장과 약속을 위해 은행에 가야 하니?
(lui, lei, Lei)	**deve**	andare dal medico per la visita di controllo alle 9. 9시에 진찰 받으러 병원에 가야 한다.
(noi)	**dobbiamo**	andare a Roma con i miei genitori. 부모님과 로마에 가야 한다.

06. dovere

(voi)	**dovete**	partire presto? 빨리 떠나야 하니? preparare un esame? 시험 준비해야 하니?
(loro)	**devono**	lavorare fino a tardi. 늦게까지 일 해야 한다.

(io)	**dovrei** = should	avere un po' di pazienza. 인내심을 좀 가져야 할 것 같다.
(tu)	**dovresti**	mangiare meno. 좀 덜 먹어야 할 것 같다. leggere il giornale ogni giorno. 매일 신문을 좀 읽어야 할 것 같다. fare un po' di sport. 운동 좀 해야 할 것 같다. studiare qualche lingua straniera. 외국어 몇 개를 좀 공부해야 할 것 같다. uscire piu' spesso. 더 자주 좀 외출해야 할 것 같다. andare in vacanza. 휴가를 좀 가야 할 것 같다.
(lui, lei, Lei)	**dovrebbe**	bere di meno. 좀 절주해야 할 것 같다. andare dal medico. 병원에 좀 가야 할 것 같다. prendere qualche giorno di ferie. 며칠 휴가를 좀 얻어야 할 것 같다. dormire di piu'. 잠을 더 좀 자야 할 것 같다. finire il lavoro prima di partire. 출발 전에 일을 좀 끝내야 할 것 같다. viaggiare piu' spesso. 더 자주 좀 여행해야 할 것 같다.

Corso Di *Italiano* Per Coreani

(noi)	**dovremmo**	smettere di fumare. 금연 좀 해야 할 것 같다.
(voi)	**dovreste**	riposarvi un po'. 좀 쉬어야 할 것 같다.
(loro)	**dovrebbero**	frequentare un altro corso d'inglese. 다른 영어 과정을 좀 다녀야 할 것 같다.

COMPOSIZIONE

A Primo livelo *

01. 일하러 가야 하니까 난 슬프다.

02. 내일 Massimo는 친구랑 Venezia에 가야 한다.

03. 너희들은 오늘 저녁 뭘 해야 하니? – Marco를 위해 생일 파티를 해야 돼.
    fare la festa di compleanno 생일 파티 하다

04. 나는 오늘 은행에 가야 한다.

05. 너는 토요일도 일 해야 하니?

06. 그는 중국어를 공부해야 한다.

07. 그녀는 시장에서 장을 봐야 한다.

08. 나는 개를 산책시켜야 한다.
    portare a spasso ~를 산책 시키다

06. dovere

09. 나의 형은 매일 요리해야 한다.

10. 우리는 오페라 극장 티켓을 사야 한다.

11. 모든 사람들은 수업 중에 이탈리아어를 말해야 한다.

12. Angela는 이사해야 한다.
cambiare casa 이사하다

13. 오늘 나는 10분 먼저 교실을 나가야 한다.

14. 이번 주말 나는 집을 대청소해야 한다.
questo fine settimana 이번 주말

15. 내말 좀 들어봐, Franco, 저녁 준비하지 않아도 된다. 오늘 저녁 외식할거야.
(긍정명령 ← gr.1.4.1)
cenare fuori 저녁 외식하다

16. 너는 의사를 좀 불러야 할 것 같다. (단순조건법 ← gr.1.2.1)

17. 너는 공부를 더 좀 해야 할 것 같다. (단순조건법)

A Chiavi

01. Sono triste perche' **devo andare** a lavorare.

02. Domani Massimo **deve andare** a Venezia con un amico.

03. Che cosa **dovete fare** stasera?
　　－**Dobbiamo fare** la festa di compleanno per Marco.

04. **Devo andare** in banca oggi.

05. Tu **devi lavorare** anche il sabato?

06. Lui **deve studiare** il cinese.

Corso Di Italiano Per Coreani

07. Lei **deve fare** la spesa al mercato.

08. **Devo portare** a spasso il cane.

09. Mio fratello **deve cucinare** ogni giorno.

10. **Dobbiamo comprare** i biglietti per il teatro.

11. Tutti **devono parlare** italiano in classe.

12. Angela **deve cambiare** casa.

13. Oggi **devo uscire** dalla classe dieci minuti prima.

14. Questo fine settimana **devo pulire** tutta la casa.

15. Senti Franco, non **devi preparare** la cena, stasera ceniamo fuori.

16. **Dovresti chiamare** il dottore.

17. **Dovresti studiare** di piu'! (consiglio)

B Secondo livello ∗∗

18. Lucia는 대학교에 등록해야 한다.
    iscriversi all'universita' 대학에 등록하다

19. 다음 주 수업을 위해 우리는 이탈리아어로 짧은 텍스트를 하나 써야 한다.
    un testo 텍스트

20. Sardegna에 가길 원한다면, 너희들은 3개월 전에 예약해야 한다.
    tre mesi prima 3개월 전에 ; prenotare 예약하다

21. 기차에 오르기 전에 너희들은 (첵크기에) 표를 찍어야 한다.
    prima di ~ 하기 전에 ; timbrare il biglietto (첵크기에) 표를 찍다

06. dovere

22. Luigi는 군복무를 위해 1월에 떠나야 한다.
    il servizio militare 군복무

23. 안녕, 난 먼저 자리를 떠야겠어. 10분 뒤에 약속이 있거든.
    scappare 서둘러 가다, 도망치듯 가다, 먼저 자리를 뜨다

24. 이기길 원한다면 그는 과식해서는 안 된다.
    vincere 이기다, 승리하다 ; mangiare troppo 과식하다

25. Filippo는 자신의 체중에 각별히 주의해야 한다.
    fare attenzione al suo peso 그의 체중에 주의하다

26. 어제 나는 집 청소를 해야만 했다. 그래서 바닷가에 가지 않았다.
    pulire 청소하다

27. 어제 나는 공부를 해야만 했다. 그래서 친구들과 외출하지 않았다.
    uscire 외출하다

28. Marco는 이 시간에 이미 집에 와 있어야만 할 텐데. (단순조건법 ← gr.1.2.1)
    essere gia' a casa 이미 집에 와 있다

B Chiavi

18. Lucia **deve iscriversi** all'universita'.
19. Per la prossima settimana **dobbiamo scrivere** un piccolo testo in italiano.
20. Se volete andare in Sardegna **dovete prenotare** tre mesi prima.
21. Prima di salire sul treno **dovete timbrare** il biglietto.
22. Luigi **deve partire** a gennaio per il servizio militare.
23. Ciao, **devo scappare**, ho un appuntamento tra dieci minuti.

24. Se vuole vincere non **deve mangiare** troppo.

25. Filippo **deve fare** molta attenzione al suo peso.

26. Ieri **dovevo pulire** la casa, percio' non sono andato al mare.

27. Ieri **dovevo studiare**, percio' non sono uscita con gli amici.

28. Marco a quest'ora **dovrebbe** gia' **essere** a casa. (ipotesi e supposizioni)

C Terzo livelo **

비인칭 주어 'SI'를 사용해서 작문하세요. SI는 3인칭단수입니다. (비인칭 SI ← gr.3)

29. Colonna 광장으로 가려면 우회전해야 한다.
    girare a destra 우회전 하다

30. 빠에서 먹기 전에 영수증을 끊어야 한다.
    prima di consumare 소비하기 전에, 먹기 전에 ; **fare lo scontrino** 영수증 끊다

31. 언어를 배우기 위해서는 읽고, 듣고, 말하고 써야 한다.

32. 런던에서 이탈리아로 전화하려면 국가번호를 눌러야 한다.
    fare il prefisso internazionale 국가번호를 누르다

33. 요리를 잘 하기 위해서는 조리법으로는 충분하지 않다. 창조적이어야 한다.
    una ricetta 조리법 ; **creativo** 창조적인

34. 바이올린을 잘 연주하기 위해서는 좋은 선생님으로는 충분하지 않다. 매일 연습해야 한다.
    fare pratica 연습하다

35. 과정에 등록하기 위해 등록금을 내야하며, 입학원서를 작성해야 한다.
    iscriversi al corso 과정에 등록하다 ; **pagare un acconto** 등록금을 내다 ;

06. dovere

compilare il modulo d'iscrizione 입학원서를 작성하다

36. 경찰을 부르려면 113을 눌러야 한다.
fare il numero 번호를 누르다

37. 8월 Sardegna 행 여객선에 좌석을 구하려면 2개월 전에 예약해야 한다.
in traghetto 여객선에 ; due mesi prima 2개월 전에 ; prenotare 예약하다

38. 은행에 갈 때, 번호표를 뽑고 자신의 순서를 기다려야 한다.
prendere il numero 번호표를 뽑다 ; il proprio turno 자신의 순서

39. 살찌지 않기 위해서는 소식으로는 충분하지 않다. 약간의 운동을 해야 한다.
ingrassare 살찌다 ; mangiare poco 소식하다 ; fare ginnastica 운동하다

C Chiavi

29. Per arrivare a piazza Colonna si **deve girare** a destra.

30. Al bar prima di consumare si **deve fare** lo scontrino.

31. Per imparare una lingua si **deve leggere**, si **deve** anche **ascoltare**, **parlare** e **scrivere**.

32. Per chiamare l'italia da Londra si **deve fare** il prefisso internazionale.

33. Per cucinare bene non basta una ricetta, si **deve essere** creativo.

34. Per suonare bene il violino non basta un buon maestro, si **deve fare** pratica ogni giorno.

35. Per iscriversi al corso si **deve pagare** un acconto e compilare il modulo d'iscrizione.

36. Per chiamare la polizia si **deve fare** il numero 113.

37. Per trovare un posto in traghetto per la Sardegna in agosto si **deve prenotare**

Corso Di *Italiano* Per Coreani

due mesi prima.

38. Quando si va in banca si **deve prendere** il numero e **aspettare** il proprio turno.

39. Per non ingrassare non basta mangiare poco, si **deve fare** un po' di ginnastica.

ESERCIZI

A "dovere" 동사의 미래 형태로 문장을 완성하고 번역하세요. 그리고 <u>직설법현재</u>와 <u>다른 동사의 미래</u>를 각각 찾아보세요. gr.1.1.1/1.1.5

01. Ora pero' e' ancora molto triste, la parola "addio" scritta sulla lettera non basta e Fabio sa che _____ fare molte cose, cambiare molte abitudini e forse prima o poi riuscira' davvero a dimenticarla.

02. Ora parto per un viaggio ma quando tornero' _____ cominciare a cercare un lavoro.

Chiavi

01. dovra'   **02.** dovro'

직설법현재 :
01. e', basta, sa   **02.** parto

미래 :
01. riuscira'   **02.** tornero',

01. 그러나 그는 지금 아직도 매우 슬프다. 편지에 쓰인 "안녕"이라는 말로는 충분하지 않다. 그래서 파비오는 많은 일들을 해야 할 것이고, 많은 습관들을 바꿔야 할 것이라 알고 있다. 그러면 아마도 곧 정말로 그녀를 잊을 수 있을 것이다.

02. 지금 나는 여행을 떠난다. 그러나 나는 돌아 와서 일자리를 찾기 시작해야 할 것이다.

06. dovere

COME SI DICE

01. Direttore, vuole venire in pizzeria con noi stasera?

Mi dispiace, **non posso**, devo lavorare fino a tardi.

No, **non ho voglia**.

No, **grazie**, **ho da fare**.

부장님, 오늘 저녁 저희랑 피자집에 가실래요?

미안해요, 갈 수가 없군요. 늦게까지 일 해야 해요.

아니요, 그러고 싶지 않군요.

아니요, 고맙지만, 저는 할 일이 있어요.

GLOSSARIO(어휘)

il dovere 의무, 본분, 임무

doveroso agg. 본분을 지키는, 충성스런, 공손한
 ← dov<u>e</u>re + eroso(형용사형 어미)

dovuto agg.[p.ps.] 정당한, 응당 치러야 할, 타당한, 당연한. ~ a 기인하는.
 ← dov<u>e</u>re + uto(과거분사 어미, 형용사로 파생)

il dovuto 부과금, 수수료, 사용요금, 책무, 의무, 본분

07 | potere

v.aus+inf. ～ 할 수 있다 ; (조건법) ～해도 될까요
→ can ; could, may I

- presente indicativo : **posso**, **puoi**, **puo'**, **possiamo**, **potete**, **possono**
- passato prossimo : **avere potuto + v.tr.** ; **essere potuto/a/i/e + v.intr.**
- imperfetto indicativo : pot**evo**, pot**evi**, pot**eva**, pot**evamo**, pot**evate**, pot**evano**
- futuro semplice : pot**ro'**, pot**rai**, pot**ra'**, pot**remo**, pot**rete**, pot**ranno**
- condizionale semplice : pot**rei**, pot**resti**, pot**rebbe** pot**remmo**, pot**reste**, pot**rebbero**
- congiuntivo presente : possa, possa, possa, possiamo, possiate, possano
- participio passato : pot**uto**
- participio presente : pot**ente**
- gerundio : pot**endo**

(io)	**posso**	restare un po'? 좀 머물러도 되나? fare una domanda? 질문 하나 해도 되나?
(tu)	**puoi**	chiudere la finestra? 창문 닫아 주겠니?
(lui, lei, Lei)	**può**	aspettare un momento? 잠시 기다리실 수 있어요? ripetere per favore? 다시 한 번 말씀해 주시겠어요?
(noi)	**possiamo**	entrare? 들어가도 되나?
(voi)	**potete**	parlare piu' piano? 더 천천히 말해 주겠니?
(loro)	**possono**	capire la lingua italiana? 이탈리아어를 이해할 수 있나?

07. potere

(io)	potrei = could, may I	firmare questo documento? 이 서류에 서명해도 되겠습니까? fissare un appuntamento con il dottore? 의사 선생님과 약속을 정해도 되겠습니까?
(tu)	potresti	chiudere la porta? 문을 좀 닫아 줄 수 있겠니? rispondere al telefono? 전화 좀 받아 줄 수 있겠니? comprarmi il giornale? 내게 신문을 좀 사다 줄 수 있겠니? prestare il dizionario? 사전을 좀 빌려줄 수 있겠니?
(lui, lei, Lei)	potrebbe	aspettare un momento? 잠시 좀 기다려 주실 수 있으세요? parlare piu' forte? 더 크게 좀 말씀해 주시겠습니까? dare un passaggio per la stazione? 역까지 동행 좀 해주실 수 있으시겠습니까? consigliare un bel film? 재미있는 영화를 좀 추천해 주실 수 있으세요?
(noi)	potremmo	uscire con voi? 너희들과 외출 좀 해도 되겠니?
(voi)	potreste	accompagnare all'aeroporto? 공항까지 동행 좀 해 줄 수 있겠니?
(loro)	potrebbero	tornare domani? 혹시 내일 좀 돌아올 수 있을까요?

COMPOSIZIONE

A  Primo livello * **B**  Secondo livello **

01. 들어가도 되니? – 그럼 ⋯ 어서 들어와! *

02. 창문 닫아 줄 수 있겠니 너? – 그래, 알았어. *

03. 객차 창문 좀 열어 주시겠습니까? * (단순조건법 ← gr.1.2.1)

88 동사를 알면 이탈리아어가 보인다

il finestrino 객차 창문

04. Franceschi 의사 선생님과 통화할 수 있을까요? * (단순조건법)

05. 내일 Fulvio와 Paolo는 Filippo의 유도 시합에 갈 수가 없다. **
all'incontro di judo' 유도 시합에

06. Marco를 위한 메시지 : 안녕, 나 Lucia인데, 미안해, 오늘 저녁 너를 만나러 갈 수 없구나. 문제가 생겨서 말이야. **

07. 나의 누이는 휴대폰 없이는 살 수가 없다. 그러나 나는 아직도 그것을 구입하고 싶지 않다. ** (직접대명사 ← gr.7.1)
senza un cellulare 휴대폰 없이

08. 그것들은 최대속도 50km 내외에서 견디어 낼 수 있다. ** (수동태 SI ← gr.4.2)
tollerare 견디다 ; al massimo 50km 최대속도 50km에서 ; in piu' o in meno 내외로

09. 나는 더 이상 할 수가 없다. **
non ~ piu' 더 이상 ~ 아니다

10. 죄송합니다만, 저를 좀 도와주실 수 있나요? ** (단순조건법)
aiutare ~를 돕다

11. 제게 펜을 좀 빌려주실 수 있나요? ** (단순조건법)
prestare 빌려주다

12. 차로 저를 좀 데려다 주실 수 있나요? ** (단순조건법)
accompagnare ~를 동행하다, 데려다 주다

13. Carla가 너의 숙제를 도울 수 있을지도 모르겠구나. ** (단순조건법)
aiutare a + inf. ~를 돕다 ; fare i compiti 숙제 하다

07. potere

07. potere

14. 누가 이 같은 미스터리한 여자가 될 수 있겠는가? ** (단순조건법)
 misterioso 미스터리한, 신비스러운

Ⓐ / Ⓑ Chiavi

01. **Posso entrare?** – Prego ... avanti! *

02. **Puoi chiudere** la finestra per favore? – Si', certo ... *

03. **Potrebbe aprire** il finestrino? *

04. **Potrei parlare** col dottor Franceschi? *

05. Domani Fulvio e Paolo non **possono andare** all'incontro di judo' di Filippo. **

06. Messaggio per Marco : Ciao, sono Lucia, mi dispiace, stasera non **posso incontrarti**, ho un problema. **

07. Mia sorella non **puo' vivere** senza un cellulare, ma io ancora non voglio comprarlo. **

08. Si **possono tollerare** al massimo 50 km in piu' o in meno. **

09. Non ne **posso** piu'. (= Non ho la forza o la capacita' di fare qualcosa) **

10. Scusi, mi **potrebbe aiutare**? **

11. Mi **potrebbe prestare** la penna? **

12. **Potrebbe accompagnar**mi in macchina? **

13. Carla **potrebbe aiutar**ti a fare i compiti. **

14. Chi **potrebbe essere** questa donna misteriosa? **

GLOSSARIO(어휘)

il potere 힘, 능력, 역량 ; 권한, 직권 ; 영향력, 효력 ; 지배, 우세 ; 정권
la potenza 힘, 효력 ; 권력자, 세력가 ; 잠재력, 가능성, 능력 ; 동력.
    ← pot<u>e</u>re + enza(명사형 어미)
potente agg.[p.pr.] 힘 있는, 강력한, 권세 있는, 유력한
    ← pot<u>e</u>re + ente(현재분사 어미, 형용사로 파생)
la potesta 힘, 권력, 권한 ; 세력가, 권력자
    ← pot<u>e</u>re + esta
potenziare v.tr. 강화하다, 증강하다, 발전시키다
    ← potenz<u>a</u> + (i)are(동사원형 어미)
potenziato agg.[p.ps.] 강화된, 증강된, 발전된, 가능해진, 강력해진
    ← potenzi<u>are</u> + ato(과거분사 어미, 형용사로 파생)
il potenziamento 강화, 증강, 증진, 진전
    ← potenzia + mento(명사형 어미)
potenziale agg. 가능성 있는, 잠재적인
    ← potenzi<u>a</u> + ale(형용사형 어미)
la potenzialita' 가능성, 잠재력, 능력. ~ finanziaria 재정능력
    ← potenzial<u>e</u> + ita'(명사형 어미)

08 | fare ← facere

v.tr ~하다, ~이다 ➡ do, make, be, play

presente indicativo : **faccio**, **fai**, **fa' facciamo**, **fate**, **fanno**
passato prossimo : **avere fatto**
imperfetto indicativo : fac**evo**, fac**evi**, fac**eva** fac**evamo**, fac**evate**, fac**evano**
futuro semplice : fa**ro'**, fa**rai**, fa**ra'**, fa**remo**, fa**rete**, fa**ranno**
condizionale semplice : fa**rei**, fa**resti**, fa**rebbe**, fa**remmo**, fa**reste**, fa**rebbero**
congiuntivo presente : faccia, faccia, faccia, facciamo, facciate, facciano
participio passato : **fatto**
participio presente : fac**ente**
gerundio : fac**endo**

(io)	**faccio**	colazione. 아침식사 한다. merenda a casa. 집에서 오후 간식을 먹는다. una passeggiata. 산책한다. un viaggio. 여행한다. una fotografia. 사진 찍는다. uno spuntino al bar. 빠에서 오전 간식을 먹는다. il medico. 직업이 의사다. l'insegnante. 직업이 교사다.
(tu)	**fai**	l'esercizio? 연습문제 푸니? il bagno? 목욕하니? la doccia? 샤워하니?
(lui, lei, Lei)	**fa**	la spesa. 장을 본다. le ore piccole. 늦게 잠든다.
(noi)	**facciamo**	la valigia. 여행가방을 꾸린다.
(voi)	**fate**	niente oggi? 오늘 아무것도 안 하니?
(loro)	**fanno**	una festa. 파티 한다. quattro passi. 짧은 산책을 한다.

Corso Di *Italiano* Per Coreani

COMPOSIZIONE

A Primo livelo *

01. 너는 어디서 아침 먹니? — 나는 집에서/빠에서 아침 먹어.

02. 너는 아침에 뭐 하니? — 샤워해.

03. 너희들은 오후에 뭐 하니? — 산책해.

04. 그들은 저녁 식사 후에 뭐 하니? — 시내에서 짧은 산책을 해.

05. 침묵은/군중은/어둠은 나를 무섭게 한다.
    il silenzio 침묵 ; la folla 군중 ; il buio 어둠 ; fare paura ~를 무섭게 하다

06. 벌레들은/천둥들은/폐쇄된 장소들은 나는 무섭게 한다.
    gli insetti 벌레들 ; i tuoni 천둥들 ; i luoghi chiusi 폐쇄된 장소들 ;
    fare paura ~를 무섭게 하다

07. 날씨가 무척 덥다/춥다.

08. 날씨가 더워서 나는 땀이 났다.
    essere sudato 땀이 나다

09. Piero는 기자 직업을 원한다.
    fare il giornalista 직업이 기자다

10. 급행열차는 익스프레스 보다 비싸다. 왜냐하면 더욱 빠르고 정차역도 적기 때문이다.
    il rapido 급행열차 ; un espresso 익스프레스 ; fare meno fermate 정차역 수가 적다

11. 만약 네가 신경이 예민해져 있다면/쓸쓸하다면/슬프다면/피곤하다면 뭘 할래?
    essere nervoso/solo/triste/stanco 예민하다/쓸쓸하다/슬프다/피곤하다

08. fare ← facere

08. fare ← facere

12. 만약 네가 목이 마르면/졸리면/추우면/더우면/무서우면/급하면 뭐 하니?
    avere sete / sonno / freddo / caldo / paura / fretta 갈증나다 / 졸리다 / 춥다 / 덥다 /
    무섭다 / 급하다

13. 밀라노는 날씨가 매우 덥다.
    fare caldo 날씨가 덥다

14. Lucia는 여행사 일을 한다.
    fare l'operatrice turistica 여행사 일을 하다

15. 사진사는 사진을 찍는다.
    fare fotografie 사진 찍다

16. 네가 커피를 끓이면 난 기꺼이 그걸 마실게.
    fare un caffe' 커피 끓이다, 만들다

17. "근데 너 문학 전공하니?"
    "아니, 대학에 안다녀."
    "아, 그래. 어떤 일 하는데?"
    "아무것도 안 해. 군복무 하고 있다."
    fare lettere 문학을 전공하다 ; fare l'universita' 대학 다니다 ; fare il militare 군복무하다

18. 졸업 후에 너희들은 뭐 할래?
    dopo la scuola 졸업 후

19. 그의 아내는 주부다.
    fare la casalinga 주부이다

20. Piero는 북극 여행을 정말로 하고 싶어 한다. (단순조건법 ← gr.1.2.1)
    fare un viaggio al Polo Nord 북극 여행을 하다

*Corso Di **Italiano** Per Coreani*

A Chiavi

01. Dove **fai** colazione? – **Faccio** colazione a casa / al bar.

02. Che cosa **fai** la mattina? – **Faccio** la doccia.

03. Che cosa **fate** il pomeriggio? – **Facciamo** una passeggiata.

04. Che cosa **fanno** dopo cena? – **Fanno** due passi in centro.

05. Mi **fa** paura il silenzio / la folla / il buio.

06. Mi **fanno** paura gli insetti / i tuoni / i luoghi chiusi.

07. **Fa** molto caldo / freddo.

08. Sono sudata perche' **fa** caldo.

09. Piero vuol **fare** il giornalista.

10. Il rapido e' piu' caro di un espresso perche' e' piu' veloce e **fa** meno fermate.

11. Cosa **fai** se sei nervoso / solo / triste / stanco?

12. Cosa **fai** se hai sete / sonno / freddo / caldo / paura / fretta?

13. A Milano **fa** molto caldo.

14. Lucia **fa** l'operatrice turistica.

15. Il fotografo **fa** fotografie.

16. Se **fai** un caffe', lo bevo volentieri.

17. "E tu **fai** lettere?"
    "No, non **faccio** l'universita'".
    "Ah, e che lavoro **fai**?"
    "Niente, **faccio** il militare".

18. Che **fate** dopo la scuola?

19. Sua moglie **fa** la casalinga.

20. Piero **farebbe** un viaggio al Polo Nord.

08. fare ← facere

B Secondo livello **

21. 빠에서 먹기 전에 영수증을 끊어야 한다.
prima di consumare 소비하기 전에, 먹기 전에 ; fare lo scontrino 영수증을 끊다

22. 바이올린을 잘 연주하기 위해 좋은 선생님으로는 불충분하다. 매일 연습해야 한다.
fare pratica 연습하다

23. 경찰을 부르려면 113을 눌러야 한다.
fare il numero 번호를 누르다

24. 살찌지 않기 위해서는 소식으로는 불충분하다. 운동을 좀 해야 한다.
ingrassare 살찌다 ; fare un po' di ginnastica 약간의 운동을 하다

25. Filippo는 그의 체중에 많은 주의를 기우려야 한다.
fare attenzione al suo peso 그의 체중에 주의를 기우리다

26. 나는 수퍼마켓에서 자주 장을 보지만 시장에서 과일 사는 것을 선호한다.

27. 나는 사진 몇 장 찍고 싶은데 사진기가 없다. 제기랄!
fare delle fotografie 사진 몇 장 찍다 ; la macchina fotografica 사진기

28. 자전거로 여행하는 것은 좀 이상하다.
fare un viaggio in bici 자전거 여행하다 ; strano 이상한

29. 새로운 우정을 만드는 것은 문제가 아니다.
fare nuove amicizie 새로운 우정을 만들다

30. 매우 중요한 것은 Silvia에게 축하하는 것이다.
fare gli auguri 축하하다

31. 너는 업무 상 많은 통화를 하니? - 그래, 많이 해.

<u>fare telefonate di lavoro</u> 업무 상 통화하다

32. Piero는 확성기로 알린다.
    <u>fare un annucio con l'altoparlante</u> 확성기로 알리다

33. 남부 지방은 매우 더워서 생활의 리듬은 더욱 느리다.

34. 근데 너 Piero... 언제 네 애인을 우리에게 소개시켜 줄 거야? (단순미래 ← gr.1.1.5)
    <u>fare conoscere</u> ~를 알게 하다, 소개하다

35. 청년들은 Annarita에게 인사하고 그녀에게 연락하자고 요구하지만 Annarita는 그렇게 하리라 대답하지 않는다. (단순미래)
    <u>chiedere di rimanere in contatto</u> 연락하자고 요구하다

B Chiavi

21. Al bar prima di consumare si deve **fare** lo scontrino.

22. Per suonare bene il violino non basta un buon maestro, si deve **fare** pratica ogni giorno.

23. Per chiamare la polizia si deve **fare** il numero 113.

24. Per non ingrassare non basta mangiare poco, si deve **fare** un po' di ginnastica.

25. Filippo deve **fare** molta attenzione al suo peso.

26. Spesso **faccio** la spesa al supermercato ma preferisco comprare la frutta al mercato.

27. Voglio **fare** delle fotografie ma non ho la macchina fotografica : peccato!

28. **Fare** un viaggio in bici e' un po' strano.

29. **Fare** nuove amicizie non e' un problema.

30. Una cosa importantissima e' **fare** gli auguri a Silvia.

08. fare ← facere

31. **Fai** molte telefonate di lavoro? – Si', ne **faccio** tante.

32. Piero **fa** un annuncio con l'altoparlante.

33. Al sud **fa** molto caldo e il ritmo di vita e' piu' lento.

34. "E tu Piero... quando ci **farai** conoscere la tua ragazza?"

35. I ragazzi salutano Annarita e le chiedono di rimanere in contatto. Annarita pero' non risponde che lo **fara'**.

C Terzo livelo **

36. 어떤 것이죠? 쇼 윈도우에 있는 저 신발을 제게 보여주실래요?
    in vetrina 쇼 윈도우에 있는

37. 그녀 생각에 해안들 간의 비교를 하는 것은 어렵다. 왜냐하면 모두가 아름답기 때문이다.
    secondo lei 그녀 생각에 ; un paragone 비교 ; tra le coste 해안들 간의

38. 이 사람들을 생각하면서 여행 계획을 세워 결정해라!
    pensare a ~를 생각하다 ; decidere 결정하다

39. 너의 반에서 작은 여론조사를 해봐라! (긍정명령 ← gr.1.4.1)
    un piccolo sondaggio 작은 여론 조사

40. 그가 기차 6인 객실에서 나가자마자 그녀는 문과 커튼을 닫고 전화통화를 한다.
    appena ~하자마자 ; lo scompartimento 기차 6인 객실 ; la tendina 열차 커튼 ; fare una telefonata 전화 통화하다

41. 로마에서는 지나친 범칙금을 물리면서도 주차장은 별로 없다고 로메오는 말한다.
    fare troppe multe 지나친 범칙금을 물리다 ; fare pochi parcheggi 적은 주차 시설

Corso Di *Italiano* Per Coreani

42. 의사 선생님, 보세요! 아픈 이빨 하나가 있어요. (나를 아프게 하는 이빨이 하나 있어요).
    (긍정명령)
    fare male 아프게 하다

43. 여자가 된다는 것은 커다란 걸음이고, 열정을 갖게 하는 것은 영웅적 모험이다.
    essere una donna 여자가 된다는 것 ; un passo 걸음 ;
    fare impazzire 열정을 갖게 하는 것 ; un'eroica impresa 영웅적 모험

44. 나폴리에서 그들은 헬멧 사용을 위한 광고 캠페인을 하고 있는 중이다.
    (현재진행형 ← gr.5.3)
    l'uso del casco 헬멧 사용 ; compagna pubblicitaria 광고 캠페인

45. 문을 열어라! – 그리 할 수 없어. 애기 목욕시키고 있는 중이거든.
    (긍정명령/현재진행형 ← gr.1.4.1/5.3)
    fare il bagno a ~에게 목욕시키다

46. 나는 매일 아침 40분동안 운동한다. 나는 컨디션이 좋다.
    40 minuti di ginnastica 40분동안 운동 ; sentirsi in forma 컨디션이 좋다

47. 미안하지만, 내게 요구한 부탁을 정말로 해 줄 수 없구나.
    proprio 정말로

C Chiavi

36. Quali, mi **fa** vedere quelle scarpe in vetrina?

37. Secondo lei e' difficile **fare** un paragone tra le coste perche' sono tutte molte belle.

38. **Fa'** un programma di viaggio pensando a queste persone e decidi!

39. **Fa'** un piccolo sondaggio nella tua classe!

08. fare ← facere

40. Appena lui esce dallo scompartimento lei chiude la porta e le tendine e **fa** una telefonata.

41. Romeo dice che a Roma **fanno** troppe multe e pochi parcheggi.

42. Dottore, guardi! : ho questo dente che mi **fa** male.

43. Essere una donna e' un grande passo, **fare impazzire** e' un'eroica impresa.

44. A Napoli **stanno facendo** compagne pubblicitarie per l'uso del casco.

45. Apri la porta! – Non posso, **sto facendo** il bagno al bambino.

46. **Faccio** 40 minuti di ginnastica ogni mattina. Mi sento in forma.

47. Mi dispiace ma non posso **far**ti proprio quel favore che mi hai chiesto.

ESERCIZI

A "fare" 동사의 근과거 형태로 문장을 완성하고 번역하세요. 다른 동사의 근과거 형태도 찾아보세요. gr.1.1.2

01. (Tu) _____ gia' _____ la doccia? – No, la faccio tra un po'.

02. Annarita vuol sapere cosa _____ _____ i suoi amici la sera prima.

03. (Io) _____ _____ la spesa.

04. Al mattino non faccio colazione. Stamattina, invece, (io) _____ _____ colazione a casa.

05. Di solito faccio colazione in fretta. Ma ieri che era festa (io) _____ _____ colazione con calma.

06. (Tu) _____ mai _____ windsurf? – No, (io) non _____ mai _____.

Corso Di *Italiano* Per Coreani

07. Per prendere questo treno (io) _____ _____ una corsa, (io) _____ _____ una sudata, non (io) _____ _____ niente in tempo a comprare le sigarette.

08. Che (voi) _____ _____ ieri sera? – Niente, siamo rimasti a casa.

09. Non (lei) _____ _____ in tempo a comprare il biglietto e Piero le _____ _____ il biglietto sul treno.

10. Spesso oggi si regalano soldi ma si puo' comprare un regalo in un negozio dove gli sposi hanno scelto le cose che vogliono ricevere e (loro) _____ _____ la lista di nozze.

11. Ieri il frigorifero era vuoto, percio' (io) _____ _____ la spesa e ho comprato molte cose.

12. Sono foto che (io) _____ _____ in Sardegna.

13. Vedo che (lui) _____ _____ progressi.

Chiavi

01. Hai fatto   02. hanno fatto   03. Ho fatto
04. ho fatto   05. ho fatto   06. Hai fatto, l'ho fatto
07. ho fatto, ho fatto, ho fatto   08. avete fatto
09. ha fatto, ha fatto   10. hanno fatto   11. ho fatto
12. ho fatto   13. ha fatto

근과거 :
08. siamo rimasti   10. hanno scelto   11. ho comprato

01. 너 벌써 샤워했어? – 아니, 좀 있다가 하려고.
02. Annarita는 전 날 저녁에 그의 친구들이 뭘 했는지 알고 싶어 한다.
03. 나는 장을 보았다.
04. 아침에 나는 식사를 안 한다. 근데 오늘 아침엔 집에서 아침을 먹었다.
05. 흔히 나는 급하게 아침을 먹는다. 그러나 휴일이었던 어제는 마음 놓고 아침을 먹었지.
06. 너 윈드서핑 해 본 적 있니? – 아니, 전혀 못해봤어.
07. 이 기차를 타기 위해 나는 달렸고, 땀을 흘렸지만 담배 살 시간은 전혀 없었다.
08. 어제 저녁 너희들은 뭐 했니? – 아무것도 안했어. 우리는 집에 있었다.
09. 그녀는 기차표를 살 시간이 없었다. 그래서 Piero는 기차에서 그녀에게 표를 끊어 주었다.

08. fare ← facere

08. fare ← facere

10. 오늘날 종종 돈으로 선물하지만 신랑신부가 받고 싶어 하는 물건들을 고르고 신혼선물 리스트를 작성한 상점에서 선물 하나를 구입할 수 있다.
11. 어제 냉장고가 비어있어서 나는 장을 보았다. 그리고 많은 것을 샀다.
12. Sardegna에서 내가 찍은 사진들이다.
13. 나는 그가 발전했다고 본다.

B "fare" 동사의 <u>직설법불완료과거</u> 형태로 문장을 완성하고 번역하세요. 그리고 <u>근과거</u>, <u>다른 동사의 불완료과거</u>를 각각 찾아보세요. gr.1.1.2/1.1.3

01. Ieri _____ molto freddo, percio' non sono andata al parco.
02. Ieri Marco mi ha telefonato proprio mentre (io) _____ la doccia.
03. Dai, raccontami il tuo sogno! – Ero su una spiaggia tropicale, _____ molto caldo, ma stavo bene …
04. In Irlanda anche ad agosto pioveva e _____ freddo.
05. I contadini _____ il vino con macchine moderne.
06. Ieri mi stancavo proprio mentre (io) _____ la spesa, sono tornata a casa con delle buste pesantissime e sono salita a piedi perche' l'ascendore era rotto.

Chiavi

01. faceva   02. facevo   03. faceva
04. faceva   05. facevano   06. facevo

근과거 :
01. sono andata   02. ha telefonato
06. sono tornata, sono salita

불완료과거 :
03. Ero, stavo   04. pioveva   06. mi stancavo

01. 어제 날씨가 무척 더웠다. 그래서 나는 공원에 가지 않았다.
02. 어제 Marco는 내게 전화했는데 바로 그때 나는 샤워하고 있었어.
03. 어서, 네 꿈을 내게 말해봐! – 나는 열대지방의 해변에 있었는데, 날씨는 무척 더웠지만 나는 좋았어.

Corso Di *Italiano* Per Coreani

04. 아일랜드에는 8월에도 비가 내렸고 날씨는 추웠다.

05. 농부들은 현대식 기계로 포도주 농사를 하고 있었다.

06. 어제 나는 피곤했다. 그러면서도 장을 보았고, 아주 무거운 봉투 몇 개를 들고 집에 돌아왔다. 엘리베이터가 고장나있었기에 걸어서 올라왔다.

COME SI DICE

01. **Non ce la faccio piu'**. (=sono stanco di questa situazione, basta!)
난 이런 상황에 지쳤으니, 그만 하자!

02. **Non ce la faccio**. (=sono stanco di questa situazione)
난 이런 상황에 지쳤다.

03. 현대 이탈리아어에서 "fare" 동사는 다른 동사를 대신하여 사용되는 경우가 많다.
faccio i piatti = **lavo** i piatti 나는 설거지한다.
faccio un dolce = **preparo** un dolce 나는 후식을 준비한다.

04. "fare" 동사는 뒤따르는 명사에 따라 수많은 의미를 지닐 수 있다.
"E tu **fai lettere**?" 근데 너 문학을 전공하니?
"No, non **faccio l'universita'**. 아니, 대학 안다녀.
"Ah, e **che lavoro fai**?" 그래, 무슨 일 하는데?
"Niente, **faccio il militare**". 아무것도 안 해, 군복무해.

GLOSSARIO(어휘)

il fare 태도, 행동, 몸짓 ; 행위, 실행.
  Tra il dire e il fare c'e' di mezzo il mare.
  말과 행동 사이에 바다가 있다, 즉 말하기는 쉬우나 행동하기는 어렵다.

08. fare ← facere

09 | stare

v.intr. ~한 상태이다, ~에 있다 ➜ be, stay, live

- presente indicativo : **sto**, **stai**, **sta**, **stiamo**, **state**, **stanno**
- passato prossimo : **essere stato/a/i/e**
- imperfetto indicativo : st**avo**, st**avi**, st**ava**, st**avamo**, st**avate**, st**avano**
- futuro semplice : sta**ro'**, sta**rai**, sta**ra'**, sta**remo**, sta**rete**, sta**ranno**
- condizionale semplice : sta**rei**, sta**resti**, sta**rebbe**, sta**remmo**, sta**reste**, sta**rebbero**
- congiuntivo presente : stia, stia, stia, stiamo, stiate, stiano
- participio passato : st**ato**
- participio presente : st**ante**
- gerundio : st**ando**

(io)	**sto**	bene/benissimo. 좋아/매우 좋아. male. 아프다. in piedi. 서 있다.
(tu)	**stai**	a casa il pomeriggio? 오후에 집에 있니? con i bambini tutto il giorno? 하루 종일 아이들과 있니? con i tuoi genitori? 너의 부모님과 있니?
(lui, lei, Lei)	**sta**	zitto. 입 다물고 있다. fermo. 멈춰있다. seduto. 앉아 있다. da solo. 혼자 있다. in via Rossetti 5. 로셋띠 가 5번지에 있다.
(noi)	**stiamo**	in classe. 수업 중이다.
(voi)	**state**	a scuola? 학교에 있니?
(loro)	**stanno**	sempre da soli. 항상 그들끼리 있다.

Corso Di **Italiano** Per Coreani

COMPOSIZIONE

A Primo livelo * **B** Secondo livelo ** **C** Terzo livelo ***

01. 어떻게 지내니? – 난 잘 지내. – 근데 애들은? – 그들도 잘 지내. *

02. 지금 그는 몇 몇 친구들과 함께 있다. *
    al momento 지금

03. 어떻게 지내니? – 잘 지내, 고마워, 근데 네 아내는 어떻게 지내? *

04. 너는 뭘 하고 있는 중이니? – 집에 가고 있는 중이야. * (현재진행형 ← gr.5.3)

05. 사람들은 신혼여행에 대해 이야기하고 있는 중이다. * (현재진행형)
    viaggio di nozze 신혼여행 ; parlare di ~에 대해 이야기하다

06. 그 어머니는 줄곧 침묵을 지키고 있다. **
    stare in silenzio 침묵을 지키다

07. 두 명의 수녀님들이 거리가 기재된 지도를 읽고 있는 중이다. ** (현재진행형)
    le due suore 두 명의 수녀님들 ; una cartina chilometrica 거리가 기재된 지도

08. 그 차에는 4명 이상은 탑승할 수 없다. **
    piu' di ~ 이상

09. 청년들 중에 한 사람은 Riccione에 여러 번 가 보았다. ** (근과거 ← gr.1.1.2)
    molte volte 여러 번

10. 너 Sardegna에 가 본 적 있니? **
    stare mai 가 본적 있다

11. Annarita는 한 번도 시칠리아에 가 본 적이 없다. **

09. stare 105

09. stare

12. 휴가는 어땠니? **

13. 마리아는 어디 있었니? **

14. 어서, 자네 꿈을 내게 말해봐라! / — 나는 어느 아열대 해변에 있었고, 날씨는 매우 더웠지만, 좋았다… ** (긍정명령/불완료과거 ← gr.1.4.1/1.1.3)

    dai! 어서 ; il tuo sogno 네 꿈 ; raccontare 이야기하다 ;

    su una spiaggia tropicale 어느 아열대 해변에 ; fare caldo (날씨가) 덥다

15. 내가 아플 때 나의 할머니께서 예쁜 선물을 가지고 나를 보러 오시곤 했다는 것을 나는 기억한다. ** (불완료과거)

    stare male 아프다 ; portare un regalino 예쁜 선물을 가져오다 ;

    venire a trovare ~를 보러 오다 ; ricordare 기억하다

A Chiavi

01. Come **stai**? – **Sto** bene.
    E i bambini? – Anche loro **stanno** bene. *

02. Al momento **sta** con degli amici. *

03. Come **stai**? – Bene, grazie, e tua moglie come **sta**? *

04. Che cosa **stai facendo**? – **Sto andando** a casa. *

05. Le persone **stanno parlando** di viaggio di nozze. *

06. La madre **sta** sempre in silenzio. **

07. Le due suore **stanno leggendo** una cartina chilometrica. **

08. Non **ci stanno** piu' di 4 persone in quella macchina. **

09. Uno dei ragazzi **e' stato** molte volte a Riccione. **

10. **Sei stata** mai in Sardegna? **

Corso Di Italiano Per Coreani

11. Annarita non **e'** mai **stata** in Sicilia. **
12. Come **e' stata** la vacanza? **
13. Dove **e' stata** Maria? **
14. Dai, raccontami il tuo sogno! – Ero su una spiaggia tropicale, faceva molto caldo, ma **stavo** bene ... **
15. Ricordo che quando **stavo** male mia nonna veniva sempre a trovarmi e mi portava sempre un regalino. **

COME SI DICE

01. Sono io, signor Mari, come sta?
    Non c'e' male, grazie, e Lei? / **Abbastanza bene**, grazie. / **Bene**, grazie. **Benino**. / **Non molto bene**.
    접니다, 마리 선생님, 어떻게 지내세요?
    잘 지냅니다, 고마워요, 당신은요? / 그럭저럭 잘 지내요, 고맙습니다. / 잘 지내요. / 잘 지내요. / 그렇게 잘 지내지는 못해요.
02. **Non sto piu' sulle tue spalle**. (= non dipendo da te economicamente)
    나는 경제적으로 네게 더 이상 의존하지 않겠다.
03. Come **mi sta** il vestito? Ti sta bene / male / stretto / largo / corto / lungo.
    옷은 내게 어울리니? 네게 잘 어울려. / 안 어울려. / 꽉 낀다. / 크다. / 짧다. / 길다.
04. Quel vestito **ti sta bene** / **male**.
    그 옷은 네게 잘 어울린다. / 안 어울린다.
05. **Non ti vedo da tanto tempo!** Ma dove sei stato?
    널 못 본지 참으로 오래구나! 근데, 너는 어디 있었니?
06. **Sto per finire** il lavoro.

09. stare

나는 이제 막 일을 마치려고 한다.

07. Stiamo a vedere cosa succede!

우리 어떤 일이 일어나는지 보고 있자!

08. Uffa, adesso sta' zitto per favore, e **lascia**mi **parlare**!

부탁인데, 지금 입 다물고 있어! 말하도록 나를 내버려 둬라!

GLOSSARIO(어휘)

la stanza 방, 실.
    un appartamento di 5 stanze 방 다섯 개짜리 아파트, stanza da affittare 셋 방
    ← st<u>are</u>+anza(명사형 어미)

stanziare v. intr. 정착하다
    ← stanz<u>a</u>+(i)are(동사원형 어미)

stanziale 상주하는, 정착하는 ; 상비의.
    esercito ~ 상비군, commissione ~ 상임위원회
    ← stanzi<u>are</u>+ale(형용사형 어미)

10 | uscire

v.intr. ~에서 나가다 ➡ go out

- presente indicativo : **esco**, **esci**, **esce**, **usciamo**, **uscite**, **escono**
- passato prossimo : **essere uscito/a/i/e**
- imperfetto indicativo : usc**ivo**, usc**ivi**, usc**iva** usc**ivamo**, usc**ivate**, usc**ivano**
- futuro semplice : usc**irò**, usc**irai**, usc**irà**, usc**iremo**, usc**irete**, usc**iranno**
- condizionale semplice : usc**irei**, usc**iresti**, usc**irebbe**, usc**iremmo**, usc**ireste**, usc**irebbero**
- congiuntivo presente : esca, esca, esca, usciamo, usciate, escano
- participio passato : usc**ito**
- participio presente : usc**ente**
- gerundio : usc**endo**

(io)	**esco**	dalla stanza. 방에서 나간다.
(tu)	**esci**	di casa? 집을 나서니 / 외출해?
(lui, lei, Lei)	**esce**	per comprare il giornale. 신문 사러 나간다.
(noi)	**usciamo**	dall'ufficio. 퇴근한다.
(voi)	**uscite**	ogni sera con gli amici? 매일 저녁 친구들과 외출하니?
(loro)	**escono**	alle due. 두 시에 나간다.

10. uscire

COMPOSIZIONE

A Primo livelo *   **B Secondo livelo** **

01. 오늘 저녁에 너 뭐 하니? 외출하니? — 아니, 집에 있을 거야. *

02. 너희 친구들은 몇 시에 대학교에서 나오니? — 오늘은 한 시에 나온다. *

03. 오늘 저녁 너희들은 누구랑 외출하니? — 나는 혼자, Anna는 그의 언니와 외출해. *
    (단순미래 ← gr.1.1.5)
    da solo 혼자

04. 오늘 저녁 너는 늦게 퇴근하니? — 아니, 17시에 퇴근해. *
    uscire dall'ufficio 퇴근하다

05. 우리 외출할까 집에 있을까? — 날씨가 좋으니 우리 나가자! *
    restare 머물다, 있다 ; una bella giornata 멋진 날, 날씨 좋은 날

06. 가끔 나는 친구들과 외출한다. *
    qualche volta 가끔, 간혹

07. 오늘 저녁 우리는 친구들과 외출해서 먼저 영화관에 간 후 피자집에 간다. *

08. 공부를 하느라 나는 피곤해. 외출할거야. — 누구랑 외출할건데? — Andrea와 외출해서 우리는 영화관에 갈 거다. **
    essere stanco di ~하느라 피곤하다

09. 우리는 주말에만 외출하지만 Sandra와 Paolo는 거의 매일 저녁 외출한다. **
    il fine settimana 주말 ; quasi 거의 ; ogni sera 매일 저녁

10. 그가 6인 객실로부터 나오자마자, 그녀는 문과 커튼을 닫고 전화통화 한다. **
    appena ~하자마자 ; dallo scompartimento 열차 6인 객실로부터 ;

Corso Di *Italiano* Per Coreani

la tendina (열차 창문의) 커튼 ; fare una telefonata 전화 통화하다

11. 저녁에 혼자 외출하는 것은 위험하다. **
da solo 혼자 ; pericoloso 위험한

12. Filippo는 시합 전에 저녁 외출을 원하지 않는다. **
prima della gara 시합 전에

13. 오늘 저녁 내 친구들과 외출해도 되요? **

14. 빨리, 애들아, 나가자! 늦었다. **

15. 여보세요, 안녕 Paolo, 어떻게 지내? – 미안해 Gianni, 나 지금 외출 중이거든. 내가 다시 전화할게. ** (현재진행형 ← gr.5.3)
pronto 여보세요 ; richiamare 다시 전화하다

16. 나는 외출 준비가 되었는지 알아보기 위해 나의 어머니께 전화해야 한다. **
se ~ 인지 아닌지

17. 우리는 매주 토요일 저녁이면 항상 외출한다. 그런데 지난 주 토요일엔 외출하지 않았다. **
il sabato sera 매주 토요일 저녁 ; invece 반면, 그런데 ; il sabato scorso 지난 주 토요일

18. 나는 피곤해서 일반적으로 저녁에 외출하지 않는다. 그러나 휴일이었던 어제 친구들과 외출했다. **
di solito 흔히, 보통, 일반적으로(generalmente)

19. 어제 나는 집에 돌아와서, 점심을 먹은 후 다시 외출했다. **
di nuovo 다시

20. 어제 나는 공부를 해야만 했다. 그래서 친구들과 외출하지 않았다. **

21. 오늘 아침, 집을 나서는 동안, 나는 어느 누구도 만나지 않았다. **

10. uscire

10. uscire

(불완료과거 ← **gr.1.1.3**)

22. Marco와 Carla는 우리와 정말로 기꺼이 외출하고 싶어 한다. ** (단순조건법 ← **gr.1.2.1**)

23. Piero는 오늘 저녁 너와 정말로 외출하고 싶어 한다. ** (단순조건법)

A Chiavi

01. Che fai stasera, **esci**? – No, resto a casa. *

02. A che ora **escono** i tuoi amici dall'universita'? – Oggi **escono** all'una. *

03. Con chi **uscirete** stasera? – Io **usciro'** da solo. Anna **uscira'** con sua sorella. *

04. **Esci** tardi dall'ufficio stasera? – No, **esco** alle 17. *

05. **Usciamo** o restiamo a casa? – E' una bella giornata, **usciamo**! *

06. Qualche volta **esco** con gli amici. *

07. Stasera **usciamo** con amici, prima andiamo al cinema e poi in una pizzeria. *

08. Sono stanca di studiare, **esco**. – Con chi **esci**? – **Esco** con Andrea, andiamo al cinema. **

09. Noi **usciamo** solo il fine settimana, ma Sandra e Paolo **escono** quasi ogni sera. **

10. Appena lui **esce** dallo scompartimento lei chiude la porta e le tendine e fa una telefonata. **

11. E' pericoloso **uscire** da solo la sera. **

12. Filippo non vuole **uscire** la sera prima della gara. **

13. Posso **uscire** con i miei amici stasera? **

14. Presto ragazzi, **usciamo**! : e' tardi. **

15. Pronto, ciao Paolo come stai? – Ah, scusa Gianni, **sto uscendo**. Ti richiamo. **

16. Devo telefonare a mia madre per vedere se e' pronta per **uscire**. **

Corso Di Italiano Per Coreani

17. Il sabato sera usciamo sempre. Il sabato scorso, invece, non **siamo usciti**/**e**. **

18. Di solito non esco la sera perche' sono stanco. Ma ieri che era festa **sono uscito** con amici. **

19. Ieri sono tornato a casa, ho pranzato e poi **sono uscito** di nuovo. **

20. Ieri dovevo studiare, percio' non **sono uscita** con gli amici. **

21. Stamattina, mentre **uscivo di casa** non ho incontrato nessuno. **

22. Marco e Carla **uscirebbero** volentieri con noi. **

23. Piero **uscirebbe** con te stasera. **

COME SI DICE

01. Renata, verso che ora usciamo per andare al ristorante?
    Verso le sette e mezzo. **A proposito**, hai telefonato per prenotare il tavolo?
    레나따, 레스토랑에 가려면 몇 시경에 나가지 우리?
    7시 반 경 나가자. 아, 참! 너 테이블 예약 전화 했니?

GLOSSARIO(어휘)

l'uscita' 출구, 외출, 퇴거, 퇴출 ← uscire+ita'(명사형 어미)
uscente agg.[p.pr] 퇴직하는 ← uscire+ente(현재분사 어미)
l'usciale s.m. (유리로 된) 대문 ← uscire+(i)ale(형용사형 어미, 명사로 파생)
l'usciere s.m. 수위, 문지기, 접수인, (법원의) 직원 ← uscire+iere(~하는 사람의 의미)
l'uscio 문, 문짝, 출입구 ← uscire+(i)o(남성 명사 어미)

10. uscire

11 | riuscire

v.intr. ~에 성공하다, ~ 할 수 있다
➜ succeed in, be able to

- presente indicativo : **riesco, riesci, riesce, riusciamo, riuscite, riescono**
- passato prossimo : **essere + riuscito/a/i/e**
- imperfetto indicativo : riusc**ivo**, riusc**ivi**, riusc**iva** riusc**ivamo**, riusc**ivate**, riusc**ivano**
- futuro semplice : riusc**iro'**, riusc**irai**, riusc**ira'**, riusc**iremo**, riusc**irete**, riusc**iranno**

(io)	**riesco**	a accendere il computer. 컴퓨터를 켤 수 있다.
(tu)	**riesci**	a capire tutte le parole del professore? 교수님의 모든 말씀을 이해할 수 있니?
(lui, lei, Lei)	**riesce**	a trovare un posto sull'aereo. 비행기 좌석을 구할 수 있다.
(noi)	**riusciamo**	a trovare una casa in centro. 시내에서 집 하나를 구할 수 있다.
(voi)	**riuscite**	a parcheggiare la macchina? 차를 주차할 수 있니?
(loro)	**riescono**	a far<u>lo</u>. 그것을 할 수 있다.

Corso Di *Italiano* Per Coreani

COMPOSIZIONE

livelo * / ** / **

01. 나는 그것을 할 수가 없다. *
riuscire a+inf. ~를 할 수 있다. (be able to)

02. 수녀님들 중에 한 분은 지도에서 Viareggio를 찾지 못한다. *
le suore 수녀님들 ; sulla cartina 지도에서

03. 그 여자는 그들의 대화에 무척 흥미 있는 것 같은데, 모두 이해하지는 못한다. **
ai loro discorsi 그들의 대화에 ; sembrare interessao 흥미 있는 것 같다

04. 여기 관사들이 빠져있는 열 개의 행이 있다. 네가 관사들을 삽입할 수 있겠니? **
gli articoli 관사들 ; mancare ~가 부족하다, 빠지다 ; righe 행들 ; inserire 삽입하다

05. 내가 18시에 이 일을 끝낼 수 있을지 모르겠다. ** (단순미래 ← gr.1.1.5)

06. 그러나 그는 지금 아직 매우 슬프다. 편지에 쓰인 "안녕"이라는 말로는 불충분하다. 그래서 Pavio는 많은 일들을 해야 할 것이고, 많은 습관들을 바꿔야 할 것이라 알고 있다. 그러면 아마도 곧 정말로 그녀를 잊을 수 있을 것이다. ** (미래)
la parola "addio" scritta 쓰여진 "안녕"이라는 말 ; non bastare ~가 불충분하다 ; abitudini 습관들 ; dimenticare ~를 잊다

Chiavi

01. Non **riesco a** farlo. *

02. Una delle suore non **riesce a** trovare Viareggio sulla cartina. *

03. La donna sembra molto interessata ai loro discorsi ma non **riesce a** capire tutto. **

11. riuscire 115

11. riuscire

04. Ecco le prime dieci righe in cui mancano gli articoli. **Riesci a**d inserirli tu? ∗∗

05. Non so se **riusciro' a** finire questo lavoro alle 18.00. ∗∗

06. Ora pero' e' ancora molto triste, la parola "addio" scritta sulla lettera non basta e Fabio sa che dovra' fare molte cose, cambiare molte abitudini e forse prima o poi **riuscira'** davvero **a** dimenticarla.

COME SI DICE

01. **Non ci riesco.** (I can't)
    난 못 해.
02. **Non mi riesce di farlo.** (I can't do it)
    난 그것을 할 수 없어.
03. **Ti riesce piu' facile** dopo un po' di pratica. (You'll find it easier ~)
    좀 연습을 하고나면, 더 쉽게 할 수 있을 거다.
04. **Mi riesce antipatico.** (I don't like him)
    나는 그를 싫어한다.
05. **Mi riesce difficile.** (I find it difficult)
    나는 그것이 어렵다고 본다.

GLOSSARIO(어휘)

riuscito agg.[p.ps.] 성공적인
  ← riuscire + ito(과거분사 어미, 형용사로 파생)
la riuscita 결과, 결말 ; 성공, 성취. fare buona [cattiva] riuscita 성공[실패]하다
  ← riuscito + a(여성명사 어미)

12 | preferire

v.tr. ~를 선호하다 ➜ prefer

- presente indicativo : prefer**isc**o, prefer**isc**i, prefer**isc**e, preferiamo, preferite, prefer**isc**ono
- passato prossimo : **avere preferito**
- condizionale semplice : prefer**irei**, prefer**iresti**, prefer**irebbe**, prefer**iremmo**, prefer**ireste**, prefer**irebbero**

(io)	**prefer<u>isc</u>o**	un caffe'. 커피를 선호한다. la citta' alla campagna. 시골보다 도시를 선호한다.
(tu)	**prefer<u>isc</u>i**	un caffe' o un te'? 커피를 선호하니 아니면 차를?
(lui, lei, Lei)	**prefer<u>isc</u>e**	un te'. 차를 선호한다.
(noi)	**preferiamo**	stare a casa stasera. 오늘 저녁 집에 있기를 선호한다.
(voi)	**preferite**	viaggiare in treno o in macchina? 기차 여행을 선호하니 아니면 자동차 여행을?
(loro)	**prefer<u>isc</u>ono**	ascoltare la musica classica 고전음악 감상을 선호한다.

COMPOSIZIONE

livelo */**/**

01. 뭐 마실래, 커피 아니면 차? – 난 커피가 더 좋아. *

02. Paolo는 뭘 마신데, 맥주 아니면 위스키? – 그는 맥주를 더 좋아해. *

12. preferire

12. preferire

03. 너희들은 외출을 원해 아니면 집에 있기를 원해? – 오늘 저녁 집에 있을래. *

04. 그들은 고전음악을 감상하고 싶어 해 아니면 가벼운 음악을 듣고 싶어 해?
– 고전음악 감상을 더 선호해. *

05. 너는 어떤 계절을 선호하니? – 나는 봄/여름/가을/겨울을 더 선호해. *

06. 많은 사람들은 비행기 여행을 더 선호한다. *
viaggiare in aereo 비행기로 여행하다

07. 내 친구들은 디스코텍에 가길 선호하는 반면, 나는 영화관을 선호한다. **

08. 나는 수퍼마켓에서 자주 장을 보지만, 시장에서 과일 사는 것을 선호한다. **
fare la spesa 장 보다

09. 나는 컴퓨터 글쓰기를 좋아 하지 않는다. 손으로 쓰는 것을 선호한다. **
scrivere al computer 컴퓨터로 글 쓰다 ; scrivere a mano 손으로 글 쓰다

10. Annarita는 정말로 로메오 집에 가길 원하지 않는다. 밖에서 저녁을 보내며 도시를 즐기는 것 또한 선호한다. **
passare la serata 저녁(시간)을 보내다 ; godersi la citta' 도시를 즐기다

11. 그러면 모두 맥주 마실 거야? – 아니! 나는 정말로 와인을 선호하고 싶은데. **
(단순조건법 ← gr.1.2.1)

Chiavi

01. Che cosa prendi, un caffe' o un te'? – **Preferisco** un caffe'. *

02. Che cosa prende Paolo, una birra o un whisky? – **Preferisce** una birra. *

03. Volete uscire o stare a casa? – **Preferiamo** stare a casa stasera. *

04. Vogliono ascoltare la musica classica o la musica leggera?

Corso Di *Italiano* Per Coreani

— **Preferiscono** ascoltare la musica classica. *

05. Quale stagione **preferisci**?
— **Preferisco** la primavera / l'estate / l'autunno / l'inverno. *

06. Molte persone **preferiscono** viaggiare in aereo. *

07. I miei amici **preferiscono** andare in discoteca, io invece **preferisco** il cinema. **

08. Spesso faccio la spesa al supermercato ma **preferisco** comprare la frutta al mercato. **

09. Non mi piace scrivere al computer, **preferisco** scrivere a mano. **

10. Annarita proprio non vuole andare a casa di Romeo, **preferisce** passare la serata all'aperto, e godersi ancora la citta'. **

11. Allora, birra per tutti? – No! Io veramente **preferirei** del vino. **

GLOSSARIO(어휘)

preferito agg.[p.ps] 더 좋아한, 더욱 사랑 받은, 편애한
　　← preferire + ito(과거분사 어미, 형용사로 파생)
preferibile agg. 더 좋아하는, 선택할 가치가 있는, 더 바람직한
　　← preferire + ibile(형용사형 어미)
la preferenza 더 좋아함, 편애, 선택 ; 우선권, 특혜
　　← preferire + enza(명사형 어미)
preferenziale agg. 우선의, 우선적인 ; 특혜의. tariffa ~ 특혜관세
　　← preferenza + iale(형용사형 어미)

13 | sapere

v.tr ~를 알다 ➡ know

- presente indicativo : **so**, **sai**, **sa**, **sappiamo**, **sapete**, **sanno**
- passato prossimo : **avere saputo**
- imperfetto indicativo : sap**evo**, sap**evi**, sap**eva**, sap**evamo**, sap**evate**, sap**evano**
- fututo semplice : sap**ro'**, sap**rai**, sap**ra'**, sap**remo**, sap**rete**, sap**ranno**
- cond. semplice : sap**rei**, sap**resti**, sap**rebbe**, sap**remmo**, sap**reste**, sap**rebbero**
- congiuntivo presente : sappia, sappia, sappia, sappiamo, sappiate, sappiano
- participio passato : sap**uto**
- participio presente : sap**iente**
- gerundio : sap**endo**

(io)	**so**	il francese. 불어를 (할 줄) 안다. molte lingue. 많은 언어를 (할 줄) 안다. il numero di cellulare di Mauro. 마우로의 휴대폰 번호를 안다.
(tu)	**sai**	cucinare? 요리할 줄 아니? suonare il piano? 피아노 연주할 줄 아니? nuotare? 수영할 줄 아니?
(lui, lei, Lei)	**sa**	giocare a tennis. 테니스 칠 줄 안다. navigare in Internet. 인터넷 검색할 줄 안다. ballare. 춤 출줄 안다.
(noi)	**sappiamo**	dove e' andata Carla. 까를라가 어디 갔는지 안다.
(voi)	**sapete**	quando parte il treno per Roma? 로마 행 기차가 언제 출발하는지 아니?
(loro)	**sanno**	che l'esame e' difficile. 시험이 어렵다는 것을 안다.

Corso Di *Italiano* Per Coreani

COMPOSIZIONE

 livelo */**/**

01. 나는 그걸 알아. *

02. 근데 누가 그걸 알아/누가 알겠어? *

03. 너 Marco가 어디 사는지 알아? *

04. 너 Marina가 돌아올지 안 올지 알고 있어? *

05. 그는 그녀가 무슨 말을 하는지 모른다. *

06. 나는 그에게 말하는 것이 얼마나 어려운지 안다. *

07. 나는 그것에 대해 아무것도 모른다. *
    ne 그것에 대해

08. 너 진실을 말하고 싶니? *
    la verita' 진실

09. 나는 그에게 진실을 알게 하겠다. *

10. 그는 아무것도 할 줄 모른다. *

11. 그는 그가 하는 것을 잘 안다. *

12. 저기요, 죄송한데요, 담배 가게가/우체국이/현금인출기가/신문판매점이 어디 있는지 아세요? *
    un tabaccaio 담배 가게 ; un bancomat 현금인출기 ; un giornalaio 신문판매점

13. 그가 더 이상 그런 매우 아름다운 집에서 살지 않는다는 사실을 너는 알고 있니? **

13. sapere

14. 미안한데, Bergamo 거리가 어디 있는지 너 아니? 아니, 미안해, 모르겠어. **

15. 저기, 미안한데, 담배 가게가 / 열차 시간표가 / 버스정류장이 / 정보학 강의가 어디에 있는지 너 알아? **
l'orario 시간표 ; informatica 정보학

16. 모든 사람들은 Firenze가 감탄할만한 도시라고 알고 있다. **
meraviglioso 감탄할 만한, 놀랄만한, 멋진

17. 여사장님을 기다리고 있는 저 아가씨들은 누구야? – 모르겠어. 그녀들을 몰라. **
la direttrice 여사장님 cf. il direttore 남자 사장님

18. 아마도 그는 그것을 사용할 줄 모르나보다. 왜냐하면 휴대폰이 매번 이상하게 울리기 때문이다. **
il telefonino, il cellulare 휴대폰 ; in modo strano 이상하게 ; squillare 울리다

19. 그들은 어느 플렛폼에서 기차가 출발하는지 모르고, 출발 열차의 전광판을 찾는다. **
un tabellone elettronico 전광판 ; i treni in partenza 출발 열차들

20. 그는 어떤 신문을 선택할지 잘 몰라서, 잠시 몇 몇 신문들의 타이틀을 살펴본다. **
i titoli 제목들, 타이틀들

21. 모든 사람들이 대단한 패션쇼의 시작을 기다리는 무대 앞좌석에 그와 함께 있는 아름다운 사진모델의 이름이 무엇인지 우리는 모른다. **
l'inizia 시작 ; la grande sfilata di moda 대단한 패션 쇼 ; la fotomodella 사진모델

▼ Chiavi

01. Lo **so**. *

02. E chi lo **sa**? *

*Corso Di **Italiano** Per Coreani*

03. **Sai** dove abita Marco? *

04. **Sai** se torna Marina? *

05. Non **sa** cosa dice. *

06. **So** com'e' difficile parlare a lui. *

07. Non ne **so** nulla. *

08. Vuoi **sapere** la verita'? *

09. **Faccio sapere** la verita' a lui. *

10. Non **sa fare** niente. *

11. **Sa** bene quello che fa. *

12. Senta, scusi! **Sa** dov'e' un tabaccaio/l'ufficio postale/un bancomat/un giornalaio? *

13. Lo **sai** che non abita piu' in quella bellissima casa? **

14. Scusa, **sai** dov'e' via Bergamo? No, mi dispiace, non lo **so**. **

15. Senti, scusa **Sai** dov'e' un tabaccaio / l'orario di un treno / una fermata di autobus / la lezione di informatica? **

16. Tutti **sanno** che Firenze e' una citta' meravigliosa. **

17. Chi sono quelle ragazze che aspettano la direttrice? – Non lo **so**, non le conosco. **

18. Forse non lo **sa** usare perche' ogni tanto il telefonino squilla in modo strano. ⁂

19. Non **sanno** da quale binario parte il treno e cercano un tabellone elettronico dei treni in partenza. ⁂

20. Non **sa** bene che giornale scegliere e guarda un po' i titoli di alcuni giornali. ⁂

21. Non **sappiamo** pero' come si chiama la bella fotomodella che e' con lui in platea, dove tutti aspettano l'inizia della grande sfilata di moda. ⁂

13. sapere

13. sapere

COME SI DICE

01. **senza saperlo** (without realizing it)
그걸 알지 못하고

02. **Si sa che** ~ (It's well known that ~)
~라고 잘 알려져 있다

03. **Non si sa mai**. (You never know)
절대로 알지 못한다.

04. Mi dispiace, **non so che farci**. (~ I don't see what I can do about it)
미안해, 내가 그것을 할 수 있다고 보지 않는다.

05. **Mi sa che non viene**. (I don't think he's coming)
나는 그가 오리라고 생각하지 않는다.

06. Scusi, **saprebbe dirmi** dove scendono quei due tipi che erano al bar seduti dietro di me? (단순조건법)
죄송합니다만, 빠에서 제 뒤에 앉아있던 그 두 유형의 사람들이 어디서 내리는지 제게 말씀해 주시겠습니까? (정중하게)

07. **Saprebbe dirmi** dov'e' farmacia? (단순조건법)
약국이 어디 있는지 제게 말씀해 주시겠습니까? (정중하게)

08. **SAPERE / CONOSCERE**
이들은 근과거와 불완료과거에서 두 가지 다른 의미를 지닌다.
Ho saputo che ti sposi. (누구로부터 뭔가를 알게 되었을 때)
나는 네가 결혼한다는 사실을 알았어.
Non **sapevo** che hai due abmbini. (오래 전부터 뭔가를 알고 있을 때)
나는 네 아이가 둘이라는 사실을 모르고 있었다.
L'**ho conosciuto** ieri. (처음으로 누군가를 만났을 때)
어제 나는 그를 처음 만났어.
La **conoscevo** gia'. (전부터 누군가를 혹은 뭔가를 알고 있을 때)
나는 벌써 그녀를 알고 있었어.

GLOSSARIO(어휘)

il sapere 지식, 학식

sapiente agg.[p.pr.] 현명한, 학식 있는

　　　← sap<u>ere</u> + (i)ente(현재분사 어미, 형용사로 파생)

il sapiente 학자, 현인

sapientone agg. 아는 체하는

　　　← sapient<u>e</u> + one(확대형 어미, brutto의 의미)

il sapientone 학식을 드러내려는 사람

la sapienza 지혜, 현명 ; 학식, 학문

　　　← sap<u>ere</u> + (i)enza(명사형 어미)

sapienziale agg. 지혜의

　　　← sapienz<u>a</u> + iale(형용사형 어미)

14 | piacere

v.intr. ~가 좋다, ~가 마음에 든다 ➡ like

- presente indicativo : piac**e**, piacci**ono**
- passato prossimo : **e' piaciuto/a**, **sono piaciuti/e**
- imperfetto indicativo : piac**eva**, piac**evano**
- condizionale semplice : piac**erebbe**, piac**erebbero**
- participio semplice : piaci**uto**
- participio presente : piac**ente**
- gerundio : piac**endo**

간접대명사		형식상의 주어(단수)
mi 내게 ti 너에게 gli 그에게 le 그녀에게 Le 당신께 ci 우리들에게 vi 너희들에게 gli 그들에게	**piace** 좋다, 마음에 든다 **e' piaciuto/a** 좋았다, 마음에 들었다	la storia 역사가 l'arte del cinquecento 1500년대 예술이 Firenze 피렌체가 la pizza margherita 마르게릿따 피자가 la moda italiana 이탈리아 패션이 questo pittore 이 화가가 visitare i musei 박물관을 둘러보는 것이 conoscere gente nuova 새로운 사람 사귀는것이 giocare a tennis 테니스 치는 것이 nuotare 수영하는 것이
mi 내게 ti 너에게 gli 그에게 le 그녀에게 Le 당신께 ci 우리들에게 vi 너희들에게 gli 그들에게	**piacciono** 좋다, 마음에 든다 **sono piaciuti/e** 좋았다, 마음에 들었다	형식상의 주어(복수) i dipinti di Tiziano 띠찌아노 화가의 그림들이 gli spaghetti 스빠겟띠가 i film gialli 수사 영화들이 i giornali sportivi 스포츠 신문들이 i protagonisti 주인공들이 le canzoni popolari 대중 가요들이

*Corso Di **Italiano** Per Coreani*

COMPOSIZIONE

▼ livelo * / ** / ***

01. 너 커피 좋아하니? − 응, 매우 좋아해. / 아니, 전혀. * (간접대명사 ← **gr**.7.2)
non ~ per niente 전혀 ~하지 않다

02. 너 커피 좋아하니? − 정말로 나는 안 좋아해, 오히려 차를 더 좋아해. *
preferire ~를 더 좋아하다

03. Lucia는 (기차에 있는) 빠 커피를 좋아하지 않는다. *
il servizio bar 기차 빠

04. Alessandro는 (기차에 있는) 빠 커피를 좋아한다. *

05. 너 말이야, 커피 좋아하니? − 아니, 난 말이야, 전혀. * (강조용법 ← 7.1.4)

06. 너 후식들을 좋아하니? − 아니, 거의 먹지 않는다. *
non ~ quasi mai 거의 ~하지 않다

07. 너 tortellini 좋아하니? − 정말로 나는 그렇게 좋아하지는 않아. *

08. 교통 혼잡과 소음이 지나쳐서 나는 이 도시에 사는 것을 좋아하지 않아. **
troppo traffico 지나친 교통 혼잡 ; troppo rumore 지나친 소음

09. 나는 컴퓨터 글쓰기를 좋아하지 않고 손으로 쓰는 것(수기)를 선호해. **
scrivere al computer 컴퓨터로 글 쓰다 ; scrivere a mano 손으로 글 쓰다

10. 예쁜 옷이지만 컬러가 내 마음에 썩 안 든다. **

11. 나는 친구들에 대해 험담하는 사람을 싫어한다. **
parlare male di ~에 대해 험담하다

14. piacere

14. piacere

12. Pino Chiodo의 의류들을 Dino는 좋아한다. **
gli abiti 의류들

13. 너는 정말 오토바이를 그처럼 빨리 몰고 다니고 싶어? ** (단순조건법 ← gr.1.2.1)

14. 북유럽의 아가씨들은 이탈리아 남성들의 스타일을 좋아한다. **
le ragazze nordiche 북유럽 아가씨들 ; lo stile 스타일

15. 나는 어릴 때 우리 정원보다 더 좋아했던 이웃 집 정원에서 늘 놀곤 했다. **
(불완료과거 ← gr.1.1.3)

16. 네가 읽은 텍스트에 제시된 이미지들 가운데, 네게 더 마음에 들었던 이미지는 어떤 거니? **
le immagini presentate nel testo 텍스트에 제시된 이미지들

Chiavi

01. Ti **piace** il caffe'? – Si', mi **piace** molto. / No, non mi **piace** per niente. *

02. A te **piace** il caffe'? – Veramente a me non **piace** molto, preferisco il te'. *

03. A Lucia non **piace** il caffe' del servizio bar. *

04. Ad Alessandro **piace** il caffe' del servizio bar. *

05. A te, ti **piace** il caffe'? – No, a me, non mi **piace** per niente. *

06. Ti **piacciono** i dolci? – No, non li mangio quasi mai. *

07. Ti **piacciono** i tortellini? – Veramente a me non **piacciono** molto. *

08. Non mi **piace** vivere in questa citta', c'e' troppo traffico, troppo rumore. **

09. Non mi **piace** scrivere al computer, preferisco scrivere a mano. **

10. E' un vestito carino ma non mi **piace** molto il colore. **

11. Non mi **piace** chi parla male degli amici. **

Corso Di *Italiano* Per Coreani

12. Gli abiti di Pino Chiodo **piacciono** a Dino. **
13. Ti **piacerebbe** guidare una moto cosi' veloce? (=Vorresti guidare ~) **
14. Alle ragazze nordiche **piace** lo stile degli uomini italiani. **
15. Da bambino giocavo sempre nel giardino dei vicini di casa che mi **e' piaciuto** piu' del nostro. **
16. Tra le immagini presentate nel testo che hai letto, qual e' quella che **ti e' piaciuta** di piu'? **

COME SI DICE

01. Secondo me **tu piaci a Filippo**. (형식상 주어가 'tu'일 때 'piaci' 활용이 가능)
Ma che dici, lui ha una ragazza.
Si', ma ieri sera alla festa **ti mangiava con gli occhi**. (=ti guardava con desiderio)
내가 보기에 필립보는 너를 좋아해.
무슨 소리야, 그는 애인이 있어.
그래, 그렇지만 어제 저녁 파티에서 그는 널 애타게 바라보고 있었거든.

GLOSSARIO(어휘)

il piacere 즐거움, 기쁨 ; 호의, 친절. per piacere 부탁드립니다.
piacente agg.[p.pr.] 매력있는
　　← piacere+ente(현재분사 어미, 형용사로 파생)
piacevole agg. 즐거운
　　← piacere+evole(형용사형 어미)

14. piacere

15 | dispiacere

v.intr. ~가 유감이다, ~가 싫다 ➡ displease, upset

- presente indicativo : dispiac**e**, dispiacc**iono**
- passato prossimo : **e' dispiaciuto/a, sono dispiaciuti/e**
- imperfetto indicativo : dispiac**eva**, dispiac**evano**
- condizionale semplice : dispiac**erebbe**, dispiac**erebbero**
- participio passato : dispiac**iuto**
- participio presente : dispiac**ente**
- gerundio : dispiac**endo**

		형식상의 주어(단수)
mi ti gli le Le ci vi gli	**dispiace** 싫다, 유감이다 **e' dispiaciuto** 싫었다, 유감이었다	partire 떠나는 것이 lasciare questa citta' 이 도시를 버리는 것이 rimanere da solo 혼자 남는 것이 non potere venire da voi 너희 집에 갈 수 없는 것이 non salutare gli amici 친구들에게 인사하지 못하는 것이

Composizione

 livelo */**

01. 미안한데, Bergamo 거리가 어디 있는지 아니? — 아니, 미안해, 모르겠다. *
    non lo so 나는 모른다

02. Roberto는 가정에 문제가 있다. — 아, 그래? 안 됐구나! *

03. Massimo, 미안한데, 나는 더 이상 너를 믿지 못하겠어. *
   credere 믿다

04. 미안한데, 난 시간이 별로 없어. 늦었거든. *
   avere poco tempo 시간이 별로 없다 ; essere in ritardo 늦었다

05. 오늘 저녁 네가 싫지 않다면, 내가 저녁 준비하고 너는 설거지 한다. **
   lavare i piatti 설거지하다

06. 아직 그 아파트 비어있나요? 아니요, 미안하지만, 임대되었어요. **
   essere libero 비어 있다 ; affittato 임대된

07. 어제 저녁에 나는 Roberto를 만나지 못해 유감이다. **

08. 그는 사진기가 없다. 찍을 것들이 많기 때문에 그에게는 유감이다. **
   una macchina fotografica 사진기 ; cose da fotografare 사진 찍을 것들

09. 에, 안돼요! 죄송합니다만 본 매장은 금연입니다. **
   il reparto non fumatori 금연 매장

10. Giulio, 내가 라디오를 꺼도 괜찮아? **
   spegnere 끄다

11. 죄송한데요, 저는 이 일을 수용할 수 없군요. 보수가 저에겐 흥미롭지 못합니다. **
   accettare 수용하다, 받아들이다 ; lo stipendio 보수

12. (기차) 창문을 좀 열어주시겠습니까? ** (단순조건법 ← gr.1.2.1)

15. dispiacere

15. dispiacere

Chiavi

01. Scusa, sai dov'e' via Bergamo? – No, mi **dispiace**, non lo so. *

02. Roberto ha problemi in famiglia. – Ah, si'? Mi **dispiace**! *

03. Massimo, mi **dispiace**, ma non ti credo piu'. *

04. Mi **dispiace**, ma ho poco tempo, sono in ritardo. *

05. Se non ti **dispiace** stasera io preparo la cena e tu lavi i piatti. **

06. E' ancora libero l'appartamento? No, mi **dispiace**, e' affittato. **

07. Mi **dispiace** che non ho incontrato Roberto ieri sera. **

08. Non ha una macchina fotografica, e gli **dispiace** molto perche' ci sono tante cose da fotografare. **

09. Eh no! mi **dispiace** questo e' il reparto non fumatori. **

10. Giulio, ti **dispiace** se spengo la radio? **

11. Mi **dispiace**, non posso accettare questo lavoro, lo stipendio non e' interessante per me. **

12. Le **dispiacerebbe** aprire il finestrino? **

COME SI DICE

01. "Si', ma sai, un po' mi dispiace lasciare gli amici, il ragazzo, capisci?"
    – "Ma dai, sono solo sei mesi **dopotutto**."
    그래, 너도 알다시피, 친구들을 두고 떠나는 것이 유감이다. 친구야, 이해하지?
    그렇지만 기운 내라, <u>기껏해야</u> 달랑 6개월인데 뭐.

02. Sono arrivato proprio tardi! Mi dispiace che hai aspettato tanto!

― Ma no, **figurati**, non e' un problema!

나는 정말 늦게 도착했다! 너를 그토록 기다리게 해서 미안하다!
아니다, 신경 쓰지 마라! 괜찮다!

GLOSSARIO(어휘)

dispiaciuto agg.[p.ps.] 슬픈, 애처로운 ; 귀찮은
    ← dispiacere + (i)uto(과거분사 어미, 형용사로 파생)

dispiacente agg.[p.pr.] 불쾌한 ; 마음 아픈, 유감의.
    Sono ~ di non averti potuto avvertire. 네게 알릴 수 없었던 것이 유감이다.
    ← dispiacere + ente(현재분사 어미, 형용사로 파생)

dispiacevole agg. 불쾌한, 마음에 안 드는
    ← dispiacere + evole(형용사형 어미)

dispiacevolmente avv. 불쾌하게
    ← dispiacevole + mente(부사형 어미)

la dispiacevolezza 불쾌.
    ← dispiacevole + ezza(명사형 어미)

PARTE B

필수 동사 85

16 | abitare

v.intr.[avere] ~에 거주하다, 살다 ➜ live (in)

- passato prossimo : **avere abitato**
- futuro semplice : abit**ero'**, abit**erai**, abit**era'**, abit**eremo**, abit**erete**, abit**eranno**
- condizionale semplice :
- imperfetto indicativo :
- participio passato : abit**ato**
- participio presente : abit**ante**
- gerundio : abit**ando**

	현재	불완료과거	단순조건법
io	abito	abitavo	abiterei
tu	abiti	abitavi	abiteresti
lui	abita	abitava	abiterebbe
noi	abitiamo	abitavamo	abiteremmo
voi	abitate	abitavate	abitereste
loro	abitano	abitavano	abiterebbero

COMPOSIZIONE

 **livelo** * / ** / **

01. Piero는 아파트 2층에 거주한다. * (직설법현재 ← gr.1.1.1)
    al secondo piano 2층에

02. Giovanni는 콘도미니움에 거주한다. *

Corso Di *Italiano* Per Coreani

nel condominio 콘도미니움에

03. 너희들은 역 근처에 거주하니? 아니, 외곽에 거주한다. *
in periferia 외곽에

04. Milena는 Magenta 거리에 있는 도시 건물 3층에 거주한다. **

05. Marcello는 3명의 여자 사촌이 있지만 그들이 Sardegna에 살고 있어 결코 못 본다. **
cugina 여자 사촌 ; non ~ mai 결코 ~ 아니다

06. 나의 형은 뉴욕에 거주한다. 그를 못 본지 1년 되었다. **

07. 2년 후엔 분명히 나는 더 이상 이 도시에서 살고 있지 않을 것이다. **
fra due anni 2년 후 ; non ~ piu' 더 이상 ~ 아니다

08. 2100년도에 최초의 인간이 화성에 거주할 것이다. **
il primo uomo 최초의 인간 ; su Marte 화성에

09. Marco와 Anna는 Colosseo 근처 어느 원룸에 거주하고 있었다. **
in un monolocale 원룸에

10. 어렸을 때 그는 고층 빌딩에서 살았다. **
da bambino/a ; 어렸을 때 ; in un grattacielo 고층 빌딩에서

11. 우리 두 사람은 밀라노에서 즐겁게 살 것이지만, 우리 자식들은 로마를 떠나 절대로 이사 가지 않을 지도 모르겠다. ** (단순조건법 – 가능성, 추측 ← gr.1.2.1)
spostarsi 이주하다, 옮기다 ; non ~ mai 절대로 ~ 아니다

12. Piero는 정말로 이탈리아에 살고 싶어 한다. ** (단순조건법 – 욕구, 욕망 ← gr.1.2.1)

13. Angela는 로마로 돌아갈 의향이 없다. – 나는 그렇다고 본다. 그녀는 파리 중심가에 있는 멋진 집에서 살며 즐거워하고 있다. **

16. abitare

16. abitare

avere intenzione di+inf. ~할 의향이 있다 ; ci credo bene 그렇다고 본다 ;

divertirsi 즐거워하다

14. 이것은 내가 유년 시절 내내 살았던 집이다. ⁂ (관계대명사 cui ← gr.7.5)
per tutta la mia infanzia 유년 시절 내내

Chiavi

01. Piero **abita** in un appartamento al secondo piano. *

02. Giovanni **abita** nel condominio. *

03. Voi **abitate** vicino alla stazione? – No, **abitiamo** in periferia. *

04. Milena **abita** in un palazzo del centro, in via Magenta al terzo piano. **

05. Marcello ha tre cugine ma non le vede mai perche' **abitano** in Sardegna. **

06. Mio fratello **abita** a New York. Non lo vedo da un anno. **

07. Fra due anni sicuramente non **abitero'** piu' in questa citta'. **

08. Nel 2100 il primo uomo **abitera'** su Marte. **

09. Marco e Anna **abitavano** in un monolocale vicino al Colosseo. **

10. Da bambino **abitava** in un grattacielo. **

11. Noi due **abiteremo** volentieri a Milano, ma i nostri figli non si sposterebbero mai da Roma. ⁂

12. Piero **abiterebbe** in Italia. ⁂

13. Angela non ha intenzione di tornare a Roma.
    <u>Ci credo bene</u>, **abita** in una casa stupenda nel centro di Parigi e si diverte. ⁂

14. Questa e' la casa <u>in cui</u> **ho abitato** per tutta la mia infanzia. ⁂

GLOSSARIO(어휘)

l'abitante 거주자, 인구
　　　← abit<u>are</u> + ante(현재분사형, 명사로 파생)
abitato agg.[p.ps] 거주한
　　　← abit<u>are</u> + ato(과거분사형, 형용사로 파생)
l'abitato 주택지구, 거주 지역
　　　← abitato가 명사로 파생
l'abitazione 거주 ; 주거
　　　← abit<u>are</u> + azione(명사형 어미)
l'abito 의복
　　　← abit<u>are</u> + o(남성명사형 어미)
abitabile agg. 거주할 수 있는, 거주에 적합한
　　　← abit<u>are</u> + abile(형용사형 어미)
l'abitabilita' 거주(생존)가능성
　　　← abitabile + ita'(명사형 어미)
l'abitacolo 조종석, 운전석
　　　← abit<u>are</u> + acolo(명사형 어미)

17 | accendere

v.tr.[avere] ~를 켜다 ➜ light, turn on, swich on

- presente indicativo :
- passato prossimo : **avere acceso**
- futuro semplice :
- participio passato : **acceso**
- participio presente : accend**ente**
- gerundio : accend**endo**

	현재	근과거	미래
io	accendo	ho acceso	accendero'
tu	accendi	hai acceso	accenderai
lui, lei, Lei	accene	ha acceso	accendera'
noi	accendiamo	abbiamo acceso	accenderemo
voi	accendete	avete acceso	accenderete
loro	accendono	hanno acceso	accenderanno

COMPOSIZIONE

 **livelo** * / ** / **

01. 그는 'walkman'을 켜고 밖을 내다본다. *
    <u>guardare fuori</u> 밖을 내다 보다

02. 컴퓨터를 키려면 빨간 색 키를 눌러라! ** (명령형 ← gr.1.4)
    <u>premere il tasto</u> 키를 누르다

03. Marco, 불을 켜지 마라, 그러지 않으면 모기들이 들어온다! ** (명령형 ← gr.1.4)
altrimenti 그러지 않으면 ; zanzara 모기

04. 사람들은 몇 시에 히터를 켜야 할 지 결정해야 한다. ** (비인칭 SI ← gr.3)
decidere 결정하다 ; il riscaldamento 히터

05. 집에서 나는 늘 라디오를 켜 놓지만 한 번도 경청하지는 않는다. **
ascoltare con attenzione 경청하다, 주의 깊게 듣다

06. 수백 개의 휴대폰이 동시에 켜진다. ** (수동태 SI ← gr.4.2)
centinaia di cellulari 수백 개의 휴대폰 ; contemporaneamente 동시에

07. 낮은 층에 사는 사람들은 한 두 시간 히터를 키길 원하지만 높은 층들은 더 춥다. **
(복합관계대명사 CHI ← gr.7.4)
ai piani bassi 낮은 층에 ; per poche ore 한 두 시간 동안 ; ai piani alti 높은 층에 ;
fa piu' freddo 더 춥다

Chiavi

01. **Accende** il walkman e guarda fuori. *

02. Per **accendere** il computer premi il tasto rosso! **

03. Marco, non **accendere** la luce, altrimenti entrano le zanzare! **

04. Si deve decidere a che ora **accendere** il riscaldamento. **

05. In casa **accendo** sempre la radio ma non la ascolto mai con attenzione. **

06. Si **accendono** contemporaneamente centinaia di cellulari. **

07. Chi abita ai piani bassi vuole **accendere** il riscaldamento per poche ore ma ai piani alti fa piu' freddo. **

17. accendere

COME SI DICE

01. Ti dispiacerebbe **farmi accendere**?

    내게 불 좀 붙여주겠니?

    다시 말해서, "불 있어?" (= Hai da accendere per favore?)라는 의미이다.

    farmi accendere가 주어이다.

    far(e) + mi + 동사 = 내게 '동사' 하게 하다

    dispiacerebbe는 dispiacere의 단순조건법으로서 상대에 대한 정중한 의사 표현법이다.

GLOSSARIO(어휘)

l'accendino 라이터
　　← accendere + ino(축소형 어미 ; bello, carino)

l'accenzione 점화
　　← accendere + zione(명사형 어미)

l'accenditore 점화자 ; 점화장치
　　← accendere + (i)tore(명사형 어미 ; ~하는 것, 사람)

l'accendigas 점화장치
　　← accendi(명령형) + gas

18 | accettare

v.tr. (제안을) 받아들이다 ; ~를 승낙 하다 ; ~을 동의하다 ;
→ accept ; agree to

- indicativo presente :
- passato prossimo : **avere accettato**
- futuro semplice :
- participio passato : accett**ato**
- participio presente : accett**ante**
- gerundio : accett**ando**

	현재	근과거	미래
io	accetto	ho accettato	accetterò
tu	accetti	hai accettato	accetterai
lui, lei, Lei	accetta	ha accettato	accetterà
noi	accettiamo	abbiamo accettato	accetteremo
voi	accettate	avete accettato	accetterete
loro	accettano	hanno accettato	accetteranno

COMPOSIZIONE

 livelo */**

01. 그 부인은 초대를 받아들인다. *

02. 나는 Giovanni를 친구로 받아들였다. *
    accettare come/per ~로 받아들이다

03. 그렇게 해서 나는 승낙하도록 그녀를 압박했다. **

18. accettare

costringere a ~하도록 강요하다/압박하다 ; [costretto p.ps.]

04. 미안하지만, 나는 이 일을 받아들일 수가 없다. 보수가 내게 흥미롭지 못하거든. **

▼ Chiavi

01. La signora **accetta** l'invito. *

02. Io ho accettato Giovanni come amico. *

03. Cosi' l'ho costretta a **accettare**! **

04. Mi dispiace, non posso **accettare** questo lavoro, lo stipendio non e' interessante per me. **

GLOSSARIO(어휘)

l'accettante 수락자, 승낙자
　　　← accett<u>are</u> + ante(현재분사형, 명사로 파생)
accettante agg.[p.pr.] 승낙하는, 수락하는
　　　← accett<u>are</u> + ante(현재분사형, 형용사로 파생)
accettabile agg. 수락할 수 있는, 받아들일 수 있는
　　　← accett<u>are</u> + (a)bile(형용사형 어미)
l'accettazione 수락, 수리, 용인 ; 접수
　　　← accett<u>are</u> + (a)zione(명사형 어미)
accetto agg. 기쁜, 만족스러운, 환대하는, 환영받는.
　　　una proposta ben accetta a tutti 모든 사람들에게 환영받는 제안
　　　← accett<u>are</u> + o(형용사 남성어미)

19 | accompagnare

v.tr. ~를 동행/동반/수행하다
➜ accompany ; follow

- indicativo presente :
- passato prossimo : **avere accompagnato**
- futuro semplice :
- condizionale semplice :
- imperfetto indicativo :
- participio passato : accompagn**ato**
- participio presente :
- gerundio : accompagn**ando**

	현재	근과거	단순 조건법
io	accompagno	ho accomapagnato	accompagn**erei**
tu	accompagni	hai accomapagnato	accompagn**eresti**
lui, lei, Lei	accompagna	ha accomapagnato	accompagn**erebbe**
noi	accompagniamo	abbiamo accomapagnato	accompagn**eremmo**
voi	accompagnate	avete accomapagnato	accompagn**ereste**
loro	accompagnano	hanno accomapagnato	accompagn**erebbero**

COMPOSIZIONE

 **livelo** * / **

01. 오늘 저녁 누가 너희들을 집으로 데려가니? *

02. 부탁인데, 나를 집까지 차로 데려다 주겠니? * (단순조건법 – 친절하게 부탁 ← gr.1.2.1)

19. accompagnare

03. Marco는 아름다운 여자를 눈길로 쫓고 있다. **

   accompagnare con lo sguardo 눈길로 ~를 쫓다(눈길을 주다)

04. 그 부인은 그를 식당 칸으로 데려가야 한다. **

   al vagone ristorante 식당 칸에

05. 진짜 Annarita가 왔다. 그래서 지금 Romeo는 로마 시내 관광을 위해 차로 그녀를 수행한다. **

   un giro turistico nel centro 시내 관광

Chiavi

01. Chi vi **accompagna** a casa stasera? *

02. Mi **accompagneresti** a casa in macchina, per favore? *

03. Marco **accompagna** una bella ragazza con lo sguardo. **

04. La signora deve **accompagnar**lo al vagone ristorante. **

05. Annarita e' arrivata davvero, e adesso Romeo l'**accompagna** in macchina per un giro turistico nel centro di Roma. **

GLOSSARIO(어휘)

l'accompagnamento 수행, 동반, 행렬 ; 반주 ; 연행, 구인.
   ~ funebre 장의 행렬 ; ~ coattivo 강제연행
   ← accompagn<u>are</u> + (a)mento(명사형 어미)
l'accompagnatore [s.f. -trice] 동행자, 동반자 ; 반주자
   ← accompagn<u>are</u> + (a)tore(명사형 어미, ~하는 사람)

20 aiutare

v.tr. ~를 돕다 ➔ help ; assist

- indicativo presente :
- passato prossimo : **avere aiutato**
- futuro semplice :
- participio passato : aiut**ato**
- participio presente : aiut**ante**
- gerundio : aiut**ando**

	현재	근과거	미래
io	aiuto	ho aiutato	aiutero'
tu	aiuti	hai aiutato	aiuterai
lui, lei, Lei	aiuta	ha aiutato	aiutera'
noi	aiutiamo	abbiamo aiutato	aiuteremo
voi	aiutate	avete aiutato	aiuterete
loro	aiutano	hanno aiutato	aiuteranno

COMPOSIZIONE

 livelo */**

01. 그 신사는 가방을 든 부인을 돕고자 한다. *
    la signora con la valigia 가방을 든 부인

02. 미안합니다만, 저를 좀 도와주실 수 있어요? **
    (단순조건법 – 친절하게 부탁 ← gr.1.2.1)

20. aiutare

03. 정리 정돈하는 그를 도와주라! ** (명령법 ← gr.1.4)
aiutare a+inf. ~하는 누구를 돕다 ; mettere in ordine 정리 정돈하다

04. Fabio는 그것이 어려울 거라는 것을 안다. 그러나 아마도 그의 친구들이 Giulia를 잊도록 그를 도울 것이다. **
dimenticare ~를 잊다

Chiavi

01. Il signore vuole **aiutare** la signora con la valigia. *

02. Scusi, mi potrebbe **aiutare**? *

03. **Aiuta**lo a mettere in ordine! **

04. Fabio sa che sara' difficile ma forse i suoi amici lo **aiuteranno** a dimenticare Giulia. **

GLOSSARIO(어휘)

l'aiuto 도움. dare aiuto a ~를 돕다, venire in aiuto di ~를 돕다 ; essere di aiuto 도움이다. Mi e' stata di grande aiuto. 그녀는 내게 큰 도움이었다 ; chiedere aiuto a ~에게 도움을 구하다 ; correre in aiuto di ~의 도움으로 달리다.
　　　← aiutare + o(남성명사형 어미)

l'aiutante 조수, 보조자 ; 부관. fare da aiutante a qn ~의 조수이다
　　　← aiutare + ante(현재분사형, 명사로 파생)

21 | amare

v.tr. ~를 사랑하다 ; ~를 좋아하다 ; ~를 즐기다
→ love, be in love with ; like ; enjoy

- indicativo presente :
- passato prossimo : **avere amato**
- futuro semplice :
- imperfetto indicativo :
- participio passato : am**ato**
- participio presente : am**ante**
- gerundio : am**ando**

	현재	불완료과거	미래
io	amo	amavo	amero'
tu	ami	amavi	amerai
lui, lei, Lei	ama	amava	amera'
noi	amiamo	amavamo	ameremo
voi	amate	amavate	amerete
loro	amano	amavano	ameranno

COMPOSIZIONE

 livelo ✱ / ✱✱

01. 우리는 고전음악을 사랑한다. ✱

02. 아무도 나를 사랑하지 않아 나는 슬프다. ✱

03. 그 청년은 기차에서 그림 그리기를 좋아한다. ✱

21. amare

<u>disegnare 그림 그리다, 디자인 하다</u>

04. Piero는 결혼사진 보는 것을 즐긴다. *

05. 어릴 때 나는 수학을 좋아했다. *
<u>matematica 수학</u>

06. Piero는 이 도시를 사랑한다. 볼로냐에서 대학을 다니며 Umberto Eco를 만나던 옛 기억을 떠 올린다. **
<u>ricorda la sua vecchia idea di ~하는 옛 기억을 떠 올리다</u>

07. Valentina가 보기에, 나폴리를 좋아하는 세 가지 좋은 이유가 무엇인가? **
<u>tre buoni motivi 세 가지 좋은 이유</u>

08. 한 때, 나는 붐비는 해변을 좋아했지만, 지금은 그것을 싫어한다. **
<u>le spiagge affollate 붐비는 해변들 ; detestare ~를 싫어하다, 혐오하다</u>

▼ Chiavi

01. Noi amiamo la musica classica. *

02. Sono triste perche' nessuno mi **ama**. *

03. Il ragazzo **ama** disegnare in treno. *

04. Piero **ama** guardare foto di matrimonio. *

05. Da bambino **amava** la matematica. *

06. Piero **ama** questa citta' e ricorda la sua vecchia idea di frequentare l'universita' a Bologna, incontrare Umberto Eco. **

07. Quali sono, secondo Valentina, tre buoni motivi per **amare** Napoli? **

08. Un tempo **amavo** le spiagge affollate ma ora le detesto. **

GLOSSARIO(어휘)

amante agg.[p.pr.] 사랑하는, 좋아하는, 애호하는
    ← am<u>a</u>re + ante(현재분사형, 형용사로 파생)

l'amante 정부, 연인
    ← am<u>a</u>re + ante(현재분사형, 명사로 파생)

amaro agg. 맛이 쓴 ; 괴로운 ; 비통한 ; 통렬한, 호된
    ← am<u>a</u>re + o(형용사 남성 어미)

l'amore 사랑, 애정 ; 연정 ; 애착, 애호 ; 사랑하는 사람

22 | aprire

v.tr.[avere] ~를 열다 ➔ open ; turn on, switch on, put on ; build ; start

- presente indicativo :
- passato prossimo : **avere aperto**
- futuro semplice : apr**irò**, apr**irai**, apr**irà**, apr**iremo**, apr**irete**, apr**iranno**
- condizionale semplice : apr**irei**, apr**iresti**, apr**irebbe**, apr**iremmo**, apr**ireste**, apr**irebbero**
- participio passato : **aperto**

	현재	근과거
io	apro	ho aperto
tu	apri	hai aperto
lui, lei, Lei	apre	ha aperto
noi	apriamo	abbiamo aperto
voi	aprite	avete aperto
loro	aprono	hanno aperto

COMPOSIZIONE

 **livelo** */**

01. (기차) 창문을 열어도 될까요? *
   il finestrino 기차 객실 창문

02. 너 창문을 열어주겠니? *

03. 창문을 조금만 열어도 될까(요)? *

Corso Di **Italiano** Per Coreani

04. 너희들 더우면, 창문을 열어라! **

avere caldo (사람이) 덥다 ; fare caldo (날씨가) 덥다

05. "Il Giovane Holden", 그는 그 책을 펴서 읽기 시작한다. **

mettersi a +inf. ~하기 시작하다, ~에 착수하다

06. 가끔 그는 노트를 펴서 뭔가를 쓰고 나서는 그것을 덮는다. **

07. 내년에 그는 상업 활동을 시작할 것이다. ** (단순미래 ← gr.1.1.5)

un'attivita' commerciale 상업 활동(사업)

08. 부탁인데, 너 창문을 좀 열어주겠니? ** (단순조건법 – 친절하게 부탁 ← gr.1.2.1)

09. 서류 가방을 여는 비즈니스맨이 있다. **

una valigetta 서류 가방 ; un'uomo d'affari 비즈니스 맨

10. 그는 사진들이 든 봉투를 열어서 즐겁게 그것들을 본다. **

una busta 봉투 ; guardare divertito 즐겁게 보다

🔽 Chiavi

01. Posso **aprire** il finestrino? *

02. Puoi **aprire** la finestra? *

03. Posso **aprire** un po' la finestra? *

04. Se avete caldo, **aprite** la finestra! **

05. "Il giovane Holden", lo **apre** e si mette a leggere. **

06. Ogni tanto **apre** un quaderno scrive qualcosa, poi lo chiude. **

07. L'anno prossimo **aprira'** un'attivita' commerciale. **

08. **Apriresti** la finestra, per favore? **

22. aprire

22. aprire

09. C'e' un uomo d'affari che **apre** una valigetta. ＊＊

10. Poi **apre** una busta con delle foto e le guarda divertito. ＊＊

GLOSSARIO(어휘)

aperto agg.[p.ps] 열린 ; 개화한 ; 영업 중인, 공연 중인 ; 비무장의 ; 미해결의 ; 야외의 ; 노출된, 노골
　　　　적인 ; 솔직한 ; 편견없는 ; 구개음의
　　　　← aprire의 불규칙 과거분사, 형용사로 파생

apertamente avv. 솔직히, 명백히 ; 마음속에서 우러나오게
　　　　← aperto + amente(부사형 어미)

l'aperto 집밖, 성문 밖. vivere all'aperto 집밖에서 살다
　　　　← aperto가 명사형으로 쓰임

l'apertura 개방, 개봉, 개통 ; 개점, 개업 ; 개최, 개시, 해금 ; 구멍, 입구 ; 마음이 넓음 ; 서곡
　　　　← aperto + ura(명사형 어미)

23 | arrivare

v.intr. ~에 도착하다 ➔ arrive, come

- presente indicativo :
- passato prossimo : **essere arrivato/a/i/e**
- futuro semplice : arriv**ero'**, arriv**erai**, arriv**era'**, arriv**eremo**, arriv**erete**, arriv**eranno**
- participio passato : arriv**ato**
- gerundio : arriv**ando**

	현재	근과거
io	arrivo	sono arrivato/a
tu	arrivi	sei arrivato/a
lui, lei, Lei	arriva	è arrivato/a
noi	arriviamo	siamo arrivati/e
voi	arrivate	siete arrivati/e
loro	arrivano	sono arrivati/e

COMPOSIZIONE

 **livelo** */**/***

01. 기차는 9시에 Palermo에 도착한다. *

02. 잠시 후 Mario가 오는데, 너 좋아? *
    fra poco 잠시 후

03. 2040년에 인간은 화성에 도착할 것이다. *

23. arrivare

su Marte 화성에

04. Angela는 항상 시간에 맞춰 도착한다. 반면에 오늘은 늦게 도착했다. *
(근과거 ← gr.1.1.2)
in orario 시간에 맞춰 ; in ritardo 늦게

05. 어제 저녁 그녀가 TV를 보고 있는데, Sandro가 왔다. * (불완료과거 ← gr.1.1.3)

06. 다음 날 Massimo와 Francesco는 매우 무거운 두 개의 여행 가방을 들고 역에 도착한다. **
il giorno dopo 다음 날

07. Colonna 광장에 도착하기 위해서는 우회전해야 한다. ** (비인칭 SI ← gr.3)
girare a destra 우회전하다

08. 너는 정류장에 도착한다. 바쁘다. 그런데 너를 태우지 않고 떠나는 버스를 너는 본다. **
avere fretta 바쁘다 ; senza di te 너 없이

09. 정시에 도착하기 위해 너는 7시45분 기차를 타야만 한다. **

10. 오늘 저녁 식사에 거의 모두 온다. 그러나 나는 Paolo가 좀 더 늦게 도착할 거라 믿는다. **
un po' piu' tardi 좀 더 늦게

11. Dino와 그 여자 모델은 패션쇼 홀에 도착했다. **
nella sala della sfilata 패션 쇼 홀에

12. 진짜 Annarita가 왔다. 그래서 지금 Romeo는 로마 시내 관광을 위해 자동차로 그녀를 동행한다. **
accompagnare 동행하다 ; il giro turistico 관광 / 투어

13. 나는 약속 시간에 미리 도착했으나 아무도 없었다. **

*Corso Di **Italiano** Per Coreani*

in anticipo 미리

14. 아, 어쩌지! 벌써 8시인데, 아무도 도착하지 않았네. **
non ~ nessuno 아무도 ~않다

15. 내 아들, Franco, 제발 부탁인데, Cairo에 도착하자마자 우리에게 전화해라! **
(명령형＋대명사 ← gr.1.4.3)
mi raccomando 제발 부탁이다 ; appena ~하자마자

16. 잠시 후 한 청년이 도착하는데, 그는 큰 가방을 들고 있고, 스포티한 바지와 꽉 끼는 티셔츠를 입고 있다. 또한 흑인이며 썬텐을 하고 커다란 금속 시계를 찬 청년이다. **
dopo un po' 잠시 후 ; un borsone 큰 가방 ; pantaloni sportivi 스포티한 바지 ;
maglietta attilata 꽉 끼는 티셔츠 ; moro 흑인의 ; abbronzato 썬텐한 ;
orologio di metallo 금속 시계

17. 이상하다. Dino에게 Firenze는 무척 큰 도시는 아니지만, Pitti 궁전에 도착해서 약간 오르막에 있는 정원을 볼 때, 그 궁전은 그에게 웅장한 것처럼 보인다. **
strano 이상한 ; il cortile 정원, 코트 ; un po' in salita 약간 오르막에 있는 ;
sembrare enorme 웅장한 것처럼 보이다

▼ Chiavi

01. Il treno **arriva** a Palermo alle 9.00. *

02. Fra poco **arriva** Mario, sei contento? *

03. Nel 2040 l'uomo **arrivera'** su Marte. *

04. Angela **arriva** sempre in orario. Oggi, invece, **e' arrivata** in ritardo. *

05. Ieri sera mentre guardava la TV **e' arrivato** Sandro. *

06. Il giorno dopo Massimo e Francesco **arrivano** alla stazione con due valigie molto

23. arrivare

pesanti. **

07. Per **arrivare** a piazza Colonna si deve girare a destra. **

08. **Arrivi** alla fermata, hai fretta e vedi l'autobus che parte senza di te. **

09. Per **arrivare** in orario devi prendere il treno delle 7.45. **

10. Vengono quasi tutti alla cena di stasera ma credo che Paolo **arrivera'** un po' piu' tardi. **

11. Dino e la modella **sono arrivati** nella sala della sfilata. **

12. Annarita **e' arrivata** davvero, e adesso Romeo l'accompagna in macchina per un giro turistico nel centro di Roma. **

13. **Sono arrivato** in anticipo all'appuntamento e non c'era nessuno. **

14. Ma come! Sono gia' le 8 e non **e' arrivato** nessuno. **

15. Franco, figlio mio, mi raccomando appena **arrivi** al Cairo, telefonaci! ***

16. Dopo un po' **arriva** un ragazzo con un borsone, pantaloni sportivi e maglietta attillata, moro e abbronzato con un grosso orologio di metallo. ***

17. E' strano, per Dino Firenze non e' una citta' molto grande ma quando **arriva** a Palazzo Pitti e vede il cortile un po' in salita, il palazzo gli sembra enorme. ***

COME SI DICE

1. **Benarrivato!** (=ben(e)+arrivato)

   잘 왔어요!

GLOSSARIO(어휘)

arrivato agg.[p.ps.] 도착한, 도달한 ; 출세한, 성공한
　　← arriv<u>are</u> + ato(과거분사 어미, 형용사로 파생)
l'arrivato 도착한 사람 ; 출세한 사람
　　← arrivato(과거분사가 명사로 파생)
l'arrivo 도착, 도래, 도달 ; 착지 ; 입하상품 ; (pl.) 도착열차
　　← arriv<u>are</u> + o(남성명사형 어미)

24 | ascoltare

v.tr. ~를 듣다 ➡ listen

- presente indicativo :
- passato prossimo : **avere ascoltato**
- imperfetto indicativo :
- futuro semplice : ascolt**ero'**, ascolt**erai**, ascolt**era'**, ascolt**eremo**, ascolt**erete**, ascolt**eranno**
- participio passato : ascolt**ato**
- gerundio : ascolt**ando**

	현재	근과거	불완료과거
io	ascolto	ho ascoltato	ascoltavo
tu	ascolti	hai ascoltato	ascoltavi
lui, lei, Lei	ascolta	ha ascoltato	ascoltava
noi	ascoltiamo	abbiamo ascoltato	ascoltavamo
voi	ascoltate	avete ascoltato	ascoltavate
loro	ascoltano	hanno ascoltato	ascoltavano

Composizione

🔽 **livelo** * / ** / **

01. 너희들 집중해서 들어라! * (긍정명령 ← gr.1.4.1)
    con attenzione 집중해서

02. 수업 중에 우리는 말하고, 듣고, 읽는다. *

Corso Di *Italiano* Per Coreani

03. 우리는 rock 음악 CD를 많이 갖고 있지만, 그것들을 매우 자주 듣지는 않는다. *

04. 이탈리아의 많은 사람들은 저녁 8시 뉴스를 보고, 아침 라디오 뉴스를 듣는다. *
il telegiornale TV 뉴스 ; il notiziario 라디오 뉴스

05. 최대 볼륨으로 'Jovanotti'를 듣는 청년이 있다. **
a tutto volume 최대 볼륨으로

06. 가끔 Piero는 기차 창문으로 내다보며, 다른 사람들이 이야기하는 것을 듣는다. **

07. 너는 저 디스크들을 모두 갖고 있는데, 왜 그것들을 한 번도 듣지 않니? **

08. 언어를 배우기 위해서는 읽어야 하고, 또한 듣고, 말하고 그리고 써 봐야만 한다. **
(비인칭 SI ← gr.3)

09. 집에서 나는 늘 라디오를 켜 놓지만, 한 번도 집중해서 듣지는 않는다. **

10. 네가 들었던 텍스트 속에 나타나는 이런 문장들을 다시 읽어 봐라! **
(명령형 ← gr.1.4)
rileggere 다시 읽다

11. 네가 들었던 대화에 주목하라! ** (명령형 ← gr.1.4)
notare 주목하다

12. 모든 사람들이 그의 스피치를 들었지만, 정말로 아무도 그것을 이해하지 못했다. **
il suo intervento 그의 스피치, 담론

13. Claudio가 말을 하는 동안, 많은 관심을 갖고 모두가 듣고 있었다. **
mentre ~하는 동안 ; con molto interesse 많은 관심을 갖고

14. 대화를 듣고 명명되는 도시 또는 장소들을 표시하라! ** (일반수동태 ← gr.4.1)
nominare 명명하다 ; segnare 표시하다

24. ascoltare

24. ascoltare

15. Dino는 기억이 안 나서, 모든 것을 설명하는 가이드와 함께 있는 단체 이탈리아 관광객들에게로 다가간다. 그리고 듣는다... **

ricordarsi 기억나다 ; avvicinarsi a ~로 접근하다 ;

gruppo di turisti italiani 단체 이탈리아 관광객 ; spiegare 설명하다

16. Fabio는 혼자 이렇게 생각한다. '나는 그녀에게 전화하지 않을 거야, 그녀의 편지에 답장 안 하고, 더 이상 노래도 듣지 않을 거야. 이 티셔츠도 더 이상 입지 않고 "Zani" 까페에도 안 갈 거야. 68번 버스를 타지 않을 것이며, 이 편지조차도 보내지 않을 거야.' **

pensare dentro di se' 혼자 생각하다 ; mettere ~를 입다 ;

non ... neanche ~조차 …아니다

 **Chiavi**

01. **Ascoltate** con attenzione! *

02. In classe parliamo, **ascoltiamo** e leggiamo. *

03. Abbiamo molti CD di musica rock ma non li **ascoltiamo** molto spesso. *

04. Molti in Italia guardano il telegiornale delle otto e **ascoltano** il notiziario del mattino. *

05. C'e' un ragazzo che **ascolta** Jovanotti a tutto volume. **

06. Ogni tanto Piero guarda dal finestrino ed **ascolta** quello che dicono gli altri. **

07. Se hai tutti quei dischi, perche' non li **ascolti** mai? **

08. Per imparare una lingua si deve leggere, si deve anche **ascoltare**, parlare e scrivere. **

09. In casa accendo sempre la radio ma non la **ascolto** mai con attenzione. **

10. Rileggi queste frasi presenti nel testo che **hai ascoltato**! **

11. Nota nel dialogo che **hai ascoltato**! **

*Corso Di **Italiano** Per Coreani*

12. Tutti **hanno ascoltato** il suo intervento ma nessuno l'ha capito veramente. ∗∗

13. Mentre Claudio parlava, tutti lo **ascoltavano** con molto interesse. ∗∗

14. **Ascolta** il dialogo e segna citta' o luoghi che vengono nominati! ∗∗

15. Dino non si ricorda, allora si avvicina ad un gruppo di turisti italiani, con la guida che spiega tutto e **ascolta**... ∗∗

16. Fabio pensa dentro di se', ecco : non la chiamero', non rispondero' alle sue lettere, non **ascoltero'** piu' le canzoni, non mettero' piu' questa maglietta, non andro' piu' al caffe' "Zani", non prendero' l'autobus n.68, e non... non le mandero' neanche questa lettera. ∗∗

GLOSSARIO(어휘)

l'ascolto 청취, 경청
      ← ascolt<u>are</u> + o(남성명사 어미)
l'ascoltazione 경청 ; (의사의) 청진
      ← ascolt<u>are</u> + azione(명사형 어미)
l'ascoltatore 청취자, 경청자
      ← ascolt<u>are</u> + (a)tore(명사형 어미, 남성의 의미)

25 | aspettare

v.tr. ~를 기다리다 ➡ wait

- presente indicativo :
- passato prossimo : **avere aspettato**
- imperfetto indicativo :
- futuro semplice : aspett**ero'**, aspett**erai**, aspett**era'**, aspett**eremo**, aspett**erete**, aspett**eranno**
- participio passato : aspett**ato**
- gerundio : aspett**ando**

	현재	근과거	불완료과거
io	aspetto	ho aspettato	aspettavo
tu	aspetti	hai aspettato	aspettavi
lui, lei, Lei	aspetta	ha aspettato	aspettava
noi	aspettiamo	abbiamo aspettato	aspettavamo
voi	aspettate	avete aspettato	aspettavate
loro	aspettano	hanno aspettato	aspettavano

COMPOSIZIONE

livelo */**/*

01. 내가 기다리고 있는 동안에, 그녀가 들어왔다. *

  mentre ~하는 동안

02. 여사장님을 기다리고 있는 저 아가씨들은 누구니? - 몰라, 모르는 사람들이야. *

la direttrice 여사장님

03. 내 친구들은 나를 어디서 기다리니? 플랫폼이니 역 앞이니? * (직접대명사 ← gr.7.1)
al binario 플랫폼에서 ; davanti a ~ 앞에

04. 너는 결정을 내리기 전에 좀 더 기다려라! *
prima di ~하기 전에 ; prendere una decisione 결정을 내리다

05. Piero는 급하게 오는 그를 보며, 그를 기다린다. **
di corsa 급하게

06. 은행에 갈 때는 번호표를 뽑아서 자신의 순서를 기다려야만 한다. **(비인칭SI ← gr.3)
prendere il numero 번호표를 뽑다 ; il proprio turno 자신의 순서

07. 네가 Tonino를 보면, 부탁인데, 내가 그를 빠에서 기다린다고 그에게 말해 줄래? **

08. 그러나 우리는 무대 앞좌석에 그와 함께 있는 아름다운 사진모델의 이름을 모른다. 무대 앞좌석에서 모든 사람들은 패션쇼의 시작을 기다린다. **
la bella fotomodella 아름다운 사진모델 ; in platea 무대 앞좌석 ; sfilata di moda 패션쇼

09. 그녀를 기다리는 누군가가 있다. 사실 그가 저기 있다. 입에 시가를 물고, 손에 신문을 든 그는 플랫폼 끝에서 손을 흔들어 인사한다. **
infatti 사실 ; eccolo li' 그가 저기 있다 ; con un sigaro in bocca 입에 시가를 물고 ;
il giornale in mano 손에든 신문 ; alla fine del binario 플랫폼 끝에서

10. 어느 날 그는 초대장을 그녀에게 남겼고, 초대장 뒤에 이렇게 썼다. "너는 내 영화에 맞는 이상적인 여자다... 로마에서 너를 기다린다!" **
lasciare il suo biglietto da visita 초대장을 남기다 ; dietro 뒤에 ;
la ragazza ideale 이상적인 여자

25. aspettare

25. aspettare

▼ Chiavi

01. Mentre **aspettavo**, e' entrata lei. *

02. Chi sono quelle ragazze che **aspettano** la direttrice? – Non lo so, non le conosco. *

03. Dove mi **aspetteranno** i miei amici, al binario o davanti alla stazione? *

04. **Aspetta** ancora un po' prima di prendere una decisione! *

05. Piero lo vede arrivare di corsa e lo **aspetta**. **

06. Quando si va in banca si deve prendere il numero e **aspettare** il proprio turno. **

07. Se vedi Tonino, gli dici per favore che io lo **aspetto** al bar? **

08. Non sappiamo pero' come si chiama la bella fotomodella che e' con lui in platea, dove tutti **aspettano** l'inizia della grande sfilata di moda. ***

09. C'e' qualcuno che l'**aspetta** ed infatti eccolo li', con un sigaro in bocca, il giornale in mano che saluta con la mano alla fine del binario. ***

10. Un giorno lui le ha lasciato il suo biglietto da visita e dietro le ha scritto :

    "Sei la ragazza ideale per il mio film... ti **aspetto** a Roma!". ***

COME SI DICE

01. E' mezz'ora che aspetto l'autobus, **ma tu guarda**... ogni giorno cosi'.
    내가 버스를 기다린지 30분인데, 봐라… 매일 그러잖니.
    (뭔가가 화나게 할 때)

02. Devo preparare la cena, e' tardi... **a proposito**, hai comprato il vino?
    나는 저녁 식사를 준비해야 해, 늦었어… 아 참, 와인 샀니?

(다음 대화와 연결하고자 하는 뭔가가 떠올랐을 때)

03. Anna e' molto contenta del suo lavoro. **Ci credo bene**, guadagna moltissimo.

안나는 그녀의 일에 대해 대단히 만족해한다. 맞아, 돈을 아주 많이 벌어.

(방금 언급된 내용이 이상하지 않고 분명할 때)

GLOSSARIO(어휘)

l'aspetto 기대
　　← aspett<u>are</u> + o(남성명사 어미)

l'aspettazione 기대
　　← aspett<u>are</u> + azione(명사형 어미)

l'aspettativa 기대, 기다림
　　← aspett<u>are</u> + ativa(명사형 어미)

26 | bastare

v.intr. ~가 충분하다 ➜ be enough, sufficient

- indicativo presente :
- passato prossimo :
- futuro semplice :
- condizionale semplice :
- imperfetto indicativo :
- participio passato :
- participio presente : bast**ante**
- gerundio : bast**ando**

	현재	불완료과거
io	-	-
tu	-	-
lui, lei, Lei	basta	bastava
noi	-	-
voi	-	-
loro	bastano	bastavano

Composizione

livelo

01. 네게는 현금이 충분하지 않다. *

　　i soldi contanti 현금, 현찰

Corso Di **Italiano** Per Coreani

02. 하루에 10,000원이면 내게 충분하다. *

03. 이틀에 50,000원이면 네게 충분하다. *

04. 이정도의 사과로 충분하다! *
con queste scuse 이정도의 사과

05. 그거면 충분해요, 고마워요! *

06. 원하는 것으로 충분하지 않다. 알 필요가 있다! *
bisognare ~필요가 있다

07. 됐다 충분하다, 부탁인데, 계속하지 마라! * (부정명령 ← gr.1.4.2)
non continuare 계속하지 마라

08. 요리를 잘 하기 위해서는 조리법만으로는 충분하지 않다. 창조적이어야 한다. **
(비인칭 SI ← gr.3)
una ricetta 조리법 ; essere creativo 창조적이다

09. 바이올린을 잘 연주하기 위해서 좋은 마에스트로만으로는 충분하지 않다. 매일 연습해야 한다. ** (비인칭 SI)
fare pratica 연습하다

10. 그들은 하루 종일 아무 것도 안 한다. 단지 돈만을 요구할 뿐이다.
 — Mario를 그냥 놔둬라, 화 내지 마라, 그들은 애들이다. 너도 젊었을 때 그랬어. **
(긍정명령/부정명령 ← gr.1.4.1./1.4.2)
basta che ~ 단지 ~할 뿐이다 ; lascia stare 그냥 놔둬라 ;
non ti arrabbiare 화내지 마라 ; da giovane 젊었을 때

11. 그러나 그는 지금 아직 매우 슬프다. 편지에 쓰인 "안녕"이라는 말로는 불충분하다. 그래서 Fabio는 많은 일들을 해야 할 것이고, 많은 습관들을 바꿔야 할 것이라 알고

26. bastare

26. bastare

있다. 그러면 아마도 곧 그녀를 정말로 잊을 수 있을 것이다. **

la parola "addio" scritta sulla lettera 편지에 쓰인 "안녕"이라는 말 ;

molte abitudini 많은 습관들 ; riuscire a dimenticare 잊을 수 있다

Chiavi

01. Non ti **bastano** i soldi contanti. *

02. Mi **bastano** 10.000 won per oggi. *

03. 50.000 won ti **bastano** per 2 giorni. *

04. **Basta** con queste scuse! *

05. **Basta** cosi', grazie! *

06. Non **basta** volere, bisogna sapere! *

07. **Basta**, per favore non continuare! (= lascia stare ; stop it, that's enough) **

08. Per cucinare bene non **basta** una ricetta, si deve essere creativo. **

09. Per suonare bene il violino non **basta** un buon maestro, si deve fare pratica ogni giorno. **

10. Non fanno niente tutto il giorno, **basta** che chiedono soldi! – Lascia stare Mario, non ti arrabbiare, sono ragazzi, anche tu eri cosi' da giovane. **

11. Ora pero' e' ancora molto triste, la parola "addio" scritta sulla lettera non **basta** e Fabio sa che dovra' fare molte cose, cambiare molte abitudini e forse prima o poi riuscira' davvero a dimenticarla. **

GLOSSARIO(어휘)

la bastanza 충분. A ~ 충분히(= abbastanza)
　　← bast<u>are</u> + anza(명사형 어미)

bastante agg.[p.pr.] 넉넉한, 충분한, 필요한.
　　Non e' una ragione ~. 충분한 이유가 아니다.
　　← bast<u>are</u> + ante(현재분사형, 형용사로 파생)

bastantemente avv. 넉넉히, 충분히, 족하게
　　← bastante + mente(부사형 어미)

bastevole agg. 충분한, 넉넉한
　　← bast<u>are</u> + evole(형용사형 어미)

bastevolmente avv. 충분히, 넉넉히
　　← bastevol<u>(e)</u> + mente(부사형 어미)

27 | bere ← bevere

v.tr. ~를 마시다 ➜ drink

- presente indicativo :
- passato prossimo : **avere bevuto**
- imperfetto indicativo : bev**evo**, bev**evi**, bev**eva**, bev**evamo**, bev**evate**, bev**evano**
- futuro semplice :
- condizionale semplice :
- participio passato : bev**uto**
- gerundio : bev**endo**

	현재	미래	단순조건법
io	bev**o**	ber**ro'**	ber**rei**
tu	bev**i**	ber**rai**	ber**resti**
lui, lei, Lei	bev**e**	ber**ra'**	ber**rebbe**
noi	bev**iamo**	ber**remo**	ber**remmo**
voi	bev**ete**	ber**rete**	ber**reste**
loro	bev**ono**	ber**ranno**	ber**rebbero**

Composizione

 livelo */**

01. 그 아일랜드 관광객은 어느 나라에서든 맥주를 마신다. *
    in ogni paese 어느 나라에서든

02. 너희들은 아침식사 때 흔히 무엇을 마시니? *
    a colazione 아침식사 때

Corso Di *Italiano* Per Coreani

03. 너 와인 한 잔 마시겠니? – 아니야, 고마워. 알콜을 못 마신다. *

04. 나는 설탕 없이 모두 마실 것이다. (단순미래 ← gr.1.1.5) *

05. 너희들은 무엇을 마셨니? *

06. 보통 나는 알코올을 마시지 않지만 어제는 많은 맥주를 마셨다. *

07. 나는 과음했다. 그래서 지금 머리가 아프다. *
percio' 그래서

08. 난 머리가 아프다. 왜냐하면 과음했기 때문이다. *

09. 어릴 때 나는 신선한 우유를 마시곤 했다. * (불완료과거 ← gr.1.1.3)
da bambino /a 어릴 때

10. 너 정말 맥주 마시고 싶니? * (단순조건법 ← gr.1.2.1)

11. 비록 나는 많이 마시긴 하지만 지금 갈증이 난다. **
anche se ~ 비록 ~지만

12. 과일즙을 마시는 남자 어린이가 있다. **
un succo di frutta 과일 즙

13. 너 그 와인 마시겠니? – 난 가끔 그것을 마신다. 특히 친구들과 어울려서. **
ogni tanto 가끔

14. 네가 커피 끓인다면, 기꺼이 그것을 마시겠어. **
fare un caffe' 커피 끓이다

15. 너는 하루에 커피 몇 잔을 마시니? – 서너 잔 마신다. ** (대명사 NE ← gr.7.1.1)
al giorno 하루에

27. bere ← bevere

27. bere ← bevere

16. 보통 너는 하루에 얼마만큼의 물을 마시니? — 한 병 마신다. ** (대명사 NE ← gr.7.1.1)
di solito 보통

Chiavi

01. Il turista irlandese **beve** birra in ogni paese. *

02. Cosa **bevete** di solito a colazione? *

03. **Bevi** un bicchiere di vino? – No, grazie, non posso **bere** alcool. *

04. **Berro'** tutto senza zucchero. *

05. Cosa **avete bevuto**? *

06. Di solito non bevo alcolici. Ieri, invece, **ho bevuto** tanta birra. *

07. **Ho bevuto** troppo, percio' ho mal di testa. *

08. Ho mal di testa perche' **ho bevuto** troppo. *

09. Da bambino **bevevo** latte fresco. *

10. **Berresti** una birra? *

11. Ho sete anche se **bevo** molto. **

12. C'e' un bambino che **beve** un succo di frutta. **

13. **Bevi** volentieri il vino? – Lo **bevo** ogni tanto, soprattutto in compagnia di amici. **

14. Se fai un caffe', lo **bevo** volentieri. **

15. Quanti caffe' **bevi** al giorno? – Ne bevo alcuni caffe'. **

16. Quanta acqua **bevi** di solito ogni giorno? – Ne bevo una bottiglia. **

GLOSSARIO(어휘)

il bere 음주 ; 술 값. Il troppo bere fa male. 지나친 음주는 해롭다.
Io paghero' il bere. 내가 술 값 낸다

28 | cambiare

v.tr. ~를 바꾸다 ➔ change ; exchange
v.intr.[essere] ~가 바뀌다, 변경되다 ➔ change

- indicativo presente :
- passato prossimo : **avere cambiato**
- futuro semplice :
- condizionale semplice :
- imperfetto indicativo :
- participio passato : cambi**ato**
- participio presente :
- gerundio : cambi**ando**

	현재	근과거	미래	단순 조건법
io	cambio	ho cambiato	cambiero'	cambierei
tu	cambi	hai cambiato	cambierai	cambieresti
lui, lei, Lei	cambia	ha cambiato	cambiera'	cambierebbe
noi	cambiamo	abbiamo cambiato	cambieremo	cambieremmo
voi	cambiate	avete cambiato	cambierete	cambiereste
loro	cambiano	hanno cambiato	cambieranno	cambierebbero

COMPOSIZIONE

 **livelo** * / **

01. Vivaldi의 가을로 음악도 바뀐다. *

02. 나는 상점에서 그것(여성)을 바꿔야 한다. * (부정법 ← gr.1.5)

28. cambiare

03. 내년에 그는 이사할 예정이다. *
cambiare casa 이사하다

04. 그들은 어떻게 바뀌었나요? *

05. 시칠리아는 아무 것도 바뀌지 않았다. *

06. Piero는 직업을 정말 바꾸고 싶어 한다. * (단순조건법 – 욕구, 욕망 ← gr.1.2.1)

07. 장면이 바뀌며 음악이 Vivaldi의 겨울로 바뀐다. **
lo scenario 장면

08. 사람들은 자주 이사할 것이다. ** (비인칭 SI ← gr.3)

09. 옷 입는 방식은 서서히 바뀔 것이다. **
il modo di vestire 옷 입는 방식 ; meno in fretta 서서히(덜 급하게)

10. 머리 색깔을 바꾸었다고 그 부인은 말한다. **

11. 그런데 이윽고 강한 바람이 불어오고, 장면이 바뀌며, 둥근 물체가 위로 올라가다가 사라진다. **
arrivare un forte vento 강한 바람이 불어오다 ; la sfera 둥근 물체 ;
salire in alto 위로 올라가다 ; scomparire 사라지다

Chiavi

01. **Cambia** anche la musica : l'Autunno di Vivaldi. *

02. Devo **cambiar**la al negozio. *

03. L'anno prossimo **cambiera**' casa. *

04. Come **sono cambiati**? *

05. In Sicilia non **e' cambiato** niente. *

06. Piero **cambierebbe** lavoro. *

07. **Cambia** lo scenario e la musica : l'inverno. **

08. Si **cambiera'** spesso casa. **

09. Il modo di vestire **cambiera'** meno in fretta. **

10. La signora dice che **ha cambiato** colore di capelli. **

11. Ma subito arriva un forte vento, **cambia** la scena, la sfera sale in alto e scompare. **

GLOSSARIO(어휘)

cambiabile agg. 가변적인, 교환 가능한.
        Questa merce non e' ~. 이 상품은 교환할 수 없다.
        ← cambi<u>are</u> + (i)abile(형용사형 어미)

la cambiale 수표
        ← cambi<u>are</u> + ale(형용사형 어미)

cambiario agg. 교환의, 환전의
        ← cambi<u>are</u> + ario(형용사형 어미)

il cambiamento 교체, 바꿈, 변화
        ← cambi<u>are</u> + (a)mento(명사형 어미)

il cambio 변경, 변화, 교환 ; 환전
        ← cambi<u>are</u> + o(남성명사 어미)

il cambiavalute 환전업자
        ← cambia + valute(가치) 복합어

29 | capire

v.tr. ~를 이해하다 → understand

- presente indicativo :
- passato prossimo : **avere capito**
- imperfetto indicativo :
- futuro semplice :
- condizionale semplice :
- participio passato : cap**ito**
- gerundio : cap**endo**

	현재	근과거
io	cap-isc-o	ho capito
tu	cap-isc-i	hai capito
lui, lei, Lei	cap-isc-e	ha capito
noi	capiamo	abbiamo capito
voi	capite	avete capito
loro	cap-isc-ono	hanno capito

COMPOSIZIONE

 **livelo** * / ** / **

01. 그는 이탈리아어를 이해하고 잘 말한다. *

02. 나는 그것을 이해할 수 없다. * (부정법 ← gr.1.5)

03. 너희들은 이탈리아어를 이해해서 만족하니? *

Corso Di **Italiano** Per Coreani

04. 많은 학생들은 이탈리아어를 이해하지만 말은 조금 서툴다. *

05. 나는 정보학에 대해 전혀 이해 못한다. *
informatica 정보학

06. 저런 멍청이들이 정말로 아무것도 이해 못했구나! *
quegli imbecilli 저런 멍청이들

07. "fa schifo"가 무슨 의미인지 너희들 이해하니? **

08. 신문판매인은 Dino에게 Palazzo Pitti로 가야 한다고 말한다. **

09. 예컨대, 어디에서 날씨, 기온, TV 프로그램들에 대해 말하는지 이해하는 것은 쉽다. **

10. 물건이 이해 안 된다. 화병인가? 접이용 의자인가? 라이터인가? 용기인가? **
(수동태 SI ← gr.4.2)
uno sgabello 접이용 의자 ; un contenitore (담는) 용기

11. 한 단어가 이해 안 된다. ** (수동태 SI ← gr.4.2)

12. 군인들이 말하는 몇 몇 사투리들은 이해하기가 어렵다. **
dialetto 사투리

13. 네가 그에게 진실을 말하는 것이 낫겠어. 그가 너를 이해하리라 난 확신한다. **

14. 아! 알겠습니다. 이쪽으로 가시죠. 고맙습니다. **

15. 너희들이 텍스트를 잘 이해하지 못했다면, 그것을 다시 이해할 수 있다. **

16. 이 규칙을 나는 잘 이해하지 못했어. 내게 그것을 다시 설명해 주겠니? 부탁이야. **

17. 모든 사람들이 그의 스피치를 들었지만, 정말로 아무도 그것을 이해하지 못했다. **
il suo intervento 스피치, 짧은 담화

29. capire

29. capire

18. 그러나 신문 제목을 읽으면서, 이미지들 혹은 사진들을 보면서, 그리고 신문 한 면에 담긴 모든 정보들을 관찰하면서, 무엇에 대해 말하는지 이해가 가능하다. **

i titoli 제목들 ; le immagini 이미지들, 영상들 ; contenere 포함하다, 담고 있다

▼ Chiavi

01. **Capisce** e parla bene l'italiano. *
02. Posso **capir**lo. *
03. Voi siete contenti di **capire** l'italiano? *
04. Molti studenti **capiscono** l'italiano ma parlano poco. *
05. Io non **capisco** niente di informatica. *
06. Quegli imbecilli non **hanno capito** proprio niente! *
07. Voi **capite** che significa "fa schifo"? **
08. Il giornalaio dice a Dino che deve andare a Palazzo Pitti. **
09. Ad esempio e' facile **capire** dove si parla del tempo e delle temperature e dei programmi della TV. **
10. Non si **capisce** cosa : un vaso? uno sgabello? un accendino? un contenitore? **
11. Non si **capisce** una parola. **
12. Alcuni dialetti che parlano i militari sono difficili da **capire**. **
13. E' meglio che gli racconti la verita', sono sicuro che lui ti **capira'**. **
14. "Ah, **ho capito**, per di qua... grazie". **
15. Se non **avete capito** bene il testo, lo potete ricapire. **
16. Non **ho capito** bene questa regola! Me la rispieghi per favore? **
17. Tutti hanno ascoltato il suo intervento ma nessuno l'**ha capito** veramente. **
18. Pero' e' possibile **capire** di che si parla leggendo i titoli e guardando le immagini o le foto e osservando tutte le informazioni che contiene una pagina di giornale. **

30 | cercare

v.tr. ~를 찾다, 구하다 ➡ look for ; seek

- presente indicativo :
- passato prossimo : **avere cercato**
- imperfetto indicativo :
- futuro semplice :
- condizionale semplice :
- participio passato : cerc**ato**
- gerundio : cerc**ando**

	현재	미래	현재진행형(stare 현재+gerundio)
io	cerc**o**	cerch**erò'**	**sto** cerc**ando**
tu	cerc-h-**i**	cerch**erai**	**stai** cerc**ando**
lui, lei, Lei	cerc**a**	cerch**erà'**	**sta** cerc**ando**
noi	cerc-h-**iamo**	cerch**eremo**	**stiamo** cerc**ando**
voi	cerc**ate**	cerch**erete**	**state** cerc**ando**
loro	cerc**ano**	cerch**eranno**	**stanno** cerc**ando**

Composizione

 livelo ∗ / ∗∗ / ∗∗∗

01. 너 누군가를 찾고 있니? – 아니, 아무도 안 찾아. ∗

02. 그리고 나서 그들은 기차에 올라 그들의 좌석을 찾는다. ∗

03. 내년에 그는 새로운 일을 찾을 것이다. ∗

30. cercare

04. 그 독일 관광객은 Rimini 혹은 Sicilia에 가지만, 서늘한 장소를 찾지는 않는다. *
il fresco 서늘한 장소

05. 집을 구한다는 것은 쉽지 않다. * (부정법 ← gr.1.5)

06. 구하는 자는 발견한다(얻는다)! * (복합관계대명사 CHI ← gr.7.4)

07. 청년들은 그녀(Annarita)에게 인사를 하고, Annarita는 모두에게 대답하려 애쓴다. *
cercare di + inf. ~하려고 애쓰다, 시도하다 (직접대명사+salutare ← gr.7.1.3)

08. 헬기 한 대가 착륙했다. 그들은 오랫동안 희생자를 찾았다. *
atterrare 착륙하다

09. 그러나 오늘 나는 그의 판에 박힌 가정일을 바꾸려 시도했다. *
la sua routine domestica 그의 판에 박힌 가정일

10. 그들은 출발 기차 (시간) 전광판을 찾는다. **
un tabellone elettronico 전광판

11. 지치고 땀 흘린 채 좌석을 찾고 있는 두 명의 부인들이 있다. **
stanco 지친 ; sudato 땀 흘린

12. 광고를 읽어라, 그리고 요리와 식료품들에 관련되는 모든 단어들을 찾아라! **
pubblicita' 광고 ; riguardare 관련되다 ; prodotti alimentari 식료품들

13. 촌티 나는 60대 부인 한 명이 그의 딸과 좌석을 찾는다. **
dall'aerea paesana 촌티 나는 ; sui sessantanni 60대

14. "일 났구나! 그럼 지금 난 어디로 가지 ... 어찌되었건 찾을 시간은 있다. 회의는 17시에 있거든. **
accidneti! 일 났구나 ; comunque 어찌되었건 간에 ; il convegno 회의

15. Carlo! 제발 부탁인데, 공부 더 하도록 애써 봐라! **
mi raccomando! 제발 부탁인데!

16. Fabio는 그의 애인이었던 Giulia를 잊으려고 애쓰고 있는 중이다. ** (현재진행형)

17. 만약 네가 내 친구들을 보면, 내가 그들을 찾고 있는 중이라고 그들에게 말해 줄래? **

18. 만약 네가 Giulio를 보면, 내가 그를 찾고 있는 중이라고 그에게 말해 줄래? **

19. 만약 네가 Lucia를 보면, 내가 그녀를 찾고 있는 중이라고 그녀에게 말해 줄래? **

20. 만약 네가 Anna와 Valentina를 보면, 내가 그녀들을 찾고 있는 중이라고 그들에게 말해 줄래? **

21. 네가 만약 Giulio와 Bruno를 보면, 내가 그들을 찾고 있는 중이라고 그들에게 말해 줄래? ** (직접/간접대명사 ← gr.7.1;7.2)

22. 그는 약속시간에 맞추려고 애쓴다. **
essere puntuale all'appuntamento 약속시간에 맞추다

23. 그들은 예약석이 없는 객차에서 나란히 앉을 좌석들을 찾는다. 그리고 곧 그들은 떠들기 시작한다. **
posti vicini 나란히 앉을 좌석들 ; fare chiasso 떠들다

24. 반면에 격식을 안 따지는 가장 젊은 청년들은 어찌되든 대화의 기회를 찾는다. **
affrancato dal rituale 의례에서 자유로운, 격식을 안 따지는 ; un pretesto 기회

25. 그 청년은 74번 좌석을 찾아 기차표를 확인하고 그녀의 바로 옆 좌석에 앉아 그녀를 흘깃 쳐다본다. **
sedersi 앉다 ; guardare con la coda dell'occhio 흘깃 보다

26. 여행자 10계명 : 가이드를 통해서가 아닌, 그 마을의 장소들을 통해 선택된 마을을 알아 보려고 노력해 봐라! ** (수동태 SI ← gr.4.2)

30. cercare

30. cercare

Decalogo per il viaggiatore 여행자 10계명 : il paese che si e' scelto 선택된 마을 ; attraverso ~를 통해서

Chiavi

01. **Cerchi** qualcuno? – No, non **cerco** nessuno. *
02. Poi salgono sul treno e **cercano** il loro posto. *
03. L'anno prossimo **cerchera'** un nuovo lavoro. *
04. Il turista tedesco va a Rimini o in Sicilia ma non **cerca** il fresco. *
05. **Cercare** casa non e' facile. *
06. Chi **cerca** trova! *
07. I ragazzi la salutano. Annarita **cerca di** rispondere a tutti. *
08. E' atterrato un elicottero, **hanno cercato** per molto tempo la vittima. *
09. Oggi pero' **ho cercato** di cambiare la sua routine domestica. *
10. **Cercano** un tabellone elettronico dei treni in partenza. **
11. Ci sono due signore stanche e sudate che **cercano** un posto. **
12. Leggi la pubblicita' e **cerca** tutte le parole che riguardano la cucina e i prodotti alimentari! **
13. Una signora sui sessant'anni dall'aria paesana **cerca** il posto con sua figlia. **
14. Accidenti! E adesso dove vado ... comunque ho tutto il tempo per **cercare**, il convegno e' alle 17.00. **
15. Carlo, mi raccomando, **cerca di** studiare di piu'! **
16. Fabio **sta cercando** di dimenticare la sua ragazza Giulia. **
17. Se vedi i miei amici, gli dici che li **sto cercando**? **

*Corso Di **Italiano** Per Coreani*

18. Se vedi Giulio, gli dici che lo **sto cercando**? ∗∗

19. Se vedi Lucia, le dici che la **sto cercando**? ∗∗

20. Se vedi Anna e Valentina, gli dici che le **sto cercando**? ∗∗

21. Se vedi Giulio e Bruno, gli dici che li **sto cercando**? ∗∗

22. **Cerca** di essere puntuale all'appuntamento. ∗∗

23. **Cercano** posti vicini in un vagone non prenotato e cominciano subito a fare chiasso. ∗∗

24. I piu' giovani invece, affrancati dal rituale **cercano** comunque un pretesto per la conversazione. ∗∗

25. Quel ragazzo **cerca** il numero 74, controlla il biglietto e si siede proprio vicino a lei, la guarda con la coda dell'occhio. ∗∗

26. Decalogo per il viaggiatore : **Cercare di** conoscere il paese che si e' scelto non attraverso le guide, ma attraverso i suoi luoghi! ∗∗

GLOSSARIO(어휘)

la cerca 탐구, 탐색, 수색
　　← cerc<u>are</u> + a(여성명사 어미)
il cercatore 탐구자, 탐색자, 수색자
　　← cerc<u>are</u> + (a)tore(남성명사 어미, ~하는 사람)

31 | chiamare

v.tr. ~를 부르다, 불러내다, ~에게 전화하다
→ call ; call out ; phone ; namek

- presente indicativo :
- passato prossimo : **avere chiamato**
- imperfetto indicativo :
- futuro semplice :
- condizionale semplice :
- participio passato : chiam**ato**
- gerundio : chiam**ando**

	현재	미래	근과거
io	chiamo	chiamero'	ho chiamato
tu	chiami	chiamerai	hai chiamato
lui, lei, Lei	chiama	chiamera'	ha chiamato
noi	chiamiamo	chiameremo	abbiamo chiamato
voi	chiamate	chiamerete	avete chiamato
loro	chiamano	chiameranno	hanno chiamato

COMPOSIZIONE

 livelo * / ** / **

01. 내가 보모를 부르고 나서, 결정하자 우리! * (명령형 ← gr.1.4)

02. 그들은 그를 "Mastrandrea", "Di Francesco"와 같이 성으로 부른다. *

03. 그의 이름은 Giuseppe이지만, 모두들 그를 Pino라고 부른다. *

Corso Di *Italiano* Per Coreani

04. 네 아버지께서 너를 부르신다면, 그에게 대답해라. *

05. 나는 의사 선생님을 부른다. * (강조용법 ← gr.7.1.4)

06. 런던에서 이탈리아를 부르기 위해서는 국가 번호를 눌러야 한다.** (비인칭 SI ← gr.3)
il prefisso internazionale 국가 번호

07. 경찰을 부르려면, 113을 눌러야 한다. ** (비인칭 SI)
fare il numero 번호를 누르다

08. 어제 나는 늦었다. 그래서 택시를 불렀다. **

09. Caterina 부인은 결혼한 몇 몇 친척들의 사진들을 그에게 보여 주기 위해 자주 그를 부른다. ** (재귀동사 근과거 ← gr.2.2)
mostrare 보여주다 ; qualche parente 몇 몇 친척들 ; sposarsi 결혼하다

10. Fabio는 혼자 이렇게 생각한다. '나는 그녀에게 전화하지 않을 거야, 그녀의 편지에 답장 안 하고, 더 이상 노래도 듣지 않을 거야. 이 티셔츠도 더 이상 입지 않고 "Zani" Caffe'에도 안 갈 거야. 68번 버스를 타지 않을 것이며, 이 편지도 보내지 않을 거야. **
pensare dentro di se' 혼자 생각하다

Chiavi

01. Poi **chiamo** la baby sitter e decidiamo. *

02. Lo **chiamano** per cognome, "Mastrandrea", "Di Francesco". *

03. Si chiama Giuseppe, ma tutti lo **chiamano** Pino. *

04. Se tuo padre ti **chiama**, perche' non gli rispondi? *

05. Il medico io lo **chiamo**. *

06. Per **chiamare** l'Italia da Londra si deve fare il prefisso internazionale. **

31. chiamare

07. Per **chiamare** la polizia si deve fare il numero 113. **

08. Ieri ero in ritardo, percio' **ho chiamato** un taxi. **

09. La signora Caterina ogni tanto lo **chiama** per mostrargli le foto di qualche parente che si e' sposato. **

10. Fabio pensa dentro di se', ecco : non la **chiamero'**, non rispondero' alle sue lettere, non ascoltero' piu' le canzoni, non mettero' piu' questa maglietta, non andro' piu' al caffe' "Zani", non prendero' l'autobus n.68, e non... non le mandero' neanche questa lettera. **

GLOSSARIO(어휘)

la chiama 점호
　　← chiam<u>are</u> + a(여성명사 어미)
la chiamata 호출 ; 권유, 초대, 소집 ; 커튼 콜 ; 소환
　　← chiam<u>are</u> + ato(과거분사형) + a(여성명사 어미)
　　　una chiamata telefonica 전화 호출
　　　chiamata alle armi 군대 소집
　　　chiamata alla ribalta 커튼 콜

32 | chiedere

v.tr. ~를 묻다 ; ~를 부탁하다, ~요구하다
➔ ask ; ask for

- presente indicativo :
- passato prossimo : **avere chiesto**
- imperfetto indicativo :
- futuro semplice :
- condizionale semplice :
- participio passato : **chiesto**
- participio presente : chied**ente**
- gerundio : chied**endo**

	현재	근과거	명령형
io	chiedo	ho chiesto	
tu	chiedi	hai chiesto	**(tu) chiedi!**
lui, lei, Lei	chiede	ha chiesto	**(Lei) chieda!**
noi	chiediamo	abbiamo chiesto	
voi	chiedete	avete chiesto	
loro	chiedono	hanno chiesto	

COMPOSIZIONE

 **livelo** * / ** / ***

01. 어머니는 그녀에게 늘 질문하신다. "Maria, 그 사람 누구니?". *
    (간접대명사 ← gr.7.2)

02. 그 아가씨는 Dino에게 무슨 일을 하느냐고 묻는다. *

32. chiedere

03. 그러나 잠시 후 그 아가씨는 그에게 묻는다. "미안한데, 너는 무슨 일 하니?" *

04. 그는 신문판매인에게 물어보려고 생각한다. 그러나 "인포메이션 사절"이라는 표시물을 본다. **
un cartello 표시물, 포스터

05. Dino는 돈이 없다. 그 때 이미 알고 지내던 한 소녀를 보고 그는 그녀에게 약간의 돈을 부탁한다. **

06. 그녀는 한 청년에게 부탁할 용기를 낸다. "미안하지만, 네게 담배 한 대 부탁해도 될까? **
trovare il coraggio di ~할 용기를 내다

07. 표가 없는 그 청년은 그녀에게 부탁 한 가지한다. **

08. 그 부인은 청년의 잡지를 읽어봐도 되는지 묻는다. **

09. 청년들은 Annarita에게 인사한다. 그리고 그녀에게 연락하며 지내자고 요구한다. **
rimanere in contatto 연락하며 지내다

10. 그들은 하루 종일 아무것도 하지 않는다. 그저 돈을 요구할 뿐이다! **
basta che chiedono soldi 그저 돈을 요구할 뿐이다

11. 경찰이 네게 무엇인지를 설명하라고 요구한다. **

12. Piero에게 뭔가를 묻기 위해 다가 온 여기자와 Piero가 있다. **

13. 나는 어제 저녁 Marco와 Gianni를 만나서, 그들에게 Elena의 소식들을 물었다. **

14. 너희들이 요구한 정보들이 담긴 팩스 한 통을 나는 너희들에게 보낸다. **

15. 그 여자는 기차 시간에 관한 정보를 그에게 물었다. **

16. 반면, 그는 입구에 멈춰 서서 경비원에게 정보를 묻는다. **
fermarsi all'ingresso 입구에 멈춰 서다 ; un sorvegliante 경비원

17. "에… 보세요, 저도 관광객입니다. 어찌되었건 여기 오른쪽인 것 같군요… 계속 직진하세요. 확실하게 하기 위해 앞으로 더 가시다가 또 물어 보세요" **
    sempre dritto 계속 직진하세요 ; per sicurezza 확실하게 하기 위해 ; piu' avanti 앞으로 더

18. 그런데 당신이 나를 평범한 승객으로 여기는지, 여행의 동반자 혹은 정말 교수로 여기는지를 처음에 저는 당신께 묻고 싶었어요. **
    un passeggero qualunque 평범한 승객 ; considerare ~라고 여기다, 간주하다

19. Dino는 표지판을 따라 가지만, 어느 지점에서 우회전할지 좌회전할지 모른다. 피렌체 사람인 것 같은 신사가 지나갈 때, 그는 그에게 묻는다. "죄송합니다만, Duomo 광장으로 가려면 어떻게 가야하죠?" **
    l'indicazione 표지판 ; ad un certo punto 어느 지점에서 ; girare a destra 우회전하다 ;
    un signore che sembra fiorentino 피렌체 사람 같은 신사

Chiavi

01. La madre le **chiede** sempre : "Chi e', Maria?" *

02. La ragazza **chiede** a Dino che lavoro fa. *

03. Ma la ragazza dopo un po' gli **chiede** : "Scusa ma tu cosa fai nella vita? *

04. Pensa di **chiedere** al giornalaio ma vede un cartello : "NO INFORMAZIONI". **

05. Dino non ha i soldi. In quel momento vede una ragazza che conosce gia' e le **chiede** dei soldi. **

06. Lei trova il coraggio di **chiedere** ad un ragazzo : "Scusa, posso **chieder**ti una sigaretta?" **

07. Il ragazzo senza biglietto le **chiede** un favore. **

08. La signora **chiede** se puo' leggere la rivista del ragazzo. **

09. I ragazzi salutano Annarita e le **chiedono** di rimanere in contatto. **

32. chiedere

10. Non fanno niente tutto il giorno, basta che **chiedono** soldi! **

11. La polizia ti **chiede** di spiegare che cosa e'. **

12. Ecco Piero e la giornalista che si e' avvicinata a lui per **chieder**gli qualcosa. **

13. Ho incontrato Marco e Gianni ieri sera e gli **ho chiesto** notizie di Elena. **

14. Vi mando subito un fax con le informazioni che **avete chiesto**. **

15. La donna gli **ha chiesto** informazioni sugli orari dei treni. **

16. Lui invece si ferma all'ingresso e **chiede** informazioni ad un sorvegliante. **

17. "Eh... guardi, sono turista anch'io, comunque mi sembra qui a destra... poi sempre dritto, ma per sicurezza **chieda** ancora piu' avanti". **

18. Ma prima volevo **chieder**Le se Lei ora mi considera come un passeggero qualunque, un compagno di viaggio o proprio un professore. **

19. Dino segue l'indicazione ma ad un certo punto non sa girare a destra o a sinistra e quando passa un signore che sembra fiorentino gli **chiede** : "Scusi, per piazza Duomo?" **

GLOSSARIO(어휘)

chiedente agg.[p.pr.] 신청의, 청구의
　　　　← chied<u>ere</u> + ente(현재분사형, 형용사로 파생)
il chiedente 신청자, 청구인
　　　　← chied<u>ere</u> + ente(현재분사형, 명사로 파생)
chiedibile agg. 청구(요구)할 수 있는
　　　　← chied<u>ere</u> + ibile(형용사형 어미, ~할 수 있는)

33 | chiudere

v.tr. ~를 닫다 ; ~를 봉인하다 ; 옷깃을 여미다 ; 가스를 잠그다 ; (도로를) 봉쇄하다 ; (학교, 상점 문을) 닫다 ➡ close, shut ; seal ; fasten ; switch off ; block off ; close down, shut down
v.intr. ~이 닫히다, (우산이) 접히다 ; (학교, 상점이) 폐하다 ; (휴가가) 끝나다 ➡ close, shut ; close ; finish

- presente indicativo :
- passato prossimo : **avere chiuso**
- imperfetto indicativo :
- futuro semplice :
- condizionale semplice :
- participio passato : **chiuso**
- gerundio : chiud**endo**

	현재	근과거
io	chiudo	ho chiuso
tu	chiudi	hai chiuso
lui, lei, Lei	chiude	ha chiuso
noi	chiudiamo	abbiamo chiuso
voi	chiudete	avete chiuso
loro	chiudono	hanno chiuso

33. chiudere

COMPOSIZIONE

livelo */**

01. 제가 기차 창문을 닫아도 될까요? *

02. (너) 창문들을 닫아라! * (긍정명령 ← gr.1.4.1)

03. 간혹 그는 노트를 펴서 무언가를 쓰고는, 그것을 덮는다. *

04. 너는 멀리서 버스를 본다. 정류장으로 너는 달리고, 버스는 멈춰있다. 문을 닫기 전에 버스는 너를 기다린다. **
   correre 달리다 ; prima di ~하기 전에

05. 그가 6인 객실에서 나가자마자, 그녀는 문과 커튼을 닫고 전화통화를 한다. **
   lo scompartimento 6인 객실 ; le tendine 커튼들 ; fare una telefonata 전화 통화하다

06. 딸은 어머니에게 병을 잘 닫지 않았다고 말한다. **

07. 역사적인 의미가 있는 도심에서, 그들은 교통이 혼잡할 때, 도로들을 봉쇄했고, 사람들이 조용하게 산책할 수 있는 보행자 구역을 창안했다. ** (비인칭 SI ← gr.3)
   nel centro storico 역사적인 의미가 있는 도심에서 ; al traffico 교통이 혼잡할 때 ;
   tranquillamente 조용히 ; una zona pedonale 보행자 구역 ; creare 창조하다, 창안하다

 Chiavi

01. Posso **chiudere** il finestrino? *

02. **Chiudi** le finestre! *

03. Ogni tanto apre un quaderno scrive qualcosa, poi lo **chiude**. *

04. Vedi l'autobus da lontano. Corri alla fermata, l'autobus e' fermo e ti aspetta prima di **chiudere** la porta. **

*Corso Di **Italiano** Per Coreani*

05. Appena lui esce dallo scompartimento **chiude** la porta e le tendine e fa una telefonata. ∗∗

06. La figlia dice alla madre che non **ha chiuso** bene la bottiglia. ∗∗

07. Nel centro storico **hanno chiuso** le strade al traffico ed hanno creato una zona pedonale dove si puo' passeggiare tranquillamente. ∗∗

GLOSSARIO(어휘)

chiuso agg.[p.ps.] 닫힌, 폐쇄된, 봉인된, 잠긴
il chiudimento 폐쇄
     ← chiud<u>ere</u> + (i)mento(명사형 어미)
la chiudenda (방목지의) 울타리
     ← chiud<u>ere</u> + endo (gerundio형 어미) + a(여성명사 어미)

34 | cominciare

v.tr. ~를 시작하다 ➜ start, begin
v.intr.[essere] ~가 시작되다 ➜ start, begin

- presente indicativo :
- passato prossimo : **avere cominciato** ; **essere cominciato**/a/i/e
- passato remoto :
- futuro semplice : cominc**ero'**, cominc**erai**, cominc**era'**, cominc**eremo**, cominc**erete**, cominc**eranno**
- condizionale semplice :
- participio passato : cominci**ato**
- participio presente : cominci**ante**
- gerundio : cominci**ando**

	현재	원과거	근과거
io	comincio	cominciai	ho cominciato
tu	cominci	cominciasti	hai cominciato
lui, lei, Lei	comincia	comincio'	ha cominciato
noi	cominciamo	cominciammo	abbiamo cominciato
voi	cominciate	cominciaste	avete cominciato
loro	cominciano	cominciarono	hanno cominciato

COMPOSIZIONE

 livelo * / ** / ***

01. 문제는 어떻게 대화를 시작하는가이다. *

02. 너희들의 직업에 대해 대화를 시작해 봐라! * (긍정명령 ← gr.1.4.1)

Corso Di *Italiano* Per Coreani

03. 그녀는 미소 지으며, 휴대폰으로 게임을 하기 시작한다. *
cominciare a + inf. ~하기 시작하다

04. 그리고 나서 그는 읽고, 몇 군데 밑줄 치기 시작한다. *
sottolineare 밑줄 치다, 언더라인하다, 강조하다 ; alcune parti 몇 군데

05. 애들아, TV를 꺼라, 그리고 숙제를 시작해라! * (긍정명령)
fare i compiti 숙제하다

06. 수업은 한 시간 전에 시작되었으며, 40분 후에 끝난다. **

07. 제2차 세계대전은 독일이 폴란드를 침공했던 1939년에 시작되었다. **
(원과거 ← gr.1.1.4)
la seconda guerra mondiale 제2차 세계대전 ; invadere 침공하다

08. 패션쇼가 시작될 때, 둥근 모양의 우주선이 보이고, Strauss의 음악이 들린다. **
(수동태 SI ← gr.4.2)
un'astronave rotonda 둥근 모양의 우주선

09. 그들은 예약석이 없는 객차에서 나란히 앉을 좌석들을 찾는다. 그리고 곧 그들은 떠들기 시작한다. **
posti vicini 나란히 앉을 좌석들 ; in un vagone non prenotato 예약석이 없는 객차에서 ;
fare chiasso 떠들다

10. 한편, 체념한 그 어머니는 이해할 수 없는 사투리로 뭔가 중얼거리며, 객실 이동식 빠에서 받은 공짜 비스켓을 먹기 시작한다. **
la madre rassegnata 체념한 어머니 ; incomprensibile 이해할 수 없는 ;
in un dialetto 사투리로 ; mormorare 중얼거리다 ; il servizio bar 객실 이동식 빠 ;
i biscotti omaggio 공짜 비스켓

34. cominciare

34. cominciare

11. 우리가 말을 시작하기 위해 누군가의 주의를 끌 원할 때, 이탈리아어로 다음과 같이 말한다. '저기요, 죄송한데요…' 혹은 '저기, 미안한데…' ∗∗

attirare l'attenzione 주의를 끌다

12. 몇 분 뒤에 그는 음악을 듣기 시작했고, Nino Rota의 노래소리에 잠이 들었다. 그리고는 꿈을 꾸기 시작했다. ∗∗ (재귀동사의 근과거 ← gr.2.2)

sulle note di ~의 노래소리에 ; addormentarsi 잠들다 ; sognare 꿈을 꾸다

13. 그는 소스, 후식, 로스구이를 준비하기 시작한다. 그리고 요리를 마칠 때, 자기 접시, 크리스털 글라스와 꽃으로 식탁을 준비하기 시작한다. ∗∗

sughi, dolci, arrosti 소스, 후식, 로스구이 ; finire di + inf. ~를 마치다, 끝내다 ;

porcellana 자기 ; cristallo 크리스털

 Chiavi

01. Il problema e' come **cominciare** la conversazione. ∗

02. **Cominciate** a parlare del vostro lavoro! ∗

03. Lei sorride e **comincia** a giocare con il telefonino. ∗

04. Poi **comincia** a leggere e sottolineare alcune parti. ∗

05. Bambini, spegnete la TV, e **cominciate** a fare i compiti! ∗

06. La lezione **e' cominciata** da un'ora e finisce fra quaranta minuti. ∗∗

07. La seconda guerra mondiale **comincio'** nel 1939 quando la Germania invase la Polonia. ∗∗

08. Quando **comincia** la sfilata, si vede un'astronave rotonda e si sente musica di Strauss. ∗∗

09. Cercano posti vicini in un vagone non prenotato e **cominciano** subito a fare chiasso. ∗∗

Corso Di Italiano Per Coreani

10. La madre intanto, rassegnata mormora qualcosa in un dialetto incomprensibile e **comincia** a mangiare i biscotti omaggio che ha ricevuto dal servizio bar.

11. In italiano quando vogliamo attirare l'attenzione di qualcuno per **cominciare** a parlare diciamo : Senta, scusi... o senti, scusa...

12. Dopo pochi minuti ha iniziato ad ascoltare musica e sulle note di Nino Rota si e' addormentata ed **ha cominciato** a sognare.

13. **Comincia** a preparare sughi, dolci, arrosti, e quando finisce di cucinare inizia a preparare la tavola con piatti di porcellana, bicchieri di cristallo e fiori.

35 | comprare

v.tr. ~를 사다, ~를 구매하다 ➔ buy

- passato prossimo : **avere comprato**
- gerundio : compr**ando**

	현재	근과거	미래	단순조건법
io	compro	ho comprato	comprerò	comprerei
tu	compri	hai comprato	comprerai	compreresti
lui	compra	ha comprato	comprerà	comprerebbe
noi	compriamo	abbiamo comprato	compreremo	compreremmo
voi	comprate	avete comprato	comprerete	comprereste
loro	comprano	hanno comprato	compreranno	comprerebbero

COMPOSIZIONE

livelo * / ** / ***

01. 그는 돈이 많지 않아, 2등 기차표 두 장을 산다. *

02. 나는 매일 아침 신문을 사서, 그것을 항상 저녁에 읽는다. *

03. 관광객들은 역 근처 상점에서 기념품을 산다. *

04. 나는 수퍼마켓에서 자주 장을 보지만, 시장에서 과일 사기를 더 좋아한다. *

05. 그는 기차표를 사기 위해 나폴리 역으로 간다. *

06. 나는 약 사러 약국에 가야 한다. *

Corso Di *Italiano* Per Coreani

07. Dino는 사진을 찍을 수가 없어서, 적어도 친구들에게 부칠 엽서와 가지고 갈 엽서 몇 장을 사길 원한다. *
fare fotografie 사진 찍다 ; portare con se' 몸소 가지고 가다

08. 저렴한 케이크 하나 주세요. /축하연에 입고 갈 옷 한 벌 주세요. *

09. 그 옷이 네 마음에 든다면, 그걸 사라. *

10. 오늘은 Valeria의 생일이다. 우리 그녀에게 꽃 몇 송이 사다 줄까? *

11. 이런 멋진 티셔츠들을 너는 어디서 사니? – 시내 상점에서 그것들을 산다. *

12. 오늘 저녁을 위해 누가 와인을 살 거니? *

13. 나는 과자나 초콜릿을 사지 않을 거야. *

14. 그는 내년에 스쿠터를 살 예정이다. *

15. 나도 휴대폰을 샀지만, 필요할 때만 그것을 사용한다. *
il telefonino 휴대폰

16. 나는 테니스 화를 샀다. /나는 수영복을 샀다. *
scarpe da tennis 테니스 화 ; costume da bagno 수영복

17. 너 이 신발 어디서 샀어? 멋진데! *

18. 그 상점에서 Maria는 아무것도 사지 않았다. *

19. 집에 우유가 부족하다. 부탁인데, 우유 사다주라! *

20. 나는 그 신발을 정말 사고 싶다. 그런데 정말이지 너무 비싸다. *

21. 나는 믿고 이 신발을 산다. **
a occhi chiusi, a scatola chiusa 믿고

35. comprare

35. comprare

22. 미국 관광객은 늘 손에 팁을 쥐고 있으나, 가끔 나폴리인이 만든 Colosseo를 산다. **
avere una mancia in mano 손에 팁을 쥐다

23. 나의 누이는 휴대폰 없이 살 수가 없지만, 나는 아직도 그것을 사고 싶지 않다. **

24. 그는 조금 부끄럽지만, 모든 사람들이 그것들을 사는 것을 보고 그도 역시 몇 개를 산다. **
(대명사 NE ← gr.7.1.1)
vergognarsi 부끄러워하다

25. 나는 저녁을 준비해야 하는데 늦었어… 아, 참! 너 와인 샀니? **
a proposito 아, 참

26. 어제는 Marco의 생일이어서 그에게 선물 하나 사다 주었다. **

27. 네가 산 그 티셔츠는 내게 전혀 마음에 안 든다. **

28. 어제 네가 산 오렌지들은 품질이 더 좋았다. **

29. 넌 언제 신문을 샀니? – 오늘 아침에 그것을 샀다. **
(직접대명사와 과거분사 성수일치 ← gr.7.1.2)

30. 넌 언제 이 잡지를 샀니? – 지난주에 그것을 샀다. **

31. 넌 어디서 이 신발을 샀니? – Firenze에서 그것을 샀다. **

32. 넌 어디서 이 안경을 샀니? – 집 아래에 있는 안경점에서 그것을 샀다. **
dall'ottica sotto casa 집 아래에 있는 안경점에서

33. 오늘날엔 자주 돈이 선물된다. 그러나 신랑신부가 받고 싶어하는 것들을 선택해서, 결혼 선물 리스트를 작성한 상점에서 선물을 살 수 있다. ** (수동태 SI ← gr.4.2)
la lista di nozze 결혼 선물 리스트 (비인칭 SI ← gr.3)

34. Caterina 부인은 쇼핑하러 가서 이런 것들을 샀다. 남편을 위해, 두 장의 줄무늬 티셔츠,

Corso Di Italiano Per Coreani

체크무늬 와이셔츠, 면 파자마, 쇠줄 시계. 피크닉을 위해, 종이 냅킨 한 봉지, 플라스틱 잔들과 접시들. 그리고 자신을 위해서, 가짜 컬러 가죽 가방 하나와 비타민 C가 함유된 얼굴 크림 한 개를 샀다. ✱✱

a righe 줄무늬(가 들어 간) ; a quadretti 체크무늬(가 들어 간) ; di cottone 면(으로 만든) ;

con il cinturino di metallo 쇠줄(이 달린) ; tovaglioli di carta 종이 냅킨 ;

di finta pelle colorata 가짜 컬러 가죽(으로 만든)

Chiavi

01. Non ha molti soldi e **compra** due biglietti di seconda classe. ✱
02. **Compro** il giornale ogni mattina ma lo leggo sempre la sera. ✱
03. I turisti **comprano** souvenir nei negozi vicino alla stazione. ✱
04. Spesso faccio la spesa al supermercato ma preferisco **comprare** la frutta al mercato. ✱
05. Va alla stazione di Napoli per **comprare** un biglietto. ✱
06. Devo andare in farmacia per **comprare** delle medicine. ✱
07. Dino non puo' fare fotografie percio' vuol almeno **comprare** delle cartoline per portare con se' e per spedire agli amici. ✱
08. Vorrei **comprare** una torta economica/un abito per una cerimonia. ✱
09. Se ti piace quel vestito, perche' non lo **compri**? ✱
10. Oggi il compleanno di Valeria, le **compriamo** dei fiori? ✱
11. Dove **compri** queste belle magliette? – Le **compro** in un negozio al centro. ✱
12. Chi **compra** il vino per stasera? ✱
13. Non **comprero'** biscotti o cioccolatini. ✱
14. L'anno prossimo **comprera'** un motorino. ✱

35. comprare

35. comprare

15. **Ho comprato** anch'io il telefonino ma lo uso solo quando e' necessario. *
16. **Ho comprato** scarpe da tennis/costume da bagno. *
17. Dove **hai comprato** queste scarpe, sono belle! *
18. In quel negozio Maria non **ha comprato** niente. *
19. A casa manca il latte. **Compra** il latte, per favore! *
20. **Comprerei** volentieri quelle scarpe, ma costano davvero troppo. *
21. **Compro** queste scarpe a occhi chiusi. **
    Compro queste scarpe a scatola chiusa.
22. Il turista americano ha sempre una mancia in mano ma a volte **compra** il Colosseo da un napoletano. **
23. Mia sorella non puo' vivere senza un cellulare, ma io ancora non voglio **comprarlo**. **
24. Si vergogna un po', ma poi vede che tutti le **comprano** ed anche lui ne prende alcune. **
25. Devo preparare la cena, e' tardi... a proposito, **hai comprato** il vino? **
26. Ieri era il compleanno di Marco, percio' gli **ho comprato** un regalo. **
27. Quella maglietta che **hai comprato**, non mi piace per niente. **
28. Le arance che **hai comprato** ieri erano piu' buone. **
29. Quando **hai comprato** il giornale? – L'ho comprato stamattina. **
30. Quando **hai comprato** questa rivista? – L'ho comprata la settimana scorsa. **
31. Dove **hai comprato** queste scarpe? – Le ho comprate a Firenze. **
32. Dove **hai comprato** questi occhiali? – Li ho comprati dall'ottica sotto casa. **
33. Spesso oggi si regalano soldi ma si puo' **comprare** un regalo in un negozio dove gli sposi hanno scelto le cose che vogliono ricevere e hanno fatto la lista di nozze. **

*Corso Di **Italiano** Per Coreani*

34. La signora Caterina e' andata a fare spese ed **ha comprato** queste cose : due magliette a righe, una camicia a quadretti, un pigiama di cotone, ed un orologio con il cinturino di metallo per suo marito. Un pacco di tovaglioli di carta, e piatti e bicchieri di plastica per il pic nic. E per lei una borsa di finta pelle colorata ed una crema per il viso con vitamina C. ☆

GLOSSARIO(어휘)

la compra 구매
 ← comp<u>rare</u>+a(여성명사 어미)

il compratore 구매자
 ← comp<u>rare</u>+atore(명사형 어미, ~하는 사람)

compravendere v.tr. 매매하다, 사고 팔다
 ← comp<u>rare</u>+vendere(동사, ~를 팔다)

la compravendita 매매, contratto di ~ 매매계약
 ← compraven<u>dere</u>+ito(과거분사형)+a(여성명사 어미)

35. comprare

36 | conoscere

v.tr ~를 알다 ; ~를 경험하다 ; ~를 인식하다
→ know ; enjoy ; experience ; recognize

- presente indicativo :
- passato prossimo : **avere conosciuto**
- imperfetto indicativo :
- participio passato : conosci**uto**
- participio presente : conosc**ente**
- genrundio : conosc**endo**

(io)	conosco	il tedesco. 독일어를 안다. tre lingue. 3개 국어를 안다. la canzone italiana. 이탈리아 노래를 안다.
(tu)	conosci	l'indirizzo di Alessandro? 알렛산드로의 주소를 아니?
(lui)	conosce	Francesco. 프란체스꼬를 안다.
(noi)	conosciamo	Venezia. 베네치아를 안다.
(voi)	conoscete	l'Italia abbastanza bene? 이탈리아를 충분히 잘 아니?
(loro)	conoscono	i motori. 자동차를 안다.

	근과거	불완료과거
io	ho conosciuto	conoscevo
tu	hai conosciuto	conoscevi
lui, lei, Lei	ha conosciuto	conosceva
noi	abbiamo conosciuto	conoscevamo
voi	avete conosciuto	conoscevate
loro	hanno conosciuto	conoscevano

Corso Di *Italiano* Per Coreani

COMPOSIZIONE

livelo * / ** / ***

01. 나는 건물에 사는 모든 사람들을 알고 있다. *

02. 나는 목소리로 Maria를 알아본다. *

03. 너 Marco를 알고 있니? – 응, 그를 아주 잘 알고 있어. *

04. 너 Roberto의 친구들을 알고 있니? – 아니, 그들을 몰라.

05. 너 영어 할 줄 아니? – 말은 잘 하는데, 쓰기는 꽤 못해. *

06. 모든 사람들은 Piero의 약혼녀를 알고 있다. *
la fidanzata 약혼녀

07. 왜 너는 네 여자 친구를 내게 소개하지 않는 것이니? 난 그녀를 모르거든! *

08. 저 아가씨, 나는 그녀를 알고 있다. * (강조용법 ← **gr.7.1.4**)

09. 누군가 저 아가씨를 알고 있니? 그런데 과연 누구일까? *

10. 나는 유명 인사를 개인적으로 알았다. *
un personaggio famoso 유명 인사

11. 너는 어디서 네 첫사랑을 알게 되었니? *

12. 그들은 내가 프라하에서 알게 된 두 명의 아가씨들이다. *

13. 내가 어제 저녁에 알게 된 아가씨들은 외국인이다. *
straniero 외국인

14. 너는 몇 명의 이탈리아 가수들을 알고 있니? – 어, 한 명. ** (대명사 NE ← **gr.7.1.1**)

36. conoscere

36. conoscere

15. 너는 이탈리아 도시 몇 군데를 알고 있니? - 많이 알아. / 하나도 몰라. ** (NE)

16. 여사장을 기다리는 저 아가씨들은 누구야? - 몰라, 그들을 모르겠는데. **

17. Dino는 돈이 없다. 그 때 그는 이미 알고 지내던 한 소녀를 보고, 그녀에게 약간의 돈을 부탁한다. ** (간접대명사 ← gr.7.2)

18. 그는 Firenze에 아는 사람이 아무도 없다. 그래서 숫기가 없긴 하지만, 그녀와의 대화를 시도해 본다. **
anche se e' molto timido 숫기가 없긴 하지만 ; provare a + inf. ~를 시도하다

19. 로마를 모르는 사람을 위해 / 로마를 이미 알고 있는 사람을 위해 **(강조용법)

20. 그는 자신이 어떤 사람인지를 알고 있다. **
il fatto suo 자신이 어떤 사람인지를

21. 나는 어려운 시기를 경험하고 있다. **
conoscere tempi difficili 어려운 시기를 경험하다

22. 나는 네게 내 남편을 알게 해 주겠다. **
fare + inf. ~하게 하다(사역동사)

23. 그는 내게 고전음악을 알게 했다. ** (근과거 ← gr.1.1.2)
fare conoscere ~를 알게 하다(사역동사)

24. 근데, 너, Piero... 우리에게 언제 네 애인을 알게 해 줄 거야? **
ragazza 애인, 소녀, 아가씨

25. 네가 잘 모르는 사람에게 휴대폰 번호 주지 말아라! ** (부정명령 ← gr.1.4.2)

26. Romeo는 Riccione에 휴가가 있었고, 그녀가 일하던 해변가 아이스크림 가게에서 그녀를 알게 되었다. ** (근과거/불완료과거 ← gr.1.1.2/1.1.3) nella gelateria sul lungomare 해변가 아이스크림 가게에서

27. 나는 대학 다닐 때, 이탈리아 전국에서 온 아주 많은 청년들을 알고 있었다. ✱✱
(불완료과거)

frequentare l'universita' 대학 다니다

28. 너의 학교 첫 날 뭐가 기억나니?–
나는 분홍색 장식용 술이 달린 하얀 에이프론을 입고 있었고, 아는 사람이 아무도 없었다. 난 엄마가 보고싶어 울어댔다. ✱✱ (불완료과거)

un grembiule bianco col fiocco rosa 분홍색 장식용 술이 달린 하얀 에이프론

29. 많은 사람들은 자연스럽게 이탈리아의 가장 유명한 꼭두각시 인형 Pinocchio를 알지만, 전 세계에 Pinocchio의 복제품과 수많은 이미지들이 존재하고, 또한 그 모두가 진품이 아니라는 사실을 모르고 있다. ✱✱

il burattino piu' famoso d'Italia 이탈리아의 가장 유명한 꼭두각시 인형 ;

riproduzioni 복제품들 ; non tutte sono autentiche 그 모두가 진품이 아니다

Chiavi

01. **Conosce** tutti nel palazzo. ✱

02. **Conosco** Maria dalla voce. ✱✱

03. **Conosci** Marco? – Si', lo **conosco** molto bene. ✱

04. **Conosci** gli amici di Roberto? – No, non li **conosco**.

05. **Conosci** l'inglese? – Lo parlo bene, ma lo scrivo abbastanza male. ✱

06. Tutti **conoscono** la fidanzata di Piero. ✱

07. Perche' non mi presenti la tua amica? Non la **conosco**! ✱

08. Quella ragazza io la **conosco**. ✱✱

36. conoscere

09. Qualcuno **conosce** quella ragazza? Ma chi sara' mai? *

10. **Ho conosciuto** personalmente un personaggio famoso. *

11. Dove **hai conosciuto** il tuo primo amore? *

12. Sono due ragazze che **ho conosciuto** a Praga. *

13. Le ragazze che **ho conosciuto** ieri sera sono straniere. *

14. Quanti cantanti italiani **conosci**? – Si', ne **conosco** uno. **

15. Quante citta' italiane **conosci**? – Ne **conosco** tante./Non ne **conosco** nessuna. **

16. Chi sono quelle ragazze che aspettano la direttrice?/Non lo so, non le **conosco**. **

17. Dino non ha i soldi. In quel momento vede una ragazza che **conosce** gia' e le chiede dei soldi. **

18. Non **conosce** nessuno a Firenze e cosi' prova a parlare con lei anche se e' molto timido. **

19. Roma per chi non la **conosce**/Roma per chi la **conosce** gia'. **

20. **Conosce** il fatto suo. **

21. **Conosco** tempi difficili. **

22. Ti **faccio conoscere** mio marito. **

23. Mi **ha fatto conoscere** la musica classica. **

24. "E tu Piero... quando ci farai **conoscere** la tua ragazza?" **

25. Non dare il numero di cellulare a una persona che non **conosci** bene. **

26. Romeo e' stato in vacanza a Riccione e **l'ha conosciuta** nella gelateria sul lungomare dove lei lavorava. **

27. Quando frequentavo l'universita' **conoscevo** moltissimi ragazzi da tutta l'Italia. **

28. Cosa ricordi del tuo primo giorno di scuola? –
    Avevo un grembiule bianco col fiocco rosa, non **conoscevo** nessuno, piangevo

perche' volevo la mamma. ⁂

29. Molti naturalmente **conoscono** Pinocchio, il burattino piu' famoso d'Italia, ma non tutti sanno che esistono molte immagini e riproduzioni di Pinocchio in tutto il mondo e che non tutte sono autentiche. ⁂

COME SI DICE

E' uno che sa **il fatto suo**. (He knows what **he's about**.)
그는 자신을 아는 사람이다.
Gli ho detto **il fatto suo**. (I told him what **I thought of him**.)
그를 어떻게 생각하는지 난 그에게 말했다.

36. conoscere

GLOSSARIO(어휘)

conosciuto agg.[p.ps.] 잘 알려진, 유명한, 저명한.
    E' ~ in tutto il mondo. 전 세계적으로 알려져 있다.
    ← conosc<u>ere</u>+(i)uto(과거분사형, 형용사로도 사용)

il/la conoscente 지인, 구면
    ← conosc<u>ere</u>+ente(현재분사형, 명사로 파생)

la conoscenza 지식, 이해 ; 인지, 지각, 자각 ; 면식. prendere ~ 인식하다, ~ di se stesso 자기인식, perdere ~ 졸도하다, riprendere ~ 의식을 회복하다
    ← conosc<u>ere</u>+enza(명사형 어미)

conoscibile agg. 인식할 수 있는, 이해할 수 있는, 알아 볼 수 있는
    ← conosc<u>ere</u>+(i)bile(형용사형 어미)

la conoscibilita' 인지성
    ← conosc<u>ere</u>+(i)bile(형용사형 어미)+ita'(명사형 어미)

il conoscimento 식별, 지식
    ← conosc<u>ere</u>+(i)mento(명사형 어미)

conoscitivo agg. 인식의, 인식적인, 식별력 있는. facolta' ~ 식별력, 인식력
    ← conosc<u>ere</u>+(i)tivo(형용사형 어미)

il conoscitore/la conoscitrice 예술품 감정가
    ← conosc<u>ere</u>+(i)tore /(i)trice(명사형 어미, ~하는 남자/여자)

37 | continuare

v.tr. ~를 계속하다 → continue
v.intr. ~가 계속되다 → continue

- presente indicativo :
- passato prossimo : **avere continuato**
- futuro semplice :
- participio passato : continu**ato**
- gerundio : continu**ando**

	현재	미래	근과거
io	continuo	continuero'	ho continuato
tu	continui	continuerai	hai continuato
lui	continua	continuera'	ha continuato
noi	continuiamo	continueremo	abbiamo continuato
voi	continuate	continuerete	avete continuato
loro	continuano	continueranno	hanno continuato

COMPOSIZIONE

 livelo ＊/＊＊/＊＊＊

01. Piero는 그의 일(기차표를 검사하는 일)을 계속한다. ＊
    il giro 순회하며 기차표를 검사하는 일

02. 우회전 한 후에 계속해서 직진해라! ＊ (긍정명령 ← gr.1.4.1)
    girare a destra 우회전하다 ; continuare dritto 계속해서 직진하다

37. continuare

03. 죄송한데요, Dante 광장으로 가려면? – 여기서 우회전하시고 나서, 계속해서 직진하세요! * (긍정명령)

04. 그러나 오늘 Piero는 몸이 아픈 동료를 대신하여, Sicilia까지 같은 기차로 여행을 계속한다. **
sostituire 대신하다, 대체하다 ; un collega che sta male 몸이 아픈 동료

05. 내년에 그는 이탈리아어 공부를 계속할 예정이다. **
continuare a+inf. 계속해서 ~하다

06. 그냥 놔둬라, 부탁인데 계속하지 마라! ** (부정명령 ← gr.1.4.2)
basta 그냥 놔둬라, stop it

07. 두 부인들 간의 활발한 대화는 계속된다. **
la discussione animata 활발한 대화

08. 처음으로 그는 그녀가 이런 종류의 음악을 듣는 유형의 사람이 아니라고 이야기하기 시작했고, 외출하지 않기 위해 미안하다는 말을 계속해서 30분 동안 꾸며댔다. **
dapprima 처음으로 ; iniziare a+inf. ~하기 시작하다 ;
questo genere di musica 이런 종류의 음악 ;
inventare scuse 미안하다는 말을 꾸며대다 ; continuare a+inf. 계속해서 ~하다

A Chiavi

01. Piero **continua** il suo giro. *

02. Gira a destra, poi **continua** dritto! *

03. Scusi, per Piazza Dante? Giri qui a destra e **continui** sempre dritto! *

04. Oggi pero' Piero sostituisce un collega che sta male e **continua** il viaggio fino in Sicilia sullo stesso treno. **

Corso Di *Italiano* Per Coreani

05. L'anno prossimo **continuera'** a studiare l'italiano. *

06. Basta, per favore non **continuare**! (=lascia stare) **

07. **Continua** la discussione animata tra i due signori. **

08. Dapprima ha iniziato a dire che lei non e' il tipo per questo genere di musica e poi **ha continuato** per mezz'ora a inventare scuse per non uscire. **

GLOSSARIO(어휘)

continuato agg.[p.ps.] 계속된, 연속된, 부단한
　　　　← continu<u>are</u>+ato(과거분사형 어미, 형용사로 파생)
continuativo agg. 연속적인, 지속적인
　　　　← continuat<u>o</u>+ivo(형용사형 어미)
continuo agg. 계속적인, 연속적인, 끊임없는 ; 상습적인
　　　　← continu<u>are</u>+o(형용사형 남성 어미)
continuabile agg. 지속할 만한
　　　　← continu<u>are</u>+(a)bile(형용사형 어미)
la continuita' 연속성, 계속성
　　　　← continu<u>are</u>+ita'(명사형 어미)
la continuazione 연속, 계속, 이어짐, 계속됨
　　　　← continu<u>are</u>+(a)zione(명사형 어미)
la continuanza 연속, 계속
　　　　← continu<u>are</u>+anza(명사형 어미)
il continuatore s.f.-trice 계승자, 후계자
　　　　← continu<u>are</u>+(a)tore(명사형 어미, ~하는 사람)
continuamente avv. 계속해서, 끊임없이 ; 상습적으로
　　　　← continu<u>o</u>+(a)mente(부사형 어미)

38 | controllare

v.tr ~를 체크하다 ; ~검사하다 : ~를 보다 ; ~를 제어/조정하다 ➡ check ; inspect ; watch ; control

- presente indicativo :
- passato prossimo : **avere controllato**
- imperfetto indicativo :
- participio passato : controll**ato**
- participio presente :
- genrundio : controll**ando**

	근과거	현재
io	ho controllato	controllo
tu	hai controllato	controlli
lui, lei, Lei	ha controllato	controlla
noi	abbiamo controllato	controlliamo
voi	avete controllato	controllate
loro	hanno controllato	controllano

COMPOSIZIONE

 livelo * / **

01. 검표원은 차표를 검사한다. *
    il controllore 검표원

02. 그러나 그는 이 승객을 아직 검표하지 않았다. *
    questo passeggero 이 승객

Corso Di Italiano Per Coreani

03. 그 청년은 좌석 번호 74번을 찾아서, 기차표를 확인하고는 그녀 바로 옆에 앉는다. 곁눈질로 그녀를 바라본다. **

sedersi 앉다 ; proprio vicino a lei 그녀 바로 옆에 ;

guardare con la coda dell'occhio 곁눈질로 바라보다

04. Kodak 카메라로 제어하기에 어려운 유일한 것은 자제하는 것이다. **

fotocamera 카메라, 사진기 ; l'unica cosa difficile 어려운 유일한 것 ; controllarsi 자제하다

05. 너는 네가 원하는 사람들과 함께 답장들을 확인할 수 있다. **

con chi vuoi 네가 원하는 사람과 함께

A Chiavi

01. Il controllore **controlla** biglietti. *

02. Questo passeggero pero' non lo **ha controllato** ancora. *

03. Quel ragazzo cerca il numero 74, **controlla** il biglietto e si siede proprio vicino a lei, la guarda con la coda dell'occhio. **

04. Con una fotocamera Kodak l'unica cosa difficile da **controllare** e' controllarsi. **

05. Puoi **controllare** le risposte con chi vuoi. **

GLOSSARIO(어휘)

controllato agg.[p.ps.] 검사된, 체크된, 통제된, 지배된
　　← controll<u>are</u>+ato(과거분사형 어미, 형용사로 파생)
controllabile 제어 가능한, 조정 가능한
　　← controll<u>are</u>+(a)bile(형용사형 어미)
il controllo 검사, 점검, 감시, 감독, 관리 ; 지배, 통제, 제어 ; 제어장치, 조절장치
　　← controll<u>are</u>+o(남성 명사형 어미)
il controllore 검사원, 검표원
　　← controll<u>are</u>+ore(명사형 어미, ~하는 사람)

38. controllare

39 | correre

v.intr. 달리다 ; 서두르다 ➡ run ; hurry ; rush
v.tr. 달리다 ; 경주하다 ➡ run

- presente indicativo :
- passato prossimo : **avere corso**
- imperfetto indicativo :
- participio passato : **corso**
- participio presente : corr**ente**
- genrundio : corr**endo**

	불완료과거	현재
io	correvo	corro
tu	correvi	corri
lui	correva	corre
noi	correvamo	corriamo
voi	correvate	correte
loro	correvano	corrono

COMPOSIZIONE

 livelo ★ / ★★ / ★★★

01. Piero는 3번 플렛홈으로 달려간다. ★

binario 플렛홈

02. 출발까지 3분 남아서, 그들은 뛰어야만 한다. ★

mancare a ~까지 얼마 남았다

Corso Di *Italiano* Per Coreani

03. 그 아가씨는 Dino에게 인사도 없이 뛰어 나간다. *
senza salutare 인사도 없이 ; correre via 뛰어 나가다

04. 기차는 강을 따라 늘어 선 포풀라 나무들과 빨간색 지붕의 집들을 담고 있는 padana 평원을 신나게 달린다. **
con i pioppi lungo il fiume 강을 따라 늘어 선 포풀라 나무들 ;
le case rosse 빨간색 지붕의 집들 ; nella pianura padana 파다나 평원에서

05. 철도는 승용차들과 화물차들이 달리는 고속도로를 가로지른다. **
la ferrovia 철도 ; le macchine 승용차 들 ; gli autocarri 화물차들 ; incrociare 가로지르다

06. Dino는 버스처럼 빨리 달리는 자전거를 피하면서, "어이쿠, 여기서 길을 건너는 것은 위험해!"라고 생각한다. **
attraversare 길을 건너다, 횡단하다 ; evitare 피하다 ; accidenti! 어이쿠!

07. 너는 멀리서 버스를 본다. 정류장으로 너는 달리고 버스는 멈춰있다. 문을 닫기 전에 버스는 너를 기다린다. **
correre 달리다 ; prima di ~하기 전에

08. "나는 네게 인사하고, 지금 그에게 뛰어가서 이야기해야 하는데... 전화번호가 적힌 내 명함 여기 있어. 원하면 이따가 내게 전화해!" ** (명령형＋대명사 ← gr.1.4.3)
ecco 여기 있다 ; il mio biglietto col numero 전화번호가 적힌 내 명함 ; piu' tardi 이따가

09. 기차는 탁 트인 전원을 달리며, Chianti의 구릉들, 노란 해바라기 밭들, 삼나무들과 어우러진 오두막집들, Siena의 붉은 색 대지를 품고 있는 Toscana 지방을 가로지른다. **
in aperta campagna 탁 트인 전원 ; attraversare 가로지르다 ; le colline 구릉들 ;
girasole 해바라기 ; i casolari 오두막집들 ; i cipressi 삼나무들

10. 철길을 따라 뛰는 두 명의 남자들을 보았고, 그들 중에 한 명이 반대편에서 뛰어나오는 것을 보았으며, 정지하는 기차 소리를 들었고, 그리고는 더 이상 아무 것도 기억 나지 않

39. correre

39. correre

는다고 그는 말했다. ⁎⁎

correre lungo la ferrovia 철길을 따라 뛰다 ;

correre dalla parte opposta 반대편으로부터 뛰어나오다 ;

sentire il treno frenare 정지하는 기차소리를 듣다

A Chiavi

01. Piero **corre** al binario 3. ⁎

02. Mancano cinque minuti alla partenza, devono **correre**. ⁎

03. La ragazza **corre** via senza salutare Dino. ⁎

04. Il treno **corre** veloce nella pianura padana, con i pioppi lungo il fiume e le case rosse. ⁎⁎

05. La ferrovia incrocia l'autostrada dove **corrono** le macchine e gli autocarri. ⁎⁎

06. "Accidenti, qui e' pericoloso attraversare!" pensa Dino mentre evita una bicicletta che **corre** veloce come un autobus. ⁎⁎

07. Vedi l'autobus da lontano. **Corri** alla fermata, l'autobus e' fermo e ti aspetta prima di chiudere la porta. ⁎⁎

08. "Ti saluto, adesso devo **correre** da lui, devo parlargli..., ma ecco il mio biglietto, col numero, telefonami piu' tardi' se vuoi!". ⁎⁎

09. Il treno **corre** in aperta campagna, attraversa la Toscana con le sue colline del Chianti, i campi gialli di girasole, i casolari con i cipressi, la terra rossa di Siena. ⁎⁎

10. Lui ha raccontato che ha visto due uomini che **correvano** lungo la ferrovia, poi ha visto uno di loro correre dalla parte opposta, ha sentito il treno frenare e non ricorda piu' niente. ⁎⁎

GLOSSARIO(어휘)

corso agg.[p.ps.] 경과한, 달린

il corso (액체의) 흐름, (시간의) 흐름 ; 항해 ; 수업, 과정 ; 행렬

corsivo agg. 흘려쓰기의, 흐르는 듯한
　　　　← corso+ivo(형용사형 어미)

il corsivo 이탤릭 체
　　　　← corso+ivo(형용사형 어미, 명사로 파생)

corrente agg.[p.pr.] 달리는, 흐르는 ; 신속한 ; 유통 중인, 진행 중인
　　　　← correre+ente(현재분사형 어미)

correntemente avv. 빨리
　　　　← corrente+mente(부사형 어미)

il corrente 경향
　　　　← correre+ente(현재분사형 어미, 명사로 파생)

la corrente 기류 ; 풍조, 경향 ; 전류
　　　　← correre+ente(현재분사형 어미, 명사로 파생)

la correntia 물의 흐름
　　　　← corrente+ia(명사형 어미)

40 | costruire

v.tr. 구성하다, 만들다 ; 건설하다, 짓다, 조립하다 ; 세우다 ➡ set up, form ; build up, put together ; constitute, make up

- presente indicativo :
- passato prossimo : **avere costruito**
- passato remoto :
- participio passato : costru**ito**, **costrutto**
- participio presente :
- gerundio : costru**endo**

	현재	원과거
io	costru-isc-o	costru**ii**
tu	costru-isc-i	costru**isti**
lui	costru-isc-e	costru**i'**
noi	costruiamo	costru**immo**
voi	costruite	costru**iste**
loro	costru-isc-ono	costru**irono**

COMPOSIZIONE

 livelo * / **

01. 벽돌공은 집들을 짓는다. *
    il muratore 벽돌공

02. 이런 단어들을 가지고 미니 텍스트들을 몇 개 구성하라! *
    mini testi 미니 텍스트들

Corso Di *Italiano* Per Coreani

03. "아, 나는 목공이다. 너도 알다시피, 수 년 전부터 나는 나무로 피노키오들을 만들고 있다. **

un artigiano del legno 목수

04. 텍스트를 분석한 후, 정관사의 용법을 위한 규칙을 세우도록 시도해 봐라, 너희들! **

dopo aver analizzato il testo 텍스트를 분석한 후 ; l'uso dell'articolo 정관사의 용법 ; una regola 규칙, 룰 ; provare a ~ 하도록 시도하다

05. 누가 Pinocchio 인형을 만들었는가? ** (원과거 ← gr.1.1.4)

il burattino (꼭두각시) 인형

Chiavi

01. Il muratore **costruisce** case. *

02. **Costruisci** dei mini testi con queste parole! *

03. "Ah, io, beh, io sono un artigiano del legno, vedi **costruisco** da molti anni pinocchi di legno." **

04. Dopo aver analizzato il testo provate a **costruire** una regola per l'uso dell'articolo! **

05. Chi **costrui'** il burattino Pinocchio? **

GLOSSARIO(어휘)

costrutto agg.[p.ps.] 건설된, 조립된, 지어진 ; 구성된
costruttivo agg. 건설적인. critica ~ 건설적인 비평 ← costrutto +ivo(형용사형 어미)
il costruttore [s.f. -trice] 건설업자, 조립자, 제작자 ← costrutto +tore(명사형 어미, ~하는 사람)
la costruzione 건설, 건축, 건조, 제작 ; 건축물 ; 구조, 구성 ; 구문
　　　　　← costruire +zione(명사형 어미)

40. costruire

41 | dare

v.tr. ~를 주다 ➡ give, award ; perform, put on ; show
v.intr. ~에 접해 있다. ➡ face onto

- presente indicativo :
- passato prossimo : **avere dato**
- imperfetto indicativo :
- futuro semplice :
- condizionale semplice :
- participio passato : d**ato**
- participio presente :
- gerundio : d**ando**

	현재	근과거	미래	명령령
io	do	ho dato	daro'	
tu	dai	hai dato	darai	da' una mano! 도와 주라!
lui	da'	ha dato	dara'	dia una mano! 도와 주세요!
noi	diamo	abbiamo dato	daremo	
voi	date	avete dato	darete	date una mano! 도와 주라!
loro	danno	hanno dato	daranno	

Composizione

 livelo */**

01. 부탁인데, 내게 네 주소와 전화번호 좀 줄래? *

02. 선생님이 너에게 지시하실 것이다. * (간접대명사 ← gr.7.2)
    dare istruzioni 지시하다

Corso Di *Italiano* Per Coreani

03. 내게 유니폼 한 벌 줄래? – 어떤 것? – 빨간 저것. * (지시대명사 ← gr.7.7)
una maglia 유니폼

04. 내게 전화번호부 좀 줄래? – 어떤 것? – F로 시작하는 저것. *
l'elenco telefonico 전화번호부

05. 내게 펜을 줄래? – 어떤 것? – 저 빨간색 펜. *

06. 내게 안경 좀 줄래? – 어떤 것? – 저 선글라스. *
gli occhiali da sole 선글라스

07. 내게 크림 좀 줄래? – 어떤 것? – 저 바디 크림. *
la crema 크림 ; 바디 크림 la crema per il corpo

08. 애가 우는데, Sandra, 너는 왜 그에게 우유 좀 주지 않는 거니? *

09. 부탁인데, Rita를 보면 그녀에게 이 편지를 전해 주겠니? * (지시형용사 ← gr.8.2)

10. 우리는 너희들을 데리고 갈 수 있다. *
dare un passaggio 데리고 가다

11. 그는 신문을 훑어본다. *
dare un'occhiata, guardare velocemente 훑어보다

12. 신문 좀 봐도 될까요? (– 옆 사람에게 – 신문에 시선을 둬도 될까요?) *
dare un'occhiata a ~에 시선을 주다, 두다

13. 잡지 좀 봐도 될까요? (– 옆 사람에게 – 잡지에 시선을 둬도 될까요?) *
dare uno sguardo a ~에 시선을 주다, 두다

14. 정원은 도로에 접해 있다. * (v.intr.)
dare sulla strada 도로에 접해 있다

41. dare

41. dare

15. 이탈리아에서 사람들은 음식에 중요성을 둔다. **
dare importanza 중요성을 두다

16. 내게 펜을 좀 주겠니? (예의 바른 표현으로, would you like to ~) **
ti dispiacerebbe +inf.? ~해 주겠니?

17. 너희들이 원한다면, 나는 너희들에게 저 밑에 있는 테이블을 줄 수 있다. **
quel tavolo laggiu' 저 밑에 있는 테이블

18. 그에게 정보를 주는 첫 번째 사람은 피렌체 사람이다. **
un fiorentino 피렌체 사람

19. 모든 사람들이 Marcella에게 폐를 끼친다. **
dare fastidio a ~에게 폐를 끼치다

20. Piero는 그 여자에게 말을 놓는다. **
dare del tu a ~에게 말을 놓다

21. 그는 그녀에게 준 잡지 속에 기차표를 끼어 넣었다고 말한다. **
mettere in ~에 끼어 넣다

Chiavi

01. Per favore mi **dai** il tuo indirizzo e numero di telefono? *

02. L'insegnate ti **dara'** istruzioni. *

03. Mi **dai** una maglia? Quale? Quella rossa. *

04. Mi **dai** l'elenco telefonico? Quale? Quello con la F. *

05. Mi **dai** la penna? Quale? Quella rossa. *

06. Mi **dai** gli occhiali? Quali? Quelli da sole. *

*Corso Di **Italiano** Per Coreani*

07. Mi **dai** la crema? Quale? Quella per il corpo. *

08. Il bambino piange, Sandra, perche' non gli **dai** un po' di latte? *

09. Quando vedi Rita per favore le **dai** questa lettera? *

10. Possiamo **dare**vi un passaggio. *

11. **Da' un'occhiata** il giornale. =(guardare velocemente) *

12. Posso **dare** un'occhiata al giornale? *

13. Posso **dare** uno sguardo alla rivista? *

14. Il giardino da' sulla strada. *

15. In Italia si **da'** importanza al cibo. **

16. Ti dispiacerebbe **dar**mi la penna? **

17. Se volete vi posso **dare** quel tavolo laggiu'. **

18. La prima persona che gli **da'** informazioni e' un fiorentino. **

19. Tutti **danno** fastidio a Marcella. **

20. Piero **da'** del tu alla donna. **

21. Lui dice che ha messo il biglietto nella rivista che **ha dato** a lei. **

GLOSSARIO(어휘)

dato agg.[p.ps] 주어진, 정해진 ; ~때문에 ; 만약 ~한다면. entro in un periodo dato 정해진 기간 안에 ; Dato che non puoi venire, verro' io da te. 네가 올 수 없기 때문에 내가 너에게로 갈 것이다.

il dato 자료, 논거, 데이터. dati statistici 통계자료

la data 날짜, 일시, 연월일

42 | decidere

v.tr. ~를 결정하다, ~를 결심하다 ➔ decide
v.intr. 결정하다 ➔ make up one's mind

- presente indicativo :
- passato prossimo : **avere deciso**
- imperfetto indicativo :
- participio passato : **deciso**

	현재	근과거
io	decido	ho deciso
tu	decidi	hai deciso
lui, lei, Lei	decide	ha deciso
noi	decidiamo	abbiamo deciso
voi	decidete	avete deciso
loro	decidono	hanno deciso

COMPOSIZIONE

 livelo * / ** / **

01. 나는 특별한 것을 사기로 결정 한다. *

decidere di+inf. ~하기로 결정하다 ; qualcosa di speciale 특별한 것

02. 나는 따뜻한 것을 사기로 결정 한다. *

qualcosa di caldo 따뜻한 것

03. 나는 우아한 것을 사기로 결정 한다. *

Corso Di *Italiano* Per Coreani

      qualcosa di elegante 우아한 것

04. 나는 아름다운 것을 사기로 결정 한다. *
      qualcosa di bello 아름다운 것

05. 너는 장갑 한 켤레 사기로 결정하는 거니? *
      un paio di guanti 장갑 한 켤레

06. 그녀는 스타킹 한 벌 사기로 결정하니? *
      un paio di calze 스타킹 한 벌

07. 그는 신발 한 켤레 사기로 결정한다. *
      un paio di scarpe 신발 한 켤레

08. 우리는 안경 한 벌 사기로 결정한다. *
      un paio di occhiali 안경 한 벌

09. 너희들은 귀고리 한 벌 사기로 결정하니? *
      un paio di orecchini 귀고리 한 벌

10. 그들은 삶의 방식을 / 직업을 바꾸기로 결정한다. *
      vita 삶, 삶의 방식 ; lavoro 직업, 일

11. 내가 보모를 부르고 나서 우리 결정하자. *
      chiamare la baby sitter 보모를 부르다

12. 결국 우리는 일상적인 프로그램을 결정한다. *
      un programma comune 일상적인 프로그램

13. 그는 우리의 미래를 결정했다. *
      il nostro futuro 우리의 미래

42. decidere

42. decidere

14. 이 사람들을 생각하면서, 여행 계획을 세우고 결정해라! ** (긍정명령 ← gr.1.4.1)
<u>pensare a queste persone</u> 이 사람들을 생각하다

15. 결정의 순간이 왔다. **

16. 이 모델들 가운데 어떤 것을 결정해야 할 지 나는 모르겠다. **
<u>tra/fra questi modelli</u> 이 모델들 가운데

17. 사람들은 몇 시에 히터를 켜야 할지 결정해야 한다. ** (비인칭 SI ← gr.3)
<u>il riscaldamento</u> 히터

18. 나는 금연하기로 결정했다. **
<u>smettere di fumare</u> 금연하다

19. 나는 직업을 바꾸지 않기로 결정했다. **

20. Franco는 열차 객실 웨이터로서 일하기로 결정했다. 왜냐하면, 잠시 동안이라도 이탈리아에서 살아보기를 원했기 때문이다. **
<u>come cameriere sul treno</u> 열차 객실 웨이터로서 ; <u>provare a +inf.</u> ~를 시도하다

A Chiavi

01. **Decido di** comprare qualcosa di speciale. *

02. **Decido di** comprare qualcosa di caldo. *

03. **Decido di** comprare qualcosa di elegante. *

04. **Decido di** comprare qualcosa di bello. *

05. **Decidi di** comprare un paio di guanti? *

06. **Decide di** comprare un paio di calze? *

07. **Decide di** comprare un paio di scarpe. *

08. **Decidiamo di** comprare un paio di occhiali. *

09. **Decidete di** comprare un paio di orecchini? *

10. **Decidono di** cambiare vita / lavoro. *

11. Poi chiamo la baby sitter e **decidiamo**. *

12. Alla fine **decidono** un programma comune. *

13. **Ha deciso** il nostro futuro. *

14. Fa' un programma di viaggio pensando a queste persone e **decidi**! **

15. E' venuto il momento di **decidere**. **

16. Non so **decidere** tra questi modelli **

17. Si deve decidere a che ora accendere il riscaldamento. **

18. **Ho deciso di** smettere di fumare. **

19. **Ho deciso di** non cambiare lavoro. **

20. Franco **ha deciso di** lavorare come cameriere sul treno perche' voleva provare a vivere in Italia per un po'. **

GLOSSARIO(어휘)

deciso agg.[p.ps.] 결정된, 결단력있는, 결정적인 ; 확고부동한, 단호한
decisamente avv. 결정적으로, 단호하게, 명백하게
　　　　← deciso(과거분사형)+(a)mente(부사형 어미)
la decisione 결정, 결심, 결의, 판결 ; 판례
　　　　← deciso+sione(명사형 어미)
decisivo agg. 결정적인 ; 최종적인.
　　　il momento decisivo 결정적 순간, risposta decisiva 최종 답변
　　　　← deciso+ivo(형용사형 어미)

43 | dimenticare

v.tr. ~를 잊다 ; ~를 빠뜨리다 ➔ forget ; leave out

- presente indicativo :
- passato prossimo : **avere dimenticato**
- imperfetto indicativo :
- futuro semplice :
- condizionale semplice :
- participio passato : dimentic**ato**
- participio presente :
- gerundio : dimentic**ando**

	현재	미래	근과거
io	dimentico	dimentich**ero'**	ho dimenticato
tu	dimentic–**h**–i	dimentich**erai**	hai dimenticato
lui	dimentica	dimentich**era'**	ha dimenticato
noi	dimentic–**h**–iamo	dimentich**eremo**	abbiamo dimenticato
voi	dimenticate	dimentich**erete**	avete dimenticato
loro	dimenticano	dimentich**eranno**	hanno dimenticato

Composizione

 **livelo** * / ** / **

01. Fabio는 진정으로 Giulia를 잊고 싶어 한다. *

02. 집에 열쇠를 (두고 나온 것을) 깜빡했니 너? *

Corso Di *Italiano* Per Coreani

03. 그 수도사는 절대 Sicilia를 잊지 않았다. *

il prete 수도사

04. 세월은 흘러갈 것이고, 너는 결혼할 것이며, 혼란스러움을 잊을 것이다. **

passare gli anni 세월이 지나다, 흐르다 ; sposarsi 결혼하다 ; i disordini 혼란스러움

05. Dino는 벌써 Firenze에 와 있는 이유를 잊었다. ** (관계대명사 cui ← gr.7.5)

il motivo per cui e' a Firenze 피렌체에 와 있는 이유

06. "오늘 끝내준다! Firenze는 정말로 아름답구나!"라고 회의가 있다는 사실을 이미 잊은 Dino가 생각한다. **

Che giornata! 오늘 (날씨) 끝내준다! ; il suo convegno 회의가 있다는 사실

07. Piero는 연착을 알리는 방송을 깜빡했다. **

annunciare il ritardo con l'altoparlante 방송으로 연착을 알리다

08. 그러는 동안, 한 가지 생각이 잠시 그의 머리를 스쳐지나간다. (Giulia는 지금 이 시간에 어디 있을까? ... 이미 나를 잊었다면 얼마나 좋을까). ** (복합미래 ← gr.1.1.6)

intanto 그러는 동안 ; un pensiero 한 가지 생각 ; attraversare 가로지르다, 스쳐지나가다 ;

a quest'ora 이 시간에 ; magari ~라면 얼마나 좋을까

A Chiavi

01. Fabio vuole proprio **diemnticare** Giulia. *

02. **Hai dimenticato** le chiavi in casa? *

03. Il prete non **ha** mai **dimenticato** la Sicilia. *

04. "Passeranno gli anni, ti sposerai, **dimenticherai** i disordini". **

05. Dino **ha** gia' **dimenticato** il motivo per cui e' a Firenze. **

06. "Che giornata!" pensa Dino che **ha** gia' **dimenticato** il suo convegno. "E' proprio

43. dimenticare

43. dimenticare

bella questa Firenze!". **

07. Piero **ha dimenticato** di annunciare il ritardo con l'altoparlante. **

08. Intanto un pensiero attraversa per un attimo la sua mente (e Giulia dove sara' a quest'ora... magari mi **avra'** gia' **dimenticato**). **

GLOSSARIO(어휘)

dimenticato agg.[p.ps.] 잊혀진
  ← dimentic<u>are</u>+ato(과거분사형 어미)

dimentico agg. 잊기 쉬운 ; 망각의, 건망의 ; 부주의 한
  ← dimentic<u>are</u>+o(남성 형용사 어미)

dimenticabile agg. 잊기 쉬운, 잘 잊는
  ← dimentic<u>are</u>+(a)bile(형용사형 어미)

la dimenticanza 잊어버림, 건망, 망각. cadere in ~ 잊어버리다, 망각하다
  ← dimentic<u>are</u>+anza(명사형 어미)

il dimenticatoio 망각. cadere in ~ 잊어버리다, 망각하다
  ← dimentic<u>are</u>+(a)toio(명사형 어미)

il dimenticone [s.f.-a] 건망증이 심한 사람
  ← dimentic<u>are</u>+one(확대 변의형 어미)

la dimenticaggine 건망증
  ← dimentic<u>are</u>+aggine(상태, 동작 어미)

44 | dire ← dicere

v.tr. ~를 말하다 ➜ say, tell

- presente indicativo :
- passato prossimo : **avere detto**
- imperfetto indicativo :
- futuro semplice : diro', dirai, dira', diremo, direte, diranno
- condizionale semplice :
- participio passato : **detto**
- participio presente :
- gerundio : dic**endo**

	현재	근과거	불완료과거	원과거	명령형
io	dico	ho detto	dicevo	**dissi**	
tu	dici	hai detto	dicevi	dicesti	di'
lui, lei, Lei	dice	ha detto	diceva	**disse**	dica
noi	diciamo	abbiamo detto	dicevamo	dicemmo	
voi	dite	avete detto	dicevate	diceste	dite
loro	dicono	hanno detto	dicevano	**dissero**	

COMPOSIZIONE

 livelo ∗ / ∗∗

01. Piero는 커피 마실 시간이 없다고 말한다. ∗

02. 기차 승객들은 "드디어!"라고 말한다. ∗

44. dire ← dicere

03. Lucia는 커피가 맛 없다고 말한다. *

04. 딸은 어머니에게 병을 잘 닫지 않았다고 말한다. *
chiudere la bottiglia 병을 닫다

05. 비가 오는데, 너는 길에 있고 우산이 없다. 너는 뭐라고 말할래? *

06. 신문판매인은 Dino에게 Pitti 궁전으로 가야한다고 말한다. *

07. 너 이런 것 말하지 마라! * (부정명령 ← gr.1.4.2)

08. Ulisse는 언제 도착하니? 나는 그에게 뭐 좀 말해야만 한다. *
dirgli qualcosa 그에게 뭔가를 말하다

09. 내게 아무것도 말하지 마라! 나는 이미 모든 것을 알고 있다! * (부정명령)

10. 너는 Antonio에게 뭐라고 말했니? – 그에게 모두 말했어! *

11. 가끔 Piero는 기차 창문 밖을 내다보며, 다른 사람들이 이야기하는 것을 듣는다. **
guardare dal finestrino 기차 창문 밖을 내다보다

12. Fulvio와 Paolo는 Filippo에게 집에 그를 위한 깜짝쇼가 있다고 말한다. **
una sorpresa per lui 그를 위한 깜짝쇼

13. 넌 올 수 없다고 말하지 마라, 정말로 모두들 온다. ** (부정명령)

14. 몸짓은 정확했다. "그런데 피렌체에 피렌체 사람들은 어디에 있는걸까?"라고 Dino는 혼잣말 한다. **
il gesto 몸짓 ; dire tra se' 혼잣말하다

15. "에, 정말 훌륭해"라고 패션쇼에 아직도 어리둥절한 Dino가 말한다. **
stordito dalla sfilata 패션쇼에 어리둥절한

Corso Di *Italiano* Per Coreani

16. 저녁에 나갈지 안 나갈지 내게 말해라! ** (명령형+대명사 ← gr.1.4.3)

17. 네가 Giorgio를 만나면, 내가 그를 보고 싶다고 그에게 말해주겠니? **

18. 네가 Tonino를 보면, 내가 그를 빠에서 기다린다고 그에게 말해주겠니? **

19. 네가 Anna를 더 이상 사랑하지 않는다면, 그녀에게 진실을 말하지 그러니? **

20. 엄마 잘못으로 Dino가 무능하고 마마보이가 되었다고 아버지는 말한다. **
per colpa di ~의 잘못으로 ; incapace 무능한 ; mammone 마마보이

21. 내가 여기 정말로 있어야 하는 단 하나의 이유만을 내게 말해봐라! **
un solo motivo 단 하나의 동기, 이유 ; dovere restare qui 여기 있어야 한다

22. 그러나 그녀는 커피 마시러 갈 수 없다고 말했다. **

23. 그러나 그는 퇴임한 재정 경찰의 사령관이라고 말했다. **
un maresciallo della Guardia di Finanza in pensione 퇴임한 재정 경찰의 사령관

24. 결국 나는 말했다. "네가 오늘 저녁 콘서트에 오지 않으면, 나는 네 집에 저녁 먹으로 더 이상 가지 않을 것이다". **

25. 누가 너희들에게 이 방에 들어가라고 말했느냐? 즉시 나가라! **

26. 그 학교가 정말 좋다고 누군가 내게 말했다. **

27. 누가 네게 이런 말을 했는지는 모른다만, 그것은 사실이 아니다. **

28. Piero의 아버지는 그에게 군복무를 하라고 말씀하시곤 하셔서, 그는 18세 때 복무를 했다. **
fare il servizio militare 군복무하다 ; a 18 anni 18세 때

29. "움직여!"라고 누가 말했니? ** (원과거 ← gr.1.1.4)

44. dire ← dicere

44. dire ← dicere

▼ Chiavi

01. Piero **dice** che non ha tempo per il caffe'. *
02. "Finalmente!" **dicono** i passeggeri sul treno. *
03. Lucia **dice** che il caffe' non e' buono. *
04. La figlia **dice** alla madre che non ha chiuso bene la bottiglia. *
05. Piove, sei per strada e non hai l'ombrello. Cosa **dici**? *
06. Il giornalaio **dice** a Dino che deve andare a Palazzo Pitti. *
07. Non **dire** queste cose! *
08. Quando arriva Ulisse? Devo **dir**gli qualcosa. *
09. Non **dir**mi niente! So gia' tutto! *
10. Che cosa **hai detto** ad Antonio? – Gli **ho detto** tutto! *
11. Ogni tanto Piero guarda dal finestrino ed ascolta quello che **dicono** gli altri. **
12. Fulvio e Paolo **dicono** a Filippo che a casa c'e' una sorpresa per lui. **
13. Non **dire** che non puoi venire, vengono proprio tutti. **
14. Il gesto era chiaro... "ma dove sono i fiorentitni a Firenze?" **dice** tra se' Dino. **
15. "Beh, e' veramente bravo" **dice** Dino, ancora stordito dalla sfilata. **
16. **Di**mmi se esci la sera! **
17. Quando incontri Giorgio, gli **dici** che lo voglio vedere? **
18. Se vedi Tonino, gli **dici** per favore che io lo aspetto al bar? **
19. Se non ami piu' Anna, perche' non le **dici** la verita'? **
20. Il padre **dice** che per colpa della madre Piero e' incapace e mammone. **
21. **Di**mmi un solo motivo <u>per cui (per il quale)</u> dovrei restare qui! **
22. Lei pero' **ha detto** che non puo' andare a bere un caffe'. **

23. Ma lui **ha detto** che e' un maresciallo della Guardia di Finanza in pensione. ∗∗

24. Alla fine **ho detto** : "Se non vieni al concerto stasera, non verro' piu' a cena da te!" ∗∗

25. Chi vi **ha detto** di entrare in questa stanza? Uscite immediatamente! ∗∗

26. Qualcuno mi **ha detto** che quella scuola e' veramente buona. ∗∗

27. Non so <u>chi</u> ti **ha detto** questo, ma non e' vero. ∗∗

28. Il padre di Piero gli **diceva** di fare il servizio militare e l'ha fatto a 18 anni. ∗∗

29. Chi **disse** "Eppure si muove!"? ∗∗

45 | diventare
v.intr.[essere] ~가 되다 ➜ become

- presente indicativo :
- passato prossimo : **essere diventato/a/i/e**
- imperfetto indicativo :
- futuro semplice :
- condizionale semplice :
- participio passato : divent**ato**
- participio presente :
- gerundio : divent**ando**

	현재	미래	근과거
io	divento	diventero'	sono diventato/a
tu	diventi	diventerai	sei diventato/a
lui	diventa	diventera'	e' diventato/a
noi	diventiamo	diventeremo	siamo diventati/e
voi	diventate	diventerete	siete diventati/e
loro	diventano	diventeranno	sono diventati/e

COMPOSIZIONE

 **livelo** * / ** / **

01. 그는 어떻게 되었니? - 유명해졌어. / 늙어졌어. / 의사가 되었어. *
    diventare famoso 유명해지다 ; diventare vecchio 늙어지다 ; diventare medico 의사

Corso Di Italiano Per Coreani

02. 너 참 많이도 컸구나! *
diventare grande 키가 커지다

03. 나뭇잎들은 노랗게 되었다. *
le foglie 나뭇잎들 ; diventare giallo 노랗게 되다

04. Via dei Medici는 Via de' Medici로 된다. *
dei는 피렌체에서 de'로 쓰임

05. 미래에 우리는 더욱 방랑자들이 될 것이다. *
diventare nomari 방랑자들이 되다

06. Piero는 성급해져서 그만 그가 했다고 말한다. **
diventare impaziente 성급해지다

07. 그 스프를 먹어라! 스프가 식어지지 않도록 해라! ** (긍정명령 ← gr.1.4.1)
diventare freddo 식어지다

08. 그는 얼굴이 빨갛게 되었다. **
diventare rosso in faccia 얼굴이 빨갛게 되다

09. 미치게 할 만한 것이 있다. **
da diventare matti 미치게 할 만한

10. 모든 것은 가능하니, 너의 개인적인 유토피아를 만들어봐라!
"훌륭한 축구선수가 된다는 것은 얼마나 기쁜 일일까!" **
la tua utopia personale 너의 개인적인 유토피아 ; costruire 만들다, 구성하다 ;
grande calciatore 훌륭한 축구선수 ; come sarebbe bello ; 얼마나 기쁜 일일까

11. 기차역들은 점점 작아지고 그 지역의 승객들은 거의 없다. 다만, 태양에 이미 그을린 관

45. diventare

광객들 아니면 그을리러 가는 관광객들, 그리고 여름을 보내기 위해 재입국하는 외국인 이주자들뿐이다. **

sempre piu' 점점 ; passeggeri locali 지역의 승객들 ;

turisti gia bruciati dal sole 태양에 이미 그을린 관광객들 ;

andare a bruciarsi 그을리러 가다 ; immigrati 외국인 이주자들

Chiavi

01. Com'**e' diventato**? – **E' diventato** famoso / vecchio / medico. *

02. Come **sei diventato** grande! *

03. Le foglie **sono diventate** gialle. *

04. Via dei Medici **diventa** Via de' Medici. *

05. Nel futuro **diventeremo** piu' nomadi. *

06. Piero **diventa** impaziente e dice che ha fatto. **

07. Mangia la minestra, non farla **diventare** fredda. **

08. Lui **e' diventato** rosso in faccia. **

09. C'e' da **diventare** matti. **

10. Tutto e' possibile, costruisci la tua utopia personale! : "Come sarebbe bello **diventare** un grande calciatore!" **

11. Le stazioni **diventano** sempre piu' piccole e quasi non ci sono passeggeri locali ma solo turisti gia' bruciati dal sole o che vanno a bruciarsi ed immigrati che rientrano per l'estate. **

46 | domandare

v.tr. ~를 묻다 ; (정보, 자문, 도움을) 구하다 ➡ ask ; ask for
v.intr. ~에 대해 묻다 ➡ ask for

- presente indicativo :
- passato prossimo : **avere domandato**
- imperfetto indicativo :
- futuro semplice :
- condizionale semplice :
- participio passato : domand**ato**
- participio presente :
- gerundio : doman**ando**

	현재	근과거
io	domando	ho domandato
tu	domandi	hai domandato
lui	domanda	ha domandato
noi	domandiamo	abbiamo domandato
voi	domandate	avete domandato
loro	domandano	hanno domandato

Composizione

 livelo ＊/＊＊

01. Dino는 정보를 구하지 않는다. ＊

02. 모든 사람들은 뭔가를 구한다. ＊

46. domandare

03. 그는 사장님께 부탁 한다. *
domandare un favore 부탁 하다

04. 나는 그 부인께 실례를 구했다. *
domandare scusa 실례를 구하다

05. 그는 이리로 지나가도 되는지 허락을 구했다. *
il permesso di ~ 해도 되는 허락

06. 너에 대해 묻는 아가씨가 있다. *
domandare di ~에 대해 묻다

07. Filippo는 대학에서 시험을 끝냈는지를 그의 친구들에게 묻는다. **
finire gli esami all'universita' 대학에서 시험을 끝내다

08. 이런 것들을 과거시제로 만들어 본 적이 있는지 너의 동료들에게 질문해봐라! **
(긍정명령 ← gr.1.4.1)
fare in passato 과거시제로 만들다 ; ai tuoi compagni 너의 동료들에게

09. Dino는 정보를 구하기 위해 신문판매대로 접근한다. **
avvicinarsi a ~로 접근하다

🔽 Chiavi

01. Dino non **domanda** informazioni. *
02. Tutti **domandano** qualcosa. *
03. Domanda un favore al direttore. *
04. Ho domandato scusa alla signora. *
05. Ha domandato il permesso di passare qui. *

Corso Di Italiano Per Coreani

06. C'e' una ragazza che domanda di te. *

07. Filippo **domanda** ai suoi amici se hanno finito gli esami all'universita'. **

08. **Domanda** ai tuoi compagni se hanno mai fatto in passato queste cose! **

09. Dino si avvicina ad un'edicola per **domandare** informazioni. **

GLOSSARIO(어휘)

la domanda 질문 ; 소원, 부탁, 의뢰 ; 신청, 지원, 지망 ; 수요
　　← domand<u>are</u> +a(여성 명사 어미)

47 dormire

v.intr. 잠자다 ➡ sleep
v.tr. 잠을 자다 ➡ sleep

- presente indicativo :
- passato prossimo : **avere dormito**
- imperfetto indicativo : dorm**ivo**, dorm**ivi**, dorm**iva**, dorm**ivamo**, dorm**ivate**, dorm**ivano**
- participio passato : dorm**ito**
- participio presente : dorm**ente**/dormi**ente**
- gerundio : dorm**endo**

	현재	근과거
io	dormo	ho dormito
tu	dormi	hai dormito
lui, lei, Lei	dorme	ha dormito
noi	dormiamo	abbiamo dormito
voi	dormite	avete dormito
loro	dormono	hanno dormito

Composizione

 livelo ＊/＊＊

01. 조금 밖에 잠을 못자서 나는 피곤하다. ＊

02. 너희들은 어디서 잤니? ＊

03. 간밤에 나는 아주 조금 밖에 못 잤어. ＊

Corso Di *Italiano* Per Coreani

04. 자고 있는 아프리카 청년 한 사람이 있다. *

05. Annarita는 피곤하여 자러 가고 싶어 한다. *

06. (너희들) 천천히 해라! 애들이 자고 있는 중이다. * (현재진행형 ← gr.5.3)

07. 말하는 사람들은 피곤해서 잠을 조금밖에 못 잤다. *

08. 나는 12시간을 자는데도 늘 피곤해. **
anche se ~ 하는데도, 비록 ~이지만

09. 커피는 나를 잠 못 이루게 한다. **
fare dormire 잠을 이루게 하다(사역동사)

10. 나를 잠 못 이루게 하는 잡념들이다. **
pensieri 생각들, 잡념들

11. 나는 (세상모르고) 푹 잔다. **
dormire della grossa 푹 자다

12. 그는 눈을 뜬 채 잠을 잔다. **
con gli occhi aperti 눈을 뜬 채로

13. 위에서 자는 게 낫겠다. **
dormirci sopra 위(층 침대)에서 자다

14. Pavarotti는 영원한 잠을 자고 있다. **
il sonno eterno 영원한 잠

15. 그 여인은 어디로 자러 갈지를 모르고 있다. **
dove andare a dormire 어디로 자러 갈지

47. dormire

47. dormire

◉ Chiavi

01. Sono stanco perche' **dormo** poco. *

02. Dove **avete dormito**? *

03. Questa notte **ho dormito** pochissimo. *

04. C'e' un ragazzo africano che **dorme**. *

05. Annarita e' stanca e vuole andare a **dormire**.

06. Fate piano, i bambini **stanno dormendo**. *

07. Le persone che parlano sono stanche e **hanno dormito** poco. *

08. Ho sempre sonno anche se **dormo** docidi ore. **

09. Il caffe' non mi fa **dormire**. **

10. Sono pensieri che non mi fanno **dormire**. **

11. **Dormo** della grossa. **

12. **Dorme** con gli occhi aperti. **

13. E' meglio **dormir**ci sopra. **

14. Pavatotti **dorme** il sonno eterno. **

15. La donna non sa dove andare a **dormire**. **

GLOSSARIO(어휘)

la dormita 숙면 ; 휴면 ; 동면. fare una bella ~ 숙면하다
　　　← dorm<u>i</u>re+it<u>o</u>(과거분사형 어미)+a(여성명사 어미)

la dormitina 선잠
　　　← dorm<u>i</u>re+it<u>o</u>+ina(축소형 변의어미)

il dormitorio 기숙사
　　　← dorm<u>i</u>re+it<u>o</u>+orio(명사형 어미)

dormiente / dormente agg.[p.pr.] 잠자고 있는, 졸고 있는
　　　← dorm<u>i</u>re+(i)ente(현재분사형 어미, 형용사로 파생)

il dormiente 잠자는 사람, 잠꾸러기
　　　← dorm<u>i</u>re+(i)ente(현재분사형 어미, 명사로 파생)

il dormiglione 잠꾸러기, 멍청이
　　　← dorm<u>i</u>re+(igli)+one(확대형 변의어미)

il dormiveglia 졸음, 나른함, 깜빡 졸기
　　　← dorm<u>i</u>re+svegli<u>a</u>re(깨다) ; 복합어

dormicchiare v.intr. 꾸벅꾸벅 졸다, 선잠 자다
　　　← dorm<u>i</u>re+<u>o</u>cchiare(힐끗 보다) ; 복합어

48 | entrare

v.intr. ~에 들어가다, 들어오다 ; ~에 가입하다, 취업하다 ; 진입하다 ➡ go (come) in, enter ; join ; go into ; enter into

- presente indicativo :
- passato prossimo : **essere entrato/a/i/e**
- imperfetto indicativo :
- participio passato : entr**ato**
- participio presente :
- gerundio : entr**ando**

	현재	근과거
io	entro	sono entrato/a
tu	entri	sei entrato/a
lui, lei, Lei	entra	e' entrato/a
noi	entriamo	siamo entrati/e
voi	entrate	siete entrati/e
loro	entrano	sono entrati/e

Composizione

 livelo ∗ / ∗∗

01. 어서 들어오세요! ∗ (긍정명령 ← gr.1.4.1)

02. 그는 창문으로 들어왔다. ∗

03. 내 눈에 뭐가 들어갔다. ∗

04. 선물이 상자에 들어가지 않는다. *

05. 이 신발은 내게 안 들어간다. *

06. 수학은 정말로 내 머리에 안 들어온다. *
    la matematica 수학 ; entrare in testa 머리에 들어오다

07. (너희들) 들어가지 마라! 바닥이 젖었다. * (부정명령 ← gr.1.4.2)
    bagnato 젖은

08. (우리) 주제로 들어갑시다! * (긍정명령)
    argomento 주제

09. Piero는 들어가서 잠시 신문을 본다. *

10. 내부에 Boboli 정원이 있고, 그리로 관광객 단체들이 들어간다. **
    dentro 내부에 ; gruppi di turisti 관광객 단체들

11. Marco, 불을 켜지 마라! 그러지 않으면 모기들이 들어온다! **
    altrimenti 그러지 않으면 ; le zanzare 모기들

12. (너) 밥을 먹은 뒤에 곧바로 물에 들어가지 마라! ** (부정명령)
    dopo aver mangiato 밥을 먹은 후

13. 들어와서 너희들이 원하는 곳에 앉아라! ** (긍정명령)
    sedersi 앉다

14. 부탁인데, 들어가기 전에 카페트에 너희들의 신발을 닦아라! ** (긍정명령)
    pulirsi le scarpe ~의 신발을 닦다 ; sul tappeto 카페트에 ; prima di ~ 전에

15. Sergio는 진입금지 도로로 오토바이를 타고 진입한다. **
    una strada a senso vietato 진입금지 도로

48. entrare

16. 나폴리를 지나면서 열차는 해안을 벗어나기 시작하여, 변함없이 더운 남부지방으로 진입한다. **
dopo Napoli 나폴리를 지나 ; iniziare a lasciare la costa 해안을 벗어나기 시작하다 ;
nel caldo immobile del sud 변함없이 더운 남부지방으로

17. 그는 나를 클럽에 가입하도록 했다. **
fare entrare in ~에 가입하도록 하다, ~에 취업하도록 하다

18. 나는 Maria를 은행에 취업하도록 했다. **

▼ Chiavi

01. **Entri** pure! *

02. **E' entrato** dalla finestra. *

03. Mi **e' entrato** qualcosa nell'occhio. *

04. Il regalo non **entra** nella scatola. *

05. Queste scarpe non mi **entrano**. *

06. La matematica non mi **entra** proprio in testa. *

07. Non **entrate**! : il pavimento e' bagnato. *

08. **Entriamo** in argomento! *

09. Piero **entra** e guarda un attimo il giornale. *

10. Dentro ci sono i giardini di Boboli dove **entrano** gruppi di turisti. **

11. Marco, non accendere la luce, altrimenti **entrano** le zanzare! **

12. Non **entrare** in acqua subito dopo aver mangiato! **

13. Prego, **entrate** e sedetevi dove volete! **

14. Per favore, pulitevi le scarpe sul tappeto prima di **entrare**! **

Corso Di Italiano Per Coreani

15. Sergio **entra** con la moto in una strada a senso vietato. **

16. Dopo Napoli la ferrovia inizia a lasciare la costa ed **entra** nel caldo immobile del sud. **

17. Lui mi ha fatto **entrare** in un club. **

18. Io ho fatto **entrare** Maria in banca. **

GLOSSARIO(어휘)

entrante agg.[p.pr.] 들어가는, 돌아오는 ; 다음의 ; 참견하는
　　← entr<u>are</u>+ante(현재분사형 어미, 형용사로 파생)
la entrata 입구, 현관, 타는 문 ; 수입
　　← entr<u>are</u>+ato(과거분사형 어미)+a(여성명사 어미)
la entratura 입회
　　← entrat<u>o</u>+ura(명사형 어미)

49 esistere

v.intr. 존재하다 ➜ exist

- presente indicativo :
- passato prossimo : **essere esistito / a / i / e**
- imperfetto indicativo :
- participio passato : **esistito**
- participio presente : esist**ente**
- gerundio : esist**endo**

	현재	불완료과거	근과거
io	esisto	esistevo	sono esistito / a
tu	esisti	esistevi	sei esistito / a
lui	esiste	esisteva	e' esistito / a
noi	esistiamo	esistevamo	siamo esistiti / e
voi	esistete	esistevate	siete esistiti / e
loro	esistono	esistevano	sono esistiti / e

COMPOSIZIONE

◆ livelo

01. 더 이상 존재하지 않는 수공업들이 있나요? *

02. 이 속담은 너희 나라에서도, 너희 말로 존재하니? **

03. 많은 나라에서 동시에 유행하는 것들이 존재하나요? **

04. 전에는 존재하지 않았던 새로운 수공업들이 있나요? ** (불완료과거 ← gr.1.1.3)

05. 많은 사람들은 자연스럽게 이탈리아의 가장 유명한 꼭두각시 인형 Pinocchio를 알지만, 전 세계에 Pinocchio의 복제품과 수많은 이미지들이 존재하고, 또한 그 모두가 진품이 아니라는 사실을 모르고 있다. **

<u>il burattino piu' famoso d'Italia</u> 이탈리아의 가장 유명한 꼭두각시 인형 ;

<u>riproduzioni</u> 복제품들 ; <u>non tutte sono autentiche</u> 그 모두가 진품이 아니다

Chiavi

01. Ci sono mestieri che non **esistono** piu'? *

02. Questo proverbio **esiste** anche nel tuo paese, nella tua lingua? **

03. **Esistono** cose che sono di moda in molti paesi contemporaneamente? **

04. Ci sono mestieri nuovi che prima non **esistevano**? **

05. Molti naturalmente conoscono Pinocchio, il burattino piu' famoso d'Italia, ma non tutti sanno che **esistono** molte immagini e riproduzioni di Pinocchio in tutto il mondo e che non tutte sono autentiche. **

GLOSSARIO(어휘)

esistente agg.[p.pr.] 실재하는, 현존하는 ← esist<u>e</u>re+ente(현재분사형 어미, 형용사로 파생)
l'esistenza 실재, 존재 ← esist<u>e</u>re+enza(명사형 어미)
esistenziale agg. 존재에 관한 ; 실존적 ← esistenz<u>a</u>+(i)ale(형용사형 어미)
l'esistenzialmento 실존주의 ← esistenzi<u>a</u>le+mento(명사형 어미)
l'esistenzialista 실존주의자 ← esistenzial<u>e</u>+ista(명사형 어미, ~하는 사람)

50 | finire

v.tr. ~를 끝내다, 완성하다 ; ~를 마치다 ; ~를 종료시키다
➡ finish, complete ; end ; stop
v.intr.[essere] ~가 끝나다, 종료되다 ; ~가 그치다 ; ~가 소진되다 ➡ finish, end ; stop, cease ; finished

- presente indicativo :
- passato prossimo : **avere finito**
- imperfetto indicativo :
- futuro semplice :
- condizionale semplice :
- participio passato : fin**ito**
- participio presente :
- gerundio : fin**endo**

	직설법 현재	미래	근과거
io	fin-isc-o	finiro'	ho finito
tu	fin-isc-i	finirai	hai finito
lui, lei, Lei	fin-isc-e	finira'	ha finito
noi	fin-iamo	finiremo	abbiamo finito
voi	fin-ite	finirete	avete finito
loro	fin-isc-ono	finiranno	hanno finito

COMPOSIZIONE

🔻 **livelo** ＊/＊＊/＊＊

01. 몇 시에 수업이 끝나니? ＊

Corso Di *Italiano* Per. Coreani

02. 그 과정은 2주 후에 끝난다.

03. 내가 이 일을 끝내면, 네게 전화한다. *

04. 그는 내년에 대학을 마칠 예정이다. *

05. Rossella는 대학을 마쳤다. *

06. 올리브유가 떨어졌어요. *
finito 소진된, 떨어진

07. 다 끝났어! (It's all over.) *
finita (해결 방법 없이) 끝난 cf. 항상 여성 어미를 갖는다.

08. 우리 사이에 모든 게 끝났어! *
fra / tra noi 우리 사이에

09. 비가 그쳤다. *
finire di piovere 비가 그치다

10. 다행스럽게 모든 게 잘 끝났어. *

11. 그만 둬! *
finirla 그만 두다(stop it!) cf. 목적어는 항상 la를 사용한다

12. 너 헛소리 그만둘 때가 되었다. **
finirla con queste storie 헛소리 그만 두다

13. 나는 마약을 끊었다. **
farla finita con ~ 를 끊다

14. 끝에 어떻게 되었니? **

50. finire

<u>andare a finire</u> 끝에 어떻게 되다

15. 나는 Maria와 관계를 끊기로 했다. **
<u>farla finita con</u> ~와 관계를 끊다

16. 보통 우리는 한 시에 일을 마친다. 그런데 어제 우리는 두 시에 마쳤다. **

17. "나는 5월에 과정을 마치고 나서 6개월 동안 떠나, 미국에 간다".
"정말? 너는 좋겠다!" **
<u>Beata te</u>(여자)! 너는 좋겠다! cf. Beato te (남자)!, Beati / e voi!

18. 잠시 후 그들은 가족, 특히 자식들에 대해 말하기 위해 대화를 끝낸다. **

19. Filippo는 그의 친구들에게 대학에서 시험들을 끝냈는지 질문한다. **

20. 원하는 사람은 나가도 좋다. 수업이 종료되었다. **

21. Susanna는 과정을 마쳤지만, 가끔 우리를 보러 들르겠다고 말했다. **
<u>passare a trovare</u> ~를 보러 들르다

22. 그는 소스, 후식, 로스구이를 준비하기 시작한다. 그리고 요리를 마칠 때, 자기 접시, 크리스털 글라스와 꽃으로 식탁을 준비하기 시작한다. **
<u>sughi, dolci, arrosti</u> 소스, 후식, 로스구이 ; <u>finire di +inf.</u> ~를 마치다, 끝내다 ;
<u>porcellana</u> 자기 ; <u>cristallo</u> 크리스탈

Chiavi

01. A che ora **finisce** la lezione? *

02. Il corso **finisce** fra due settimane. *

03. Quando **finisco** questo lavoro ti telefono. *

04. L'anno prossimo **finira'** l'universita'. *

*Corso Di **Italiano** Per Coreani*

05. Rossella **ha finito** l'universita'. *
06. L'olio e' **finito**. *
07. E' **finita**! *
08. Tra noi e' tutto **finito**! *
09. E' **finito** di piovere. *
10. Per fortuna che tutto e' **finito** bene. *
11. **Finisci**la! *
12. E' ora di **finir**la con queste storie! **
13. L'ho fatta **finita** con la droga. **
14. Come e' andata a **finire**? **
15. Ho deciso di farla **finita** con Maria. **
16. Di solito finiamo di lavorare all'una. Ieri, invece, **abbiamo finito** alle due. **
17. "Io a maggio **finisco** il corso e poi parto per sei mesi, vado in America". "Davvero? Beata te!" **
18. Dopo un po' **finiscono** la conversazione per parlare della famiglia, in particolare dei figli. **
19. Filippo domanda ai suoi amici se **hanno finito** gli esami all'universita'. **
20. Chi vuole, puo' uscire, la lezione **e' finita**. **
21. Susanna **ha finito** il corso ma ha detto che qualche volta passera' a trovarci. **
22. Comincia a preparare sughi, dolci, arrosti, e quando **finisce** di cucinare inizia a preparare la tavola con piatti di porcellana, bicchieri di cristallo e fiori. **

50. finire

GLOSSARIO(어휘)

finito agg.[p.ps.] 끝난
  ← fin<u>ire</u>+ito(과거분사형, 형용사로 파생)
la fine 끝, 종말, 말미 ; 결과, 결말
  ← fin<u>ire</u>+e(여성명사 어미)
il fine 목적, 의도
  ← fin<u>ire</u>+e(남성명사 어미)
il finimento 완성, 완료, 성취
  ← fin<u>ire</u>+(i)mento(명사형 어미)
la finitura 끝손질, 마무리
  ← fin<u>e</u>+(i)tura(명사형 어미)
il finissaggio 끝손질
  ← fin<u>e</u>+(is)saggio(분석) ; 복합어
il finimondo 지구의 종말
  ← fin<u>e</u>+mondo(지구) ; 복합어
il finis 수업종료 종

51 guardare

v.tr. ~를 보다, 바라보다 ; ~를 흘낏 보다, 쳐다보다 ; ~를 체크하다 ; ~를 보호하다 ➡ look at, watch ; glance at, gaze at ; check ; guard
v.intr. 애쓰다 ; 마음 쓰다, 돌보다 ➡ try to ; mind, careful about ; face

- presente indicativo :
- passato prossimo : **avere guardato**
- imperfetto indicativo :
- futuro semplice :
- condizionale semplice :
- participio passato : guard**ato**
- participio presente :
- gerundio : guard**ando**

	현재	근과거	불완료과거
io	guardo	ho guardato	guardavo
tu	guardi	hai guardato	guardavi
lui, lei, Lei	guarda	ha guardato	guardava
noi	guardiamo	abbiamo guardato	guardavamo
voi	guardate	avete guardato	guardavate
loro	guardano	hanno guardato	guardavano

51. guardare

COMPOSIZIONE

 **livelo** * / ** / ***

01. 나는 심심할 때, TV를 본다. *
   annoiato 심심한, 지루한

02. Piero는 들어가서 잠깐 신문을 본다. *

03. 그는 walkman을 켜고 밖을 내다본다. *

04. 왜 너는 그렇게 저 아가씨를 쳐다보는 거니? *

05. 너 자주 TV를 보니? - 아니, 정말로 조금 밖에 안 봐. *

06. 딸은 모든 좌석을 살펴보고, 큰 소리로 좌석 번호를 읽는다. *
   ad alta voce 큰 소리로

07. Piero는 자주 열차 창밖을 내다보며, 다른 사람들이 이야기하는 것을 듣는다. *

08. 나는 컴퓨터에서 열차 시간을 살펴보고 싶다. *

09. 어제 저녁 내가 TV를 보고 있는 동안에, Franco는 독서하고 있었다. *
   (불완료과거 ← gr.1.1.3)

10. Dino는 지각하지 않으려고 애쓴다. **
   guardare di non+inf. ~않으려고 애쓰다

11. 내 아내는 비용에 걱정 없이 물건을 산다. **
   senza guardare a ~에 걱정 없이

12. 나는 사전에서 단어 하나를 체크 한다. **

13. 그는 나를 머리에서 발끝까지 훑어본다. **

Corso Di *Italiano* Per Coreani

dall'alto in basso 머리에서 발끝까지

14. 티켓을 살펴보고, 어디에 필요한 것인지 밝혀내라! ** (긍정명령 ← gr.1.4.1)
scoprire 밝혀내다 ; a che cosa servire 어디에 필요하다

15. 그는 아름다운 여자의 다리를 훑어보는 타입이다. **
le gambe 다리

16. 지나가는 사람을 서서 바라보는 전경이 한 사람 있다. **
un carabiniere 전경 ; in piede 서서

17. 그 청년은 74번 좌석을 찾아, 기차표를 확인하고, 바로 그녀의 옆 좌석에 앉아 그녀를 흘 깃 쳐다본다. **
sedersi 앉다 ; guardare con la coda dell'occhio 흘깃 보다, 곁눈질하다

18. 그는 몇 장의 사진이 들어 있는 봉투를 열고나서, 재미있게 그것들을 본다. **
divertito 재미있는

19. "에… 보세요, 저도 관광객입니다. 어찌되었건 여기 오른쪽인 것 같아요… 계속 직진하 세요. 그런데 확실하게 하기 위해 앞으로 더 가시다가 또 물어 보세요" **
sempre dritto 계속 직진하세요 ; per sicurezza 확실하게 하기 위해 ; piu' avanti 더 앞으로

20. 이탈리아에서는 많은 사람들이 8시 뉴스를 보고, 아침 라디오 뉴스를 듣는다. **
il telegiornale delle otto 8시 뉴스

21. 그는 어떤 신문을 선택할지 몰라서, 잠시 몇 몇 신문들의 타이틀을 좀 살펴본다. **

22. 신문을 읽고, 리스트에 단어들을 첨가시켜라! **
aggiungere 첨가시키다

23. 10분 동안 내 아들을 좀 봐 주겠니? ** (단순조건법 ← gr.1.2.1)

51. guardare

51. guardare

24. 의사 선생님, 보세요! 저를 아프게 하는 이빨이 하나 있어요. ✱✱

25. Piero는 결혼사진 보는 것을 좋아한다. ✱✱

26. 흐린 하늘을 봐라! 폭풍우가 오는 중이다. ✱✱ (현재진행형 ← gr.5.3)
un temporale 폭풍우

27. Piero는 간혹 약간의 질투심으로 그들을 바라본다. 이유를 누가 알겠는가? 아마도 아직 그들이 젊어서 그런가 보다. ✱✱
con un po' d'invidia 약간의 질투심으로 ; chissa 누가 알겠는가

28. 흔히 나는 8시 뉴스를 본다. 그런데 파티가 있었던 어제 나는 TV를 보지 않았다. ✱✱

29. 그는 너를 잡아먹을 듯이 쳐다보고 있었다. ✱✱
guardare con desiderio 잡아먹을 듯이 쳐다보다

30. 그러나 신문 제목을 읽으면서, 이미지들 혹은 사진들을 보면서, 그리고 신문 한 면에 담긴 모든 정보들을 관찰하면서, 무엇에 대해 말하는지 이해가 가능하다. ✱✱
i titoli 제목들 ; le immagini 이미지들, 영상들 ; contenere 포함하다, 담고 있다

◆ Chiavi

01. Quando sono annoiato, **guardo** la TV. ✱

02. Piero entra e **guarda** un attimo il giornale. ✱

03. Accende il walkman e **guarda** fuori. ✱

04. Perche' **guardi** cosi' quella ragazza? ✱

05. **Guardi** spesso la TV? - No, la **guardo** veramente poco. ✱

06. La figlia **guarda** tutti i posti e legge ad alta voce i numeri. ✱

07. Ogni tanto Piero **guarda** dal finestrino ed ascolta quello che dicono gli altri. ✱

Corso Di *Italiano* Per Coreani

08. Voglio **guardare** l'orario dei treni sul computer. *

09. Ieri sera, mentre **guardavo** la TV, Franco leggeva. *

10. Dino **guarda di** non arrivare in ritardo. **

11. Mia moglie compra qualcosa senza **guardare a** spese. **

12. **Guardo** una parola sul dizionario. **

13. Mi **guarda** dall'alto in basso. **

14. **Guarda** i biglietti e scopri a che cosa servono! **

15. E' un tipo che **guarda** le gambe di una bella ragazza. **

16. C'e' un carabiniere in piedi che **guarda** chi passa. **

17. Quel ragazzo cerca il numero 74, controlla il biglietto e si siede proprio vicino a lei, la **guarda** con la coda dell'occhio. **

18. Poi apre una busta con delle foto e le **guarda** divertito. **

19. "Eh... **guardi**, sono turista anch'io, comunque mi sembra qui a destra... poi sempre dritto, ma per sicurezza chieda ancora piu' avanti". **

20. Molti in Italia **guardano** il telegiornale delle otto e ascoltano il notiziario del mattino. **

21. Non sa bene che giornale scegliere e **guarda** un po' i titoli di alcuni giornali. **

22. **Guardate** il giornale e aggiungete parole alla lista! **

23. Ti dispiacerebbe **guardare** mio figlio per 10 minuti? **

24. Dottore, **guardi**! : ho questo dente che mi fa male. **

25. Piero ama **guardare** foto di matrimonio. **

26. **Guarda** che cielo scuro! Sta arrivando un temporale. **

27. Piero li **guarda** a volte con un po' d'invidia. Chissa' perche'? Forse perche' sono ancora giovani. **

51. guardare

51. guardare

28. Di solito guardo il telegiornale delle 8.00. Ma ieri che era festa non **ho guardato** la TV. **

29. Ti **guardava** con desiderio. (=ti mangiava con gli occhi) **

30. Pero' e' possibile capire di che si parla leggendo i titoli e **guardando** le immagini o le foto e osservando tutte le informazioni che contiene una pagina di giornale. **

GLOSSARIO(어휘)

la guardia 보호, 관리, 감독, 경계, 호위, 방위 ; 수비대 ; 위병, 보초, 수위, 간수 ; 세무담당관
　　　　← guardare+(i)a(여성명사형 어미)
la guardina 위병소 ← guardare+ina(변의형 어미)
la guardiola 수위실, 경비실 ← guardare+(i)ola(명사형 어미, ~하는 사람)
il guardo 시선, 응시, 눈의 표정 ← guardare+o(명사형 어미)
la guardata 한 번 봄 ← guardare+ato(과거분사형)+a(명사형 어미)
la guardatura 보는 것, 주목, 응시, 시선 ← guardare+(a)tura(명사형 어미)
il guardaboschi 삼림감시원 ← guarda+boschi(삼림) ; 복합어(대부분 남성명사)
il guardacaccia 사냥터 감시원
il guardacorpo 구명대, 구명밧줄
il guardacoste 해안경비대, 해안경비원
il guardafili 전화수리인
il guardalinee 선심
il guradamano 작업용 장갑
il guardapesca 어업 감시관
il guardapetto 가슴에 대는 갑옷
il guardaporto 순시선
il guardaportone 수위
il guardaroba 휴대품 보관소
il guardasala 대합실 경비원
il guardiamarina 해군소위
il guardavia 보호벽

52 | incontrare

v.tr. ~를 만나다 ➡ meet ; play against ; fight

- presente indicativo :
- passato prossimo : **avere incontrato**
- imperfetto indicativo :
- participio passato : incont**rato**
- gerundio : incont**rando**

	현재	근과거	미래
io	incontro	ho incontrato	incontrero'
tu	incontri	hai incontrato	incontrerai
lui, lei, Lei	incontra	ha incontrato	incontrera'
noi	incontriamo	abbiamo incontrato	incontreremo
voi	incontrate	avete incontrato	incontrerete
loro	incontrano	hanno incontrato	incontreranno

COMPOSIZIONE

livelo * / **

01. Dino가 만나는 두 번째 사람은 외국인 관광객이다. *

02. Piero는 늘 그렇듯이 정원에서 Caterina를 만난다. *
    come sempre 늘 그렇듯이

03. Francesco를 만나면, 인사해라! *

52. incontrare

04. 나는 어제 저녁에 Carla를 만났다. *

05. 너는 너의 첫 사랑을 어디서 만났니? *

06. Annarita는 기차에서 만난 청년들과 빠에 가지 않는다. *

07. 오늘 아침, 나는 집을 나서는 동안, 아무도 만나지 못했다. *

08. 나는 내 친구들에게 전화 했다. 왜냐하면 내일 그들을 보고 싶어서. *

09. Fabio가 또 다시 Giulia를 만날지 누가 알겠어? **
chissa se ~일지 누가 알겠어

10. 나는 Angelo를 만나서 그를 파티에 초대했다. **
(직접대명사와 과거분사 성수일치 ← gr.7.1.2)

11. 나는 Carla를 만나서 그녀를 파티에 초대했다. **

12. 나는 Carlo와 Alberto를 만나서 그들을 파티에 초대했다. **

13. 나는 Stefania와 Stella를 만나서 그들을 파티에 초대했다. **

14. 나는 어제 저녁 Roberto를 만나지 못해 유감이다. **

15. 나는 집에 돌아가는 길에, 남자 친구와 영화관에 가는 Fabio를 만났다. **

Chiavi

01. La seconda persona che Dino **incontra** e' un turista straniero. *

02. Nel cortile Piero **incontra** come sempre la signora Caterina. *

03. Se **incontri** Francesco, perche' non lo saluti? *

04. **Ho incontrato** Carla ieri sera. *

05. Dove **hai incontrato** il tuo primo amore? *

Corso Di *Italiano* Per Coreani

06. Annarita non va al bar con i ragazzi che **ha incontrato** in treno. *
07. Stamattina, mentre uscivo di casa non **ho incontrato** nessuno. *
08. Ho telefonato ai miei amici perche' voglio **incontrar**li domani. **
09. Chissa' se Fabio **incontrera'** ancora Giulia? **
10. **Ho incontrato** Angelo e l'ho invitato alla festa. **
11. **Ho incontrato** Carla e l'ho invitata alla festa. **
12. **Ho incontrato** Carlo e Alberto e li ho invitati alla festa. **
13. **Ho incontrato** Stefania e Stella e le ho invitate alla festa. **
14. Mi dispiace che non **ho incontrato** Roberto ieri sera. **
15. Mentre tornavo a casa, **ho incontrato** Fabio che andava al cinema con un suo amico. **

l'incontro 만남 ; 회담 ; 시합
　　← incontrare+o(명사형 어미)
incontro avv. ~를 향하여. andare incontro alla morte 죽어가다

53 | iniziare

v.tr. ~를 시작하다, ~가 시작되다, 개시하다 ; 발의하다 ; 입문하다 ➡ begin, start ; initiate into ; introduce to

- presente indicativo :
- passato prossimo : **avere iniziato**
- imperfetto indicativo :
- participio passato : inizi**ato**
- gerundio : inizi**ando**

	현재	근과거	미래
io	inizio	ho iniziato	iniziero'
tu	inizi	hai iniziato	inizierai
lui, lei, Lei	inizia	ha iniziato	iniziera'
noi	iniziamo	abbiamo iniziato	inizieremo
voi	iniziate	avete iniziato	inizierete
loro	iniziano	hanno iniziato	inizieranno

COMPOSIZIONE

livelo

01. 다음 주에 나는 일을 시작한다. *

    iniziare a+inf. ~를 시작하다

02. Piero는 객차를 따라 그의 (표 검사) 순회를 시작한다 *

    il suo giro 그의 (표 검사를 위한) 순회 ; lungo i vagoni del treno 객차를 따라

Corso Di Italiano Per Coreani

03. 육상 경기들은 다음 주에 시작된다. *
Le gare 경기들 ; atletica leggera 육상 경기

04. 다른 사람이 시간 있다면, 그는 다양한 주제들에 대해 대화를 시작할 수 있다. *
disponibile (available) 시간 있는, 자유로운 ; su vari argomenti 다양한 주제에 대해

05. 비가 오기 시작한다. 그런데 너는 항상 우산을 지니고 있다. 너는 뭐라고 말할래? *

06. 홀은 (사람들로) 가득하다. 패션쇼는 10분 후에 시작되며, 그 아가씨는 매우 흥분되어 있다. *
essere pieno (di) ~로 가득하다 ; la sfilata 패션쇼 ; essere eccitato 흥분되다

07. Richard Strauss의 음악과 함께 패션쇼가 시작된다. *

08. 패션쇼는 10분 뒤에 시작된다. *
fra /tra 10 minuti 10분 후, 뒤

09. 다음 주에 요가 과정이 시작될 예정이다. * (단순미래 ← gr.1.1.5)

10. 내년에 나는 외국어 공부를 시작할 예정이다. * (단순미래)

11. 패션쇼는 10분전에 시작된 상태이다.(시작된지 10분 되었다.) *
da 10 minuti (행위가 현재에 연관될 경우) ;
10 minuti fa 행위가 과거에 완료된 문장에서 사용됨

12. "미안합니다만, 아가씨, 몇 시죠?"라는 문장으로 나는 정말 대화를 시작하고 싶다.
(단순조건법 – 욕구, 욕망 ← gr.1.2.1)
una frase 문장 ; un discorso 담론, 대화

13. 그 아가씨는 문자 메시지를 보내기 위해 휴대폰을 조작하기 시작한다. **
mandare messaggi (문자)메시지를 보내다 ; giocarci (휴대폰에서) 조작하다

53. iniziare

53. iniziare

14. 잠시 후 'Pitti Uomo 패션쇼'가 시작되는 홀에 지금 Dino가 있는데, 혼자는 아니다. **
trovarsi in ~에 있다, 위치하다

15. 그 청년은 돌아 와서, 6인 객실에 남아 있는 아주머니와 말하기 시작한다. **
essere rimasto 남아 있다

16. 나폴리를 지나 열차는 해안을 벗어나기 시작하여, 변함없이 더운 남부지방으로 진입한다. **
dopo Napoli 나폴리를 지나 ; iniziare a lasciare la costa 해안을 벗어나기 시작하다 ;
nel caldo immobile del sud 변함없이 더운 남부지방으로

17. 몇 분 뒤에 그는 음악을 듣기 시작했고, Nino Rota의 노래소리에 잠이 들었다. 그리고는 꿈을 꾸기 시작했다. ** (재귀동사의 근과거 ← gr.2.2)
sulle note di ~ ~의 노래소리에 ; addormentarsi 잠들다 ; sognare 꿈을 꾸다

18. 처음으로 그는 그녀가 이런 종류의 음악을 듣는 유형의 사람이 아니라고 이야기하기 시작했고, 외출하지 않을 목적에 미안하다는 말을 계속해서 30분 동안 꾸며댔다. **
dapprima 처음으로 ; iniziare a+inf. ~하기 시작하다 ;
questo genere di musica 이런 종류의 음악 ;
inventare scuse 미안하다는 말을 꾸며대다 ; continuare a+inf. 계속해서 ~하다

19. 그는 소스, 후식, 로스구이를 준비하기 시작한다. 그리고 요리를 마칠 때, 자기 접시, 크리스털 글라스와 꽃으로 식탁을 준비하기 시작한다. **
sughi, dolci, arrosti 소스, 후식, 로스구이 ; finire di+inf. ~를 마치다, 끝내다 ;
porcellana 자기 ; cristallo 크리스털

Chiavi

01. La prossima settimana **inizio** a lavorare. *

02. Piero **inizia** il suo giro lungo i vagoni del treno. *

03. Le gare di atletica leggera **iniziano** la prossima settimana. *

04. Se l'altra persona e' disponibile puo' **iniziare** una conversazione su vari argomenti. **

05. **Inizia** a piovere, ma tu hai sempre con te l'ombrello. Cosa dici? *

06. La sala e' piena, la sfilata **inizia** tra dieci minuti e la ragazza e' molto eccitata. *

07. **Inizia** la sfilata con musiche di Richard Strauss. *

08. La sfilata **inizia** fra/tra dieci minuti. *

09. La prossima settimana **iniziera'** il corso di Yoga. *

10. L'anno prossimo **iniziero'** a studiare una lingua straniera. *

11. La sfilata **e' iniziata** da dieci minuti. *

12. Vorrei tanto **iniziare** un discorso con una frase come "Scusi, signorina, sa l'ora? *

13. La ragazza **inizia** a giocarci per mandare messaggi. **

14. Ora Dino si trova nella sala dove tra poco **inizia** la sfilata Pitti Uomo, ma non e' solo. **

15. Il ragazzo torna ed **inizia** a parlare con la donna che e' rimasta nello scompartimento. **

16. Dopo Napoli la ferrovia **inizia** a lasciare la costa ed entra nel caldo immobile del sud. **

17. Dopo pochi minuti **ha iniziato** ad ascoltare musica e sulle note di Nino Rota si e' addormentata ed ha cominciato a sognare. **

18. Dapprima **ha iniziato** a dire che lei non e' il tipo per questo genere di mudica poi

53. iniziare

ha continuato per mezz'ora a inventare scuse per non uscire. ⁂

19. Comincia a preparare sughi, dolci, arrosti, e quando finisce di cucinare **inizia** a preparare la tavola con piatti di porcellana, bicchieri di cristallo e fiori. ⁂

GLOSSARIO(어휘)

iniziato agg.[p.ps.] 시작된
  ← inizi<u>are</u>+ato(과거분사형 어미, 형용사로 파생)
l'iniziato 가입자, 신입자 ; 입문자
  ← inizi<u>are</u>+ato(과거분사형 어미, 명사로 파생)
l'iniziale 머리 문자
  ← inizi<u>are</u>+(a)le(형용사형 어미, 명사로 파생)
iniziale agg. 시초의, 최초의, 처음의, 초기의. stipendio ~ 첫 월급
  ← inizi<u>are</u>+(a)le(형용사형 어미)
inizialmente avv. 최초로, 처음으로
  ← inizial<u>e</u>+mente(부사형 어미)
l'iniziativa 창의, 진취적 정신 ; 결단력, 주도, 선도, 이니셔티브, 발의 ; 기회사업
  ← inizi<u>are</u>+(a)tiva(형용사형 어미, 명사로 파생)
iniziativo agg. 초기의, 창시적인
  ← inizi<u>are</u>+(a)tivo(형용사형 어미)
l'iniziatore (s.f. -trice) 창시자, 발기인 ; 선도자
  ← inizi<u>are</u>+(a)tore(남성 명사형 어미, ~하는 사람)
l'iniziazione 입회, 전수, 입문 ; 입회식
  ← inizi<u>are</u>+(a)zione(여성 명사형 어미)
l'inizio 개시, 최초
  ← inizi<u>are</u>+o(남성 명사형 어미)

54 | invitare

v.tr. ~를 초대하다 ; ~를 권유하다 ; ~요청하다 ➜ invite

- presente indicativo :
- passato prossimo : **avere invitato**
- imperfetto indicativo :
- participio passato : invit**ato**
- participio presente : invit**ante**
- gerundio : invit**ando**

	현재	근과거	미래
io	invito	ho invitato	invitero'
tu	inviti	hai invitato	inviterai
lui, lei, Lei	invita	ha invitato	inivitera'
noi	invitiamo	abbiamo invitato	iniviteremo
voi	invitate	avete invitato	iniviterete
loro	invitano	hanno invitato	iniviteranno

COMPOSIZIONE

 livelo * / **

01. Barbara, 우리는 나의 부모님들을 초대해야 된다. 네가 그 분들께 전화할래? *

02. 만약 네가 우리들을 너의 파티에 초대한다면, 우리는 아주 기쁠 거야. *

03. 한 스웨덴 남자 친구가 스톡홀롬과 북해를 방문해 보라고 그를 권유한다. *
    <u>invitare a visitare</u> ~를 방문해 보라고 권유하다

54. invitare

04. Caterina는 이미 누구를 초대할지 결정했다. **
<u>chi invitare</u> 누구를 초대할지

05. Marcella는 오늘 저녁 오페라 극장에 우리들을 초대했지만, 나는 보모를 구할지 모르겠다. ** (직접대명사와 과거분사 성수일치 ← gr.7.1.2)

06. 의사이며 수단에서 일하는 한 여자 친구는 그녀를 보러 오라고 그를 초대한다. **
<u>invitare ad andare a trovare</u> ~를 보러 오라고 초대하다

07. Napoli에는 바다가 있고, Vesuvio 화산이 있으며, 한 달 동안 그들과 함께 일하자고 권유한 Sergio와 Lucia가 있다. **
<u>invitare a lavore con loro</u> 그들과 함께 일하자고 권유하다

▼ Chiavi

01. Barbara, dobbiamo **invitare** i miei genitori. Gli telefoni tu? *

02. Se ci **inviti** alla tua festa saremo molto felici. *

03. Un amico svedese lo **invita** a visitare Stoccolma e il mare del Nord. *

04. Caterina ha gia' deciso chi **invitare**. **

05. Marcella **ci ha invitati** a teatro stasera, ma non so se trovo la baby sitter. **

06. Un'amica che fa il medico e lavora in Sudan lo **invita** ad andare a trovarla. **

07. A Napoli c'e' il mare... c'e' il Vesuvio e ci sono Sergio e Lucia che **hanno invitato** a lavorare con loro per un mese. **

GLOSSARIO(어휘)

invitato agg.[p.ps.] 초대받은, 부름 받은
　　← invitare+ato(과거분사형 어미, 형용사로 파생)

invitante agg.[p.pr.] 초대하는 ; 권유하는
　　← invitare+ante(현재분사형 어미, 형용사로 파생)

invitatorio agg. 초대의 , 권유의
　　← invitare+ato+(o)rio(형용사형 어미)

l'invitatorio 초대글, 초대사
　　← invitare+ato+(o)rio(형용사형 어미, 명사로 파생)

l'invito 초대, 소집 ; 초대장 ; 요청, 의뢰
　　← invitare+o(남성 명사형 어미)

55 | lasciare

v.tr. ~를 내버려두다, ~를 버리다, ~를 포기하다 ~를 남기고 떠나다 ; 누구를 ~하도록 내버려 두다 ➜ leave, give up ; let sb do sth ; deposit ; give, let have ; forget ; keep ; let sb be

- presente indicativo :
- passato prossimo : **avere lasciato**
- imperfetto indicativo :
- participio passato : lasci**ato**
- participio presente :
- gerundio : lasci**ando**

	현재	근과거	미래
io	lascio	ho lasciato	lascero'
tu	lasci	hai lasciato	lascerai
lui, lei, Lei	lascia	ha lasciato	lascera'
noi	lasciamo	abbiamo lasciato	lasceremo
voi	lasciate	avete lasciato	lascerete
loro	lasciano	hanno lasciato	lasceranno

COMPOSIZIONE

 livelo ٭ / ٭٭ / ٭٭٭

01. Piero는 대학을 떠나고자(자퇴하고자) 한다. ٭

02. 나는 빠에 기차표를 두고 왔다. ٭

03. 내 여자가 나를 버렸다. 나는 의기소침해 있다. ٭

sentirsi giu' 의기소침하다

04. 다른 모든 사람들은 테이블 위에 개인 소지품을 남긴다(맡긴다). *
un oggetto personale 개인 소지품

05. "그래, 그런데, 너도 알다시피, 친구들을 남겨두고 떠나는 것이 좀 미안하다. 친구야, 이해하지?" "근데, 괜찮아, 기껏해야 고작 6개월인데 뭐." **
dopotutto 기껏해야 ; solo 고작, 달랑, 단지

06. 그녀는 매우 참을 수 없어 한다 : "에… 아무 것도 하지 마라, 날 그냥 있게 내버려 둬라! 아이고… 넌 잠이나 자라!" ** (긍정명령 ← gr.1.4.1)
essere insofferente 참을 수 없어 하다 ; lasciarmi stare 그냥 있게 날 내버려 두다

07. 아이고, 너 지금 입 다물고 있어, 부탁이야. 말하게 날 내버려 둬라! ** (긍정명령)
stare zitto 입 다물다 ; lasciarmi parlare 말하게 날 내버려 두다

08. 그들은 하루 종일 아무 것도 하지 않는다. 단지 돈을 요구할 뿐이야! – Mario를 그냥 내버려 둬, 화내지 마라, 그들은 애들이잖니, 너도 젊었을 때는 그랬어. **
basta che ~일 뿐이다 ; arrabbiarsi 화내다 ; da giovane 젊었을 때

09. 나폴리를 지나, 열차는 해안을 벗어나기 시작하여, 변함없이 더운 남부지방으로 진입한다. **
dopo Napoli 나폴리를 지나 ; iniziare a lasciare la costa 해안을 벗어나기 시작하다 ; nel caldo immobile del sud 변함없이 더운 남부지방으로

10. 그의 아버지가 볼 때, 그녀가 Piero를 버리는 것은 잘 한 일이다. **
secondo ~가 볼 때 ; fare bene a+inf. ~하는 것은 잘 하는 일이다

11. 나는 이것을 맞춰 보라고 그녀에게 남긴다. **
indovinare 맞춰 보다, 내기 하다

55. lasciare

12. 나는 두 번째 줄에 차를 두었는데, 범칙금을 내게 물게 할지 누가 알겠어? **
fare la multa 범칙금을 물게 하다

13. 괜찮아, 걱정하지 마라, 이 시간에 교통경찰은 지나가지 않는다. **
(부정명령 ← gr.1.4.2)
preoccuparsi 걱정하다 ; i vigili 교통경찰

14. 어느 날 그는 그의 명함을 그녀에게 남기고, 뒷면에 그녀에게 다음과 같이 썼다.
"너는 내 영화에 맞는 이상적인 여자다… 로마에서 너를 기다릴게!" **
il biglietto da visita 명함 ; dietro 뒤에, 뒷면에 ; la ragazza ideale 이상적인 여자

15. 너의 형은 집 여기저기에 그의 물건들을 남겨 두었다. **
in giro per la casa 집을 (돌아다니며) 여기저기에

16. 그는 다른 여자가 생겨서 그녀를 버렸다. 그러나 아직도 그녀와 약간은 사랑에 빠져있다. 그는 그녀를 떠올리며 운다. **
avere un'altra donna 다른 여자가 생기다 ; essere innamorato di ~와 사랑에 빠지다 ; piangere 울다

17. Piero의 약혼녀는 그를 버렸다. 왜냐하면, 살아가면서 무엇을 하고 싶어 하는지 알지 못하고, 대학 졸업을 위해 아무 것도 하지 않기 때문이다. **
la fidanzata 약혼녀 ; cosa vuole dalla vita 살아가면서 무엇을 하고 싶은지 ; non fare niente per laurearsi 대학 졸업을 위해 아무 것도 하지 않다

Chiavi

01. Piero vuole **lasciare** l'universita'. *

02. **Ho lasciato** il biglietto sul bancone del bar. *

03. La mia donna mi **ha lasciato**. Mi sento giu'. *

*Corso Di **Italiano** Per Coreani*

04. Tutti gli altri lasciano su un tavolo un oggetto personale. **

05. "Si', ma sai, un po' mi dispiace **lasciare** gli amici, il ragazzo, capisci?"
    "Ma dai, sono solo sei mesi dopotutto". **

06. E lei e' molto insofferente : "eh... niente, niente, **lascia**mi stare uffa... dormi". **

07. Uffa, adesso sta' zitto per favore, e **lascia**mi parlare! **

08. Non fanno niente tutto il giorno, basta che chiedono soldi! – **Lascia** stare Mario, non ti arrabbiare, sono ragazzi, anche tu eri cosi' da giovane. **

09. Dopo Napoli la ferrovia inizia a **lasciare** la costa ed entra nel caldo immobile del sud. **

10. Secondo suo padre, la ragazza ha fatto bene a **lasciare** Piero. **

11. Ah, questo lo **lascio** indovinare a lei. **

12. **Ho lasciato** la macchina in seconda fila, chissa' se mi fanno la multa?

13. Ma dai, non ti preoccupare, i vigili non passano a quest'ora. **

14. Un giorno lui le **ha lasciato** il suo biglietto da visita e dietro le ha scritto :
    "Sei la ragazza ideale per il mio film... ti aspetto a Roma!". **

15. Tuo fratello **ha lasciato** tutte le sue cose in giro per la casa. **

16. Lui **ha lasciato** lei perche' ha un'altra donna. Pero' e' ancora un po' innamorato di lei. La ricorda e piange. **

17. La fidanzata di Piero lo **ha lasciato** perche' dice che lui non sa cosa vuole dalla vita, perche' non fa niente per laurearsi. **

GLOSSARIO(어휘)

il lasciapassare 통행허가증 ← lascia+passare(지나가다) ; 복합어
il lascito 유산, 유물. fare un ~ a un ospizio 양로원에 유산을 기부하다
    ← lasciare+ito(과거분사 어미, 명사로 파생)

56 | lavare

v.tr. ~을 닦다, ~을 청소하다
➡ wash ; cleanse, purify

- presente indicativo :
- passato prossimo : **avere lavato**
- imperfetto indicativo :
- participio passato : lav**ato**
- participio presente :
- gerundio : lav**ando**

	현재	근과거	불완료과거
io	lavo	ho lavato	lavavo
tu	lavi	hai lavato	lavavi
lui, lei, Lei	lava	ha lavato	lavava
noi	laviamo	abbiamo lavato	lavavamo
voi	lavate	avete lavato	lavavate
loro	lavano	hanno lavato	lavavano

COMPOSIZIONE

 livelo * / **

01. Giovanni는 계단을 청소한다. *
    le scale 계단

02. Giuseppe는 절대로 설거지 하지 않는다. *
    lavare i piatti 설거지하다(접시를 닦다)

*Corso Di **Italiano** Per Coreani*

03. 가끔 나는 설거지 한다. *

04. 네게 실례가 되지 않는다면, 오늘 저녁 나는 저녁식사를 준비할테니, 너는 설거지 해라. **

05. 샐러드를 누가 씻었니? - 내가 그것을 씻었는데. **
<u>l'insalata</u> 샐러드

06. 어제 저녁 Carlo가 샐러드를 씻고 있는 동안, 나는 과일 화채를 준비하고 있었다. **
<u>una macedonia di frutta</u> 과일 화채

◆ Chiavi

01. Giovanni **lava** le scale. *

02. Giuseppe non **lava** mai i piatti. *

03. Qualche volta **lavo** i piatti. *

04. Se non ti dispiace stasera io preparo la cena e tu **lavi** i piatti. **

05. Chi **ha lavato** l'insalata? - **L'ho lavata** io. **

06. Ieri sera mentre Carlo **lavava** l'insalata io preparavo una macedonia di frutta. **

56. lavare

GLOSSARIO(어휘)

la lavata 씻음 ← lav<u>are</u>+ato(과거분사 어미)+a(여성명사 어미)
lavabile agg. 세탁 가능한 ← lav<u>are</u>+(a)bile(형용사 어미)
il lavabo 세면대, 빨래대, 세탁대 ← lav<u>are</u>+(a)bo
il lavaggio 세탁, 씻기.~ auto 자동차 세척. ~ a secco 드라이크리닝, ~del cervello 세뇌
　　　← lav<u>are</u>+(ag)gio(명사형 어미)
la lavanda 세탁 ; 세척 ; 예수가 제자들의 발을 씻어 준 일. fare una ~ a 위세척하다
　　　← lav<u>are</u>+ando(동명사 어미)+a(여성명사 어미)
il lavativo 관장 ← lav<u>are</u>+(a)tivo(형용사 어미, 명사로 파생)
il lavatoio 공중목욕탕 ← lav<u>are</u>+ato(과거분사 어미)+io(남성명사 어미)
la lavatrice 세탁기 ← lav<u>are</u>+trice(여성명사 어미, ~하는 것)
la lavatura 세척 ; 더러운 물. Questa minestra e' ~ di piatti. 이 스프는 설거지 물 같다.
　　　← lav<u>are</u>+(a)tura(명사형 어미)
il lavandaio [s.f. -a] 세탁하는 사람
　　　← lav<u>are</u>+ando(동명사 어미)+(a)io(남성명사 어미, ~하는 사람)
la lavanderia 세탁소 ← lav<u>are</u>+ando(동명사 어미)+eria(명사형 어미, ~하는 장소)
la lavabiancheria 세탁기 ← lav<u>are</u>+biancheria(내의) ; 복합어
il lavamano 세면대, 세수대 ← lav<u>are</u>+mano(손) ; 복합어
il /la lavapiatti 접시 닦기 ← lav<u>are</u>+piatti(접시들) ; 복합어
il lavabicchieri 유리세척기 ← lav<u>are</u>+bicchieri(글라스들) ; 복합어
il lavabottiglie 병세척기 ← lav<u>are</u>+bottiglie(병들) ; 복합어
il lavasecco 드라이크리닝 세탁소 ← lav<u>are</u>+secco(건조) ; 복합어
la lavasecco 드라이크리인 기계 ← lav<u>are</u>+secco(건조) ; 복합어
la lavastoviglie 접시세척기 ← lav<u>are</u>+stoviglie(접시들) ; 복합어
il lavello 싱크대 ← lav<u>are</u>+ello(축소형 어미)
il lavandino 설거지 통, 싱크대 ; 세면대 ← lav<u>are</u>+ando(동명사 어미)+ino (축소형 어미)

57 | lavorare

v.intr. [avere] 일하다, 작업하다 ; 기능을 발휘하다 ➡ work ; operate, do good business
v.tr. 일하다 ; 세공하다 ➡ work ; carve

- presente indicativo :
- passato prossimo : **avere lavorato**
- imperfetto indicativo :
- participio passato : lavor**ato**
- participio presente : lavor**ante**
- gerundio : lavor**ando**

	현재	근과거	불완료과거
io	lavoro	ho lavorato	lavoravo
tu	lavori	hai lavorato	lavoravi
lui, lei, Lei	lavora	ha lavorato	lavorava
noi	lavoriamo	abbiamo lavorato	lavoravamo
voi	lavorate	avete lavorato	lavoravate
loro	lavorano	hanno lavorato	lavoravano

COMPOSIZIONE

 livelo * / **

01. Domenico는 하루 종일 콘도미니움에서 일 한다. *

02. 과로해서 나는 피곤하다. *
   lavorare troppo 과로하다

57. lavorare

03. Piero의 친구들은 밀라노에서 일한다. *

04. Piero는 공장에서 일한다. *

05. 남자 직원은 회사에서 일한다. *

06. 나는 컴퓨터를 갖고 있고, 일을 위해 그것을 많이 사용한다. *
usare 사용하다

07. Dino는 목공예 기능인이다. *
il legno 나무 ; un artigiano 기능인

08. 그 남자의 아들은 영화관에서 / 광고회사에서 / 정보회사에서 일한다. *
nella pubblicita' 광고회사에서 ; nell'informatica 정보회사에서

09. 그녀의 딸은 우체국에서 / 내각에서 / 패션 분야에서 일한다. *
alle poste 우체국에서 ; in un ministero 내각에서 ; nel campo della moda 패션분야에서

10. (너희들) 짝지어 작업해 봐라! ** (긍정명령 ← gr.1.4.1)
in coppia 짝지어

11. (너희들) 지금 선생님과 작업해 보고, 너희들의 가설을 증명해 봐라! ** (긍정명령)
verificare le ipotesi 가설들을 증명하다

12. 의사이며 수단에서 일하는 한 여자 친구가 자신을 보러 오라고 그를 초대한다. **
invitare ad andare a trovare 보러 오라고 초대하다

13. Piero는 은행에서 일하기 위해 입사경쟁을 했다. **
fare un concorso per lavorare in ~ 입사경쟁을 하다

14. 그 여인은 수 년 전부터 주요 국가 일간지를 위해 안정적으로 일하고 있다. **
un importante quotidiano nazionale 주요 국가 일간지 ; stabilmente 안정적으로

15. 보통 나는 17시까지 일한다. 그런데 파티가 있었던 어제는 일하지 않았다. **

16. 그는 자원봉사자로서 일했다. **
come volontario 자원봉사자로서

17. 우리는 이탈리아 경제 발전을 위해 일했다. (= 우리는 전후 이탈리아를 재건했다.) **
lo sviluppo economico italiano 이탈리아 경제 발전 ; ricostruire 재건하다 ;
l'Italia del dopoguerra 전후 이탈리아

18. Romeo는 Riccione에서 휴가를 보냈고, 그녀가 일하던 해변가 아이스크림 가게에서 그녀를 알게 되었다. ** (근과거/불완료과거 ← gr.1.1.2/1.1.3)
nella gelateria sul lungomare 해변가 아이스크림 가게에서

19. 내가 런던에 살 때 전철로 직장에 가곤 했다. 'City' 가까운 곳에서 일하고 있었기에 'Bank' 정류자에서 내리곤 했다. ** (불완료과거)

Chiavi

01. Domenico **lavora** tutto il giorno nel condominio. *
02. Sono stanca perche' **lavoro** troppo. *
03. Gli amici di Piero **lavorano** a Milano. *
04. Piero **lavora** in una fabbrica. *
05. L'impiegato **lavora** in ufficio. *
06. Ho il computer e lo uso molto per **lavorare**. *
07. Dino e' un artigiano che **lavora** il legno. *
08. Il figlio di lui **lavora** nel cinema / nella pubblicita' / nell'informatica. *
09. La figlia di lei **lavora** alle poste / in un ministero / nel campo della moda. *
10. Lavorate in coppia! **

57. lavorare

11. Ora **lavorate** con l'insegnante e verificate le vostre ipotesi! ∗∗

12. Un'amica che fa il medico e **lavora** in Sudan lo invita ad andare a trovarla. ∗∗

13. Piero ha fatto un concorso per **lavorare** in una banca. ∗∗

14. La donna **lavora** stabilmente da molti anni per un importante quotidiano nazionale. ∗∗

15. Di solito lavoro fino alle 17.00. Ma ieri che era festa non **ho lavorato**. ∗∗

16. **Ha lavorato** come volontario. ∗∗

17. **Abbiamo lavorato** per lo sviluppo economico italiano. (=Abbiamo ricostruito l'Italia del dopoguerra.) ∗∗

18. Romeo e' stato in vacanza a Riccione e l'ha conosciuta nella gelateria sul lungomare dove lei **lavorava**. ∗∗

19. Quando vivevo a Londra andavo al lavoro in metro. **Lavoravo** vicino alla City e scendevo alla fermata di "Bank". ∗∗

Corso Di *Italiano* Per Coreani

GLOSSARIO(어휘)

lavorato agg.[p.ps.] 일한, 작업된, 제조된, 생산된 ; 만들어진 ; 경작된.
    articoli lavorati a mano 수제품들
    ← lavor<u>are</u>+ato(과거분사 어미, 형용사로 파생)

la lavorata (1회분의) 노동, 작업
    ← lavor<u>are</u>+ato(과거분사 어미)+a(여성명사형 어미)

lavorabile agg. 일 할 수 있는, 가공할 수 있는
    ← lavor<u>are</u>+(a)bile(형용사 어미)

lavorativo agg. 작업 기간의. le ore ~ 노동 시간
    ← lavor<u>are</u>+(a)tivo(형용사 어미)

il/la lavorante 일하는 사람, 노동자, 직인, 직공. ~ finito 숙련공
    ← lavor<u>are</u>+ante(현재분사 어미, 명사로 파생)

il lavoratore [s.f. –trice] 노동자.
    le classe dei lavoratori 노동자 계급, ~ discontinuo 임시 노동자
    ← lavor<u>are</u>+(a)tore(남성명사 어미, ~하는 사람)

la lavorazione 일, 작업, 제조, 경작, 가공, 세공
    ← lavor<u>are</u>+(a)zione(여성명사 어미)

il lavoro 일, 노동 ; 작업 ; 직업 ; 작품.
    senza ~ 실업, ~ in legno 목공일, diritto del ~ 노동법, lavori domestici 가사일, domanda di ~ 구직, offerta di ~ 구인
    ← lavor<u>are</u>+o(남성명사 어미)

58 | leggere
v.tr. ~를 읽다 ➔ read

- presente indicativo :
- passato prossimo : **avere letto**
- imperfetto indicativo :
- participio passato : **letto**
- participio presente :
- gerundio : legg**endo**

	현재	근과거	불완료과거
io	leggo	ho letto	leggevo
tu	leggi	hai letto	leggevi
lui, lei, Lei	legge	ha letto	leggeva
noi	leggiamo	abbiamo letto	leggevamo
voi	leggete	avete letto	leggevate
loro	leggono	hanno letto	leggevano

COMPOSIZIONE

livelo */**

01. 나는 자주 신문을 읽는다. *

02. Marco, 너는 뭘 읽고 있는 중이니? - 시집. *
    <u>un libro di poesie</u> 시집

03. 너는 그 책을 샀으면, 그걸 읽어야지. *

04. 'il Corriera della Sera' 신문을 읽는 여자가 있다. *

05. 수업 중에 우리는 말하고, 듣고, 읽는다. *
in classe 수업 중, 반에서

06. 너는 무엇을 재미있게 읽니? - 추리소설. *
di bello 재미있게, 재미있는 ; un libro giallo 추리소설

07. 나는 매일 아침 신문을 사지만, 항상 매일 저녁에 그것을 읽는다. *

08. Dino는 최근 소식들을 읽기 위해 신문을 사고자 한다. *
le ultime notizie 최근 소식들

09. 보통 나는 신문 읽을 시간이 없다. 그러나 휴일이었던 어제 나는 신문을 읽었다. *
festa 휴일

10. 그 부인은 이미 잡지를 읽었다. *

11. 어제 저녁 내가 TV를 보고 있는 동안에, Franco는 독서하고 있었다. *

12. 아마도 어려워서 이탈리아어로 된 신문을 너는 아직 읽지 못했을 거다. *
probabilmente 아마도

13. (너) 광고를 읽어라! 그리고 요리와 식료품에 관련되는 단어들을 모두 찾아라! **
pubblicita' 광고 ; la cucina 요리 ; i prodotti alimentari 식료품들 ; riguardare 관련되다

14. (너) 텍스트를 여러 번 읽어라! 그리고 올바른 대답을 체크해라! **
piu' volte 여러 번 ; le risposte corrette 올바른 대답 ; segnare 표시하다, 체크하다

15. 사람들은 언어를 배우기 위해서 읽어야 하고, 듣기도 해야 하며, 말하고 써야한다. **

16. 그러나 한 여자가 더 급히 읽거나, 혹은 페이지를 매우 빨리 넘기기 때문에, 아마도 전부 읽지는 못할거다. **

58. leggere

piu' in fretta 더 급히 ; molto piu' rapidamente 매우 빨리 ;
girare le pagine 페이지를 넘기다 ; forse 아마도 ~일지 모른다

17. 너는 1년에 몇 권의 책을 읽니? – 몇 권 안 돼. **

18. 그러나 제목들을 읽으면서, 이미지들이나 사진들을 보면서, 그리고 신문의 지면이 담고 있는 모든 정보들을 관찰하면서, 무엇에 대해 언급되는지를 이해하는 것은 가능하다. **
i titoli 제목들 ; le immagini 이미지들 ; una pagina di giornale 신문의 지면 ;
contenere 담다, 포함하다, 실리다 ; osservare 관찰하다 ; si parlare 언급되다 ;
capire 이해하다 ; possibile 가능한

19. 네가 이제 막 읽은 텍스트에 무엇이 일치하는가? **
appena 이제 막 ; corrispondere ~에 일치하다, 상응하다

20. 보통 나는 잠들기 전에 책을 좀 읽는다. 그러나 휴일이었던 어제는 책 한 권을 읽었다. **
prima di addormentarsi 잠들기 전에 ; festa 휴일

21. 넌 이 책들을 읽었니? – 응, 작년에 그것들을 읽었어. **

22. 네가 읽은 텍스트에 제시된 이미지들 가운데, 네 마음에 더욱 든 것은 어떤 것이니? **
le immagini presentate 제시된 이미지들 ; fra ~가운데, 중에 ; piacere 마음에 들다 ;
quale 어떤 것

◆ Chiavi

01. **Leggo** spesso il giornale. *
02. Marco, cosa **stai leggendo**? – Un libro di poesie. *
03. Se hai preso quel libro, perche' non lo **leggi**? *
04. C'e' una donna che **legge** il Corriere della Sera. *

Corso Di *Italiano* Per Coreani

05. In classe parliamo, ascoltiamo e **leggiamo**. *

06. Cosa **leggi** di bello? – Un libro giallo. *

07. Compro il giornale ogni mattina ma lo **leggo** sempre la sera. *

08. Dino vuole comprare il giornale per **leggere** le ultime notizie. *

09. Di solito non ho tempo di leggere il giornale. Ma ieri che era festa **ho letto** il giornale. *

10. La signora **ha** gia' **letto** la rivista. *

11. Ieri sera, mentre guardavo la TV, Franco **leggeva**. *

12. Probabilmente non **hai** ancora **letto** un giornale in italiano perche' e' difficile. *

13. **Leggi** la pubblicita' e cerca tutte le parole che riguardano la cucina e i prodotti alimentari! **

14. **Leggi** piu' volte il testo e segna le risposte corrette! **

15. Per imparare una lingua si deve **leggere**, si deve anche ascoltare, parlare e scrivere. **

16. Una pero' **legge** piu' in fretta, o forse non **legge** tutto perche' gira le pagine molto piu' rapidamente. **

17. Quanti libri **leggi** in un anno? Ne **leggo** pochi. **

18. Pero' e' possibile capire di che si parla **leggendo** i titoli e guardando le immagini o le foto e osservando tutte le informazioni che contiene una pagina di giornale. **

19. Quale corrisponde al testo che **hai** appena **letto**? **

20. Di solito leggo un po' prima di addormentarmi. Ma ieri che era festa **ho letto** un libro intero. **

21. **Hai letto** questi libri? – Si', **li ho letti** l'anno scorso. **

22. Tra le immagini presentate nel testo che hai letto, qual e' quella che ti e' piaciuta di piu'? **

58. leggere

GLOSSARIO(어휘)

la legge 법률, 법
　　← leg**ge**re+e(명사형 어미)
la leggenda 전설, 전해지는 이야기 ; 범례
　　← leg**ge**re+endo(동명사 어미)+a(여성명사 어미)
leggendario 전설적인, 가공적인, 비현실적인
　　← leg**ge**re+endo+(a)rio(형용사 어미)

59 | mancare

v.intr. ~가 부족하다 ; ~가 없다 ; (용기가) 죽다, (전기가) 나가다 ; 실수하다 ➡ be lacking ; not to be there ; be absent ; die
v.tr. ~를 잃어버리다, 놓치다 ; 실수하다 ➡ miss ; make a mistake

- presente indicativo :
- passato prossimo : **essere mancato/a/i/e**, **avere mancato**
- imperfetto indicativo :
- participio passato : manc**ato**
- participio presente : manc**ante**
- gerundio : manc**ando**

	현재	근과거	미래
io	manco	sono mancato/a	manchero'
tu	manchi	sei mancato/a	mancherai
lui, lei, Lei	manca	e' mancato/a	manchera'
noi	manchiamo	siamo mancati/e	mancheremo
voi	mancate	siete mancati/e	mancherete
loro	mancano	sono mancati/e	mancheranno

COMPOSIZIONE

 livelo * / **

01. 집에 우유가 없다. *

02. Valentina에게 더욱 부족한 것은 뭔가요? *

59. mancare

di piu' 더욱

03. 사랑하는 친구야, (우리에게) 네가 무척 그립구나! *

04. 네가 그리울 거야! *

05. 테이블에 올리브유 병이 없다. *
l'oliera 올리브유 병

06. 기차가 도착하려면 얼마나 남았죠? *

07. 아직 만원이 모자란다. *

08. 너만 없었다. * (불완료과거 ← gr.1.1.3)

09. 난 네가 그립다! *

10. 잊지 않을게. * (단순미래 ← gr.1.1.5)

11. 증거가 불충분했다. * (불완료과거)
le prove 증거들

12. 그에게 용기가 부족했다. * (근과거 ← gr.1.1.2)
il coraggio 용기

13. 불이 나갔다. *

14. 내가 잘못되었다면(실수했다면) 미안하다. * (근과거)

15. 항상 시간이 부족하다. *

16. 그 경우에 나는 실수를 범했다. (근과거)
occassione 경우

17. 기차가 출발하려면 5분이 남아 그들은 뛰어야만 한다. *

18. 여기에 담배 피우는 사람이 두 명 있다. 공기가 부족해! *

19. 여기 관사들이 빠져있는 10개의 행이 있다. 네가 그 관사들을 끼워 넣을 수 있겠니? **
    gli articoli 관사들 ; dieci righe 10개의 행 ; inserire 끼워 넣다 ; riuscire a+inf. ~할 수 있다

20. 만약에 네게 부족한 것이 있으면 내게 알려 주라! **
    fare sapere 알게 하다 (사역동사)

21. 그의 부모님은 그에게 아무 것도 부족하지 않게 하신다. **
    fare mancare 부족하게 하다 (사역동사)

22. 그는 알거지가 되었다. ** (근과거)
    venire a mancare i soldi 알거지가 되다

23. 그는 부모님을 잃었다. (부모님이 돌아가셨다.) ** (근과거)
    venire a mancare i genitori 부모님을 잃다

24. 네 안부를 그에게 꼭 전해 줄게. ** (단순미래)
    salutare da parte tua 네 안부를 전하다

25. 우리에게 단지 이것만 없었다. (그것이 우리가 필요로 하는 전부이다.) **
    (불완료과거)

26. 이 개에게 부족한 것은 말 뿐이다. (이 개는 거의 사람이다.) **

27. 손잡이를 놓쳐 넘어졌다. ** (근과거)
    la presa 손잡이 ; cadere 넘어지다

59. mancare

A Chiavi

01. A casa **manca** il latte. *
02. Qual e' la cosa che **manca** di piu' a Valentina? *
03. Caro amico, ci **manchi** molto! *
04. Mi **mancherai** tu! *
05. Sul tavolo **manca** l'oliera. *
06. Quanto **manca** all'arrivo del treno? *
07. **Mancano** ancora 10.000 won. *
08. **Mancavi** solo tu. *
09. Mi **manchi** tu! *
10. Non **manchero'**. *
11. **Mancavano** prove. *
12. Gli **e' mancato** il coraggio. *
13. **Manca** la luce. *
14. Mi dispiace se **ho mancato**. *
15. **Manca** sempre il tempo. *
16. In quella occassione **ho mancato**. *
17. **Mancano** cinque minuti alla partenza, devono correre. *
18. Qui ci sono due che fumano, **manca** l'aria! *
19. Ecco le prime dieci righe in cui **mancano** gli articoli. Riesci ad inserirli tu? **
20. Fammi sapere se ti **manca** qualcosa! **
21. I suoi non gli **fanno mancar** niente. **
22. Gli sono venuti a **mancare** i soldi. **

23. Gli sono venuti a **mancare** i genitori. **

24. Non **manchero'** di salutarlo da parte tua. **

25. Ci **mancava** solo questa! **

26. A questo cane **manca** solo la parola. **

27. **Ha mancato** la presa ed e' caduto. **

GLOSSARIO(어휘)

mancante agg.[p.pr.] 모자라는, 불완전한, 결함 있는. E' ~ di tutto. 모든 것이 모자란다.
　　← manc<u>are</u>+ante(현재분사형 어미, 형용사로 파생)
la mancanza 부족, 부재 ; 결함, 결핍 ; 태만 ; 과실, 실패.
　　durante la tua ~ 네가 없는 동안, in ~ di...이 없어서, 부족해서
　　← manc<u>are</u>+anza(명사형 어미)
mancato agg.[p.ps.] 성공적이지 못한, (약속을) 잊은, (기회를) 놓친.
　　~ pagamento 지불 불이행
　　← manc<u>are</u>+ato(과거분사형 어미, 형용사로 파생)
il mancatore [s.f. –trice] 불이행자, 위반자. ~ di promessa 약속을 지키지 못한 사람
　　← manc<u>are</u>+(a)tore(남성 명사형 어미, ~하는 사람)
manchevole agg. 불완전한, 불충분한 ; 그릇된 ; 결점 있는
　　← manc<u>are</u>+evole(형용사형 어미)
la manchevolezza 부족, 불충분, 불완전 ; 결점, 결함, 단점
　　← manchev<u>ole</u>+ezza(명사형 어미)

60 | mandare

v.tr. ~를 보내다, 발송하다
➜ send

- presente indicativo :
- passato prossimo : **avere mandato**
- imperfetto indicativo :
- participio passato : mand**ato**
- participio presente :
- gerundio : mand**ando**

	현재	근과거	미래
io	mando	ho mandato	mandero'
tu	mandi	hai mandato	manderai
lui, lei, Lei	manda	ha mandato	mandera'
noi	mandiamo	abbiamo mandato	manderemo
voi	mandate	avete mandato	manderete
loro	mandano	hanno mandato	manderanno

Composizione

 livelo * / **

01. 나는 친구들에게 자주 이메일을 보낸다. *

02. 내게 간단한 메시지/엽서를 보내라! *
    <u>un messaggino</u> 간단한, 짧은 메시지

03. 나는 너희들이 요구한 정보를 담은 팩스를 너희들에게 보내겠다. *

 동사를 알면 이탈리아어가 보인다

Corso Di *Italiano* Per Coreani

04. 나는 그녀에게 이 편지조차도 보내지 않을 것이다. *
non ~ neanche ~조차 ~하지 않다

05. 나는 네게 짧은 메시지를 보냈다. *

06. 그는 키보드를 눌러서 메시지들을 보낸다. **
schiacciare sui tasti 키보드를 누르다, 두드리다 ; messaggi 메시지들

07. 그 소녀는 메시지들을 보내기 위해 휴대폰을 조작하기 시작한다. **
giocarci (휴대폰을) 조작하다 ; iniziare a+inf. ~하기 시작하다

▼ Chiavi

01. **Mando** spesso e-mail ai miei amici. *

02. **Manda**mi un messaggino! / una cartolina! *

03. Vi **mando** subito un fax con le informazioni che avete chiesto. *

04. Non le **manderò** neanche questa lettera. *

05. Ti **ho mandato** un messaggino. *

06. Schiaccia sui tasti e **manda** messaggi. **

07. La ragazza inizia a giocarci per **mandare** messaggi. **

GLOSSARIO(어휘)

la mandata 파견, 발송 ; 일당 ; (열쇠의) 1회전 ← mand<u>are</u>+ato(과거분사 어미)+a(여성명사형 어미)

il mandato 위임, 위탁 ; 위임통치 ; 영장.
~ di cattura 구속영장, ~ di pagamento 지불명령, ~ commerciale 대리점
← mand<u>are</u>+ato(과거분사 어미, 명사로 파생)

il mandatario 위임자, 대리인 ; 위임 통치국 ← mand<u>ato</u>+ario(명사형 어미)

61 | mangiare

v.tr. ~를 먹다 ➜ eat ; take

- presente indicativo :
- passato prossimo : **avere mangiato**
- imperfetto indicativo :
- participio passato : mangi**ato**
- participio presente :
- gerundio : mangi**ando**

	현재	미래	불완료과거	단순조건법
io	mangio	mangero'	mangiavo	mangerei
tu	mangi	mangerai	mangiavi	mangeresti
lui, lei, Lei	mangia	mangera'	mangiava	mangerebbe
noi	mangiamo	mangeremo	mangiavamo	mangeremmo
voi	mangiate	mangerete	mangiavate	mangereste
loro	mangiano	mangeranno	mangiavano	mangerebbero

COMPOSIZIONE

 livelo ＊ / ＊＊

01. 너 샌드위치 먹을래? — 아니, 고마워, 배고프지 않아. ＊

02. 배고프지 않아서 나는 먹지 않을래. ＊

03. 그는 항상 단 것들을 먹어서 뚱뚱하다. ＊

Corso Di *Italiano* Per Coreani

04. 너희들 오늘 저녁 어디서 밥 먹을래, 집에서 아니면 밖에서? *

05. 이탈리아에서 사람들은 잘 먹는다. * (비인칭 SI ← gr.3)

06. 만약 그가 승리하려고 한다면, 과식해서는 안 된다. *
vincere 승리하다, 이기다 ; mangiare troppo 과식하다

07. 너 아이스크림 먹니? 그럼, 특히 여름에 그걸 먹어. *

08. 누가 마지막 살코기를 먹을 거니? — 내가 그걸 먹겠어. 아주 맛있다. *
ultime polpette 마지막 살코기

09. 젓가락으로 먹는 것은 어렵다. *
con le bacchette 젓가락으로

10. 나는 다이어트 중이야. 한 달 전부터 단 것들을 먹지 않는다. *
essere a dieta 다이어트 중이다

11. 어서, 좀 더 먹어라! * (긍정명령 ← gr.1.4.1)
dai 어서 ; ancora un po' 좀 더

12. (너) 과식하지 마라! * (부정명령 ← gr.1.4.2)

13. 이 고기는 맛이 없구나! 우리는 그것을 먹고 싶지 않아. *

14. 아무도 아이스크림을 먹지 않는다. / 누군가는 / 모든 사람들은 아이스크림을 먹는다. *
nessuno 아무도 ~하지 않다 ; qualcuno 누군가 ; tutti 모든 사람들

15. 점심식사 때, 너희들은 무엇을 먹고 싶으니? *

16. 나는 단것들을 먹지 않을 거야. *

17. 너희들은 무엇을 먹었니? *

61. mangiare

61. mangiare

18. 너희들 le tagliatelle al tartufo (파스타) 먹어 본 적 있니? 응, 우리는 그걸 먹어 봤어. *

19. 점심시간인데, 너는 아무 것도 먹지 못했구나. *

20. 나는 아무 것도 먹지 못해 배가 고프구나! *

21. 정말로 아이스크림 먹고 싶다. * (단순조건법 – 욕구, 욕망 ← gr.1.2.1)

22. Piero는 레몬 맛 아이스크림을 정말 먹고 싶어 한다. * (단순조건법 – 욕구, 욕망)

23. 사람들은 살이 찌지 않기 위해서 소식하는 것만으로는 충분하지 않다. 운동을 좀 해야만 한다. **
ingrassare 살이 찌다 ; non basta mangiare poco 소식하는 것만으로는 충분하지 않다 ;
fare ginnastica 운동하다

24. 그러나 모든 사람들은 피자를 먹고, 광장을 산책하며, 작은 아이스크림에도 비싼 값을 치른다. **
pagare salato anche un piccolo gelato 작은 아이스크림에도 비싼 값을 치루다

25. 어제 저녁 파티에서 그는 너를 갈망하는 눈빛으로 쳐다보고 있었다. **
(불완료과거 ← gr.1.1.3)
guardare con gli occhi 갈망하는 눈빛으로 쳐다보다

26. 나는 '먹거리'를 위해 일주일 뒤에 밀라노 집으로 돌아가기를 학수고대 한다. **
il mangiare 먹거리, 먹는 것, 식사 ; non vedere l'ora di +inf. ~를 학수고대하다

◆ Chiavi

01. Mangi un panino? – No, grazie, non ho fame. *

02. Non **mangio** perche' non ho fame. *

03. Mangia sempre dolci : e' grasso. *

Corso Di Italiano Per Coreani

04. Dove **mangiate** stasera, a casa o fuori? *

05. In Italia si **mangia** bene (=tutti mangiano bene). *

06. Se vuole vincere non deve **mangiare** troppo. *

07. **Mangi** il gelato? – Si', lo **mangio** soprattutto d'estate. *

08. Chi **mangia** queste ultime polpette? – Le **mangio** io, sono molto buone. *

09. E' difficile **mangiare** con le bacchette. *

10. Sono a dieta. Non **mangio** dolci da un mese. *

11. Dai, **mangia** ancora un po'! *

12. Non **mangiare** troppo! *

13. Questa carne non e' buona! Non vogliamo **mangiar**la. *

14. Nessuno **mangia** un gelato / Qualcuno **mangia** un gelato / Tutti **mangiano** un gelato. *

15. Che volete **mangiare** a pranzo? *

16. Non **mangero'** dolci. *

17. Cosa **avete mangiato**? *

18. **Avete** mai **mangiato** le tagliatelle al tartufo? – Si', **le abbiamo mangiate**. *

19. Non **hai mangiato** niente, e' ora di pranzo. *

20. Ho fame, non **ho mangiato** niente! *

21. **Mangerei** volentieri un gelato. *

22. Piero **mangerebbe** un gelato al limone. *

23. Per non ingrassare non basta **mangiare** poco, si deve fare un po' di ginnastica. **

24. Ma tutti **mangiano** la pizza, passeggiano nella piazza e pagano salato anche un piccolo gelato ... **

61. mangiare

25. Ieri sera alla festa **ti mangiava con gli occhi**. (=ti guardava con desiderio) **

26. Dopo una settimana a Milano non vedo lora di tornare a casa per "**il mangiare**" **

GLOSSARIO(어휘)

mangiabile agg. 식용의, 먹을 수 있는
    ← mang<u>are</u>+(a)bile(형용사형 어미)
mangereccio agg. 식용에 적합한. fungo ~ 식용 버섯
la mangeria 공금횡령, 부당이익
    ← mang<u>iare</u>+eria(명사형 어미)
il mangiamento 먹을 수 있는 것 ; 고문, 고뇌, 육체적 고통
    ← mang<u>iare</u>+(a)mento(명사형 어미)
il mangiare 먹음, 먹을 수 있는 것, 식사 ; 요리, 음식
la mangiata 푸짐한 식사, 풍성한 요리
    ← mang<u>iare</u>+ato(과거분사 어미)+a(여성명사형 어미)
la mangiatoia 여물통, 구유
    ← mang<u>iare</u>+ato(과거분사 어미)+ia(여성 명사형 어미)
il mangiatore [s.f. -trice] 대식가
    ← mang<u>iare</u>+(a)tore(남성 명사형 어미)
il mangione 대식가
    ← mang<u>iare</u>+one(확대형 변의어미)
la mangiatura 벌레 물린 상처
    ← mang<u>iare</u>+(a)tura(명사형 어미)
il mangime 사료, 먹이
mangiucchiare 조금씩 입에 넣다, 물어뜯다, 갉아먹다
il mangiatutto 대식가
    ← mang<u>iare</u>+tutto(모든 것) ; 복합어
il/la mangiapane 게으름뱅이, 태만한 자 ; 빌붙는 사람
    ← mang<u>iare</u>+pane(빵) ; 복합어
il/la mangiapolenta 게으름뱅이, 태만한 자 ; 빌붙는 사람
    ← mang<u>iare</u>+polenta(보리, 옥수수 가루 따위로 쑨 폴렌더) ; 복합어
il/la mangiapreti 교권반대자
    ← mang<u>iare</u>+preti(가톨릭 수사들) ; 복합어

62 | mettere

v.tr. ~를 놓다, 두다 ; ~를 입다 ; ~에 넣다, 올려놓다 ; (책을) 꽂다 ➡ put ; wear, put on ; put in, lay on ; set

- presente indicativo :
- passato prossimo : **avere messo**
- imperfetto indicativo :
- participio passato : **messo**
- participio presente :
- gerundio : mett**endo**

	현재	미래	불완료과거	근과거
io	metto	mettero'	mettevo	ho messo
tu	metti	metterai	mettevi	hai messo
lui, lei, Lei	mette	mettera'	metteva	ha messo
noi	mettiamo	metteremo	mettevamo	abbiamo messo
voi	mettete	metterete	mettevate	avete messo
loro	mettono	metteranno	mettevano	hanno messo

COMPOSIZIONE

 livelo ∗ / ∗∗

01. 그는 휴대폰을 (옆으로) 밀쳐놓는다. ∗
   mettere via 밀쳐놓다

02. Marta는 멋진 옷들을 몇 벌 갖고 있지만, 절대로 그것들을 입지 않는다. ∗
   non ~ mai 결코 ~하지 않다

62. mettere

03. 테이블 위에 올려놓을 스탠드 하나 주세요. *
<u>una lampada</u> 스탠드, 전등

04. 내가 이 옷을 네 여행 가방에 넣어도 될까? *

05. 너는 신발을 샀는데, 왜 한 번도 안 신는 거니? *

06. 나는 이 옷을 샀지만 절대로 안 입는다. *

07. 너는 그것을 여기에 놓아야 한다. *

08. 너는 어디에 그 책들을 꽂았니? – 첫 번째 칸에. 너는? – 두 번째 칸. * (근과거)
<u>sul primo ripiano</u> (서재) 첫 번째 칸에

09. 그는 그녀에게 준 잡지 속에 기차표를 끼워 넣었다고 말한다. * (근과거 ← gr.1.1.2)
<u>nella rivista</u> 잡지 속에

10. 나는 그녀에게 전화하지 않을 것이고, 그녀의 편지에 답장하지 않을 것이며, 더 이상 노래도 듣지 않을 것이고, 더 이상 이 티셔츠를 입지 않을 것이며, 더 이상 카페에가지 않을 것이며, 그리고 더 이상 78번 버스도 타지 않을 것이다. ** (단순미래 ← gr.1.1.5)
<u>chiamare</u> 전화하다 ; <u>rispondere</u> 답장하다 ; <u>ascoltare le canzoni</u> 노래 듣다 ;
<u>questa maglietta</u> 이 티셔츠 ; <u>prendere l'autobus</u> 버스 타다

▼ Chiavi

01. **Mette** via il telefonino. *

02. Marta ha dei vestiti bellissimi pero' non li **mette** mai. *

03. Vorrei una lampada per **mettere** su un tavolo. *

04. Posso **mettere** questo vestito nella tua valigia? *

05. Se hai comprato quelle scarpe, perche' non le **metti** mai? *

Corso Di *Italiano* Per Coreani

06. Ho comprato questo vestito ma non lo **mette** mai. *

07. Devi **metter**la qui. *

08. Dove **hai messo** i libri? – Sul primo ripiano, e tu? – Sul secondo. *

09. Lui dice che **ha messo** il biglietto nella rivista che ha dato a lei. *

10. Non la chiamero', non rispondero' alle sue lettere, non ascoltero' piu' le canzoni, non **mettero'** piu' questa maglietta, non andro' piu' al caffe', non prendero' l'autobus n. 78. **

63 | offrire

v.tr. ~을 제공하다, ~을 대접하다 ; ~을 주다 ; 선물하다
➡ offer ; give ; present

- presente indicativo :
- passato prossimo : **avere offerto**
- imperfetto indicativo :
- participio passato : **offerto**
- participio presente : off(e)r**ente**
- gerundio : off(e)r**endo**

io	offro	un caffe' a Piero. 삐에로에게 커피를 대접한다. un passaggio a Martina. 마르티나를 동행한다. un gelato a mia sorella. 내 누이에게 아이스크림을 준다.
tu	offri	
lui, lei, Lei	offre	qualcosa da bere al mio amico. 내 친구에게 마실 것을 준다.
noi	offriamo	
voi	offrite	
loro	offrono	qualcosa da mangiare al mio professore. 교수님께 먹을 것을 대접한다.

COMPOSIZIONE

livelo */**

01. 네게 마실 것을 줄게. *
da bere 마실 것

02. 내게 담배 한 대 주겠니? *

03. 그 아가씨는 그에게 사탕 하나 준다. *
una caramella 사탕

04. 부인, 당신께 뭘 좀 드려도 될까요? *

05. 보온병에 담아 온 커피를 모두에게 대접하는 여인이 있다. *
caffe' da un termos 보온병에 담아 온 커피

06. 샌드위치를 입에 물기 전에 나는 여행 동료들에게 한 입 준다. **
addentare panini 샌드위치를 입에 물다 ; ne offrire un morso 그 가운데 한 입 주다 ;
ai compagni di viaggio 여행 동료들에게

07. 청년들은 그녀에게 함께 커피 마시러 가자고 했고, 한 청년은 그녀의 여행 가방 하나를 들고 간다. **
offrire di andare a bere 마시러 가자고 하다 ;
le portare una delle valigie 그녀의 여행 가방 중에 하나를 들다

63. offrire

⯆ Chiavi

01. Ti **offro** da bere. *

02. Mi **offri** una sigaretta? *

03. La ragazza gli **offre** una caramella. *

04. Signora, Le posso **offrire** qualcosa? *

05. C'e' una donna che **offre** caffe' da un termos a tutti. *

06. Io, prima di addentare panini, ne **offro** un morso ai compagni di viaggio. **

07. I ragazzi le **hanno offerto** di andare a bere un caffe' insieme ed uno le porta una delle valigie. **

GLOSSARIO(어휘)

offerto agg.[p.ps.] 제공된, 제출된 ; 헌납된, 바쳐진
l'offerta 신청, 신고 ; 기부(금) ; 제공, 공급
　　　← offerto+a(여성명사 어미)
l'off(e)rente 제공자, 헌납자 ; 입찰자
　　　← offr<u>ire</u>+ente(현재분사 어미, 명사로 파생)

64 | pagare

v.tr. ~를 지불하다, (빚을) 갚다 ; ~를 제공하다
➔ pay, pay for ; offer

- presente indicativo :
- passato prossimo : **avere pagato**
- imperfetto indicativo :
- participio passato : pag**ato**
- participio presente :
- gerundio : pag**ando**

	현재	근과거	미래
io	pago	ho pagato	paghero'
tu	pag–h–i	hai pagato	pagherai
lui, lei, Lei	paga	ha pagato	paghera'
noi	pag–h–iamo	abbiamo pagato	pagheremo
voi	pagate	avete pagato	pagherete
loro	pagano	hanno pagato	pagheranno

COMPOSIZIONE

livelo * /**

01. 우리는 계산서를 지불한다. (계산한다) * (강조용법 ← gr.7.1.4)
    il conto 계산서

02. 나는 휴대폰 요금 고지서를 지불했다. (요금을 지불했다) *
    la bolletta del cellulare 휴대폰 요금 고지서

64. pagare

03. 신용카드로 지불해도 되나요? *
    la carta di credito 신용카드

04. 너희들은 음악 과정을 위해 많이 지불했니? - 응, 아주 비싼 과정이지. *

05. Dino는 표를 체크기에 찍지 않아서 벌금을 낸다. *
    timbrare il biglietto 체크기에 표를 찍다 ; una multa 벌금

06. Venezia행 급행열차가 있어서 Massimo는 표 값을 지불해야만 한다. (표를 사다) *
    un treno rapido 급행열차

07. 그러나 모든 사람들은 피자를 먹고, 광장을 산책하며, 작은 아이스크림에도 비싼 값을 치른다. **
    passeggiare nella piazza 광장을 산책하다 ; pagare salato 비싼 값을 치루다

08. 과정에 등록하기 위해 등록금을 지불해야 하고 입학원서를 작성해야 한다. **
    iscriversi al corso 과정에 등록하다 ; pagare un acconto 등록금 지불하다 ;
    compilare il modulo d'iscrizione 입학원서를 작성하다

09. 옆 테이블의 두 신사들은 계산을 하고 가버린다. **
    il tavolo accanto 옆 테이블 ; andarsene(andare+se+ne) 가버리다

▼ Chiavi

01. Il conto noi lo **paghiamo**. *

02. **Ho pagato** la bolletta del cellulare. *

03. Posso **pagare** con la carta di credito? *

04. **Avete pagato** molto per il corso di musica? - Si', e' un corso molto caro. *

05. Dino **paga** una multa perche' non ha timbrato il biglietto. *

Corso Di *Italiano* Per Coreani

06. C'e' un treno rapido per Venezia e Massimo deve **pagare** il biglietto. ✶✶

07. Ma tutti mangiano la pizza, passeggiano nella piazza e **pagano** salato anche un piccolo gelato … ✶✶

08. Per iscriversi al corso si deve **pagare** un acconto e compilare il modulo d'iscrizione. ✶✶

09. I due signori del tavolo accanto **pagano** il conto e se ne vanno. ✶✶

GLOSSARIO(어휘)

pagato agg.[p.ps.] 지불된
　　← pagare+ato(과거분사 어미, 형용사로 파생)
pagante agg.[p.pr.] 지불할 의무가 있는. soci paganti 회비 내는 회원들
　　← pagare+ante(현재분사 어미, 형용사로 파생)
pagabile 지불 가능한. ~ a rate 분할로 지불 가능한
　　← pagare+(a)bile(형용사형 어미, ~할 수 있는)
il pagamento 지불(금), 납부(금). ~ anticipato 선불, ~ in arretrato 체납, mancato ~ 미납, 체납, prolungare ~ 지불기한을 연기하다
　　← pagare+(a)mento(명사형 어미)
il pagatore [s.f. -tricē 지불인. ufficiale ~ 출납계
　　← pagare+(a)tore(남성명사 어미, ~하는 사람)
la paga 임금, 급료 ; 기본급, 본봉 ; 보복, 대가
　　← pagare+a(여성명사 어미)

65 | parlare

v.tr. (언어) 를 말하다 -> speak
v.intr. 말하다, (전화) 통화하다, 언급하다, ~에 관해 말하다
➡ talk, speak ; mention, be about, deal with

- presente indicativo :
- passato prossimo : **avere** parl**ato**
- imperfetto indicativo :
- participio passato : parl**ato**
- participio presente : parl**ante**
- gerundio : parl**ando**

	현재	근과거	불완료과거
io	parlo	ho parlato	parlavo
tu	parli	hai parlato	parlavi
lui, lei, Lei	parla	ha parlato	parlava
noi	parliamo	abbiamo parlato	parlavamo
voi	parlate	avete parlato	parlavate
loro	parlano	hanno parlato	parlavano

COMPOSIZIONE

livelo

01. Giovanni와 Domenico는 말이 많다. *
    parlare molto 말이 많다

02. 그는 수다쟁이라서 말이 많다. *
    chiacchierone 수다쟁이

Carso Di *Italiano* Per Coreani

03. 그는 과묵한 사람이라서, 말이 없고 질문도 하지 않는다. *
taciturno 말이 없는 사람, 과묵한 사람

04. 정치에 대해 말하는 두 사람이 있다. *
parlare di ~에 대해 말하다

05. 휴대폰 통화를 하는 소녀가 있다. *
parlare al cellulare 휴대폰 통화하다

06. 수업 중에 우리는 말하고, 듣고 그리고 읽는다. *
in classe 수업 중에, 수업시간에

07. Emilia 지방 사람들은 독특한 억양으로 말한다. *
con un accento particolare 독특한 억양으로

08. 나는 친구에 대해 험담하는 사람을 싫어한다. *
parlare male di ~에 대해 험담하다

09. 너는 몇 개 국어를 하니? - 4개 국어 한다. *
quante lingue 몇 개 국어

10. 그 소녀는 외국인인데 이탈리아어를 아주 잘 한다. *
straniero(a) 외국인

11. 그 사설은 화장품의 신 물질에 대해 언급하고 있다. *
nuovi materiali 신 물질 ; la cosmetica 화장품

12. 그 부인은 한 여성과 전화 통화하고 있다. *
parlare al telefono 전화 통화하다

13. 그 부인은 비밀스러운 것들에 대해 이야기 한다. *

65. parlare

cose segrete 비밀스러운 것들

14. Giulio는 어디 있니? – 두 명의 고객들과 이야기 하고 있는 중이다. *
(현재진행형 ← gr.5.3)
i clienti 고객들

15. 그는 이탈리아어를 이해하고 잘 구사한다. *
capire 이해하다 ; **parlare** 구사하다

16. 그는 너에게 곧바로 말하길 원한다. *
parlarti (=parlare +ti) 너에게 말하다

17. Paolo는 어디 있니? 나는 그에게 곧바로 말해야 한다. *
parlargli (=parlare +gli) 그에게 말하다

18. (너) 동료와 그것에 대해 말해라! * (대명사 NE ← gr.7.1.1)
parlarne (=parlare +ne) ~에 대해 말하다

19. (전화 통화에서) 누구세요? *

20. 너희 중에 누가 불어를 할 줄 아니? *
chi di voi 너희 중에 누가

21. 어릴 때 그는 2개 국어를 구사했다. *
da bambino(a) 어릴 때

22. 아! 물론! 말이 많은 두 명의 시칠리아 신사들이 여기 있다. *
ecco ~ 가 여기 있다

23. 사람들은 언어를 배우기 위해서 읽고, 듣기도 하며, 말하고 써 봐야 한다. *
(비인칭SI ← gr.3)

Corso Di *Italiano* Per Coreani

per imparare 배우기 위해

24. 다른 사람들은 6인용 열차객실에서 우연히 만난 사람들과 이야기를 나눈다. *
 altri 다른 사람들 ; **negli scompartimenti** 6인용 열차객실들에서 ; **per caso** 우연히 ;
 le persone incontrate 만난 사람들

25. 열차 작은 탁자에 기댄 채, 그녀는 파란 색 케이스로 된 휴대폰 통화를 아직 하고 있지는 않지만, 작동하는지 보기 위해 자주 휴대폰을 만지작거린다. **
 poggiato su ~에 기댄 채 ; **custodia blu** 파란 색 케이스 ;
 parlare al cellulare 휴대폰 통화하다 ; **funzionare** 작동하다 ; **toccare** 만지작거리다

26. 그들은 영어를 하지만, 모두는 펼쳐진 작은 지도를 갖고 있고, 손가락으로 성당 쪽을 짚는다. **
 la cartina aperta 펼쳐진 작은 지도 ; **il dito** 손가락 ; **puntare verso** ~쪽에 (손가락을) 짚다

27. 예를 들어, 날씨, 기온, TV 프로그램에 대해 어디서 말하는지를 이해하는 것은 쉽다. **
 ad esempio 예를 들어 ; **il tempo** 날씨 ; **le temperature** 기온 ;
 i programmi della TV TV 프로그램

28. 그는 피렌체에 아는 사람은 전혀 없다. 그래서 비록 수줍음을 아주 많이 타지만, 그녀와 이야기해 보려고 한다. **
 non conoscere nessuno 아는 사람은 전혀 없다 ; **anche se ~** 비록 ~이지만 ;
 essere molto timido 수줍음을 많이 타다

29. 난 네게 인사하고 지금 그에게로 달려가서 그에게 이야기해야 한다… 전화번호가 담긴 내 명함 여기 있어, 네가 원하면 이따가 내게 전화해! **(명령형+대명사 ← gr.1.4.3)
 직접대명사+**salutare** ~에게 인사하다 ; **correre da lui** 그에게 달려가다 ;
 il biglietto 명함 ; **piu' tardi'** 이따가, 나중에

30. 모든 신문들이 자네 저서에 대해 이야기 하고 있다. 그러나 거만해지지 마라! **

65. parlare

il tuo libro 자네 저서 ; montarsi la testa 거만해지다

31. 여행자를 위한 십계명 : 가능하면 그 곳의 언어를 구사하라! **
decalogo 십계명 ; se possibile 가능하면

32. Caterina 처럼, 열차 식당 칸에 앉은 채 음식에 대해 이야기 하는 사람들이 있다. **
il vagone ristorante 열차 식당 칸 ; seduto 앉은 채 ; il cibo 음식 ; ecco ~가 있다

33. 우리 반에 아랍어를 하는 사람은 아무도 없고, 몇 사람은 일본어를 하며, 모든 사람들은 영어를 한다. **
arabo 아랍어 ; qualcuno 몇 사람 ; giapponese 일본어

34. 내가 함께 대화를 나눈 사람이 사장님이니? ** (관계대명사 CUI ← gr.7.5)
il direttore, la direttrice 사장님

35. 네게 말한 그 책은 인도 작가의 작품이다. ** (관계대명사 CUI)
essere di un autore indiano 인도 작가의 작품이다

36. 그러나 제목들을 읽으면서, 이미지들이나 사진들을 보면서, 그리고 신문의 지면이 담고 있는 모든 정보들을 관찰하면서, 무엇에 대해 언급되는지를 이해하는 것은 가능하다. **
i titoli 제목들 ; le immagini 이미지들 ; una pagina di giornale 신문의 지면 ;
contenere 담다, 포함하다, 실리다 ; osservare 관찰하다 ; si parlare 언급되다 ;
capire 이해하다 ; possibile 가능한

Chiavi

01. Giovanni e Domenico **parlano** molto. *

02. **Parla** molto : e' chiacchierone. *

03. Non **parla** e non fa domande : e' taciturno. *

04. Ci sono due persone che **parlano** di politica. *

05. C'e' una ragazza che **parla** al cellulare. *

06. In classe **parliamo**, ascoltiamo e leggiamo. *

07. In Emilia la gente **parla** con un accento particolare. *

08. Non mi piace chi **parla** male degli amici. *

09. Quante lingue **parli**? Ne **parlo** quattro lingue. *

10. La ragazza e' straniera e **parla** molto bene l'italiano. *

11. L'articolo **parla** di nuovi materiali per la cosmetica. *

12. La signora **parla** al telefono con una donna. *

13. La signora **parla** di cose segrete. *

14. Dov'e' Giulio? – **Sta parlando** con due clienti. *

15. Capisce e **parla** bene l'italiano. *

16. Vuole **parlar**ti subito. *

17. Dov'e' Paolo? Devo **parlar**gli subito. *

18. **Parla**ne con un compagno! *

19. Chi **parla**? (al telefono) *

20. Chi di voi **parla** francese? *

21. Da bambino **parlava** due lingue. *

22. Ah! Certo, eccoli : i due signori siciliani che **parlavano** tanto. *

23. Per imparare una lingua si deve leggere, si deve anche ascoltare, **parlare** e scrivere. **

24. Altri **parlano** con persone incontrate per caso negli scompartimenti. **

25. Ancora non **parla** al cellulare con custodia blu, poggiato sul tavolino, ma lo tocca

65. parlare

spesso per vedere se funziona. **

26. **Parlano** inglese ma hanno tutti una cartina aperta e puntano il dito verso una chiesa. **

27. Ad esempio e' facile capire dove si **parla** del tempo e delle temperature e dei programmi della TV. **

28. Non conosce nessuno a Firenze e cosi' prova a **parlare** con lei anche se e' molto timido. **

29. "Ti saluto, adesso devo correre da lui, devo **parlar**gli..., ma ecco il mio biglietto, col numero, telefonami piu' tardi' se vuoi!". **

30. Tutti i giornali **parlano** del tuo libro, adesso pero' non ti montare la testa! **

31. Decalogo per il viaggiatore : Se possibile **parlare** la lingua del posto! **

32. E come Caterina eccoli che **parlano** di cibo seduti ad un tavolo del vagone ristorante. **

33. Nella nostra classe nessuno **parla** arabo, qualcuno **parla** giapponese, tutti **parlano** inglese. **

34. La persona con cui (con la quale) **ho parlato** e' il direttore? **

35. Il libro, di cui ti **ho parlato**, e' di un autore indiano. **

36. Pero' e' possibile capire di che si **parla** leggendo i titoli e guardando le immagini o le foto e osservando tutte le informazioni che contiene una pagina di giornale. **

GLOSSARIO(어휘)

parlato agg.[p.ps.] 구어의, 구두의. lingua ~ 구어
　　← parlare+ato(과거분사 어미)
la parlata 이야기 ; 연설 ; 발음법
　　← parlare+ato(과거분사 어미)+a(여성명사 어미)
parlante agg.[p.pr.] 말하는, 담화하는. bambola ~ 이야기 하는 인형
　　← parlare+ante(현재분사 어미, 형용사로 파생)
la parlatina 달변, 말이 많음
　　← parlare+ato(과거분사 어미)+ina(축소형 변의어미)
il parlatore 말하는 사람, 연설자 ; 웅변가
　　← parlare+(a)tore(명사형 어미, ~하는 사람)
il parlatorio (수도원의) 응접실, 면회실
　　← parlare+(a)tore(명사형 어미)+io(명사형 어미)
il parlamento 의회, 국회, 입법부 ; 국회의사당.
　　convocare [sciogliere] ~ 의회를 소집[해산]하다
　　← parlare+(a)mento(명사형 어미)
parlamentare agg. 국회의, 의회의 ; 국회의원의. discussione ~ 국회 논의
parlamentare v.intr. 공표하다
　　← parlare+(a)mento(명사형 어미)+are(제1활용 동사 어미)
il parlamentarismo 의회정치, 의회제도, 의회주의
　　← parlamentare+ismo(명사형 어미, ~주의, 사상)
il/la parlamentarista 의회정치주의자
　　← parlamentare+ista(명사형 어미, ~하는 사람)
parlamentaristico agg. 의회정치제도의, 의회정치주의의
　　← parlamentare+istico
parlottare 소곤소곤 이야기 하다
　　← parlare+otto(축소형 변의어미)+are(제1활용 동사 어미)
il parlottio 소곤소곤 거림, 비밀 이야기
　　← parlottare+io(명사형 어미)

66 partire

v.intr. 떠나다, 가다 ; 출발하다
➡ leave, go away ; start ; take off ; go off, shoot out
v.tr. ～를 분리하다, ～를 분배하다

- presente indicativo :
- passato prossimo : **essere partito/a/i/e**
- imperfetto indicativo :
- participio passato : part**ito**
- participio presente ; part**ente**
- gerundio ; part**endo**

io	parto	da Napoli per Milano. 나폴리에서 밀라노를 향해 떠난다.
tu	parti	per Roma in treno? 기차 타고 로마로 떠나니? per Atene con il treno delle 15. 15시 기차 타고 아테네로 떠난다.
lui	parte	per New York in nave. 배 타고 뉴욕으로 떠난다. per Seoul con la nave. 배 타고 서울로 떠난다.
noi	partiamo	per la Francia in aereo. 비행기 타고 프랑스로 떠난다. per la Svizzera in autobus. 버스를 타고 스위스로 떠난다.
voi	partite	per il Giappone con l'aereo di Korean Air? 대한항공 편으로 일본으로 떠나니?
loro	partono	per gli Stati Uniti in automobile. 자동차로 미국으로 떠난다. per il Brasile con l'automobile. 자동차로 브라질로 떠난다.

Corso Di *Italiano* Per Coreani

COMPOSIZIONE

livelo * / **

01. 너 언제 떠나니? — 1월에 / 2월에 / 3월에 / 4월에 / 5월에 / 6월에 / 7월에 8월에 / 9월에 / 10월에 / 11월에 / 12월에 떠난다. *

in gennaio, nel mese di gennaio 1월에

02. 기차가 떠나지 않고 있어서 나는 화가 났다. *

essere arrabbiato 화가 났다

03. 도대체 피렌체 행 기차는 어디서 출발하는 거야? *

ma 도대체 ; per Firenze 피렌체 행

04. Pisa 행 기차는 언제 출발하니? — 몰라. *

05. 기차는 5분 후에 출발한다. *

fra 5 minuti 5분 후

06. 나는 30분 후에 떠나는 기차를 탄다. *

prendere il treno 기차 타다

07. Martina는 그녀의 남편과 일본으로 떠났다. *

08. 수도사는 30년 전에 Sicilia를 떠났다. *

il prete 수도사 ; 30 anni fa 30년 전에 ; partire da ~에서 떠나다

09. Marco는 브라질로 떠났다. 그의 사무실 직원 모두가 그를 부러워한다. **

invidiare 부러워하다

10. Gino, 서둘러라! 기차가 출발하는 중이다. ** (긍정명령/현재진행형 ← gr.1.4.1/5.3)

66. partire

66. partire

sbrigarsi 서두르다 ; stare partendo 출발하는 중이다

11. 너는 정류장에 도착하는데, 급하다. 그리고 너 없이 떠나는 버스를 너는 바라본다. **
avere fretta 급하다 ; senza di te 너 없이 ; vedere 바라보다

12. 여행자를 위한 십계명 : 출발하기 전에 선택된 여행지의 문학과 음악에 완전 몰입해라! ** (긍정명령)
decalogo 십계명 ; prima di+inf./nome ~하기 전에 ; la letteratura 문학 ; fare full-immersion 완전 몰입하다

▼ Chiavi

01. Quando **parti**? – **Parto** in gennaio/febbraio/marzo/aprile/maggio/giugno/luglio/agosto/settembre/ottobre/novembre/dicembre. *

02. Sono arrabbiato perche' il treno non **parte**. *

03. Ma da dove **parte** questo treno per Firenze? *

04. Quando **parte** il treno per Pisa? – Non lo so. *

05. Il treno **parte** fra cinque minuti. *

06. Prendo il treno che **parte** tra mezz'ora. *

07. Marina e' **partita** con suo marito per il Giappone. *

08. Il prete e' **partito** dalla Sicilia 30 anni fa. *

09. Marco e' **partito** per il Brasile. Nel suo ufficio tutti lo invidiano. **

10. Sbrigati Gino, il treno **sta partendo**. **

11. Arrivi alla fermata, hai fretta e vedi l'autobus che **parte** senza di te. **

12. Decalogo per il viaggiatore : Prima di **partire** fare una full-immersion nella letteratura e nella musica della localita' scelta! **

GLOSSARIO(어휘)

v.intr. ~로 출발하다, 떠나다
partito agg. [p.ps.] 출발한 ; 분리된, 분할된, 이별한 ← partire+ito(과거분사 어미, 형용사로 파생)
la partenza s.f. 출발 ← partire+enza(명사형 어미)
partente agg. [p.pr.] 출발하는 ← partire+ente(현재분사 어미, 형용사로 파생)
il/la partente 출발하는 사람 ← partire+ente(현재분사 어미, 명사로 파생)
la partita 시합, 경기. una ~ di calcio 축구시합 ← partire+ito(과거분사 어미)+a(여성명사 어미)

v.tr. ~를 분리하다, 분배하다
il partito s.m. 당, 당파 ← partire+ito(과거분사 어미, 명사로 파생)
partitivo agg. 부분의 ← partire+(i)tivo(형용사형 어미)
partitico agg. 정당의 ← partire+(i)tico(형용사형 어미)
la partitocrazia 당리당략, 정당지배체제 ← partito+crazia(희랍어로 권력, 지배) ; 복합어
il partitore 분사기 ; 분할인 ; 분배인 ← partire+(i)tore(명사형 어미, ~하는 사람)
la partitura 배분, 분배 ; 연합악보 ← partire+(i)tura(명사형 어미)
la partizione 분리 ← partire+(i)zione(명사형 어미)
partorire v.intr. [avere] 분만하다, 낳다. Violenza partorisce odio. 폭력은 증오를 낳는다.
la partoriente 산모 ← partorire+(i)ente(현재분사 어미, 명사로 파생)
il parto 출산, 분만
parziario agg. 분할의
parziale agg. 편파적인, 불공정한, 치우친 ; 부분적인
parzialmente avv. 편파적으로, 불공정하게, 치우치게 ; 부분적으로
    ← parziale+mente(부사형 어미)
la parzialita' 편파, 불공정
    ← parziale+ita'(명사형 어미)

67 | passare

v.tr. ~를 건네주다 ; ~를 보내다
➡ cross ; go through, clear ; spend, pass ; exceed ; strain
v.intr. 지나가다 ; 들르다 ; 길을 가다
➡ pass, go by ; call in, drop in ; get through ; go away ; overdone

- presente indicativo :
- passato prossimo : **essere passato/a/i/e**
- imperfetto indicativo :
- participio passato : pass**ato**
- participio presente : pass**ante**
- gerundio : pass**ando**

	현재	미래	근과거	단순조건법
io	passo	passero'	sono passato/a	passerei
tu	passi	passerai	sei passato/a	passeresti
lui, lei, Lei	passa	passera'	e' passato/a	passerebbe
noi	passiamo	passeremo	siamo passati/e	passeremmo
voi	passate	passerete	siete passati/e	passereste
loro	passano	passeranno	sono passati/e	passerebbero

COMPOSIZIONE

 livelo * / ** / **

01. 내게 신문을 건네주겠니? — 어떤 신문? — 테이블 위에 있는 것. *

02. Termini 역으로 지하철 2개 노선이 지나간다. *

Corso Di *Italiano* Per Coreani

due linee della metropolitana 지하철 2개 노선

03. 부탁인데, 내게 물 좀 건네주라! * (긍정명령 ← gr.1.4.1)

04. 부탁인데요, 제게 소금을 건네주시겠어요? * (긍정명령)

05. 내게 올리브 유 좀 건네주겠니? * (단순조건법 – 친절한 부탁 ← gr.1.2.1)

06. 신호등이 적색일 때, 사람들은 건너갈 수 없다. * (비인칭 SI ← gr.3)
il semaforo 신호등

07. Napoli를 벗어난 기차는 해안 가까이 지나가지 않는다. *
il treno dopo Napoli 나폴리를 벗어난 기차 ; **vicino alla costa** 해안 가까이

08. Gigli 선생님, 제 사무실에 들르신다면, 당신께 저의 프로젝트를 보여 드리죠. *
il progetto 프로젝트 ; **mostrare** 보여주다

09. Piero의 어머니는 Piero가 지금 어려운 시기를 보내고 있는 중이라고 말한다. *
(현재진행형 ← gr.5.3)
un periodo difficile 어려운 시기

10. 자, 어서, 걱정하지 마라! 이 시간에 교통경찰은 지나가지 않는다. *
dai 어서 ; **preoccuparsi** 걱정하다 ; **i vigili** 교통경찰들

11. Dino는 열차 6인 객실에 있던 매우 아름다운 아가씨가 지나가는 것을 본다. **
nello scompartimento 열차 6인 객실에 ; **vedere passare** 지나가는 것을 보다

12. 지나가는 사람들을 서서 바라보는 전투경찰이 한 사람 있다. **
in piedi 서서 ; **chi passa** 지나가는 사람들 ; **un carabiniere** 전투경찰

13. Piero는 객차 이동식 빠와 함께 기차 복도를 따라 지나가는 청년의 목소리를 듣는다. **
il servizio bar 객차 이동식 빠 ; **lungo il corridoio** 기차 복도를 따라 ; **la voce** 목소리

67. passare

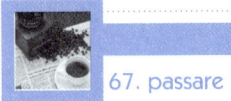

67. passare

14. Alessandro는 사진모델의 몸매를 가진, 반바지를 입은 날씬하고 키가 늘씬한 금발의 아가씨가 지나가는 것을 본다. **

con un corpo di fotomodella 사진모델의 몸매를 가진 ; in pantaloncini 반바지 입은 ;

biondo 금발의

15. Fulvio와 Paolo는 Filippo에게 다른 사람들과 밖에서 저녁을 보내자고 제안한다. **
altre persone 다른 사람들 ; fuori 밖에서 ; la serata 저녁(시간) ; proporre di ~를 제안하다

16. 모든 거리, 광장, 모퉁이, 다리에는 지나가는 사람들의 관심을 사로잡는 예술적인 무언가가 있다. **
ogni 모든 ; angolo 모퉁이 ; chi passa 지나가는 사람들 ;

catturare l'attenzione 관심을 사로잡다 ; qualcosa di artistico 예술적인 무언가

17. Dino 역시 이런 군중들 한 복판에서 길을 가다가, 피렌체 Arno강을 건넌다. **
in mezzo a questa folla 군중들 한복판에서 ; attraversare 건너다, 가로지르다

18. 세월은 지나갈 것이며, 너는 결혼할 것이고, 혼란을 잊을 것이다. **
passare gli anni 세월이 지나다 ; sposarsi 결혼하다 ; dimenticare i disordini 혼란을 잊다

19. Susanna는 과정을 끝냈지만, 가끔 우리를 보러 들를 것이라고 말했다. **
qualche volta 가끔 ; passare a trovare 보러 들르다

20. 나는 너희 집 밑으로 지나가다가 불이 꺼져있는 것을 보았다. **
passare sotto casa tua 너희 집 밑으로 지나가다 ; la luce essere spenta 불이 꺼져 있다

21. 마침내 나에게서 고열이 달아났다. 다 나아서 기분이 좋다. **
finalmente 마침내 ; passare la febbre 고열이 달아나다 ; essere guarito 병이 낫다 ;

sentirsi bene 기분이 좋다

22. Dino는 표지판을 따라 가지만, 어느 지점에서 우회전해야 할지 좌회전해야 할지 몰라,

*Corso Di **Italiano** Per Coreani*

모퉁이에서 멈춘다. 그리고 피렌체 사람 같아 보이는 신사가 지나갈 때, 그에게 묻는다. "실례합니다만, Duomo 광장으로 가려면 어떻게 가야하죠?" ∗∗

l'indicazione 표지판 ; seguire 따라가다 ; ad un certo punto 어느 지점에서 ;

gira a destra 우회전하다 ; gira a sinistra 좌회전하다 ; all'angolo 모퉁이에서 ;

fermarsi 멈추다 ; un signore che sembra fiorentino 피렌체 사람 같아 보이는 신사

Chiavi

01. Mi **passi** il giornale? Quale? Quello sul tavolo. ∗

02. Alla Stazione Termini **passano** due linee della metropolitana. ∗

03. **Passa**mi l'acqua, per favore! ∗

04. Mi **passi** il sale, per favore? ∗

05. Mi **passeresti** l'olio? ∗

06. Quando il semaforo e' rosso non si puo' **passare**. ∗

07. Il treno dopo Napoli non **passa** vicino alla costa. ∗

08. Signor Gigli, se **passa** nel mio ufficio Le mostro il mio progetto. ∗

09. La madre di Piero dice che Piero **sta passando** un periodo difficile. ∗

10. Ma dai, non ti preoccupare, i vigili non **passano** a quest'ora. ∗

11. Dino vede **passare** la ragazza bellissima che era nel scompartimento in treno. ∗∗

12. C'e' un carabiniere in piedi che guarda chi **passa**. ∗∗

13. Piero sente la voce del ragazzo che **passa** lungo il corridoio con il servizio bar. ∗∗

14. Alessandro vede **passare** una ragazza bionda altissima e magra in pantaloncini con un corpo da fotomodella. ∗∗

15. Fulvio e Paolo propongono a Filippo di **passare** la serata fuori con altre persone. ∗∗

16. Ad ogni via, piazza, angolo, ponte c'e' qualcosa di artistico che cattura l'attenzione

67. passare

di chi **passa**. ∗∗

17. Anche Dino **passa** in mezzo a questa folla e attraversa l'Arno, il fiume di Firenze. ∗∗

18. **Passeranno** gli anni, ti sposerai, dimenticherai i disordini. ∗∗

19. Susanna ha finito il corso ma ha detto che qualche volta **passera'** a trovarci. ∗∗

20. **Sono passato** sotto casa tua e ho visto che la luce era spenta. ∗∗

21. Finalmente mi **e' passata** la febbre. Sono guarito. Mi sento bene. ∗∗

22. Dino segue l'indicazione ma ad un certo punto non sa girare a destra o a sinistra, si ferma all'angolo e quando **passa** un signore che sembra fiorentino gli chiede : "Scusi, per piazza Duomo?" ∗∗

GLOSSARIO(어휘)

passato agg.[p.ps.] 통과한, 지나간 ← pass<u>a</u>re+ato(과거분사 어미, 형용사로 파생)
passante agg.[p.pr.] 지나가는, 통과하는 ← pass<u>a</u>re+ante(현재분사 어미, 형용사로 파생)
il passante 통행인 ← pass<u>a</u>re+ante(현재분사 어미, 명사로 파생)
passabile agg. 통행할 수 있는, 허용 가능한 ← pass<u>a</u>re+(a)bile(형용사형 어미)
il passaggio 통행, 통과, 횡단 ; 통로 ; 이행, 추이 ; 여행 ; 항해 ; 수로
　　　　← pass<u>a</u>re+(a)ggio(명사형 어미)
la passerella 패션쇼 무대 ← pass<u>a</u>re+ere(소리 변화)+ella(축소형 변의어미)
il/la pssatista 보수주의자 ← passat<u>o</u>+ista(명사형 어미, ~하는 사람)
la passatoia (현관에서 계단까지의) 융단 ← passat<u>o</u>+(o)ia(명사형 어미)
il passatoio 징검다리 ← passat<u>o</u>+(o)io(명사형 어미)
il passatore 나룻배사공 ← pass<u>a</u>re+(a)tore(남성 명사형 어미, ~하는 사람)
il passaporto 여권 ← pass<u>a</u>re+porto(항구) ; 복합어
il passatempo 소일거리 ← pass<u>a</u>re+tempo(시간) ; 복합어

68 | pensare

v.tr. ~를 생각하다, ~에 대해 생각하다 ; ~대해 신경 쓰다 ; 명심하다, 깨닫다 ; 의향이 있다 ; 궁리하다, 고안하다
➜ think, think about ; see, take care of ; realize, remember ; avere intenzione ; get something

- presente indicativo :
- passato prossimo : **avere pensato**
- imperfetto indicativo :
- participio passato : pens**ato**
- participio presente : pens**ante**
- gerundio : pens**ando**

	현재	미래	불완료과거	현재진행형
io	penso	pensero'	pensavo	sto pensando
tu	pensi	penserai	pensavi	stai pensando
lui, lei, Lei	pensa	pensera'	pensava	sta pensando
noi	pensiamo	penseremo	pensavamo	stiamo pensando
voi	pensate	penserete	pensavate	state pensando
loro	pensano	penseranno	pensavano	stanno pensando

COMPOSIZIONE

livelo * / ** / **

01. 그렇다라고/아니다라고 나는 생각한다. *
    pensare di ~라고 생각하다

02. 당신은 여군에 대해 어떻게 생각하십니까? *

68. pensare

    le donne soldato 여군

03. 그는 너에 대해 좋게/나쁘게 생각한다. *

04. 그도 초대할 생각이었다. *
    pensare di ~할 생각이다

05. 나는 저녁에 출발할 생각이다. *

06. 그러나 Piero는 40세까지 집에 남아 있을 생각은 없다. *
    non pensare di ~할 생각이 없다

07. 그것에 대해 어떻게 생각하니? *

08. 그는 항상 새로운 것을 고안해낸다(궁리한다). *
    ne pensare la nuova 새로운 것을 고안하다

pensare a ~

09. 그는 이기주의자라서, 자신만을 생각한다. *
    se' stesso 그 자신 ; egoista 이기주의자

10. 그는 과거를 생각하고 있었다. *
    il tempo passato 과거

11. Dino는 계속해서 Pinocchio에 관한 회의에 대해서 신경 쓰고 있다. *
    pensare a ~에 대해 신경 쓰다

12. Fabio는 그의 영화와 관련하여, Giulia를 염두에 두고 있다. *
    essere dentro ~와 관련하다

13. 너는 현실에 대해 생각하지 마라!
la realta' 현실

14. 너는 누구에 대해 생각하고 있는 중이니? *

15. 나는 그것에 신경 쓰겠다.

16. 나는 정말 휴가에 대해 생각하고 싶다. * (단순조건법 – 욕구, 욕망 ← gr.1.2.1)

17. 나는 그것에 대해 생각조차 하기 싫다. **
non ~ nemmeno ~조차 아니다

18. 얼마나 아름다울 것인지에 대해 그는 생각한다. ** (단순조건법 – 추측)

19. 모든 사람들은 무엇을 먹을지에 대해 생각한다. **
a cosa mangiare 무엇을 먹을지에 대해

20. 자네 일이나 신경 써라! ** (긍정명령 ← gr.1.4.1)
fatti tuoi 자네 일

21. Panelli 선생님, 걱정하지 마세요! 여행사가 여행에 관한 모든 편성을 신경쓸 겁니다. ** (부정명령 ← gr.1.4.2)
preoccuparsi 걱정하다 ; l'agenzia 여행사 ; l'organizzazione 편성

pensare + 목적어/목적절

22. 그런데 좀 더 생각해라! * (긍정명령)

23. 말하기 전에 생각해라! * (긍정명령)

24. 너를 보다 현명한(빈틈없는, 교활한) 사람이라고 나는 생각했다. *

68. pensare

piu' furbo 보다 현명한

25. 그녀를 아름답다고 생각했다. *

26. 그의 잘못일거라고 나는 생각한다. ** (접속법현재 ← gr.1.3.1)
    colpa 잘못, 탓 ; pensare che +(접속법) ~라고 생각하다(주절이 주관적일 때)

27. 그가 이제 막 시작했다는 사실을 너는 명심해야 한다. **
    appena 이제 막, 방금 ; iniziare 시작하다 ; pensare ~를 명심하다

28. 그가 하는 일이 타인들을 해칠 수 있다고 그는 생각하지 않는다. **
    altri 타인들 ; danneggiare 해치다

29. 가끔 그는 타인의 삶이 더 흥미롭고/쉽고/편안하다고 생각한다. **
    altro 타인

30. 버스처럼 빠르게 달려오는 자전거를 피하면서, Dino는 "어이쿠, 여기는 길 건너기 위험하군."하고 생각한다. **
    evitare 피하다 ; accidenti! 어이쿠! ; attraversare 길 건너다, 횡단하다

31. 그렇게 끝나리라고 나는 정말 절대로 생각하지 못했을 지도 모른다. **
    (복합조건법 – 과거사실 추측, 추정 ← gr.1.2.2 / 접속법불완료과거 ; 주절이 조건법일 때 ← gr.1.3.3)
    (che qualcosa) finisse cosi' 그렇게 끝나리라고 ; non ~ mai 절대 ~이 아니다

32. 누가 그것을 생각이나 했겠는가? ** (복합조건법 – 과거사실 추측, 추정)

Chiavi

01. **Penso** di si'/di no. *
02. Cosa **pensa** delle donne soldato? *
03. **Pensa** bene/male di te. *
04. **Pensavo** di invitare anche lui. *
05. **Penso** di partire in serata. *
06. Ma Piero non **pensa** di rimanere a casa fino a quarant'anni. *
07. Cosa ne **pensi**? *
08. Ne **pensa** sempre una nuova. *
09. **Pensa** solo a se stesso : e' egoista. *
10. **Pensava** al tempo passato. *
11. Dino **pensa** continuamente al convegno su Pinocchio. *
12. Fabio e' dentro il suo film e **pensa** a Giulia. *
13. Non devi **pensare** alla realta'! *
14. A chi **stai pensando**? *
15. Ci **penso** io. *
16. Vorrei **pensar**ci sulla vacanza. *
17. Non voglio nemmeno **pensar**ci. ** (=think about it)
18. **Pensa** a come sarebbe bello. **
19. Tutti **pensano** a cosa mangiare. **
20. **Pensa** ai fatti tuoi! **
21. Signor Panelli, non si preoccupi, l'agenzia **pensera'** a tutta l'organizzazione del viaggio! **

68. pensare

22. Ma **pensa** un po'! *

23. Prima di parlare **pensa**! *

24. Ti **pensavo** piu' furbo. *

25. L'**ha pensata** bella. *

26. **Penso** che **sia** colpa sua! **

27. Devi **pensare** che ha appena iniziato. **

28. Non **pensa** che quello che fa puo' danneggiare gli altri. **

29. A volte **pensa** che la vita dell'altro e' piu' interessante /facile /comoda. **

30. "Accidenti, qui e' pericoloso attraversare!" **pensa** Dino mentre evita una bicicletta che corre veloce come un autobus. **

31. Non **avrei** mai **pensato** (che qualcosa) finisse cosi'. **

32. Chi l'**avrebbe** mai **pensato**? **

GLOSSARIO(어휘)

pensato agg.[p.ps.] 생각한, 숙고한 ← pens<u>a</u>re+ato(과거분사 어미, 형용사로 파생)
la pensata 창의 ; 착상 ← pensat<u>o</u>+a(여성명사 어미)
pensatamente avv. 고의적으로, 계획적으로 ; 잘 생각해서 ← pens<u>a</u>to+(a)mente(부사 어미)
pensante agg.[p.pr.] 생각하는, 생각할 힘이 있는 ← pens<u>a</u>re+ante(현재분사 어미, 형용사로 파생)
pensabile agg. 생각할 수 있는, 상상할 수 있는 ← pens<u>a</u>re+(a)bile(형용사형 어미)
il pensatoio 명상 ← pensat<u>o</u>+io(명사형 어미)
il pensatore [s.f. –trice] 사색가, 명상가 ; 사상가 ← pens<u>a</u>re+(a)tore(남성명사 어미, ~하는 사람)
il pensiero 생각, 사고 ; 의견 ; 사상, 사유 ← pens<u>a</u>re+iero(명사형 어미)
il pensierino 생각하기 ; 감상 ; 감상문 ← pensi<u>e</u>ro+ino(축소형 변의어미)
pensieroso agg. 생각이 깊은, 생각에 잠기는 ; 근심스러운 ← pensi<u>e</u>ro+(o)so(형용사형 어미)

69 | perdere

v.tr. ~를 잃어버리다 ; (희망, 식욕, 시력을) 잃다 ; (머리가) 빠지다 ; 떨어뜨리다 ; (돈을) 잃다 ; (교통수단, 기회 등을) 놓치다 ; (시간, 돈을) 낭비하다 ; (물이) 새다 ; 손해보다
➔ lose, get out of ; miss ; waste ; make a loss
v.intr. (권한이) 축소되다 ; (가치가) 떨어지다
➔ lose ; go down

- presente indicativo :
- passato prossimo : **avere perso**
- imperfetto indicativo :
- participio passato : **perso**
- participio presente : perd**ente**
- gerundio : perd**endo**

	현재	근과거
io	perdo	ho perso
tu	perdi	hai perso
lui, lei, Lei	perde	ha perso
noi	perdiamo	abbiamo perso
voi	perdete	avete perso
loro	perdono	hanno perso

Composizione

 livelo * / ** / **

01. 나는 희망을/식욕을/시력을 잃었다. *

    la speranza 희망 ; l'appetito 식욕 ; la vista 시력

69. perdere

02. 나는 잃을 것이 전혀 없다. *
   da perdere 잃을 것 cf. da mangiare / bere / fare 먹을 것 / 마실 것 / 해야 할 것

03. 나는 도박(게임)에서 돈을 잃었다. *
   al gioco 도박(게임)에서

04. 없어지게 놔둬라!
   lasciare perdere 없어지게 놔두다

05. 놓쳐서는 안 될(절호의) 기회이다. *
   da non perdere 놓쳐서는 안 될 ; l'occasione 기회

06. 그를 찾느라고 하루일과를 전부 날렸다(낭비했다). *
   a cercarlo 그를 찾느라고 ; perdere l'intera giornata 하루일과를 전부 날리다

07. 가스난로의 가스가 샌다. *
   la stufa 가스난로 ; perdere gas 가스가 새다

08. 수돗물이 샌다. *
   (il rubinetto) perdere acqua (수도 꼭지에서) 수돗물이 새다

09. 나뭇잎이 떨어진다. *
   gli alberi 나무들 ; le foglie 잎들

10. 그들은 손해 보지 않기 위해 값을 올렸다. *
   per non perderci 손해 보지 않기 위해 ; alzare i prezzi 값을 올리다

11. 그것은 노력의 낭비일 뿐이다. *
   fatica persa 노력의 낭비, 낭비된 노력

12. 네가 그 영화를 보지 못해 잃은 것은 전혀 없다. *

a non vedere quel film 그 영화를 보지 못해

13. 늦어서 나는 급하다. 그리고 기차를 놓칠까봐 두렵다. *
essere in ritardo 늦다 ; avere fretta 급하다 ; avere paura di ~할까봐 두렵다

14. 그는 집 열쇠들을 잃어버렸다. *

15. 너는 네 물건을 잃어버렸니? *

16. 아, 그렇군요. 아마도 저는 빠에서 그것을 잃어버린 것 같군요! *
forse 아마도 ~인 것 같다

17. 그 청년은 아마도 역에서 기차표를 잃어버린 것 같다고 말한다. **

18. 나는 늘 종이쪽지에 전화번호를 쓰고 나서는 그것을 잃어버린다. **
pezzi di carta 종이쪽지들

19. Piero의 아버지는 그의 아들이 시간을 너무 낭비한다고 말한다. **

20. 그러나 그는 저 두 명의 이상한 유형의 사람들에 대해 자신에게 물어보았었던 그 여인을 시야에서 놓치고 싶어 하지 않는다. **
strani tipi 이상한 유형의 사람들 ; perdere di vista 시야에서 놓치다

21. 그러나 그는 찾아 가야 하는 건물의 주소가 담긴 명함을 혼잡한 기차에서 잃어버렸다. **
in treno nella confusione 혼잡한 기차에서 ; l'indirizzo del palazzo 건물의 주소 ; il biglietto 명함

▼ Chiavi

01. Ha perso la speranza / l'appetito / la vista. *

02. Non ho niente da perdere. *

69. perdere

03. Ho perso al gioco. *
04. Lascia perdere! *
05. E' un'occasione da non perdere. *
06. Ho perso l'intera giornata a cercarlo. *
07. La stufa perde gas. *
08. (Il rubinetto) perde acqua. *
09. Gli alberi perdono le foglie. *
10. Hanno alzato i prezzi per non perderci. *
11. E' fatica persa. *
12. Non hai perso niente a non vedere quel film. *
13. Ho fretta perche' sono in ritardo e ho paura di **perdere** il treno. *
14. **Ha perso** le chiavi di casa. *
15. **Hai perso** un tuo oggetto? *
16. Ah, si', forse **l'ho perso** al bar! *
17. Il ragazzo dice che forse **ha perso** il biglietto alla stazione. **
18. Scrivo sempre numeri di telefono su pezzi di carta e poi li **perdo**. **
19. Il padre di Piero dice che suo figlio **perde** troppo tempo. **
20. Ma non vuole **perdere** di vista quella donna che gli aveva chiesto di quei due strani tipi. **
21. In treno pero', nella confusione **ha perso** il biglietto con l'indirizzo del palazzo dove deve andare. **

*Corso Di **Italiano** Per Coreani*

GLOSSARIO(어휘)

perso agg.[p.ps.] 잃어버린 ; 낭비된. Questo e' un tempo ~. 이것은 낭비된 시간이다.
perdente agg.[p.pr.] 지는, 패하는
　　　　　← perd<u>ere</u>+ente(현재분사형 어미, 형용사로 파생)
il perdente 패자
　　　　　← perd<u>ere</u>+ente(현재분사형 어미, 명사로 파생)
il perditore (경기의) 패자
　　　　　← perd<u>ere</u>+(i)tore(남성명사 어미)
il perdimento 낭비. un ~ di tempo 시간 낭비
　　　　　← perd<u>ere</u>+(i)mento(명사형 어미)
la perdita 상실, 손실, 손해 ; 누전, 누수
　　　　　← perd<u>ere</u>+ita(명사형 어미)
la perdizione 파멸. condurre a ~ 파멸로 몰아가다
　　　　　← perd<u>ere</u>+(i)zione(여성명사 어미)
il/la perdigiorno 한가한 사람
　　　　　← perd<u>ere</u>+(i)giorno(1일) ; 복합어
il perditempo 한가한 사람, 시간 낭비, 태만한 사람
　　　　　← perd<u>ere</u>+(i)tempo(시간) ; 복합어

70 | portare

v.tr. ~를 가져가다, ~ 운반하다, ~를 갖다 주다, ~를 데려다 주다 ; ~를 인도하다 ; (옷을) 입고 다니다, (신발을) 신고 다니다, (안경을) 끼고 다니다 ; ~를 담고 있다
→ carry ; take ; bring ; wear ; have

- presente indicativo :
- passato prossimo : **avere portato**
- imperfetto indicativo :
- participio passato : port**ato**
- participio presente : port**ante**
- gerundio : port**ando**

	현재	미래	불완료과거	근과거
io	porto	portero'	portavo	ho portato
tu	porti	porterai	portavi	hai portato
lui, lei, Lei	porta	portera'	portava	ha portato
noi	portiamo	porteremo	portavamo	abbiamo portato
voi	portate	porterete	portavate	avete portato
loro	portano	porteranno	portavano	hanno portato

COMPOSIZIONE

 livelo */**

01. Caterina 부인은 Piero에게 커피 한 잔 갖다 준다. *

02. 모든 기차는 Bologna로 간다. *

03. Marta는 굽이 달린 구두를 신고 다닌다. *

scarpe con i tacchi 굽이 달린 구두

04. 오늘 저녁 누가 후식을 가져 올래? – 나와 Franco가 그것을 가져 갈게.
i dolci 후식(단 것)

05. 내게 부츠를 갖다 주겠니? – 어떤 부츠인데? – 저 검정색 부츠야. *
gli stivali 부츠

06. 몇 치수 입으세요? – 저는 44 치수 입어요. *
che taglia 몇 치수(의류)

07. 몇 문 신으세요? – 저는 44 신어요. *
che numero 몇 문(신발)

08. 한 청년이 Annarita에게로 여행가방 하나를 갖고 간다. *

09. Romeo는 도시 투어를 위해 Annarita를 데리고 다닌다. *
in giro per la citta' 도시 투어를 위해

10. 오늘 저녁 나는 Carla 집에 가는데, 좋은 와인 한 병 그녀에게 갖다 주어야겠다. *
andare da ~의 집에 가다

11. 고등학교 다닐 때, Federica는 검정색 옷들만 입고 다녔다. * (불완료과거 ← gr.1.1.3)
al liceo 고등학교 다닐 때

12. 누가 와인 두 병을 갖고 왔니? – Carlo가 그것들을 갖고 왔다. * (근과거 ← gr.1.1.2)

13. 무거운 배낭을 짊어지고 다니는 미국인 여자 관광객이 있다. *
portare 짊어지다 ; una turista 여자 관광객 cf. un turista 남자 관광객

14. 네가 로마에 오면, 너를 예쁜 식당에 데리고 갈 것이다. * (단순미래 ← gr.1.1.5)
carino(a) 예쁜

70. portare

15. Dino는 사진을 찍을 수 없다. 그래서 적어도 친구들에게 부칠 엽서와 가지고 갈 엽서 몇 장을 사고자 한다. **
fare fotografie, fotografare 사진 찍다 ; delle cartoline 엽서 몇 장 ;
portare con se' 자신이 소지하다 ; spedire 부치다

16. 한 여성이 어두운 색의 선글라스를 끼고, 두 무릎 위에 서류가방을 올려놓은 채, 휴대폰에 문자를 두드린다. **
portare un paio di occhiali da sole 선글라스를 끼다 ; sulle ginochia 두 무릎 위에 ;
tenere una valigetta 서류가방을 올려놓다 ; scrivere al cellulare 휴대폰에 문자를 두드리다

17. 오늘 저녁 파티에 오고자 하는 사람은 마실 것과 먹을 것을 가져와야 한다. **
chi ~하는 사람 ; (qualcosa) da bere 마실 것 ; (qualcosa) da mangiare 먹을 것

18. 흔히 너는 하루 일과에 필요한 가장 중요한 것들을 소지하고 다니는구나. 그것들을 주머니에 넣고 다니니 아니면 가방에 넣고 다니니? ** (상대적 최상급 ← gr.8.5)
di solito 흔히, 보통, 일반적으로 ; per la giornata 하루 일과에 필요한 ;
le cose piu' importanti 가장 중요한 것들 ; portare con se' 소지하고 다니다 ;
in tasca 주머니에 ;

19. "사진기를 갖고 오지 못해 아쉽구나"라고 Dino는 생각한다. ** (근과거)
la macchina fotografica 사진기 ; peccato! 아쉽구나!

20. 너 열쇠 찾았니? - 응, 어제 입고 다녔던 바지에 (열쇠들이) 있었어. ** (불완료과거)
nei panraloni che portava 입고 다녔던 바지에 ; le avevo 열쇠들이 있었어

21. 내가 아플 때, 나의 할머니는 늘 나를 보러 오시곤 했으며, 내게 늘 예쁜 선물을 갖다 주시곤 했다는 것을 나는 기억한다. ** (불완료과거)
stare male 아프다 ; venire a trovarmi 나를 보러 오시곤 했다 ;
un regalino 예쁜 선물 ; ricordare 기억하다

Corso Di **Italiano** Per Coreani

22. Anna는 긴 머리를 하고 있었고, 늘 귀고리를 하고 다녔으며, 간혹 슬펐고, 말 수가 적었다. ** (불완료과거)
    avere i capelli lunghi 긴 머리를 하고 있다 ; portare gli orecchini 귀고리를 하고 다니다 ;
    spesso 간혹 ; essere triste 슬프다 ; parlare poco 말 수가 적다

23. Gina는 키가 아주 컸고, 항상 청바지에 테니스 신발을 신고 다녔다. ** (불완료과거)
    essere altissimo 키가 아주 크다 ; portare jeans 청바지를 입고 다니다 ;
    portare le scarpe da tennis 테니스 신발을 신고 다니다

24. Mariella는 키가 작았지만, 늘 하이힐을 신고 다니곤 했다. ** (불완료과거)
    essere basso 키가 작다 ; i tacchi a spillo 하이힐

25. Gustavo는 돗수 안경을 끼고 다녔고, 팔에는 문신이 있었다. ** (불완료과거)
    occhiali da vista 돗수 안경 ; avere un tatuaggio sul braccio 팔에 문신이 있다

26. Claudia는 금발이었으며, 자주 미니스커트들을 입고 다니곤 했다. ** (불완료과거)
    essere biondo 금발이다 ; spesso 자주 ; le minigonne 미니스커트들

Chiavi

01. La signora Caterina **porta** a Piero un caffe'. *

02. Tutti i treni **portano** a Bologna. *

03. Marta **porta** scarpe con i tacchi. *

04. Chi **porta** i dolci stasera? – Li portiamo io e Franco. *

05. Mi **porti** gli stivali? – Quali? – Quelli neri. *

06. Che taglia **porta**? – Io **porto** la (taglia) 44. *

07. Che numero **porti**? Io **porto** il (numero) 44. *

08. Un ragazzo **porta** una valigia a Annarita. *

70. portare

70. portare

09. Romeo **porta** Annarita in giro per la citta'. *

10. Stasera vado da Carla e le **porto** una buona bottiglia di vino. *

11. Al liceo Federica **portava** solo vestiti neri. *

12. Chi **ha portato** queste due bottiglie di vino? – **Le ha portate** Carlo. *

13. C'e' una turista americana che **porta** uno zaino pesante. *

14. Quando verrai a Roma ti **portero'** in un ristorante carino. *

15. Dino non puo' fare fotografie percio' vuol almeno comprare delle cartoline per **portare** con se' e per spedire agli amici. **

16. Una donna **porta** un paio di occhiali da sole scuri e tiene una valigetta sulle ginochia mentre scrive al cellulare. **

17. Chi vuole venire alla festa stasera deve **portare** qualcosa da bere o da mangiare. **

18. Di solito **porti** con te le cose piu' importanti per la tua giornata : le **porti** in tasca o nella borsa? **

19. "Peccato che non **ho portato** la macchina fotografica" pensa Dino. **

20. Hai trovato le chiavi? – Si', le avevo nei pantaloni che **portavo** ieri. **

21. Ricordo che quando stavo male mia nonna veniva sempre a trovarmi e mi **portava** sempre un regalino. **

22. Anna aveva i capelli lunghi, **portava** sempre gli orecchini, era spesso triste e parlava poco. **

23. Gina era altissima e **portava** sempre jeans e scarpe da tennis. **

24. Mariella era bassa ma **portava** sempre i tacchi a spillo. **

25. Gustavo **portava** occhiali da vista ed aveva un tatuaggio sul braccio. **

26. Claudia era bionda, **portava** spesso le minigonne. **

GLOSSARIO(어휘)

portato agg.[p.ps.] 운반된, 옮겨진 ← port<u>are</u>+ato(과거분사 어미)
portante agg.[p.pr.] 휴대하는, 운반하는 ← port<u>are</u>+ante(현재분사 어미)
portabile agg. 운반할 수 있는, 휴대하기 편리한 ← port<u>are</u>+(a)bile(형용사형 어미)
la portata 식사 코스 ; 적재량 ; 사정거리 ; 중요성. ← port<u>ato</u>+a(여성명사 어미)
     un pranzo di 7 portate 7가지 코스의 점심식사
il portatore [s.f.–trice] 운반인 ← port<u>are</u>+(a)tore(남성명사 어미)

[복합어]
il porta**bagagli** 수하물 운반인
il porta**bandiera** 기수
il port**abiti** 양복걸이
il porta**carte** 서류철
il porta**cenere** 재떨이
il porta**chiavi** 열쇠고리
il porta**cipria** 파우더 콤팩트
il porta**dischi** 디스크 케이스
la port**aerei** 항공모함
il porta**fiammiferi** 성냥 곽
la porta**finestra** 프랑스식 창문
il porta**fiori** 꽃병
il porta**foglio** 지갑
il port**folio** 유가증권
il porta**fortuna** 행운의 마스코트

il porta**gioie** 보석상자
il/la porta**lettere** 우편배달부
il porta**monete** 동전지갑
il port**aombrelli** 우산꽂이
il porta**pacchi** (자전거, 오토바이의) 물건 싣는 곳
il porta**penne** 펜 홀더 ; 펜 케이스
il porta**riviste** 신문, 잡지꽂이
il porta**sapone** 비누 곽
il porta**sigarette** 담배 케이스
il porta**spazzolino** 칫솔꽂이
il porta**spilli** 바늘꽂이
il porta**tovagliolo** 냅킨꽂이
il porta**uovo(a)** 계란 판
il porta**voce** 메가폰, 확성기 ; 대변인

70. portare

71 | prendere

v.tr. ~를 먹다, 마시다 ; (교통수단을) 타다 ; ~를 지니다, ~를 취하다 ; ~를 빌리다 ; (결정을) 내리다 ; ~를 챙기다 ; ~를 구입하다 ; (돈을) 인출하다 ; ~를 잡다
➜ take ; get ; pick up ; seize, grab ; catch ; have ; handle

- presente indicativo :
- passato prossimo : **avere preso**
- imperfetto indicativo :
- participio passato : **preso**
- participio presente :
- gerundio : prend**endo**

	현재	미래	근과거
io	prendo	prendero'	ho preso
tu	prendi	prenderai	hai preso
lui, lei, Lei	prende	prendera'	ha preso
noi	prendiamo	prenderemo	abbiamo preso
voi	prendete	prenderete	avete preso
loro	prendono	prenderanno	hanno preso

COMPOSIZIONE

 livelo */**

01. 결국 Piero는 커피를 마신다. *
    alla fine, finalmente 결국

Corso Di *Italiano* Per Coreani

02. 나의 아버지는 고소공포증이 있기 때문에 비행기를 못 타신다. *
avere paura di volare 고소공포증이 있다

03. 우리는 내일 아침 7시에 뉴욕 행 비행기를 탄다. *

04. 그런데 너는 아침 식사 때 무엇을 먹니? *
a colazione 아침 식사 때

05. Dino는 매우 자주 기차를 탄다. *
molto spesso 매우 자주

06. 정시에 도착하기 위해 너는 7시45분 기차를 타야 한다. *
arrivare in orario 정시에 도착하다

07. 너 커피 잔들을 살거니? 어떤 건데? — 저 커피 잔들을 살 거야. * (지시대명사 ← gr.7.7)
le tazzine (에스프렛쏘 용 작은) 커피 잔들

08. 접시들을 살 거니? 어떤 건데? — 저 스프 접시들을 살 거야.
i piatti fondi (바닥이 움푹한) 스프 접시들

09. 잔 들을 살 거니? 어떤 건데? — 저 와인 잔들을 살 거야.
i bicchieri (술) 잔들

10. 모든 재귀동사들은 조동사 'essere'를 취한다. *
i verbi riflessivi 재귀동사들 ; l'ausiliare 조동사

11. 모든 타동사들은 조동사 'avere'를 취한다. *
i verbi transitivi 타동사들

12. 그러나 자동사들은 조동사 'essere' 혹은 'avere'를 취한다. *
i verbi intransitivi 자동사들

71. prendere

71. prendere

13. 문제는 어떤 동사들이 조동사 'essere'를 취하고, 어떤 동사들이 'avere'를 취하는가이다. *
il problema 문제 ; quali verbi 어떤 동사들

14. 네 펜을 / 네 사전을 빌려도 될까? *
il tuo dizionario 네 사전

15. Vaticano에 가기 위해 사람들은 64번 버스만을 타야 한다. * (비인칭 SI ← gr.3)

16. 머리가 아프면 아스피린을 먹어라! * (긍정명령 ← gr. 1.4)
avere mal di testa 머리가 아프다 ; un'aspirina 아스피린

17. 결정을 내리기 전에 좀 더 기다려라! * (긍정명령)
prendere una decisione 결정을 내리다 ; ancora un po' 좀 더

18. 이것들은 내 것이다. 그것들을 가져가지 마라! * (소유대명사/직접대명사 ← gr.8.1/7.1)
essere (le) mie 내 것들이다

19. 누가 애들을 데리러 가니? *
andare a +inf. ~하러 가다

20. Repubblica 광장으로 가려면 저는 어떤 버스를 타야 하나요? *

21. 나는 68번 버스를 타지 않을 것이고, 이 편지조차도 그녀에게 보내지 않을 것이다. *
non ~ neanche ~조차 ~ 아니다

22. 누가 내 휴대폰 가져갔니? *

23. Marta는 버스를 탔다. *

24. Carlo와 Giovanni는 버스를 탔다. *

25. 비가 내리고 있어서 나는 우산을 챙겼다. *

Corso Di *Italiano* Per Coreani

26. 그는 약간 수줍음을 타지만, 이윽고 모든 사람들이 그것들을 사는 것을 보고, 그도 몇 개 산다. ** (재귀동사 현재 ← gr.2.1)
vergognarsi 수줍음을 타다 ; poi 이윽고 ; ne prendere alcune/i 몇 개 사다

27. 사람들은 은행에 갈 때, 번호표를 뽑아 자신의 순서를 기다려야 한다. **
(비인칭 SI ← gr.3)
prendere il numero 번호표를 뽑다 ; il proprio turno 자신의 순서

28. Le Torre 센터에 커다란 테라스가 있는데, 거기서 가끔 아가씨들이 일광욕을 한다. **
un grande terrazzo 커다란 테라스 ; prendere il sole 일광욕하다

29. 너는 돈을 인출하러 은행에 간다. 도착해서 너는 '파업으로 영업 안 함'이라는 게시물을 본다. **
prendere dei soldi 돈을 인출하다 ; Chiuso per Sciopero 파업으로 영업 안 함 ;
un cartello 게시물

30. Annarita는 오후 첫 기차를 탔다고 말한다. **
il treno del pomeriggio 오후 기차

31. 아침 식사 때 나는 커피만 마신다. 반면에 오늘은 카푸치노와 크라상을 먹었다. **
a colazione 아침 식사 때 ; invece 반면에 ; un cornetto 크라상

32. 흔히 나는 10시 경 카푸치노를 마신다. 그러나 휴일이었던 어제는 12시에 식욕을 돋우는 술 한 잔 마셨다. **
verso le 10 10시 경 ; festa 휴일 ; un aperitivo 식욕을 돋우는 술

33. 수영복은? / 칫솔은? / 샴푸는? / 목욕용 거품은 (챙겼니)? — 응, 그것을 챙겼어.
온천 가방은 (챙겼니)? — 응, 그것을 챙겼어.
선글라스는? / 해변 용 샌들은 (챙겼니)? — 응, 그것을 챙겼어.
테니스 신발은? / 썬-크림은? / 오리발은 (챙겼니)? — 응, 그것을 챙겼어. **

71. prendere

(직접대명사와 과거분사 성수일치 ← gr.7.1.2)

costume da bagno 수영복 ; lo spazzolino 칫솔 ; lo shampoo 삼푸 ;

il bagnoschiuma 목욕용 거품 ; la borsa termica 온천 가방 ;

gli occhiali da sole 선글라스 ; i sandali da spiaggia 해변 용 샌들 ;

le scarpe da tennis 테니스 화 ; le creme solari 썬-크림들 ;

le pinne per nuotare (수영 용) 오리발

34. Romeo는 차를 잘 못 주차시켜서 벌금을 물었다. **
parcheggiare 주차시키다 ; prendere una multa 벌금을 물다

35. 이것 때문에 그는 결정을 내렸고, 그의 부모님께 그것을 전하기를 원한다. **
prendere una decisione 결정을 내리다 ; comunicare 전하다

36. 이것은 내가 갖고 있었었던 전화번호이다. ** (직설법대과거 ← gr.1.1.7)

▼ Chiavi

01. Alla fine Piero **prende** il caffe'. *

02. Mio padre non **prende** l'aereo, perche' ha paura di volare.

03. Noi **prendiamo** l'aereo per New York domani mattina alle 7.00. *

04. E tu cosa **prendi** a colazione? *

05. Dino **prende** il treno molto spesso. *

06. Per arrivare in orario devi **prendere** il treno delle 7.45. *

07. **Prendi** le tazzine? Quali? –Quelle da caffe'. *

08. **Prendi** i piatti? Quali? –Quelli fondi. *

09. **Prendi** i bicchieri? Quali? –Quelli da vino. *

10. Tutti i verbi riflessivi **prendono** l'ausiliare 'essere'. *

11. Tutti i verbi transitivi **prendono** l'ausiliare 'avere'. *

12. Ma i verbi intransitivi **prendono** l'ausiliare 'essere' o 'avere'. *

13. Il problema e' : quali verbi **prendono** l'ausiliare 'essere' e quali 'avere'? *

14. Posso **prendere** la tua penna?/il tuo dizionario? *

15. Per andare al Vaticano si puo' **prendere** solo l'autobus n. 64. *

16. **Prendi** un'aspirina, se hai mal di testa! *

17. Aspetta ancora un po' prima di **prendere** una decisione! *

18. Queste cose sono (le) mie! Non devi **prender**le. *

19. Chi va a **prendere** i bambini? *

20. Che autobus devo **prendere** per Piazza della Repubblica? *

21. Non **prendero'** l'autobus n.68, e non le mandero' neanche questa lettera. *

22. Chi **ha preso** il mio cellulare? *

23. Marta **ha preso** l'autobus. *

24. Carlo e Giovanni **hanno preso** l'autobus. *

25. Pioveva e **ho preso** l'ombrello. *

26. Si vergogna un po', ma poi vede che tutti le comprano ed anche lui ne **prende** alcune. **

27. Quando si va in banca si deve **prendere** il numero e aspettare il proprio turno. **

28. Al centro Le Torri c'e' un grande terrazzo dove a volte le ragazze **prendono** il sole. **

29. Vai in banca per **prendere** dei soldi. Quando arrivi vedi un cartello : "Chiuso per sciopero". **

30. Annarita dice che **ha preso** il primo treno del pomeriggio. **

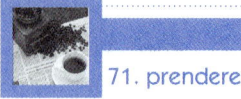

71. prendere

31. A colazione prendo solo un caffe'. Oggi, invece, **ho preso** un cappuccino e un cornetto. **

32. Di solito prendo un cappuccino verso le 10.00. Ma ieri che era festa **ho preso** anche un aperitivo alle 12.00. **

33. Il costume da bagno? / Lo spazzolino? / Lo shampoo? / Il bagnoschiuma?
    –Si', **l'ho preso**!
    La borsa termica? –Si', **l'ho presa**!
    Gli occhiali da sole? / I sandali da spiaggia? –Si', **li ho presi**!
    Le scarpe da tennis? / Le creme solari? / Le pinne per nuotare?
    –Si', **le ho prese**! **

34. Romeo **ha preso** una multa perche' ha parcheggiato male la macchina. **

35. E per questo **ha preso** una decisione e la vuole comunicare ai suoi genitori. **

36. E' il numero di telefono che **avevo preso**. **

COME SI DICE

Eccellente! 탁월해, 뛰어나, 우수해,
Squisito! 전혀 흠 잡을 데가 없어, 더할 나위 없이 훌륭해,
Ottimo! 아주 좋아, 아주 맛있어!
Buonissimo! 아주 좋아, 아주 맛있어!
Molto buono! 아주 좋아, 아주 맛있어!
Eccezionale! 보통이 아니군, 뛰어나군, 우수하군, 예외적이군!
Non e' male! 나쁘지 않군!
E' cattivo! 나쁘구나. 말 안 듣는군, 장난이 심하군, 외설적이군, 음탕하군!
E' schifoso! 싫다, 메스껍다, 진저머리난다, 정 떨어진다!
Accidenti! 이걸 어쩌나, 큰 일 났네!

*Corso Di **Italiano** Per Coreani*

Peccato! 아쉽군!
Per fortuna! 다행이야!
Meno male! 나쁘지 않군!

GLOSSARIO(어휘)

prendibile agg. 가질 수 있는, 입수 가능한
　　　← prend<u>ere</u>+(i)bile(형용사형 어미)
il prenditore (야구의) 포수
　　　prend<u>ere</u>+(i)tore(명사형 어미, ~하는 사람)

72 | prenotare

v.tr. ~를 예약하다 ➜ book, reserve

- presente indicativo :
- passato prossimo : **avere prenoato**
- imperfetto indicativo :
- participio passato : prenot**ato**
- participio presente :
- gerundio : prenot**ando**

	현재	근과거	대과거
io	prenoto	ho prenotato	avevo prenotato
tu	prenoti	hai prenotato	avevi prenotato
lui, lei, Lei	prenota	ha prenotato	aveva prenotato
noi	prenotiamo	abbiamo prenotato	avevamo prenotato
voi	prenotate	avete prenotato	avevate prenotato
loro	prenotano	hanno prenotato	avevano prenotato

COMPOSIZIONE

 livelo ＊/＊＊

01. 호텔 룸을 예약해라! ＊

02. 저는 4인용 테이블을 예약했었었는데요. ＊ (직설법대과거 ← gr.1.1.7)
    un tavolo per quattro persone 4인용 테이블

Corso Di *Italiano* Per Coreani

03. 너희들이 Sardegna에 가려 한다면, 3개월 전에 예약해야 한다. **

tre mesi prima 3개월 전에 cf. 3 mesi fa (과거 문장에 사용)

04. 8월에 Sardegna 행 여객선 좌석을 구하려면, 사람들은 2개월 전에 예약해야 한다. **

(비인칭 SI ← gr.3)

un posto in traghetto 여객선 좌석

05. 4월24일부터 8월25일까지는 주말에만 예약이 필요하다. **

06. 두 명의 여인들은 42번, 44번 좌석을 예약했다. **

07. 그 테이블을 예약한 신사가 자신의 테이블에 앉아 있으라고 그 부인에게 권한다. **

invitare la signora a rimanere 앉아 있으라고 부인에게 권하다

08. Renata, 레스토랑에 가기 위해 우리는 몇 시경 나갈 거지? – 7시30분 경. 아! 참, 너 테이블 예약 전화 했니? **

a proposito 아! 참(문득 뭔가 생각났을 때) ; telefonare per prenotare ~ 를 예약 전화하다

Chiavi

01. Prenota la stanza d'albergo! *

02. Avevo prenotato un tavolo per quattro persone. *

03. Se volete andare in Sardegna dovete **prenotare** tre mesi prima. **

04. Per trovare un posto in traghetto per la Sardegna in agosto si deve **prenotare** due mesi prima. **

05. Dal 24 aprile al 25 agosto e' necessario **prenotare** solo per il fine settimana. **

06. Le due donne **hanno prenotato** i posti 42 e 44. *

07. Il signore che **ha prenotato** il tavolo invita la signora a rimanere seduta al suo tavolo. **

72. prenotare

08. Renata, verso che ora usciamo per andare al ristorante? – Verso le sette e mezzo. A proposito, hai telefonato per **prenotare** il tavolo? ∗∗

GLOSSARIO(어휘)

prenotato agg.[p.ps.] 예약된. posti prenotati 예약석, tutto prenotato 매진
la prenotazione 예약, 예약신청

73 preparare

v.tr. ~를 준비하다, (식사를) 만들다 ; (침대를) 정리하다 ; ~할 채비하다 ; (가방, 짐을) 꾸리다, 챙기다 ➡ prepare, make

- presente indicativo :
- passato prossimo : **avere preparato**
- imperfetto indicativo :
- participio passato : prepar**ato**
- participio presente :
- gerundio : prepar**ando**

	현재	근과거	불완료과거
io	preparo	ho preparato	preparavo
tu	prepari	hai preparato	preparavi
lui, lei, Lei	prepara	ha preparato	preparava
noi	prepariamo	abbiamo preparato	preparavamo
voi	preparate	avete preparato	preparavate
loro	preparano	hanno preparato	preparavano

COMPOSIZIONE

 livelo ∗ / ∗∗

01. 저녁 식사를 준비해라! ∗

02. 네가 저녁 식사를 준비하니? – 아니, 오늘 저녁엔 Marco가 저녁을 준비해. ∗

03. 시험을 준비하는 한 학생이 있다. ∗

04. 늦었다! 채비해야겠다. Franco가 날 기다리거든. ∗

73. preparare

05. 이 봐, Franco, 저녁 준비할 필요 없어. 오늘 저녁 우리 외식한다. *
senti [sentire의 tu에 대한 명령] 이 봐 ; non dovere+inf. ~할 필요 없다 ;
cenare fuori 저녁 외식하다

06. 네가 싫지 않다면, 오늘 저녁 식사는 내가 준비하고, 너는 설거지한다. **

07. 넌 벌써 짐들을 챙겼니? – 안타깝게도 나는 짐을 더 준비해야 한다. **
i bagagli 짐들 ; purtroppo 안타깝게도

08. 어제 저녁 Carlo가 샐러드를 씻고 있는 동안, 나는 과일 화채를 준비하고 있었다. **
mentre ~는 동안 ; una macedonia di frutta 과일 화채

Chiavi

01. **Prepara** la cena! *

02. **Prepari** tu la cena? –No, la **prepara** Marco stasera. *

03. C'e' uno studente che **prepara** un esame. *

04. E' tardi! Devo **preparar**mi, Franco mi aspetta. *

05. Senti Franco, non devi **preparare** la cena, stasera ceniamo fuori. *

06. Se non ti dispiace stasera io **preparo** la cena e tu lavi i piatti. **

07. Hai fatto gia' i bagagli? –Purtroppo devo ancora **preparar**li. **

08. Ieri sera mentre Carlo lavava l'insalata io **preparavo** una macedonia di frutta. **

GLOSSARIO(어휘)

preparato agg.[p.ps.] 준비된, 갖추어진, 채비한
　　　　　← prepar<u>are</u>+ato(과거분사 어미)
il preparatore [s.f. –trice] 준비하는 사람, (실험실) 조교
　　　　　← prepar<u>are</u>+(a)tore(명사형 어미, ~하는 사람)
preparatorio agg. 예비의, 준비의. esercizio ~ 예비훈련, manovra preparatoria 예행연습
　　　　　← preparat<u>o</u>+(o)rio(형용사형 어미)
la preparazione 준비 ; 각오
　　　　　← prapar<u>are</u>+(a)zione(여성명사 어미)

74 | provare

v.tr. ~를 시도하다 ; (옷을) 입어보다, (신발을) 신어보다
➡ try to

- presente indicativo :
- passato prossimo : **avere provato**
- imperfetto indicativo :
- participio passato : prov**ato**
- participio presente :
- gerundio : prov**ando**

	현재	근과거
io	provo	ho provato
tu	provi	hai provato
lui, lei, Lei	prova	ha provato
noi	proviamo	abbiamo provato
voi	provate	avete provato
loro	provano	hanno provato

COMPOSIZIONE

 livelo * / ** / *

01. 치수 38을 입어보고 싶으세요? *

02. 굽이 좀 낮은 저 구두를 신어 보겠습니다. *
    le scarpe con il tacco basso 낮은 굽이 달린 구두

03. 등장인물 몇 사람을 기억해 보도록 해라! **

Corso Di *Italiano* Per Coreani

qualche personaggio 등장인물 몇 사람 ; ricordare 기억하다 ;

provare a +inf. ~하도록, 하려고 애쓰다, 시도하다

04. 너희들, 몇 가지 가능한 대답들을 주려고 함께 시도해 봐라! **
dare delle risposte possibili [delle=some] 몇 가지 가능한 대답을 주다

05. 텍스트를 분석한 후, 관사 사용 규칙을 정립하도록 시도해 봐라! **
dopo aver analizzato il testo 텍스트를 분석한 후 ;
una regola per l'uso dell'articolo 관사 사용 규칙 ; costruire 정립하다

06. 이런 참고사항들을 사용하면서, 두 명의 등장인물들을 서술하도록 해 봐라! **
riferimenti 참고사항들 ; usando [usare의 동명사] 사용하면서 ;
personaggi 등장인물들 ; descrivere 서술하다

07. 그는 거리를 알아맞혀 보려고 애쓴다. **
le distanze 거리/간격 ; indovinare 알아맞히다

08. 그는 Valentina가 뭐라 말하는지를 기억하려고 애쓴다. **

09. 그는 책을 읽으려고 애썼으나 전혀 읽지 못했고, 만화책을 읽으려고 애썼으나 취미가 없었다. 가끔 노트를 펴서 뭔가를 끙적대고는 이윽고 노트를 덮는다. **
fumetti 만화책 ; senza gusto 취미가 없다 ; ogni tanto 가끔 ;
scrivere qualcosa 뭔가 끙적대다 ; e poi 이윽고 ; chiudere 덮다

✓ Chiavi

01. Vuole **provare** il 38? *

02. **Provo** quelle scarpe con il tacco un po' basso. *

03. **Prova** a ricordare qualche personaggio! **

74. provare

74. provare

04. **Provate** insieme a dare delle risposte possibili! ⁂

05. Dopo aver analizzato il testo **provate** a costruire una regola per l'uso dell'articolo! ⁂

06. Ora **prova** a descrivere i due personaggi usando questi riferimenti! ⁂

07. **Prova** ad indovinare le distanze. ⁂

08. **Prova** a ricordare cosa dice Valentina! ⁂

09. **Ha provato** a leggere un libro, ma niente, **ha provato** a leggere fumetti, ma senza gusto, ogni tanto apre un quaderno scrive qualcosa, poi lo chiude. ⁂

GLOSSARIO(어휘)

la prova 실험, 시험, 연습 ; 증명 ; 확인.
    ~ generale 총연습, fare la ~ di una macchina 시운전하다, a ~ 시험 삼아, prove scritte 필기시험, prove orali 구두시험
        ← prov<u>are</u>+a(여성명사형 어미)

il provatore [s.f.-trice] 시험자, 검사관
        ← prov<u>are</u>+(a)tore(명사형 어미, ~하는 사람)

75 | restare

v.intr. (장소에) 남다, 머물다 ; (조건에) 있다 ; 남겨지다
➡ stay, remain ; be left

- presente indicativo :
- passato prossimo : **essere restato/a/i/e**
- imperfetto indicativo :
- participio passato : rest**ato**
- participio presente : rest**ante**
- gerundio : rest**ando**

	현재	근과거	미래
io	resto	sono restato/a	restero'
tu	resti	sei restato/a	resterai
lui, lei, Lei	resta	e' restato/a	restera'
noi	restiamo	siamo restati/e	resteremo
voi	restate	siete restati/e	resterete
loro	restano	sono restati/e	resteranno

COMPOSIZIONE

 livelo */**

01. 나는 집에/침대에/저녁식사에 남아 있다. *

02. 그는 TV를 보기 위해 남는다. *

03. 우리는 입을 다물고 있다. *
   restare zitto 입을 다물고 있다

75. restare

04. Dino는 놀란 채로 있다. *
sorpreso 놀란

05. Piero는 시각장애인이 되었다. *
restare cieco 시각장애인이 되다

06. 청년들은 서 있었다. *
restare / essere in piedi 서 있다

07. 우리는 좋은 관계 속에 있다. *
buoni rapporti 좋은 관계

08. 그는 그녀에게 남은 유일한 친척이다. *
l'unico parente 유일한 친척

09. 아직도 해야 할 일이 많이 남아 있다. *
da fare 해야 할 일

10. 내게 남은 것은 오직 너다. *

11. 그 수도사는 Sicilia에 정말로 영원히 남고 싶어 한다.
(단순조건법 – 간절한 소망 ← gr.1.2.1)
il prete 수도사 ; per sempre 영원히

12. Piero는 기차가 30분 더 멈춰있어야 한다고 말한다. *
restare fermo 멈춰있다

13. 오늘 저녁 우리는 기꺼이 남을 것이지만, 황급히 자리를 떠야만 한다. **
volentieri 기꺼이 ; scappare 황급히 자리를 뜨다

14. 내가 여기 남아야 하는 유일한 이유를 내게 말해 주라! **(명령형+대명사 ← gr.1.4.3)
un solo motivo 유일한 이유 ; dimmi [di'+mi] 내게 말해 주라!

15. 15km 가야 한다(= 도착하려면 15km 남아있다). **
da fare (=arrivare) 도착하려면

16. 네게 남아 있는 것은 수용하는 것 외에는 없다(= 네가 할 수 있는 것은 수용하는 것뿐이다). **
accettare 수용하다, 받아들이다 ; non restare che +inf. ~외에는 없다

17. 나는 내게 남아있는 적은 돈으로 책 한 권을 샀다. **
coi pochi soldi 적은 돈으로

18. 한 두 개의 돌 외에는 남겨진 것이 없다(= 한 두 개의 돌들만이 남겨져 있다). **
poche pietre 한 두 개의 돌 ; non restare che +inf. ~외에는 없다

19. 보통 나는 바다로 휴가 가지만, 금년에는 돈이 없어서 도시에 남을 것이다. **
andare in vacanza 휴가 가다 ; non avere soldi 돈이 없다

20. 공공장소들과 디스코텍들은 이른 새벽 시간까지 오픈되어 있고, 온갖 유형의 이벤트들과 콘서트들이 있다. **
locali 공공장소들 ; discoteche 디스코텍들 ;

fino alle prime del mattino 이른 새벽 시간까지 ; restare aperto 오픈되어 있다 ;

ogni tipo 온갖 유형 ; manifestazioni 이벤트들 ; concerti 콘서트들 ; ci sono ~가 있다

Chiavi

01. **Resto** a casa / a letto / a cena.

02. **Resta** a guardare la TV.

03. **Restiamo** zitti.

04. Dino **resta** sorpreso.

05. Piero **e' restato** cieco.

75. restare

06. I ragazzi **sono restati** in piedi.
07. **Restiamo** in buoni rapporti.
08. Lui e' l'unico parente che le **resta**.
09. **Resta** ancora molto da fare.
10. Mi **resti** solo tu. *
11. Il prete vorrebbe **restare** per sempre in Sicilia.
12. Piero dice che il treno deve **restare** fermo ancora mezz'ora. *
13. Stasera **resteremo** volentieri, ma dobbiamo proprio scappare. **
14. Dimmi un solo motivo per cui (per il quale) dovrei **restare** qui! **
15. **Restano** da fare 15km. **
16. Non ti **resta** altro (da fare) che accettare. **
17. Ho comprato un libro coi pochi soldi che mi **restano**. **
18. Non **restano** che poche pietre. **
19. Di solito vado in vacanza al mare, ma quest'anno non ho soldi, cosi' **resto** in citta'. **
20. Locali e discoteche **restano** aperti fino alle prime ore del mattino e ci sono concerti e manifestazioni culturali di ogni tipo. **

GLOSSARIO(어휘)

restante agg.[p.pr.] 남아 있는, 잔재의, 살아남은. il denaro ~ 남아있는 돈
  ← rest<u>are</u>+ante(현재분사 어미, 형용사로 파생)

il restante 나머지, 잔여
  ← rest<u>are</u>+ante(현재분사 어미, 명사로 파생)

76 | ricevere

v.tr. ~를 받다, 영수하다, 받아들이다 ; 환영하다, 환대하다, 접견하다 ; (환자를) 보다 ; 수용하다 ; 인정하다, 용인하다 ; (신호를) 수신하다
➔ receive, get ; welcome ; see ; pick up

- presente indicativo :
- passato prossimo : **avere ricevuto**
- imperfetto indicativo :
- participio passato : ricev**uto**
- participio presente : ricev**ente**
- gerundio : ricev**endo**

	현재	근과거	미래
io	ricevo	ho ricevuto	ricevero'
tu	ricevi	hai ricevuto	riceverai
lui, lei, Lei	riceve	ha ricevuto	ricevera'
noi	riceviamo	abbiamo ricevuto	riceveremo
voi	ricevete	avete ricevuto	riceverete
loro	ricevono	hanno ricevuto	riceveranno

Composizione

▼ livelo * / ** / ***

01. 나는 모욕(비난)을 받았다. *

lo schiaffo 모욕, 비난

02. 그들은 방문객들을 접견한다. *

76. ricevere

visite, visitatori 방문객들

03. 의사는 금요일에 (수술을) 받는다. *

04. Marco는 시험에서 항상 30점 만점을 받는다. *
trenta e lode [lode는 칭찬의 뜻으로 최고 점수] 30점 만점

05. 그들은 거실에서 나를 접견했다. *
in salotto 거실에서

06. 우리는 그러한 물건을 받았음을 확인합니다. * (부정법과거 ← gr.1.5.2)
tale merce 그런 물건 ; confermare di+[avere/essere+p.ps.] ~했음을 확인하다

07. 너는 보통 많은 이메일 쓰고 받니? – 응, 많은 이메일을 보내는데, 적게 받아. **
(대명사 NE ← gr.7.1.1)
e-mail 이메일

08. 많은 사람들은 결혼할 때, 친구들과 친척들로부터 선물들을 받는다. **
(재귀동사 현재 ← gr.2.1)
sposarsi 결혼하다 ; da parenti 친척들로부터

09. 한편, 체념한 그 어머니는 이해할 수 없는 사투리로 뭔가 중얼거리며, 객실 이동식 빠에서 받은 공짜 비스켓을 먹기 시작한다. **
la madre rassegnata 체념한 어머니 ; incomprensibile 이해할 수 없는 ;
in un dialetto 사투리로 ; mormorare 중얼거리다 ; il servizio bar 객실 이동식 빠 ;
i biscotti omaggio 공짜 비스켓

Corso Di *Italiano* Per Coreani

🔽 Chiavi

01. **Ho ricevuto** lo schiaffo. *

02. **Ricevono** visite. *

03. Il dottore **riceve** il venerdi'. *

04. Marco **riceve** sempre trenta e lode agli esami. *

05. Mi **hanno ricevuto** in salotto. *

06. Confermiamo di **aver ricevuto** tale merce. **

07. Scrivi e **ricevi** molte e-mail di solito? -Si', ne scrivo tante, ma ne **ricevo** poche. **

08. Molte persone quando si sposano **ricevono** regali da amici e parenti. **

09. La madre intanto, rassegnata mormora qualcosa in un dialetto incomprensibile e comincia a mangiare i biscotti omaggio che **ha ricevuto** dal servizio bar. **

GLOSSARIO(어휘)

ricevuto agg.[p.ps.] 받은, 수령한, 수취한 ← ricev<u>e</u>re+ato(과거분사 어미, 형용사로 파생)
ricevente agg.[p.pr.] 받는, 수신하는 ← ricev<u>e</u>re+ente(현재분사 어미, 형용사로 파생)
il ricevente 수취인 ; (테니스의) 리시브 ; 수신기 ← ricev<u>e</u>re+ente(현재분사 어미, 명사로 파생)
ricevile agg. 수취할 수 있는, 받아들일 수 있는 ← ricev<u>e</u>re+(i)le(형용사형 어미)
il ricevimento 환영 ; 수령 ; 가입 ; 접대, 대접, 리셉션, 피로연. ~ di nozze 결혼식 피로연
    ← ricev<u>e</u>re+(i)mento(명사형 어미)
il ricevitore 수금원, 수납계 ; 수신기, 수상기. ~ delle imposte 세금징수원
    ← ricev<u>e</u>re+(i)tore(남성명사 어미)
la ricevitoria 세금징수 사무실, 발매점. ~ del lotto 로또 발매점 ← ricev<u>e</u>re+(i)toria(명사형 어미)
la ricevuta 수령증, 영수증 ; 수령 ← ricevut<u>o</u>+a(여성명사 어미)
la ricezione 수령, 수취 ; 수신 ← ricev<u>e</u>re+zione(여성명사 어미)

77 | ricordare

v.r. 기억하다, 생각나다 ; 생각나게 하다, 상기시키다, 일깨워 주다, 회상하다 ; 언급하다 ; 추모하다 → remember ; remind, recall ; mention ; commemorate

- presente indicativo :
- passato prossimo : **avere ricordato**
- imperfetto indicativo :
- participio passato : ricord**ato**
- participio presente :
- gerundio : ricord**ando**

	현재	불완료과거	미래
io	ricordo	ricordavo	ricordero'
tu	ricordi	ricordavi	ricorderai
lui, lei, Lei	ricorda	ricordava	ricordera'
noi	ricordiamo	ricordavamo	ricorderemo
voi	ricordate	ricordavate	ricorderete
loro	ricordano	ricordavano	ricorderanno

COMPOSIZIONE

 livelo * / **

01. 과거를 상기시키는 장면들 *

   il passato 과거 ; le scene 장면들

02. 내가 기억하기에 *

Corso Di *Italiano* Per Coreani

03. 내 기억이 맞는다면 *

04. 그는 내게 그의 아버지를 생각나게 한다. *

05. 내가 먼저 거기에 있었다는 것을 네게 일깨워 주겠다. *

06. 그것들은 Piero에게 과거를 회상하게 한다. *

07. 기차 순회 근무(기차표 확인)할 때, Piero가 누구를 보는지 기억하니? *
nel giro del treno 기차 순회 근무할 때

08. 기차 탄 사람들이 무엇을 하는지 기억하니? *
le persone sul treno 기차 탄 사람들

09. 누구의 기념비들인지 기억하는 것은 Dino에겐 문제가 되지 않는다. **
i monumenti 기념비들

10. Pitti 궁전에서 패션 쇼하는 동안, 어떤 일이 벌어지는지 기억하니? **
i palazzi 궁전 ; la sfilata di moda 패션 쇼 ; durante ~ 동안 ;
succedere 일이 생기다, 벌어지다

11. 그러나 그는 아직도 그녀에게 약간은 사랑에 빠져있다. 그녀를 생각하고는 운다. **
essere innamorato di ~에 대해 사랑에 빠지다 ; piangere 울다

12. 커피에 대해 Valentina가 뭐라 말하는지 기억하도록 해 봐라! **
a proposito di ~에 대해 이야기 하다 ; provare a+inf. ~하도록 애쓰다, 시도하다

13. 이것을 내게 말한 선생님의 이름을 기억 못한다. **

14. 그의 기차 여행들은 어렸을 때 부모님과 남쪽으로 휴가 가곤했던 때를 그에게 상기시켜 준다. **
i suoi viaggi in treno 그의 기차 여행들 ; da bambino(a) 어렸을 때 ;

77. ricordare

77. ricordare

andare in vacanza al sud 남쪽으로 휴가 가다

15. 그러나 무엇보다 그는 안내 책자를 갖고 있지 않아, 그가 보는 모든 궁전들과 기념비들이 누구의 것인지 언급하기가 어렵다. **

soprattutto 무엇보다 ; una guida 안내 책자 ; i palazzi 궁전들 ; i monumenti 기념비들

Chiavi

01. scene che **ricordano** il passato
02. per quanto **ricordo**
03. se ben **ricordo**
04. Mi **ricorda** molto suo padre.
05. Ti **ricordo** che c'ero prima io.
06. A Piero **ricordano** il passato.
07. **Ricordi** chi vede Piero nel giro del treno?
08. **Ricordi** cosa fanno le persone sul treno?
09. Per Dino non e' un problema : **ricordare** di chi sono i monumenti.
10. **Ricordi** cosa succede durante la sfilata di moda a Palazzo Pitti?
11. Pero' e' ancora un po' innamorato di lei. La **ricorda** e piange.
12. Prova a **ricordare** cosa dice Valentina a proposito del caffe'!
13. Non **ricordo** il nome dell'insegnante che mi ha detto questa cosa.
14. Gli **ricordano** i suoi viaggi in treno da bambino quando andava in vacanza al sud con i genitori.
15. Ma soprattutto non ha una guida ed e' difficile **ricordare** di chi sono tutti i monumenti ed i palazzi che vede.

GLOSSARIO(어휘)

ricordabile agg. 기억할만한, 기억하기 쉬운
　　　　← ricord<u>are</u>+(a)bile(형용사형 어미)
ricordativo agg. 기억의, 생각나게 하는 capacita' ricordativa 기억력
　　　　← ricord<u>are</u>+(a)tivo(형용사형 어미)
ricordevole agg. 생각날만한, 마음에 남는
　　　　← ricord<u>are</u>+evole(형용사형 어미)
il ricordo 기억, 추억 ; 기념품 ; 추억거리
　　　　← ricord<u>are</u>+o(남성명사 어미)
il ricordino (작은) 기념품 ; (친했던) 고인의 사진
　　　　← ricord<u>o</u>+ino(축소형 변의어미)
la ricordanza 회상, 추억, 기념비, 회상록
　　　　← ricord<u>are</u>+anza(명사형 어미)

78 | rimanere

v.intr. (장소에) 남다, 머물다 ; (조건에) 있다 ; 남겨지다
→ stay, remain ; be left

- presente indicativo :
- passato prossimo : **essere rimasto/a/i/e**
- imperfetto indicativo :
- participio passato : **rimasto**
- participio presente : riman**ente**
- gerundio : riman**endo**

	현재	근과거	미래
io	riman**g**o	sono rimasto/a	rima**rro'**
tu	rimani	sei rimasto/a	rima**rrai**
lui, lei, Lei	rimane	e' rimasto/a	rima**rra'**
noi	rimaniamo	siamo rimasti/e	rima**rremo**
voi	rimanete	siete rimasti/e	rima**rrete**
loro	riman**g**ono	sono rimasti/e	rima**rranno**

COMPOSIZIONE

 **livelo** ＊/＊＊

01. Filippo는 단 이틀만 볼로냐에 머문다. ＊

02. 너는 언제까지 머물거니? ＊

03. 너희들은 몇 시까지 머물렀니? ＊

04. 어제 저녁에 너희들은 뭘 했니? — 아무 것도 안 하고 집에 있었어. *

05. 어제 나는 열이 있어서 집에 머물렀다. *

06. 청년들은 Annarita에게 인사한다. 그리고 그녀에게 연락하며 지내자고 요구한다. **
salutare ~에게 인사하다 ; rimanere in contatto 연락하며 지내다

07. 그 테이블을 예약한 신사가 자신의 테이블에 앉아 있으라고 그 부인에게 권한다. **
invitare la signora a rimanere seduto(a) 앉아 있으라고 부인에게 권하다

08. 그처럼 매혹적인 곳에서 영원히 살기 위해 머문다면 얼마나 좋을까! **
posti incantati 매혹적인 곳 ; per sempre 영원히 ; vivere 살다

09. 그 청년은 돌아 와서 6인용 객실에 남아 있던 여성과 이야기하기 시작한다. **
iniziare a+inf. ~하기 시작하다

10. Fabio는 볼로냐에서 기차에 올라탔다. 여행 내내 누구와도 대화하지 않고 침묵을 지켰다. **
salire sul treno (기차에) 오르다 ; per tutto il viaggio 여행 내내 ;
senza parlare con nessuno 누구와도 대화하지 않고 ;
rimanere in silenzio 침묵을 지키다, 잠자코 있다

11. 그 디자이너와 6인용 객실에서 여행을 했던 금발의 여성은 지금 홀로 남았고, 침묵 속에서 기차 창밖의 경치를 바라본다. **
viaggiare 여행하다 ; la donna bionda 금발의 여성 ; rimanere solo(a) 홀로 남다 ;
in silenzio 침묵 속에서 ; il paesaggio dal finestrino 기차 창밖의 경치

78. rimanere

Chiavi

01. Filippo **rimane** a Bologna solo due giorni. *

02. Fino a quando **rimani**? *

03. Fino a che ora **siete rimasti**? *

04. Che avete fatto ieri sera? – Niente, **siamo rimasti** a casa. *

05. Ieri avevo la febbre, percio' **sono rimasto** a casa. *

06. I ragazzi salutano Annarita e le chiedono di **rimanere** in contatto. **

07. Il signore che ha prenotato il tavolo invita la signora a **rimanere** seduta al suo tavolo. **

08. Come sarebbe bello rimanere a vivere per sempre in quei posti incantati. **

09. Il ragazzo torna ed inizia a parlare con la donna che **e' rimasta** nello scompartimento. **

10. Fabio e' salito a Bologna, per tutto il viaggio **e' rimasto** in silenzio, senza parlare con nessuno. **

11. La donna bionda che viaggiava nello scompartimento col designer ora **e' rimasta** sola e guarda in silenzio il paesaggio dal finestrino. **

79 | rispondere

v.tr. 대답하다, 응답하다 → answer, reply
v.intr. 대답하다, (초대에) 답하다, (전화에) 답하다 ; 되풀이하여 말하다 ; (기계가) 반응하다 ; (애정에) 보답하다
→ answer, reply ; respond ; correspond

- presente indicativo :
- passato prossimo : **avere risposto**
- imperfetto indicativo :
- participio passato : **risposto**
- participio presente : rispond**ente**
- gerundio : rispond**endo**

	현재	미래	근과거	불완료과거
io	rispondo	rispondero'	ho risposto	rispondevo
tu	rispondi	risponderai	hai risposto	rispondevi
lui, lei, Lei	risponde	rispondera'	ha risposto	rispondeva
noi	rispondiamo	risponderemo	abbiamo risposto	rispondevamo
voi	rispondete	risponderete	avete risposto	rispondevate
loro	rispondono	risponderanno	hanno risposto	rispondevano

COMPOSIZIONE

 livelo ＊/＊＊

01. 그녀는 "네, 네"라고 대답한다. ＊

02. 나는 팩스에 답했다. ＊
    rispondere ad un fax 팩스에 답하다

79. rispondère

03. 전화 받아라! *
rispondere al telefono 전화 받다

04. 네 아버지가 너를 부르시면, 그에게 대답해라. **

05. 청년들은 그녀에게 인사한다. Annarita는 모두에게 답하려고 애쓴다. **
salutare 인사하다 ; cercare di+inf. ~하려고 애쓰다

06. Mara는 30분 전부터 꼬무네에 전화를 걸고 있는 중인데, 아무도 받지 않는다. **
da mezz'ora 30분 전부터 ; il comune 꼬무네

07. 어제 저녁 8시에 너희들은 어디 있었니? 내가 전화했지만 아무도 받지 않더라. **
non rispondere nessuno 아무도 받지 않다

08. 현재도 전 세계에 폭력이 존재한다고 시칠리아 신사는 대답한다. **
il signore siciliano 시칠리아 신사 ; ormai 현재 ; in tutto il mondo 전 세계에 ;
c'e' violenza 폭력이 존재하다

09. Fabio는 혼자 생각한다. '그녀에게 전화하지 않을 거야, 그녀의 편지에 답장하지 않을 거야.' **
pensare dentro di se' 혼자 생각하다

Chiavi

01. Lei **risponde** : "Si', si'". *

02. **Ho risposto** ad un fax. *

03. **Rispondi** al telefono! *

04. Se tuo padre ti chiama, perche' non gli **rispondi**? **

05. I ragazzi la salutano. Annarita cerca di **rispondere** a tutti. **

06. Mara sta telefonando al comune da mezz'ora ma non le **risponde** nessuno. **

07. Dove eravate ieri sera alle 8.00? Ho telefonato ma non **rispondeva** nessuno. **

08. Il signore siciliano **risponde** che ormai c'e' violenza in tutto il mondo. **

09. Fabio pensa dentro di se', ecco : non la chiamero', non **rispondero'** alle sue lettere. **

GLOSSARIO(어휘)

rispondente agg. 답하는 ; 부합하는, 일치하는
　　　　　　← rispond<u>ere</u>+ente(현재분사 어미, 형용사로 파생)
il/la rispondente 보증인
　　　　　　← rispond<u>ere</u>+ente(현재분사 어미, 명사로 파생)
la rispondenza 대응 ; 감응 ; 부합, 일치 ; 상대, 호응
　　　　　　← rispond<u>ere</u>+enza(명사형 어미)

80 | salire

v.tr. (산을) 오르다 ➜ climb, go up
v.intr. 오르다 ; (차에) 올라타다, 승진하다 ; (가격이) 오르다, (수량이) 증가하다
➜ go up ; climb ; get into ; rise

- presente indicativo :
- passato prossimo : **essere salito/a/i/e**
- imperfetto indicativo :
- participio passato : sal**ito**
- participio presente : sali**ente**
- gerundio : sali**endo**

	현재	근과거
io	**salgo**	sono salito/a
tu	sali	sei salito/a
lui, lei, Lei	sale	e' salito/a
noi	saliamo	siamo saliti/e
voi	salite	siete saliti/e
loro	**salgono**	sono saliti/e

Composizione

 livelo */**

01. 그들은 기차에 오르고 난 후, 그들의 좌석을 찾는다. *
    il loro posto 그들의 좌석

02. 사진작가인 Alessandro도 (기차에) 오르는 사람들을 쳐다본다. *

fotografo 사진작가 ; guardare 쳐다보다

03. 또 다른 검표원이 Palermo 행 기차에 오른다. *
un controllore 검표원

04. 그러나 곧 강력한 바람이 불어 와, 장면이 바뀌고, 둥근 물체는 솟아오르다가 사라진다. **
arrivare un vento 바람이 불어오다 ; cambiare la scena 장면이 바뀌다 ;
la sfera 둥근 물체 ; salire in alto 솟아오르다 ; scomparire 사라지다

05. 검표원인 Piero도 가끔 여행가방과 짐을 갖고 (기차에) 오르내리는 승객들을 바라보면서 자문한다. '도대체 그들은 어디로 가는걸까?'
valigie 여행가방 ; pacchi 짐 ; scendere e salire 오르내리다 ; i passeggeri 승객들 ;
guardare 바라보다 ; chiedersi 자문하다 ; ma 도대체

06. Annarita는 볼로냐에서 기차에 올라, 한 무리의 친구들에게 인사 하고, 비어 있는 6인 객실에 앉았다. **
la comitiva dei suoi amici 한 무리의 그의 친구들 ; vuoto 비어 있는 ; sedersi 앉다

07. 밀라노에서 기차에 오른 두 명의 시칠리아 신사들 간의 대화는 쉼 없이 계속된다. **
la conversazione tra i signori 신사들 간의 대화 ; ininterrottamente 쉼 없이 ;
continuare 계속되다

08. 어제 장을 보는 동안 피곤했다. 매우 무거운 봉투를 들고 집으로 돌아 왔는데, 엘리베이터가 고장 나 걸어서 올라왔다. **
stancarsi, essere stanco(a) 피곤하다 ; mentre 하는 동안 ;
delle buste pesantissime 매우 무거운 봉투 몇 개 ; l'ascensore 엘리베이터 ;
essere rotto 고장나다

09. Fabio는 볼로냐에서 기차에 올랐다. 여행 내내 어느 누구하고도 말도 않고, 침묵을 지켰다. **

80. salire

per tutto il viaggio 여행 내내 ; senza parlare 말하지 않은 채 ;
rimanere in silenzio 침묵을 지키다

Chiavi

01. Poi **salgono** sul treno e cercano il loro posto. *

02. Anche Alessandro, il fotografo guarda la gente che **sale**. *

03. Un altro controllore **sale** sul treno che va a Palermo. *

04. Ma subito arriva un forte vento, cambia la scena, la sfera **sale** in alto e scompare. **

05. Anche Piero, il controllore, ogni tanto guardando i passeggeri che scendono e **salgono** con pacchi e valigie si chiede : ma dove andranno? **

06. Annarita e' **salita** a Bologna, ha salutato la comitiva dei suoi amici e si e' seduta in uno scompartimento vuoto. **

07. La conversazione tra i due signori siciliani che **sono saliti** a Milano continua ininterrottamente. **

08. Ieri mi stancavo proprio mentre facevo la spesa, sono tornata a casa con delle buste pesantissime e **sono salita** a piedi perche' l'ascendore era rotto. **

09. Fabio e' **salito** a Bologna, per tutto il viaggio e' rimasto in silenzio, senza parlare con nessuno. **

GLOSSARIO(어휘)

la salita 오름, 상승, 등반 ; 경사도 ; 증가, 증대. una rapida ~ 급경사, in ~ 상승 중
　　　　← sa<u>lire</u>+ito(과거분사 어미)+a(여성명사 어미)
il saliscendi 기복의 연속
　　　　← sali+scendi(동사 scendere) : 복합어

81 | salutare

v.tr. 인사하다 ; 이별 인사하다 ; 안부를 전하다 ; 경례 하다
➜ greet ; say goodbye ; give one's regards ; salute

- presente indicativo :
- passato prossimo : **avere salutato**
- imperfetto indicativo :
- participio passato : salut**ato**
- participio presente : salut**ante**
- gerundio : salut**ando**

	현재	근과거
io	saluto	ho salutato
tu	saluti	hai salutato
lui, lei, Lei	saluta	ha salutato
noi	salutiamo	abbiamo salutato
voi	salutate	avete salutato
loro	salutano	hanno salutato

Composizione

▼ livelo * / **

01. Caterina 부인은 Piero에게 인사한다. *
    salutare ~에게 인사 하다

02. 그 소녀는 Dino에게 인사도 없이 달려간다. *
    senza salutare 인사도 없이 ; correre via 달려가다

81. salutare

03. 청년들은 그녀에게 인사한다. Annarita는 모두에게 응답하려고 애쓴다. *
cercare di+inf. ~하려고 애쓰다

04. 네가 Francesco를 만나면, 그에게 인사해라. *

05. 관객에게 인사하는 올 해의 스타일리스트인 Pino Chiodo가 드디어 최고의 박수를 받으며 걸어 나온다. **
salutare il pubblico 관객에게 인사하다 ; lo stilista dell'anno 올 해의 스타일리스트 ;
il piu' applaudito 최고의 박수를 받으며 ; uscire 걸어 나오다

06. 난 네게 인사하고, 지금 그에게로 달려가서, 그에게 이야기해야 한다... 전화번호가 담긴 내 명함 여기 있어, 네가 원하면 이따가 내게 전화해! **(명령형+대명사 ← gr.1.4.3)
correre da lui 그에게 달려가다 ; il biglietto 명함 ; piu' tardi' 이따가, 나중에

07. 그녀를 기다리는 누군가가 있다. 사실 저기에 그가 있다. 입에 시가를 물고, 손에 신문을 든 그는 플랫폼 끝에서 손짓으로 인사한다. **
infatti 사실 ; eccolo li' 그가 저기 있다 ; con un sigaro in bocca 입에 시가를 물고 ;
il giornale in mano 손에든 신문 ; alla fine del binario 플랫폼 끝에서

08. Annarita는 볼로냐에서 기차에 올라, 한 무리의 친구들에게 인사 하고, 비어 있는 6인 객실에 앉았다. **
la comitiva dei suoi amici 한 무리의 그의 친구들 ; vuoto 비어 있는 ; sedersi 앉다

Chiavi

01. La signora Caterina **saluta** Piero. *

02. La ragazza corre via senza **salutare** Dino. *

03. I ragazzi la **salutano**. Annarita cerca di rispondere a tutti. *

04. Se incontri Francesco, perche' non lo **saluti**? *

Corso Di Italiano Per Coreani

05. Finalmente esce, il piu' applaudito, lo stilista dell'anno, Pino Chiodo che **saluta** il pubblico. *

06. Ti **saluto**, adesso devo correre da lui, devo parlargli..., ma ecco il mio biglietto, col numero, telefonami piu' tardi' se vuoi! **

07. C'e' qualcuno che l'aspetta ed infatti eccolo li', con un sigaro in bocca, il giornale in mano che **saluta** con la mano alla fine del binario. **

08. Annarita e' salita a Bologna, **ha salutato** la comitiva dei suoi amici e si e' seduta in uno scompartimento vuoto. **

GLOSSARIO(어휘)

salutante agg.[p.pr.] 인사하는, 박수갈채하는
　　　　← salut<u>are</u>+ante(현재분사형 어미, 형용사로 파생)
salutare agg. 건강에 좋은
salutarmente avv. 건강하게
　　　　← salut<u>are</u>(형용사)+(a)mente(부사형 어미)
la salutazione 인사말
　　　　← salut<u>are</u>+(a)zione(여성명사형 어미)
la salute 건강 ; 구원 ; 복지. Alla salute! 건배!
il/la salutista 자신의 건강을 지나치게 아끼는 사람
　　　　← salut<u>e</u>+ista(명사형 어미, ~하는 사람)
il saluto 인사, 경례
　　　　← salut<u>are</u>+o(명사형 어미)

82 | scegliere

v.tr. 선택하다, 고르다 ; 선발하다, 선출하다
➔ choose ; select

- presente indicativo :
- passato prossimo : **avere scelto**
- imperfetto indicativo :
- participio passato : **scelto**
- participio presente :
- gerundio : scegl**iendo**

	현재	근과거
io	**scelgo**	ho scelto
tu	scegli	hai scelto
lui, lei, Lei	sceglie	ha scelto
noi	scegliamo	abbiamo scelto
voi	scegliete	avete scelto
loro	**scelgono**	hanno scelto

COMPOSIZIONE

 livelo ＊/＊＊/＊＊＊

01. 이 전 행위에 대한 주제들 가운데 하나를 선택하라! ＊
    l'attivita' precedente 이 전 행위 ; uno degli argomenti 주제들 가운데 하나

02. 그는 어떤 신문을 선택할지 잘 몰라서 몇 가지 신문들의 타이틀들을 잠시 살펴본다. ＊＊
    che giornale scegliere 어떤 신문을 선택할지를 ; i titoli 타이틀들

*Corso Di **Italiano** Per Coreani*

03. 외국인들에게 가장 어려운 것은 올바른 조동사를 선택하는 것이다. **
(부정법 ← gr1.5)
l'ausiliare giusto 올바른 조동사

04. 여행자를 위한 십계명 : 항상 지역 음식을 선택하는 것과 피자와 스파겟티를 주문하지 않는 것. ** (부정법 ← gr1.5)
decalogo 십계명 ; piatti locali 지역 음식 ; chiedere, ordinare 주문하다

05. 이 전의 행위에 관한 어휘들을 선택하면서 문장들을 완성하라! ** (동명사 ← gr5.1)
le parole 어휘들 ; scegliendo [gerundio : -are/-ando, -ere,ire/-endo] 선택하면서 ;
le frasi 문장들 ; completare 완성하다

06. 오늘날엔 자주 돈이 선물된다. 그러나 신랑신부가 받기 원하는 것들을 선택해서 결혼 선물 리스트를 작성한 상점에서 사람들은 선물을 살 수 있다. ** (비인칭 SI ← gr.3)
regalare 선물하다 ; gli sposi 신랑신부 ; ricevere 받다 ; la lista di nozze 결혼 선물 리스트

▼ Chiavi

01. Scegli uno degli argomenti dell'attivita' precedente! *

02. Non sa bene che giornale **scegliere** e guarda un po' i titoli di alcuni giornali. **

03. La cosa piu' difficile per gli stranieri e' **scegliere** l'ausiliare giusto. **

04. Decalogo per il viaggiatore : **Scegliere** sempre piatti locali e non chiedere pizza e spaghetti! **

05. Completa le frasi **scegliendo** parole dell'attivita' precedente! **

06. Spesso oggi si regalano soldi ma si puo' comprare un regalo in un negozio dove gli sposi **hanno scelto** le cose che vogliono ricevere e hanno fatto la lista di nozze. **

82. scegliere

GLOSSARIO(어휘)

scelto agg.[p.ps.] 선택된

la scelta 선택, 선별, 선발
　　　　← scelt<u>o</u>(과거분사)+a(여성명사 어미)

lo sceglitore [s.f. –trice] 선택자 ; 선별자
　　　　← scegl<u>iere</u>+tore(명사형 어미, ~하는 사람)

83 | scendere

v.tr. ~을 내려가다 ; ~을 내리다 ➔ go down, descend
v.intr. (버스에서) 내리다, (산에서) 내려오다 ; 감소되다
➔ go down, descend ; flow down ; slope down ; come down ; get out of

- presente indicativo :
- passato prossimo : **essere sceso/a/i/e**
- imperfetto indicativo :
- participio passato : **sceso**
- participio presente :
- gerundio : scend**endo**

	현재	근과거	불완료과거
io	scendo	sono sceso/a	scendevo
tu	scendi	sei sceso/a	scendevi
lui, lei, Lei	scende	e' sceso/a	scendeva
noi	scendiamo	siamo scesi/e	scendevamo
voi	scendete	siete scesi/e	scendevate
loro	scendono	sono scesi/e	scendevano

COMPOSIZIONE

 livelo * / **

01. Giovanni는 계단을 내려간다. *

   le scale 계단

02. Filippo는 스포츠 가방을 들고 기차에서 내린다. *

83. scendere

　　　con una borsa sportiva 스포츠 가방을 들고

03. 그 아가씨는 이미 기차에서 내렸다. *
　　　gia' 이미

04. 두 사람이 Palermo에서 내리는지를 그 여인은 알고 싶어 한다. *
　　　sapere se ~인지를 알다 [se ~인지 아닌지]

05. 사람들은 기차에서 내리자마자, 벌써 젊은 대학 도시의 기운을 느낀다. **
　　　(비인칭 SI ← gr.3)
　　　appena ~하자마자 ; la citta' universitaria e giovanile 젊은 대학 도시 ;
　　　l'atmosfera 기운 ; sentire 느끼다 ; gia' 벌써

06. 눈부신 효과와 더불어 눈이 내려오고, 외투, 부츠, 구두, 장갑, 울 모자 그리고 울긋불긋한 저킨(가죽으로 된 방한용 짧은 점퍼)이 등장한다. **
　　　effetti luminosi 눈부신 효과 ; i cappotti 외투 ; gli stivali 부츠 ;
　　　berretti di lana 울 모자 ; giubbotti di tanti colori 울긋불긋한 저킨

07. 검표원인 Piero도 간혹 여행가방과 짐을 갖고 (기차에) 오르내리는 승객들을 바라보면서 자문한다. '도대체 그들은 어디로 가는 것일까?' (단순미래 ← gr.1.1.5)
　　　valigie 여행가방 ; pacchi 짐 ; scendere e salire 오르내리다 ;
　　　passeggeri 승객들 ; guardare 바라보다 ; chiedersi 자문하다 ; ma 도대체

08. 나는 런던에 살 때 전철로 직장에 가곤했다. City 근처에 살고 있었고 'Bank' 정류장에서 내리곤 했다. ** (불완료과거 ← gr.1.1.3)
　　　in metro 전철로 ; al lavoro 직장에 ; alla fermata 정류장에서

Chiavi

01. Giovanni **scende** le scale. *

02. Filippo **scende** dal treno con una borsa sportiva. *

03. La signorina e' gia' **scesa** dal treno. *

04. La donna vuole sapere se due persone **scendono** a Palermo. *

05. Appena si **scende** dal treno si sente gia' l'atmosfera della citta' universaria e giovanile. **

06. **Scende** una neve con effetti luminosi, ed arrivano i cappotti, gli stivali, le sciarpe, guanti, berretti di lana e giubbotti di tanti colori. **

07. Anche Piero, il controllore, ogni tanto guardando i passeggeri che **scendono** e salgono con pacchi e valigie si chiede : ma dove andranno? **

08. Quando vivevo a Londra andavo al lavoro in metro. Lavoravo vicino alla City e **scendevo** alla fermata di "Bank". **

GLOSSARIO(어휘)

scendibile agg. 미끄러지기 쉬운
　　　　　← scend<u>ere</u>+(i)bile(형용사형 어미)
lo scendibagno 욕실용 매트
　　　　　← scendi+bagno(욕실) : 복합어

84 | scrivere

v.tr. ~를 쓰다 ➡ write

- presente indicativo :
- passato prossimo : **avere scritto**
- imperfetto indicativo :
- participio passato : **scritto**
- participio presente : scriv**ente**
- gerundio : scriv**endo**

	현재	근과거	불완료과거	원과거	수동태
io	scrivo	ho scritto	scrivevo	**scrissi**	
tu	scrivi	hai scritto	scrivevi	scrivesti	
lui, lei, Lei	scrive	ha scritto	scriveva	**scrisse**	e' scritto/a
noi	scriviamo	abbiamo scritto	scrivevamo	scrivemmo	
voi	scrivete	avete scritto	scrivevate	scriveste	
loro	scrivono	hanno scritto	scrivevano	**scrissero**	sono scritti/e

COMPOSIZIONE

Ⓐ Primo livelo *

01. 그 기자는 기사들을 쓴다. *

> giornalista 기자 ; articoli 기사들

02. 나는 파란 펜으로 쓴다. *

03. 나는 늘 컴퓨터에 (글을) 쓴다. *

Corso Di *Italiano* Per Coreani

04. 컴퓨터에 글을 쓰는 수도사 한 분이 있다. *
prate 수도사

05. 간혹 그는 노트를 펴서 무언가를 쓰고는, 그것을 덮는다. * (직접대명사 ← gr.7.1)
ogni tanto 간혹

06. 나는 늘 전화번호를 종이쪽지에 쓰고는, 그것들을 잃어버린다. * (직접대명사)
pezzi di carta 종이쪽지들 ; perdere 잃어버리다

07. 나는 컴퓨터에 글 쓰는 것을 좋아하지 않는다. 손으로 쓰는 것을 선호한다. *
piacere 좋아하다 ; preferire 선호하다

08. 너 편지/이메일 썼니? * (근과거 ← gr.1.1.2)

09. 누가 "신곡"을 썼니? - 단테 알리기에리가 썼어. *
(오래 전의 사건이지만, 화자의 관심이 높을 경우 원과거 대신 근과거를 사용)
La Divina Commedia 신곡

10. 누가 "신곡"을 썼니? * (원과거 ← gr.1.1.4 ; 오래 전 사건 기술의 경우)

11. 나는 사춘기 때 어리석은 사랑의 시를 쓰곤 했다. *
(불완료과거 ← gr.1.1.3)
adolescente 사춘기 ; stupido 어리석은, 우둔한 ; poesie d'amore 사랑의 시들

12. 이 안내 책자는 형식적인 톤으로 쓰여져 있니 아니면 비형식적인 톤으로 쓰여져 있니? *
(일반수동태 ← gr.4.1)
guida 안내 책자, 가이드 북 ; formale 형식적인 ; tono 톤, 억양 ; informale 비형식적인

13. 안녕, 보순, 즐거운 여행 해라! 그리고 이탈리아로 돌아오면 가끔 내게 편지해라! *
(명령형 + 대명사 ← gr.1.4.3)

84. scrivere

84. scrivere

14. 언어를 배우기 위해서 사람들은 읽고, 듣기도 하며, 말하고 써 봐야 한다. *
(비인칭 SI ← gr.3)
per imparare 배우기 위해

15. 너는 흔히 많은 이메일을 쓰고 받니? – 응, 많이 쓰는데 받는 것은 얼마 안 돼. **
(대명사 NE ← gr.7.1.1)

16. 여자 친구는 뉴욕에 산다. 나는 그녀에게 이메일을 쓰고 있는 중이다. **
(현재진행형 ← gr.5.3 / 관계대명사 ← gr.7.5)

17. 간혹 그는 이상하거나 특별한 무언가를 목격하면, 늘 휴대하고 다니는 일종의 다이어리나, 노트에 그것을 쓴다. **
strano 이상한 ; particolare 특별한, 특이한 ; qualcosa 무언가 ; notare 목격하다, 보다 ;
portare con se' 휴대하다 ; una specie di ~ 일종의 ; diario 다이어리

18. 한 여성이 어두운 색의 선글라스를 끼고, 두 무릎 위에 서류가방을 올려놓은 채, 휴대폰에 문자를 두드린다. **
portare un paio di occhiali da sole 선글라스를 끼다 ; sulle ginochia 두 무릎 위에 ;
tenere una valigetta 서류가방을 올려놓다 ; scrivere al cellulare 휴대폰에 문자를 두드리다

19. 나는 여행할 때 절대로 엽서를 쓰지 않는데, 이번에는 내 친구들에게 엽서 한 장 썼다. **
non ~ mai 절대로 ~ 아니다 ; cartolina 엽서 ; invece 반면에 ; questa volta 이번에

20. 어느 날 그는 그의 명함을 그녀에게 남기고, 뒷면에 다음과 같이 썼다.
"너는 내 영화에 맞는 이상적인 여자다… 로마에서 너를 기다릴게!" **
il biglietto da visita 명함 ; dietro 뒤에, 뒷면에 ; la ragazza ideale 이상적인 여자

*Corso Di **Italiano** Per Coreani*

Chiavi

01. Il giornalista **scrive** articoli. *
02. **Scrivo** con la penna blu. *
03. **Scrivo** sempre al computer. *
04. C'e' un prete che **scrive** al computer. *
05. Ogni tanto apre un quaderno **scrive** qualcosa, poi lo chiude. *
06. **Scrivo** sempre numeri di telefono su pezzi di carta e poi li perdo. *
07. Non mi piace scrivere al computer, preferisco **scrivere** a mano. *
08. **Hai scritto** una lettera / un'e-mail? *
09. Chi **ha scritto** "La Divina Commedia"? - Dante Alighieri. *
10. Chi **scrisse** "La Divina Commedia"? *
11. Quando ero adolescente **scrivevo** stupide poesie d'amore. *
12. Questa guida **e' scritta** con tono formale o informale? *
13. Ciao, Bosun, buon viaggio, e se torni in Italia qualche volta **scrivi**mi! *
14. Per imparare una lingua si deve leggere, si deve anche ascoltare, parlare e **scrivere**. *
15. **Scrivi** e ricevi molte e-mail di solito? - Si', ne **scrivo** tante, ma ne ricevo poche. **
16. L'amica a cui (alla quale) **sto scrivendo** questo e-mail vive a New York. **
17. A volte se nota qualcosa di strano o di particolare lo **scrive** su un quaderno, una specie di diario che porta sempre con se'. **
18. Una donna porta un paio di occhiali da sole scuri e tiene una valigetta sulle ginochia mentre **scrive** al cellulare. **
19. Quando viaggio non scrivo mai cartoline. Questa volta, invece, **ho scritto** una cartolina ai miei amici. **

84. scrivere

20. Un giorno lui le ha lasciato il suo biglietto da visita e dietro le **ha scritto** : "Sei la ragazza ideale per il mio film... ti aspetto a Roma!". ∗∗

GLOSSARIO(어휘)

scritto agg.[p.ps.] 쓰여진, 기록된
il scritto 저작
la scritta 게시, 포스터 ; 문서 ; 계약(서)
scrivente agg.[p.pr.] 쓰는, 쓰고 있는
lo scrivente 집필자 ; 서명자
lo scrittoio 책상, 사무용 책상=scrivania
    ← scritto+io(명사형 어미)
lo scrittore 작가, 저자, 문학가. ~ di romanzo 소설가
    ← scritto+tore(남성명사형 어미, ~하는 사람)
la scrittura 문자, 서체, 필적, 문체. ~ egiziana 이집트 문자, ~ geroglifica 상형문자
    ← scritto+ura(명사형 어미)
lo scritturale 서기
    ← scrittura+ale(형용사형 어미)
scritturale agg. 성서의, 성서에 관한
lo scritturale 성서본위주의자
scritturare 출연계약을 맺다 ; (장부에) 수치를 기재하다
    ← scrittura+are(제1활용동사 어미)
la scritturazione (연예인의) 계약 ; 서류기재 ; 필사 ; 수치기재
    ← scritturare+azione(여성명사형 어미)
la scritturista 성서학자
    ← scrittura+ista(명사형 어미, ~하는 사람)
lo scrivano (관청의) 서기
    ← scrivere의 접속법3인칭복수
la scrivania 서재 책상
    ← scrivano(scrivere의 접속법3인칭복수)+ia(명사형 어미)

85 | sembrare

v.intr. ~인 것 같다, ~처럼/같아 보이다 ➜ seem
v.impers. (내가/네가/그가... 보기에) ~인 것 같다 ; ~라고 생각하다 ; ~라는 느낌이 들다
➜ it seems that ~, it seems to me/him/her... that ~, I think that ~ ;
I have feeling that ~

- presente indicativo :
- passato prossimo : **essere sembrato/a/i/e**
- imperfetto indicativo :
- participio passato : sembr**ato**
- participio presente : sembi**ante**
- gerundio :

	현재	불완료과거
io		
tu		
lui, lei, Lei	sembra	sembrava
noi		
voi		
loro	sembrano	sembravano

COMPOSIZIONE

 **livelo** * / **

01. Dino는 상냥한 것 같다. *
    simpatico 상냥한

85. sembrare

02. Piero는 더 젊은 것 같다. *

03. Giovanni는 그의 아버지 같아 보인다. *

04. 이것은 커피 같다. *

05. 이것은 흥미 있는 것 같아. *

06. 만져보니까 실크 같았어. *
al tocco [전치사 a는 quando의 의미] 만져보니까, 만져보았을 때 ; seta 실크

07. 탄 냄새인 것 같다. *
odore di bruciato 탄 냄새

08. 그 어머니는 피곤하여 자리에 앉으려고 안달이 나있는 것 같다. **
impaziente di + inf ~하려고 안달이 나다 ; sedersi 앉다

09. 그 여인은 그들의 대화에 무척 흥미 있어 하는 것 같은데, 전부 이해할 수가 없다. **
i loro discorsi 그들의 대화 ; interessato a ~에 흥미 있다 ; riuscire a + inf. ~할 수 있다

10. 피렌체 사람 같아 보이는 한 신사가 지나 갈 때, Dino는 그에게 묻는다. "죄송합니다만, Duomo 광장으로 가려면 어떻게 가야하죠?" **
fiorentino 피렌체 사람 ; chiedere 묻다 ; piazza 광장

11. 네 생각에 옳은 것 같아? *
giusto 옳은

12. 그 짓을 하는 것은 그에게 정직해 보이지 않았다. *
farlo [fare + lo ; 부정법으로 주어 역할] 그 짓을 하는 것 ; onesto 정직한

13. 그녀는 모든 것을 알고 있는 것 같다. *

14. 너의 감 대로 해라! *

come ~ 대로

15. 내 생각에는 맞지 않는 것 같다. *

vero 진실한, 맞는

16. Dino는 약간 오르막길에 있는 정원을 본다. 궁전은 그에게 웅장해 보인다. **

il cortile un po' in salita 약간 오르막길에 있는 정원 ; il palazzo 궁전 ; enorme 웅장한

17. 그래, 이거 괜찮다. 그런데 이 굽은 내게 좀 높은 것 같다. 잘 걷지를 못하겠어. **

va bene 괜찮다 ; il tacco (구두) 굽 ; camminare 걷다

18. 당신이 보시기에 이 레스토랑 어떤 것 같아요? - 나쁘지 않아요(좋아요). **

19. 자, 보세요... 저도 관광객입니다. 아무튼 제가 보기에 여기 오른 쪽인 것 같아요... 그 다음 계속 직진하시다가, 확실히 하기 위해 더 가시다가 또 물어보세요. **

guardi [Lei에 대한 명령형] 보세요 ; turista 관광객 ; comunque 아무튼 ;

qui a destra 여기 오른 쪽 ; sempre dritto 계속 직진하다 ; per sicurezza 확실히 하기 위해 ;

piu' avanti 더 가다가 ; chieda [Lei에 대한 명령형] 물어 보세요

▼ Chiavi

01. Dino **sembra** simpatico. *

02. Piero **sembra** piu' giovane. *

03. Giovanni **sembra** suo padre. *

04. Questo **sembra** caffe'. *

05. Questo **sembra** interessante. *

06. Al tocco **sembrava** seta. *

07. **Sembra** odore di bruciato. *

85. sembrare

08. La madre **sembra** stanca ed impaziente di sedersi. **

09. La donna **sembra** molto interessata ai loro discorsi ma non riesce a capire tutto. **

10. Quando passa un signore che **sembra** fiorentino gli chiede : "Scusi, per piazza Duomo?" **

11. Ti **sembra** giusto? *

12. Non gli **sembrava** onesto farlo. *

13. Le **sembra** di sapere tutto. *

14. Fai come ti **sembra**! *

15. Non mi **sembra** vero! *

16. Dino vede il cortile un po' in salita e il palazzo gli **sembra** enorme. **

17. Si', questa va bene... ma il tacco mi **sembra** un po' alto, non ci cammino bene.**

18. Come Le **sembra** questo ristorante? –Non e' male. (positivo) **

19. "Eh... guardi, sono turista anch'io, comunque mi **sembra** qui a destra... poi sempre dritto, ma per sicurezza chieda ancora piu' avanti". **

GLOSSARIO(어휘)

la sembianza 외견, 모습
     ← sembrare + (i)anza(명사형 어미)

il sembiante 얼굴, 용모 ; 외견
     ← sembrare + (i)ante(현재분사형 어미, 명사로 파생)

86 | sentire

v.tr. 듣다 ; 느끼다 ; 맛보다 ; 냄새 맡다 → listen ; hear ; feel ; taste ; smell

- presente indicativo :
- passato prossimo : **avere sentito**
- imperfetto indicativo :
- participio passato : sent**ito**
- participio presente :
- gerundio : sent**endo**

	현재	근과거	불완료과거
io	sento	ho sentito	sentivo
tu	senti	hai sentito	sentivi
lui, lei, Lei	sente	ha sentito	sentiva
noi	sentiamo	abbiamo sentito	sentivamo
voi	sentite	avete sentito	sentivate
loro	sentono	hanno sentito	sentivano

Composizione

livelo * / ** / **

01. 나는 냉기/온기/고통을 느낀다. *
dolore 고통

02. 저는 이 부분에 강한 통증을 느껴요. *
un grande male 강한 통증

86. sentire

03. 무게가 얼마나 나가는지 느껴봐라! *
pesare 무게가 나가다

04. 나는 그에 대해 아무런 감정도 느끼지 못한다. *

05. 내 아들에 대한 깊은 애정을 느낀다. *
un profondo affetto 깊은 애정

06. 그는 수잔나를 그리워한다. *
sentire la mancanza di ~에 대한 부족함을 느끼다, ~를 그리워하다

07. 무슨 일이 일어날 것이라는 것을 나는 직감한다. *
succedere qualcosa 무슨 일이 일어나다

08. 네가 나를 버리려 한다는 것을 나는 직감한다. *
lasciare 버리다

09. 그는 항상 느끼는 것을 말한다. *

10. 네가 이 소스를 좋아한다면 맛 보거라! *
salsa 소스 ; piacere 좋아하다

11. 네가 이 향수를 좋아한다면 맡아 보거라! *
profumo 향수

12. 나는 감기가 걸려 냄새를/맛을 못 느낀다. *
avere il raffreddore 감기 걸리다 ; gli odori 냄새 ; i sapori 맛

13. 나는 발자국 소리를 듣는다. *
i passi 발자국 (소리)

14. Piero는 부엌에서 부모님이 논의하는 소리를 듣는다. *

Corso Di *Italiano* Per Coreani

i genitori 부모 ; discutere 논의하다

15. 내일 비가 올 것이라는 것을 나는 라디오에서 들었다. *
piovere 비가 오다 ; alla radio 라디오에서

16. 나는 음악 감상을 좋아한다. *

17. 듣고 있어라! * (긍정명령 ← gr.1.4.1)
stare a sentire 듣고 있다

18. 내 말 잘 듣고 있어! * (명령형+대명사 ← gr.1.4.3)
stare bene a sentirmi 내 말 잘 듣고 있다

19. 이 봐, 내게 그 디스크를 빌려주겠니? *
senti! [sentire의 tu에 대한 명령형] 이 봐, 내말 좀 들어봐! ; quel disco 그 디스크

20. 그는 청각장애인이다. *
non sentirci [sentire+ci] 청각장애인(=sordo)

21. 변호사가 네게 말하는 것을 들어봐라! *
l'avvocato 변호사

22. Dino가 무엇을 원하는지 들어봐라! *

23. 소문에 의하면(소문에 따라) *

24. 나는 용기가 나질 않아. *
sentirsela [sentire+se+la, 관용적인 동사원형] ~를 할 힘이나 용기가 없다
(=I don't feel like it)

25. Piero는 열차 이동식 빠와 함께 복도를 따라 지나가는 청년의 목소리를 듣는다. **

86. sentire

86. sentire

il servizio bar 열차 이동식 빠 ; lungo il corridoio 복도를 따라 ; passare 지나가다

26. 사람들은 기차에서 내리자마자 벌써 젊은 대학 도시의 기운을 느낀다. **
(비인칭 SI ← gr. 3)
appena ~하자마자 ; la citta' universitaria e giovanile 젊은 대학 도시 ;
l'atmosfera 기운 ; sentire 느끼다

27. 패션쇼가 시작될 때, 둥근 모양의 우주선이 보이고, Strauss의 음악이 들린다. **
(수동태 SI ← gr.4.2)
un'astronave rotonda 둥근 모양의 우주선

28. 그는 철길을 따라 뛰는 두 명의 남자들을 보았고, 그들 중에 한 명이 반대편에서 뛰어나오는 것을 보았으며, 기차가 정지하는 것을 느꼈다. 그리고는 더 이상 아무 것도 기억하지 못한다고 말했다. **
correre lungo la ferrovia 철길을 따라 뛰다 ;
correre dalla parte opposta 반대편에서 뛰어나오다 ;
sentire il treno frenare 정지하는 기차소리를 듣다

Chiavi

01. **Sento** freddo / caldo / dolore. *
02. **Sento** un grande male qui. *
03. **Senti** quanto pesa! *
04. Non **sento** niente per lui. *
05. **Sento** un profondo affetto per mio figlio. *
06. **Sente** la mancanza di Susanna. *
07. **Sento** che succedera' qualcosa. *
08. **Sento** che mi vuoi lasciare. *

*Corso Di **Italiano** Per Coreani*

09. Dice sempre quello che **sente**. *

10. **Senti** se ti piace questa salsa! *

11. **Senti** se ti piace questo profumo! *

12. Ho il raffreddore e non **sento** gli odori / i sapori. *

13. **Sento** dei passi. *

14. Piero **sente** i genitori che discutono in cucina. *

15. **Ho sentito** alla radio che domani piovera'. *

16. Mi piace **sentire** la musica. *

17. Sta' a **sentire**! *

18. Stammi bene a **sentire**! *

19. **Senti**, mi presti quel disco? *

20. Non ci **sente**. *

21. **Senti** quello che ti dice l'avvocato! *

22. **Senti** cosa vuole Dino! *

23. per **sentito** dire *

24. Non **me la sento**. (=non ho il coraggio o l'energia per fare una cosa) *

25. Piero **sente** la voce del ragazzo che passa lungo il corridoio con il servizio bar. **

26. Appena si scende dal treno si **sente** gia' l'atmosfera della citta' universaria e giovanile. **

27. Quando comincia la sfilata, si vede un'astronave rotonda e si **sente** musica di Strauss. **

28. Lui ha raccontato che ha visto due uomini che correvano lungo la ferrovia, poi ha visto uno di loro correre dalla parte opposta, **ha sentito** il treno frenare e non ricorda piu' niente. **

86. sentire

GLOSSARIO(어휘)

il sentire 도덕적 감성 ; 감수성 ; 감각
sentito agg.[p.ps.] 들은, 느낀 ; 진심의 ; 유력한
il sentore 암시, 힌트, 단서, 기미 ; 막연한 느낌 ; 냄새
      ← sent<u>ire</u> + ore(명사형 어미)
la sentinella 보초, 경계병
      ← sent<u>ire</u> + in<u>o</u>(축소형 어미) + ella(축소형 어미)
il sentimento 감정 ; 감상 ; 능력
      ← sent<u>ire</u> + (i)mento(명사형 어미)
sentimentale agg. 감정[감상]적인 ; 눈물이 많은 ; 감정에 흐르기 쉬운
      ← sentiment<u>o</u> + ale(형용사형 어미)
sentimentalmente avv. 감상적으로
      ← sentimental<u>e</u> + mente(부사형 어미)
il sentimentalismo 감상주의
      ← sentimental<u>e</u> + ismo(명사형 어미, 사상/사조의 의미)
la sentimentalita' 감상적인 것 ; 눈물이 많음 ; 과장된 감정표현
      ← sentimental<u>e</u> + ita'(명사형 어미)
il/la sentimentalista 감상[감정]주의자
      ← sentimental<u>e</u> + ista(명사형 어미, ~하는 사람)

87 | smettere

v.tr. 중단[중지]하다 ; 포기하다 ➡ stop ; give up

- presente indicativo :
- passato prossimo : **avere smesso**
- imperfetto indicativo :
- participio passato : **smesso**
- participio presente :
- gerundio : smett**endo**

	현재	근과거	원과거
io	smetto	ho smesso	**smisi**
tu	smetti	hai smesso	smettesti
lui, lei, Lei	smette	ha smesso	**smise**
noi	smettiamo	abbiamo smesso	smettemmo
voi	smettete	avete smesso	smetteste
loro	smettono	hanno smesso	**smisero**

COMPOSIZIONE

 **livelo** * / **

01. 중지! *
    smetterla [smettere + la(행위를 대신하는 대명사)] 중지하다

02. 소리 지르기 중지! *
    urlare 소리 지르다

87. smettere

03. 비가 그쳤다. * (원과거 ← gr.1.1.4)

04. 오늘 저녁 너는 몇 시에 (일을) 중지하니? *

05. 비가 그치면 나는 외출한다. *
uscire 외출하다

06. 나는 담배를 끊었다. *
smettere di fumare 담배 끊다

07. Francesco는 학업을 중단했고, 지금은 어느 클리닉에서 일한다. **
uno studio medico 클리닉

08. 나의 어머니는 일을 그만두셨을 때부터, 친척들이나 친구들과의 점심, 저녁식사를 계획하시느라 온전히 하루를 보내신다. **
da quando ~때부터 ; parenti 친척들 ; organizzare 준비하다, 계획하다 ;
tutto il giorno 온전히 하루를 ; passare 보내다

▼ Chiavi

01. Smettila! *

02. Smettila di urlare! *

03. Smise di piovere. *

04. A che ora **smetti** (di lavorare) stasera? *

05. Se **smette** di piovere esco. *

06. Ho smesso di fumare. *

07. Francesco **ha smesso** di studiare, adesso lavora in uno studio medico. **

08. Da quando mia madre **ha smesso** di lavorare passa tutto il giorno ad organizzare cene e pranzi con parenti e amici. **

88 | sognare

v.tr. 꿈꾸다 ➡ dream of / about
v.intr. 꿈꾸다 ➡ dream

- presente indicativo :
- passato prossimo : **avere sognato**
- imperfetto indicativo :
- participio passato : sogn**ato**
- participio presente : sogn**ante**
- gerundio : sogn**ando**

	현재	근과거	불완료과거
io	sogno	ho sognato	sognavo
tu	sogni	hai sognato	sognavi
lui, lei, Lei	sogna	ha sognato	sognava
noi	sogniamo	abbiamo sognato	sognavamo
voi	sognate	avete sognato	sognavate
loro	sognano	hanno sognato	sognavano

COMPOSIZIONE

▼ livelo

01. 나는 바닷가의 집을 꿈꾼다. *
    una casa al mare 바닷가의 집

02. 너는 대가족을 꿈꾸니? *
    una famiglia numerosa 대가족

88. sognare

03. Dino는 어느 열대 섬에서 사는 것을 꿈꾼다. *
un'isola tropicale 열대 섬

04. 우리는 뉴욕에 가는 것이 꿈이다. *

05. 나는 유명한 배우가 되는 것이 꿈이다. *
un attore famoso 유명한 배우

06. Piero는 말하는 자동기계를 꿈꾼다. *
una macchina automatica 자동기계

07. Francesca는 공상에 젖어있다. *
sognare ad occhi aperti [뜬 눈으로 꿈꾸다] 공상에 젖다

08. 근데 너는 어렸을 때 무엇을 하려는 꿈을 꾸었니(어렸을 때 꿈이 무엇이었니)? *
(불완료과거 ← gr.1.1.3)
da piccolo(a) 어렸을 때

09. 왜 어린이들이 역장의 일을 꿈꾸고 있었니? * (불완료과거)
il mestiere di capostazione 역장의 일

10. 그는 늘 그런 집을 꿈꿔왔다 / 그런 집을 소유하는 꿈을 꿔왔다. * (근과거 ← gr.1.1.2)
una casa cosi' 그런 집

11. 나는 부모님 꿈을 / 전처의 꿈을 꿨다. * (근과거)
la mia ex-moglie 전처

12. 그는 날아다니는 꿈을/동물이 되는 꿈을/4층에서 떨어지는 꿈을 꿨다. * (근과거)
volare 날아다니다 ; essere un animale 동물이 되다 ; cadere 떨어지다 ;
dal terzo piano [우리의 2층부터 primo piano] 4층에서

▼ Chiavi

01. **Sogno** una casa al mare. *

02. **Sogni** una famiglia numerosa? *

03. Dino **sogna** di vivere in un'isola tropicale. *

04. **Sogniamo** di andare a New York. *

05. **Sogno** di diventare un attore famoso. *

06. Piero **sogna** una macchina automatica che parla. *

07. Francesca **sogna** ad occhi aperti. *

08. E tu cosa **sognavi** di fare da piccolo? *

09. Perche' i bambini **sognavano** il mestiere di capostazione? *

10. **Ha** sempre **sognato** una casa cosi'/di avere una casa cosi'. *

11. **Ho sognato** i miei genitori/la mia ex-moglie. *

12. **Ha sognato** di volare/di essere un animale/di cadere dal terzo piano. *

GLOSSARIO(어휘)

sognante agg.[p.pr.] 꿈을 꾸고 있는, 몽상하는, 환상에 잠긴, 환상적인
  ← sogn<u>are</u>+ante(현재분사형 어미, 형용사로 파생)
il sognatore [s.f. –trice] 몽상가, 공상가
  ← sogn<u>are</u>+(a)tore(남성명사형 어미, ~하는 사람)
il sogno 꿈 ; 상상, 공상, 몽상. Mi pare un sogno. 마치 꿈만 같다. Sogni d'oro! 좋은 꿈 꾸세요
  ← sogn<u>are</u>+o(남성명사 어미)

89 | spegnere

v.tr. (불, 담배, 전기 기구, 전기, 가스를) 끄다 ; (빚을) 청산하다
➡ put out, extinguish, turn off, switch off ; pay off

- presente indicativo :
- passato prossimo : **avere spento**
- imperfetto indicativo :
- participio passato : **spento**
- participio presente : spegn**ente**
- gerundio : spegn**endo**

	현재	근과거
io	**spengo**	ho spento
tu	spegni	hai spento
lui, lei, Lei	spegne	ha spento
noi	spegniamo	abbiamo spento
voi	spegnete	avete spento
loro	**spengono**	hanno spento

COMPOSIZIONE

 livelo *

01. 부탁인데, 라디오 좀 꺼라! *

02. 라디오 끄지 마라! 이 프로그램은 내게 흥미 있구나. *
    interessare a ~에게 흥미 있다

03. 얘들아, TV 좀 꺼라! 그리고 숙제를 시작해야지! *

cominciare a+inf. ~하는 것을 시작하다 ; i compiti 숙제

04. TV를 더 이상 보지 않을거면 끄지 그러니? *

non ~ piu' 더 이상 ~ 아니다

05. 너희들은 외출할 때 불 끄는 것을 항상 잊는구나. *

spegnere la luce 불을 끄다 ; dimenticarsi di+inf. ~하는 것을 잊다

06. Barbara, 외출하기 전에 가스 껐니? – 그럼, 물론이지. *

prima di uscire 외출하기 전 ; il gas 가스(불) ; certo 물론

Chiavi

01. **Spagni** la radio, per favore! *

02. Non **spegnere** la radio, questo programma mi interessa! *

03. Bambini, **spegnete** la TV, e cominciate a fare i compiti! *

04. Se non guardi piu' la TV, perche' non la **spegni**? *

05. Voi vi dimenticate sempre di **spegnere** la luce quando uscite. *

06. Barbara, **hai spento** il gas prima di uscire? – Si', certo. *

GLOSSARIO(어휘)

spento agg.[p.ps.] (불이) 꺼진 ; 생기 없는 ; 소멸된
lo spegnimento 소화, 소등, 소멸, 소실. ~ di un incendio 진화
  ← spegnere+(i)mento(명사형 어미)
lo spegnitoio 소화기 ← spegnere+(i)toio(명사형 어미)
lo spegnitore [s.f.–trice] 소방관(= il pompiere, la pompiera)
  ← spegnere+(i)tore(남성명사형 어미, ~하는 사람)
la spegnitura 소화, 소등, 소멸, 소실← spegnere+(i)tura(명사형 어미)

90 | studiare

v.tr. 공부하다, 배우다 ➡ study, learn

- presente indicativo :
- passato prossimo : **avere studiato**
- imperfetto indicativo :
- participio passato : studi**ato**
- participio presente : stud**ente**
- gerundio : studi**ando**

	현재	근과거	단순조건법
io	studio	ho studiato	studi**erei**
tu	studi	hai studiato	studi**eresti**
lui, lei, Lei	studia	ha studiato	studi**erebbe**
noi	studiamo	abbiamo studiato	studi**eremmo**
voi	studiate	avete studiato	studi**ereste**
loro	studiano	hanno studiato	studi**erebbero**

COMPOSIZIONE

 **livelo** *

01. 나는 2년 전부터 이미 이탈리아어를 공부하고 있다. *
   da due anni 2년 전부터 ; gia' 이미

02. Carlo, 제발 부탁인데, 공부 더 하도록 노력해봐라! *
   mi raccomando 제발 부탁인데 ; cercare di ~ 하려고 노력하다, 애쓰다

Corso Di *Italiano* Per Coreani

03. Enrico는 하루에 한 시간 이상을 공부하지 않는다. 그는 게으르다. ✻
piu' di ~ 이상 ; al giorno 하루에 ; essere pigro 게으르다

04. 나는 조금밖에 공부를 못했고 시험 결과에 만족스럽지 못하다. ✻
poco 조금밖에, 조금 ; essere contento 만족스럽다 ; l'esame 시험

05. 너 중국어 공부해 본 적 있니? – 아니, 한 번도 안 했어. ✻
il cinese 중국어 ; mai ~ 해 본 적 있다 ; non ~ mai 한 번도 ~ 않다

06. Piero는 정말 동양어들을 공부하고 싶어 한다. ✻
(단순조건법 – 간절한 욕구, 욕망 ← gr.1.2.1)
lingue orientali 동양어들

Chiavi

01. **Studio** l'italiano gia' da due anni. ✻

02. Carlo, mi raccomando, cerca di **studiare** di piu'! ✻

03. Enrico non **studia** piu' di un'ora al giorno, e' pigro. ✻

04. **Ho studiato** poco e non sono contento per l'esame. ✻

05. **Hai** mai **studiato** il cinese? – No, non l'**ho** mai **studiato**. ✻

06. Piero **studierebbe** lingue orientali. ✻

90. studiare

GLOSSARIO(어휘)

studiato agg.[p.pr.] 배운, 조사한 ; 숙고한

lo studente [s.f. –essa] 학생

studentesco agg. 학생의, 학생용의
　　　← stud<u>ente</u>+esco(형용사형 어미)

lo studio 공부, 학습 ; 연구 ; 서재, 공부방, 작업장, 진찰실 ; 연구대상 ; 시안, 검토, 기획
　　　← studi<u>are</u>+o(명사형 어미)

studioso agg. 공부 열심히 하는
　　　← stud<u>io</u>+oso(형용사형 어미)

lo studioso [s.f. –a] 학자, 연구자

91 | succedere

v.intr. 일이 일어나다, 일이 생기다 ; 계승하다, 상속하다
→ happen ; succeed

- presente indicativo :
- passato prossimo : **essere successo/a/i/e**
- imperfetto indicativo :
- participio passato : **successo**
- participio presente :
- gerundio : succed**endo**

	현재	근과거
io	succedo	sono successo/a
tu	succedi	sei successo/a
lui, lei, Lei	succede	e' successo/a
noi	succediamo	siamo successo/i
voi	succedete	siete successo/i
loro	succedono	sono successo/i

Composizione

 **livelo** * / **

01. 네게 무슨 일이 생기는 거니? *

02. 생기는 일들이다. *

03. 무슨 일이 생겼니? *

91. succedere

04. 무슨 일이 생겼는지를 모든 승객들에게 설명하는 것은 참으로 어렵다. *

passeggeri 승객들 ; spiegare 설명하다 ; molto 참으로

05. Piero는 무슨 일이 생겼는지를 물어 보기 위해 그 역에 전화한다. *

chiedere 물어 보다 ; chiamare 전화하다

06. 76년도에 그의 인생을 뒤바꾼 어떤 일이 일어났다. *

nel '76 76년도에 ; la vita 인생 ; cambiare 뒤바꾸다

07. Umberto 1세는 Vittorio Emanuele 2세의 뒤를 이어 왕위를 계승했다. **

succedere sul trono 왕위를 계승하다

08. Pitti 궁전에서 열린 패션 쇼 기간 동안에 어떤 일이 벌어지는지 기억하니? **

a Palazzo Pitti 피티 궁전에서 열린 ; la sfilata di moda 패션 쇼 ; durante 동안에 ;

ricordare 기억하다

▼ Chiavi

01. Cosa ti **succede**? *

02. Sono cose che **succedono**. *

03. Cosa **e' successo**? *

04. E' molto difficile spiegare a tutti i passeggeri cosa **e' successo**. *

05. Piero chiama la stazione per chiedere cosa **e' successo**. *

06. Nel '76 **e' successo** qualcosa che ha cambiato la sua vita. *

07. A Vittorio Emanuele II **e' successo** Umberto I sul trono. **

08. Ricordi cosa **succede** durante la sfilata di moda a Palazzo Pitti? **

GLOSSARIO(어휘)

successo agg.[p.ps.] 일이 생긴
il successo 성공
successivo agg. 연속적인, 다음의
　　　← success<u>o</u>+ivo(형용사형 어미)
successivamente avv. 연속해서, 계속해서
　　　← successiv<u>o</u>+(a)mente(부사형 어미)
successibile agg. 상속권을 갖는, 승계권이 있는
　　　← success<u>o</u>+ibile(형용사형 어미)
successibilita' 상속권
　　　← successibil<u>e</u>+ita'(명사형 어미)
la successione 상속, 계승 ; (사건의) 연속. ~ al trono 왕위계승
　　　← success<u>o</u>+sione(명사형 어미)
il successore 후계자, 계승자, 상속자
　　　← success<u>o</u>+sore(남성명사형 어미)
successorio agg. 상속의. imposta successoria 상속세
　　　← success<u>o</u>+orio(형용사형 어미)

92 | telefonare

v.tr. 전화하다 ➡ phone
v.intr. 전화하다 ➡ phone, ring

- presente indicativo :
- passato prossimo : **avere telefonato**
- imperfetto indicativo :
- participio passato : telefon**ato**
- participio presente :
- gerundio : telefon**ando**

	현재	근과거
io	telefono	ho telefonato
tu	telefoni	hai telefonato
lui, lei, Lei	telefona	ha telefonato
noi	telefoniamo	abbiamo telefonato
voi	telefonate	avete telefonato
loro	telefonano	hanno telefonato

COMPOSIZIONE

livelo */**

01. Annarita는 모든 친구들에게 전화 한다.*

02. Franco가 전화하지 않아서 나는 걱정이다.*
     걱정이다

03. 그는 분실물 사무소에 전화한다.*

동사를 알면 이탈리아어가 보인다

all'ufficio oggetti smarriti 분실물 사무소에

04. Francesca, 저녁 식사에 돌아오지 못한다면 전화해라! *

05. Barbara, 우리는 나의 부모님을 초대해야 한다. 네가 그 분들께 전화할래? *

06. Daniele와 이야기 하고 싶으면 그에게 전화하지 그러니? *

07. 너 오늘 저녁 내게 전화해 줄래? *

08. 내 아들 Franco, 제발 부탁인데, Cairo에 도착하자마자 우리에게 전화해라! **
mi raccomando 제발 부탁인데 ; appena 하자마자

09. 어제 나는 무서웠다. 그래서 남자 친구에게 전화했다. **
(불완료과거 / 근과거 ← gr.1.1.3/1.1.2)
avere paura 무섭다

10. 나는 어머니가 외출할 준비가 되었는지를 알아보기 위해 전화해야 한다. **
essere pronto(a) per uscire 외출할 준비가 되다 ; vedere 알아보다

11. Mara는 30분 전부터 코무네에 전화하고 있는 중이지만, 아무도 그녀에게 응답하지 않는다. ** (간접대명사 ← gr.7.2)
da mezz'ora 30분 전부터 ; al comune 코무네에 ; non ~ nessuno 아무도 ~ 않다 ;
rispondere 응답하다

12. 매일 저녁 Giuliano는 약혼녀에게 전화하는데, 오늘은 아직 전화하지 못 했다. **
ogni sera, tutte le sere 매일 저녁 ; fidanzata 약혼녀 ; invece 반면

13. 흔히 나는 업무 관계로 고객들께 전화한다. 그러나 휴일이었던 어제는 몇 몇 친구들에게 전화했다. ** (불완료과거 / 근과거)
di solito 흔히 ; per lavoro 업무 관계로 ; i clienti 고객들 ; festa 휴일

92. telefonare

14. 어제 저녁 8시에 너희들은 어디 있었니? 나는 전화했지만 아무도 받지 않았어.**
(불완료과거 / 근과거)
non ~ nessuno 아무도 ~ 않다 ; rispondere 응답하다, 전화 받다

15. 난 네게 인사하고, 지금 그에게로 달려가서, 그에게 이야기해야 한다... 전화번호가 담긴 내 명함 여기 있어, 네가 원하면 이따가 내게 전화해! **(명령형＋대명사 ← gr.1.4.3)
correre da lui 그에게 달려가다 ; il biglietto 명함 ; piu' tardi' 이따가

🔽 Chiavi

01. Annarita **telefona** a tutti gli amici. *

02. Sono preoccupata perche' Franco non **telefona**. *

03. **Telefona** all'ufficio oggetti smarriti! *

04. Francesca, **telefona** se non torni per cena! *

05. Barbara, dobbiamo invitare i miei genitori. Gli **telefoni** tu? *

06. Se vuoi parlare con Daniele, perche' non gli **telefoni**? *

07. Puoi **telefonar**mi stasera? *

08. Franco, figlio mio, mi raccomando appena arrivi a Cairo, **telefona**ci! **

09. Ieri avevo paura, percio' **ho telefonato** a un amico. **

10. Devo **telefonare** a mia madre per vedere se e' pronta per uscire. **

11. Mara **sta telefonando** al comune da mezz'ora ma non le risponde nessuno. **

12. Ogni sera Giuliano telefona alla fidanzata. Oggi, invece, non **ha** ancora **telefonato**. **

13. Di solito telefono ai clienti per lavoro. Ma ieri che era festa **ho telefonato** ad alcuni amici. **

14. Dove eravate ieri sera alle 8.00? **Ho telefonato** ma non rispondeva nessuno. **

Corso Di Italiano Per Coreani

15. "Ti saluto, adesso devo correre da lui, devo parlargli..., ma ecco il mio biglietto, col numero, **telefona**mi piu' tardi' se vuoi!". ∗∗

GLOSSARIO(어휘)

telefonato agg.[p.ps.] 통화된

la telefonata 전화통화

　　　← telefonat**o** + a(여성명사 어미)

il telefono 전화 ; 전화기. ~ pubblico 공중전화, ~ senza fili 무선전화

　　　; telefon**are** + o(남성명사 어미)

la telefonia 원거리통신 시스템

　　　← telefon**o** + ia(여성명사 어미)

telefonico agg. 전화의. elenco ~ 전화번호부, ufficio ~ 전화국, cabina telefonica 공중전화박스

　　　← telefon**o** + ico(형용사 어미)

il/la telefonista 전화교환수

　　　← telefon**o** + ista(명사형 어미, ~하는 사람)

[복합어]

il tele**abbonato** TV 시청계약자

la tele**camera** TV 카메라

tele**comandare** v.tr. 원격조종하다

il tele**comando** 리모트 콘트롤

le tele**comunicazioni** 원격통신, 텔레커뮤니케이션

la tele**cronaca** TV 리포트

il/la tele**cronista** TV 해설자

la tele**ferica** 케이블카

il tele**film** TV 영화

la tele**fotografia** 전송사진(술)

il tele**giornale** TV 뉴스

tele**grafare** v.tr. 타전하다, 전송하다, 전보 치다.

la tele**grafia** 전보, 전신

tele**grafico** agg. 전신[전보]의

il/la tele**grafista** 전신기술자

92. telefonare

il tele**grafo** 전신기
il tele**gramma** 전보. ~ urgente 긴급 전보
la tele**guida** 원격조종
tele**guidare** v.tr. (미사일, 로켓을) 원격조종하다
la tele**matica** 데이터 전송
il tele**metro** 거리측정기
il tele**obiettivo** 망원렌즈
la tele**patia** 텔레파시
tele**patico** agg. 텔레파시의
il tele**quiz** TV 퀴즈
il tele**schermo** TV 스크린
il tele**scopio** 망원경
il tele**scopico** 망원경의
la tele**scrivente** 텔레타이프
la tele**scuola** TV 교육방송
il tele**spettatore** [s.f. –trice] TV 시청자
tele**trasmettere** v.tr. TV 방송하다
la tele**visione** TV
il tele**visore** TV 세트
tele**visivo** agg. TV의
il tele**voto** 시청자 전화투표

93 | tenere

v.tr. 갖고 있다, 붙들다, 놔두다, 유지하다 ; 점령하다 ; 개최하다 ; (자리를) 맡고 있다 ➜ hold ; keep ; give ; take up
v.intr. 확실히 두다 ; 정착하다 ; 저항하다 ; (방향으로) 나아가다 ; 편을 들다 ; 집착하다 ; 소중히 하다 ➜ hold out ; support ; attach great importance to

- presente indicativo :
- passato prossimo : **avere tenuto**
- imperfetto indicativo :
- participio passato : ten**uto**
- participio presente : ten**ente**
- gerundio : ten**endo**

	현재	근과거
io	**tengo**	ho tenuto
tu	**tieni**	hai tenuto
lui, lei, Lei	**tiene**	ha tenuto
noi	teniamo	abbiamo tenuto
voi	tenete	avete tenuto
loro	**tengono**	hanno tenuto

COMPOSIZIONE

 livelo * / **

01. 받아라! *

02. 그는 손으로 Luisa를 붙든다. *

93. tenere

per mano 손으로

03. Luisa는 후라이팬 손잡이를 잡는다. *
una pentola 후라이팬 ; il manico 손잡이

04. 문이 열린 채 놔둬라! *
la porta aperta 열린 문

05. 그들은 항상 문이 열린 채 놔둔다. *

06. 그는 항상 셔츠 단추를 푼 채로 놔둔다. *
la camicia sbottonata 단추를 푼 셔츠

07. 나는 늘 주머니에 두 손을 집어넣는다. *
in tasca 주머니에 ; le mani 두 손

08. 눈을 감은 채로 있어라! *
gli occhi chiusi 감은 눈

09. 나는 따뜻한 코트(온기를 유지하는 코트)를 좋아한다. *
tenere caldo 온기를 유지하다

10. 그 여인은 항상 집을 깔끔하게 유지한다.(= 그 여인의 집은 항상 깔끔하다) *
tenere ~ molto bene ~를 깔끔하게 유지하다

11. 적군은 그 도시를 점령하고 있었다. * (불완료과거 ← gr.1.1.3)
il nemico 적군

12. 저 박스는 충분히 지탱할 수 있니? *
scatola 박스

Corso Di *Italiano* Per Coreani

13. 이 나사는 충분히 지탱하지 못 한다.(= 헐겁다) *
   la vite 나사

14. 나는 그의 편이다. *
   tenere per ~의 편이다

15. 그는 교육을 매우 소중히 한다. *
   tenere a ~를 소중히 하다

16. 나는 회장이 되는 것을 목표로 삼고 있다. *
   tenerci a ~ 에 큰 중요성을 두다, 목표로 삼다 ;
   ottenere la presidenza 회장 자리를 획득하다, 회장이 되다

17. 나는 그것에 신경 쓰지 않는다.(집착하지 않는다) *
   tenerci 신경 쓰다, 집착하다

18. 그 부인은 곁눈질로 몇 몇 사람들을 훑어본다. *
   tenere d'occhio [controllare, seguire con lo sguardo qualcosa o qualcuno]
   곁눈질로 훑어보다

19. 어떤 사람은 그것(기차표)을 가방에, 어떤 사람은 주머니에, 다른 사람들은 서류가방에 갖고 있으나, 그것이 없어서 여기 저기 좌석 마다 표를 찾고 있는 청년이 있다. **
   qualcuno 어떤 사람 ; altri 다른 사람들 ; nella valigetta 서류가방에 ; non lo trova 없어서 ;
   in ogni posto 여기 저기 좌석 마다

20. 한 여성이 어두운 색의 선글라스를 끼고, 두 무릎 위에 서류가방을 올려놓은 채, 휴대폰에 문자를 두드린다. **
   portare un paio di occhiali da sole 선글라스를 끼다 ; sulle ginochia 두 무릎 위에 ;
   tenere una valigetta 서류가방을 올려놓다 ; scrivere al cellulare 휴대폰에 문자를 두드리다

93. tenere

🔽 Chiavi

01. **Tieni**! *

02. **Tiene** Luisa per mano. *

03. Luisa **tiene** una pentola per il manico. *

04. **Tieni** la porta aperta! *

05. **Tengono** sempre la porta aperta. *

06. **Tiene** sempre la camicia sbottonata. *

07. **Tengo** sempre le mani in tasca. *

08. **Tieni** gli occhi chiusi! *

09. Mi piace un cappotto che **tiene** caldo. *

10. La donna **tiene** la casa molto bene. *

11. Il nemico **teneva** la citta'. *

12. **Tiene** quella scatola? *

13. Questa vite non **tiene**. *

14. Io **tengo** per lui. *

15. **Tiene** molto all'educazione. *

16. **Ci tengo ad** ottenere la presidenza. *

17. Non **ci tengo**. (=I don't care about it) *

18. La signora **tiene d'occhio** alcune persone. **

19. Qualcuno lo **tiene** nella borsa, qualcuno nella tasca, altri nella valigetta, ma c'e' un ragazzo che non lo trova e lo cerca in ogni posto. **

20. Una donna porta un paio di occhiali da sole scuri e **tiene** una valigetta sulle ginochia mentre scrive al cellulare. **

94 tornare

v.intr. 돌아오다, 다시 ~가 되다 ← return, go(come) back ; become again ; be correct]
v.tr. ~를 ~에게 되돌려 주다 ← return sth to sb

- presente indicativo :
- passato prossimo : **essere tornato/a/i/e**
- imperfetto indicativo :
- participio passato : torn**ato**
- participio presente : torn**ante**
- gerundio : torn**ando**

	현재	미래	불완료과거	근과거
io	torno	tornero'	tornavo	sono tornato/a
tu	torni	tornerai	tornavi	sei tornato/a
lui, lei, Lei	torna	tornera'	tornava	e' tornato/a
noi	torniamo	torneremo	tornavamo	siamo tornati/e
voi	tornate	tornerete	tornavate	siete tornati/e
loro	tornano	torneranno	tornavano	sono tornati/e

COMPOSIZIONE

 **livelo** ∗ /∗∗

01. 너는 버스로 집에 돌아오니? – 아니, 전철로. ∗

02. 그는 점심시간에 돌아온다. ∗
 all'ora del pranzo 점심시간에

94. tornare

03. 안녕, 보순, 좋은 여행이 되라! 그리고 이탈리아에 돌아오면 가끔 우리에게 편지 해! *

04. 그녀가 돌아오지 않을 것이라고 확신하기 때문에, 그는 무척 괴로워한다. *
essere sicuro(a) 확신하다 ; soffrire 괴로워하다

05. 지금 나는 여행을 떠나지만, 돌아올 때면 일자리를 찾기 시작해야 할 것이다. *

06. 나는 휴가에서 돌아왔다. *

07. 어제 나는 집에 돌아가서, 점심을 먹고 다시 외출했다. *
di nuovo 다시

08. Marco와 Lucia는 어제 아침에 런던에서 돌아왔는데, 대단히 만족스러워 했다. *
essere contento(a) 만족스러워하다

09. 그 독일 관광객은 태양에 푹 빠져 있다가, 좀 너무 그을린 채로 집에 돌아온다. **
essere innamorato(a) di ~에 푹 빠지다 ; un po' troppo 좀 너무 ;
bruciato 썬텐 한, 피부가 탄, 그을린

10. 나는 집으로 돌아오는 길에, 남자 친구와 영화관에 가는 Fabio를 만났다. **

11. 그 청년은 돌아 와서 6인용 객실에 남아 있던 여성과 이야기하기 시작한다. **
iniziare a + inf. ~하기 시작하다

12. 나는 '먹거리'를 위해 일주일 뒤 밀라노 집으로 돌아가길 학수고대 한다. **
il mangiare 먹거리, 먹는 것, 식사 ; non vedere l'ora di + inf. ~를 학수고대하다

13. 여름에 교포들이 휴가를 즐기러 그들의 고국으로 돌아온다. **
d'estate 여름에 gli emigranti 교포들 ; i loro paesi d'origine 고국, 조국

14. 피노키오는 다시 유행했으며, 모든 사람들은 피노키오 인형들을 만든다. 그러나 너도 알다시피 모두 똑같지는 않다. **

Corso Di *Italiano* Per Coreani

tornare di moda 다시 유행하다 ; pinocchi 피노키오 인형들 ; essere uguale 똑같다

15. 어제 장을 보는 동안 피곤했다. 매우 무거운 봉투를 들고 집으로 돌아 왔는데, 엘리베이터가 고장 나 걸어서 올라왔다. **

stancarsi, essere stanco(a) 피곤하다 ; mentre ~하는 동안 ;

delle buste pesantissime 매우 무거운 봉투 몇 개 ; l'ascensore 엘리베이터 ;

essere rotto(a) 고장 나다 ; a piedi 걸어서

Chiavi

01. **Torni** a casa in autobus? – No, in metropolitana. *

02. **Torna** all'ora del pranzo. *

03. Ciao, Bosun, buon viaggio, e se **torni** in Italia qualche volta scrivici! *

04. Lui soffre molto perche' e' sicuro che lei non **tornera'**. *

05. Ora parto per un viaggio ma quando **tornero'** dovro' cominciare a cercare un lavoro. *

06. **Sono tornata** dalle vacanze. *

07. Ieri **sono tornato** a casa, ho pranzato e poi sono uscito di nuovo. *

08. Marco e Lucia **sono tornati** ieri mattina da Londra ed erano molto contenti. *

09. Poiche' del sole e' innamorato il turista tedesco **torna** a casa un po' troppo bruciato. **

10. Mentre **tornavo** a casa, ho incontrato Fabio che andava al cinema con un suo amico. **

11. Il ragazzo **torna** ed inizia a parlare con la donna che e' rimasta nello scompartimento. **

12. Dopo una settimana a Milano non vedo lora di **tornare** a casa per il "mangiare". **

94. tornare

94. tornare

13. Gli emigranti d'estate **tornano** nei loro paesi d'origine per le vacanze. ∗∗

14. Il Pinocchio **e' tornato** di moda e tutti fanno pinocchi, ma non sono tutti uguali... sai". ∗∗

15. Ieri mi stancavo proprio mentre facevo la spesa, **sono tornata** a casa con delle buste pesantissime e sono salita a piedi perche' l'ascendore era rotto. ∗∗

GLOSSARIO(어휘)

tornato agg.[p.ps.] 돌아 온, 귀환한. Ben ~! 잘 돌아 왔어!
la tornata 복귀, (국회의) 회기
　　　← tornat<u>o</u>+a(명사형 어미)
tornante agg.[p.pr.] 돌아오는, 귀로의
il tornasole 리트머스 액. carta di ~ 리트머스 시험지
　　　← torna+sole(태양) ; 복합어

95 | trovare

v.tr. 찾다, 발견하다 ; 구하다 ; ~를 보다, 만나다
➡ find ; meet with

- presente indicativo :
- passato prossimo : **avere trovato**
- imperfetto indicativo :
- participio passato : trov**ato**
- participio presente :
- gerundio : trov**ando**

	현재	근과거
io	trovo	ho trovato
tu	trovi	hai trovato
lui, lei, Lei	trova	ha trovato
noi	troviamo	abbiamo trovato
voi	trovate	avete trovato
loro	trovano	hanno trovato

COMPOSIZIONE

 livelo */**

01. 결국 그들은 자신들의 자리를 발견한다. *

02. 구하는 자는 얻는다! *
    chi cerca 구하는 자 ; trovare 얻다

03. 6인용 열차 첫 번째 객실에서 Piero는 아무도 발견하지 못한다. *

95. trovare

scompartimento 6인용 열차 객실 ; non ~ nessuno 아무도 ~ 않다

04. Dino로서는 도로와 광장을 찾는 것이 어렵지 않다. *

05. 좋은 일자리를 구하는 것은 매우 어렵다. * (부정법 ← gr.1.5.1)

06. 그는 약간의 돈이 든 지갑 하나를 발견했다. *
dei soldi 약간의 돈 ; portafoglio 지갑

07. 몇 몇 연구원들이 신형 바이러스들을 발견했다. *
ricercatore 연구원 ; nuovo tipo 신형 ; virus 바이러스

08. 그 도시는 작기 때문에 가장 중요한 광장들과 도로들을 찾는 것은 쉽다. *

09. 아이고, 늘 그렇구나… 세일할 때 나는 (원하는) 치수나 모델을 결코 찾지를 못한다. *
uffa 아이고 ; sempre cosi' 늘 그렇구나 ; con i saldi 세일할 때 ; il numero 치수 ;
il modello 모델 ; non ~ mai 결코 ~ 아니다

10. 괜찮은 여자를 찾기란 쉽지 않다. * (부정법 ← gr.1.5.1)

11. 그 부인은 청년이 기차표를 찾았는지를 물어본다. *
se ~인지 (아닌지)

12. 너 열쇠들을 찾았니? – 응, 어제 내가 입고 다녔던 바지에 들어있었어. *
portare 입고 다니다 ; avere nei pantaloni 바지에 들어있다

13. 그는 결혼했고, 좋은 일자리를 구했다. * (재귀동사 근과거 ← gr.2.2)
sposarsi 결혼하다

14. 모든 사람들은 그 회의를 참관하는 것이 다소 어렵다는 것을 발견했다. *
la conferenza 회의 ; seguire 참관하다

*Corso Di **Italiano** Per Coreani*

15. 의사이며 Sudan에서 일하는 한 여자 친구는 자기를 보러 오라고 그를 초대한다.**

invitare a trovare 보러 오라고 권하다

16. 그녀는 한 청년에게 물어 볼 용기를 낸다. "미안한데, 담배 한 대 부탁해도 되겠니?" **

trovare il coraggio di ~할 용기를 내다

17. 8월에 Sardegna 행 여객선에 좌석을 구하기 위해서는 두 달 전에 예약을 해야 한다. **
(비인칭 SI ← gr.3)

traghetto 여객선 ; due mesi prima [due mesi fa는 과거문장에 쓰임] 두 달 전에 ;

prenotare 예약하다

▼ Chiavi

01. Finalmente **trovano** i loro posti. *

02. Chi cerca **trova**! *

03. Al primo scompartimento Piero non **trova** nessuno. *

04. Per Dino non e' difficile **trovare** le strade e le piazze. *

05. **Trovare** un buon lavoro e' molto difficile. *

06. **Ha trovato** un portafoglio con dei soldi. *

07. Alcuni ricercatori **hanno trovato** nuovi tipi di virus. *

08. Perche' la citta' e' piccola ed e' facile **trovare** le strade e le piazze piu' importanti. *

09. Uffa, sempre cosi'... con i saldi non **trovo** mai il numero o il modello. *

10. Non e' facile **trovare** una brava ragazza. *

11. La signora domanda al ragazzo se **ha trovato** il biglietto. *

12. **Hai trovato** le chiavi? - Si', le avevo nei pantaloni che portavo ieri. *

13. Si e' sposato, **ha trovato** un buon lavoro. (=Si e' sistemato subito.) *

95. trovare

14. Tutti **hanno trovato** un po' difficile seguire la conferenza. *
15. Un'amica che fa il medico e lavora in Sudan lo invita ad andare a **trovar**la. **
16. Lei **trova** il coraggio di chiedere ad un ragazzo : "Scusa, posso chiederti una sigaretta?" **
17. Per **trovare** un posto in traghetto per la Sardegna in agosto si deve prenotare due mesi prima. **

GLOSSARIO(어휘)

trovato agg.[p.ps.] 발견된

il trovato 발명, 고안, 발견

　　← trov<u>are</u>+ato(과거분사 어미, 명사로 파생)

la trovata 수단, 방책, 착상

　　← trovat<u>o</u>+a(명사형 어미)

il trovatello 버려진 아이

　　← trovat<u>o</u>+ello(축소형 변의어미)

il trovatore 중세 음유시인

　　← trov<u>are</u>+(a)tore(남성명사형 어미, ~하는 사람)

96 | usare

v.tr. 사용하다 ; 쓰다 ➜ use
v.intr. 유행하다 ; ~에 사용되다 ➜ be fashionable

- presente indicativo :
- passato prossimo : **avere usato**
- imperfetto indicativo :
- participio passato : us**ato**
- participio presente :
- gerundio : us**ando**

	현재	근과거	수동태
io	uso	ho usato	
tu	usi	hai usato	
lui, lei, Lei	usa	ha usato	e'(viene) usato/a
noi	usiamo	abbiamo usato	
voi	usate	avete usato	
loro	usano	hanno usato	sono(vengono) usati/e

Composizione

 livelo */**

01. 그 소녀는 휴대폰을 많이 사용한다. *

   il telefonino, il cellulare 휴대폰

02. 네 차를 좀 써도 되겠니? *

03. 테이블 고맙습니다. 잘 썼어요. *

96. usare

04. 세탁기 사용할 줄 아니? *
la lavatrice 세탁기

05. 물을 몽땅 쓰지 마라! * (부정명령 ← gr.1.4.2)

06. 머리를 쓰도록 노력해라! * (긍정명령 ← gr.1.4.1)
usare il cervello 머리를 쓰다 ; cercare di + inf. ~하도록 노력하다, 애쓰다

07. 눈을/귀를 이용해라! *
gli occhi 눈 ; le orecchie 귀

08. 손을 쓰지 마라! (= 때리지 마라!) *
le mani 손

09. Dino는 숙제할 때 최대한의 정성을 들인다. *
usare la cura nel fare ~할 때 정성을 들이다

10. 네 컴퓨터를/헤어드라이기를 사용해도 되겠니? *

11. 헤어드라이기는 내겐 정말로 소용이 없다. 나는 그것을 한 번도 사용하지 않는다. *
l'asciugacapelli 헤어드라이기 ; proprio 정말로 ; essere inutile 소용이 없다

12. 지금 이런 참고사항을 사용하면서 두 등장인물들을 묘사하도록 시도해 보라! **
ora 지금 ; riferimenti 참고사항들 ; usando [동명사] 사용하면서 ;
personaggi 등장인물들 ; descrivere 묘사하다 ; provare a + inf. ~하도록 시도하다

13. 나도 휴대폰을 샀지만, 필요할 때에만 그것을 사용한다. **
essere necessario(a) 필요하다

14. 가끔 휴대폰이 이상하게 울리는 걸 보니 아마도 그는 그것을 사용할 줄 모르나보다. **
forse 아마도 ; in modo strano 이상하게 ; squillare (휴대폰이) 울리다

*Corso Di **Italiano** Per Coreani*

15. 이탈리아어에서 남성 명사 어휘들에 어떤 관사들이 사용되나요? ∗∗

(수동태 SI ← **gr.4.2**)

le parole maschili 남성명사 어휘들 ; gli articoli 관사들

16. 축약부호가 딸린 관사는 어떤 어휘들 앞에서 사용되나요? ∗∗ (수동태 SI)

l'apostrofo 축약부호

17. 삽화들을 보라! 그리고 'questo' 와 'quello' 가 어떻게 사용되는지를 관찰하라! ∗∗

(일반수동태 ← **gr.4.1**)

le vignette 삽화들 ; osservare 관찰하다

18. 사투리는 나폴리 음악에서 많이 사용된다. ∗∗ (일반수동태 ← **gr.4.1**)

il dialetto 사투리

19. 흔히 사람들은 신문 뒤집듯이, 기차창문 열고 닫듯이 변명을 한다. ∗∗

(비인칭 SI ← **gr.3**)

il finestrino da aprire o chiudere 열거나 닫는 기차창문 ; un pretesto 변명, 구실

Chiavi

01. La ragazza **usa** molto il telefonino. ∗

02. Posso **usare** la tua macchina? ∗

03. Grazie per il tavolo, l'**ho usato** molto. ∗

04. Sai **usare** la lavatrice? ∗ (=Sai come si usa la lavatrice?)

05. Non **usare** tutt'acqua! ∗

06. Cerca di **usare** il cervello! ∗

07. **Usa** gli occhi / le orecchie! ∗

08. Non **usare** le mani! ∗

96. usare

09. Dino **usa** la massima cura nel fare i compiti. *

10. Posso **usare** il tuo computer? / il tuo asciugacapelli?

11. Per me l'asciugacapelli e' proprio inutile, non lo **uso** mai. *

12. Ora prova a descrivere i due personaggi **usando** questi riferimenti! **

13. Ho comprato anch'io il telefonino ma lo **uso** solo quando e' necessario. **

14. Forse non lo sa **usare** perche' ogni tanto il telefonino squilla in modo strano. **

15. Quali articoli si **usano** per le parole maschili in italiano? **

16. Davanti a quali parole si **usa** l'articolo con l'apostrofo? **

17. Guarda le vignette e osserva come **vengono usati** 'questo' e 'quello'! **

18. Il dialetto **e'** molto **usato** nella musica napoletana. **

19. Spesso si **usa** un pretesto come il giornale, il finestrino da aprire o chiudere. **

GLOSSARIO(어휘)

usato agg.[p.ps.] 사용된, 낡은, 중고의 ; 익숙한, 습관이 있는

usabile agg. 사용가능한

　　　← us<u>are</u> + abile(형용사형 어미)

l'usanza 관습, 풍습, 관례

　　　← us<u>are</u> + anza(명사형 어미)

97 | vedere

v.tr. 보다 ; 만나다 ; 방문하다 ; 살펴보다 ; 이해하다, 알다 ; 인정하다
➜ see ; look at ; check ; find out ; meet ; visit ; grasp

- presente indicativo :
- passato prossimo : **avere visto**
- imperfetto indicativo :
- participio passato : **visto**
- participio presente :
- gerundio : ved**endo**

	현재	근과거
io	vedo	ho visto
tu	vedi	hai visto
lui, lei, Lei	vede	ha visto
noi	vediamo	abbiamo visto
voi	vedete	avete visto
loro	vedono	hanno visto

COMPOSIZIONE

 livelo * / **

01. 너 오늘 저녁 Giulia를 만나니? – 아니, 내일 그녀를 만날 거야. *

02. Piero는 볼로냐 역에서 Umberto Eco를 본다. *

97. vedere

03. Piero는 뛰어(서)오는 그를 보고 그를 기다린다. *
di corsa 뛰어서 ; arrivare 오다

04. Marcello는 세 명의 여자 사촌을 갖고 있지만, 그들이 Sardegna에 살고 있어서 결코 보지 못한다. *
le cugine 여자사촌 ; non ~ mai 결코 ~하지 않다

05. 나는 정류장에 도착한다. 급하다. 나를 태우지 않고 떠나는 버스를 본다. *
alla fermata 정류장에 ; avere fretta 급하다 ; senza di me 나를 태우지 않고, 나 없이

06. 신문판매점에서 그는 많은 엽서들이 꽂혀있는 진열대를 본다. *
in un'edicola 신문판매점에서 ; cartoline 엽서들 ; un espositore 진열대

07. 신문판매인은 그를 좀 우유부단한 사람이라고 인정한다. *
il giornalaio 신문판매인 ; indeciso(a) 우유부단한 ; vedere 인정하다

08. 너를 보지 못한지 오래구나! 도대체 너는 어디 있었니? *
non ~ da tanto tempo ~못한지 오래다 ; ma 도대체

09. 내 형은 뉴욕에 거주한다. 그를 못 본지 1년이 되었다. *
non ~ da un anno ~못한지 1년이다

10. Roberto, 제발 속도 좀 줄여, 제한속도 50km인거 안 보이니? *
rallentare 속도 줄이다, 감속하다 ; il limite di 50km 제한속도 50km

11. 나는 어머니가 외출할 준비가 되었는지를 알아보기 위해 전화해야 한다. *
essere pronto(a) per uscire 외출할 준비가 되다 ; vedere 알아보다

12. 네가 Tonino를 보면, 부탁인데, 빠에서 그를 기다린다고 말해 주겠니? *

13. Giuseppe는 어디 있는 거야? 그를 못 본지 오래되었어. *

non ~ da molti giorni ~ 못한지 오래되다

14. 네가 Rita를 보면, 부탁인데, 이 편지를 그녀에게 전해주겠니? *
dare 전해주다

15. 그는 그의 작업실에서 우리를 보고 싶어 한다. *
studio 작업실

16. 나는 그가 발전했다는 것을 인정한다. *
fare progressi 발전하다 ; vedere 인정하다

17. 저는 쇼윈도에 있는 저 녹색 티셔츠를 보고 싶은데요. * (단순조건법 ← gr.1.2.1)
in vetrina 쇼윈도에 ; maglietta 면 티셔츠

18. Rossella는 신문에서 Filippo의 사진을 보았다. *
sul giornale 신문에서 ; la foto 사진

19. 선로 가까이에서 두 명의 남자들과 한 명의 여자를 보았다고 누군가 말한다. *
i binari 선로 ; vicino a ~에 가까운 ; qualcuno 누군가

20. 어제 저녁 나는 영화관에 가서 흥미진진한 영화 한 편 보았다. *
interessante 흥미진진한 ; un film 영화

21. 너 Marta를 보았니? − 응, 어제 그녀를 보았어. *
(직접대명사와 과거분사 성수일치 ← gr.7.1.2)

22. 너는 나의 캐나다 여자 친구를 벌써 보았니? − 응, 어제 Marco의 집에서 보았어. *

23. 나는 네 집 아래로 지나가다가, 불이 꺼져있는 것을 보았어. *
sotto casa tua 네 집 아래로 ; la luce 불, 전등 ; essere spento(a) 꺼져있다

24. 나는 아무도 보지 못했다. *

97. vedere

97. vedere

nessuno 아무도

25. 우리가 어제 저녁에 본 그 공연은 정말로 실망스러웠다. *
lo spettacolo 공연 ; veramente 정말로 ; essere deludente 실망스럽다

26. 쇼윈도에 있는 신발을/징이 달린 신발을/가늘고 높은 굽이 달린 신발을/쇼윈도에 있는 모피코트를/저 가죽 옷들을/무릎 아래로 내려오는 저 스커트를/저 미니스커트를 제게 보여주시겠어요? *
fare vedere 보게 하다 ; in vetrina 쇼윈도에 ; con la zeppa 징이 달린 ;
con i tacchi a spillo 가늘고 높은 굽이 달린 ; la pelliccia 모피코트 ;
vestiti in pelle 가죽 옷들 ; sotto il ginocchio 무릎 아래 내려오는 ;
minigonna 미니스커트

27. 패션쇼가 시작될 때, 둥근 모양의 우주선이 보이고, Strauss의 음악이 들린다. **
(수동태 SI ← gr.4.2)
un'astronave rotonda 둥근 모양의 우주선

28. Alessandro는 사진모델의 몸매를 가진, 반바지를 입은 날씬하고 키가 늘씬한 금발의 아가씨가 지나가는 것을 본다. **
con un corpo di fotomodella 사진모델의 몸매를 가진 ; in pantaloncini 반바지 입은 ;
biondo 금발의

29. 나는 '먹거리'를 위해 일주일 뒤 밀라노 집으로 돌아가길 학수고대 한다. **
il mangiare 먹거리, 먹는 것, 식사 ; non vedere l'ora di + inf. ~를 학수고대하다

30. 너는 멀리서 버스를 본다. 정류장으로 너는 달리고 버스는 멈춰있다. 문을 닫기 전에 버스는 너를 기다린다. **
da lontano 멀리서 ; correre 달리다 ; essere fermo(a) 멈춰있다 prima di ~하기 전에

Chiavi

01. **Vedi** Giulia stasera? - No, la **vedo** domani. *
02. Piero **vede** Umberto Eco alla stazione di Bologna. *
03. Piero lo **vede** arrivare di corsa e lo aspetta. *
04. Marcello ha tre cugine ma non le **vede** mai perche' abitano in Sardegna. *
05. Arrivo alla fermata, ho fretta e **vedo** l'autobus che parte senza di me. *
06. In un'edicola **vede** un espositore con molte cartoline. *
07. Il giornalaio lo **vede** un po' indeciso. *
08. Non ti **vedo** da tanto tempo! Ma dove sei stato? *
09. Mio fratello abita a New York. Non lo **vedo** da un anno. *
10. Roberto, rallenta per favore, non **vedi** che c'e' il limite di 50 km? *
11. Devo telefonare a mia madre per **vedere** se e' pronta per uscire. *
12. Se **vedi** Tonino, gli dici per favore che io lo aspetto al bar? *
13. Dov'e' Giuseppe? Non lo **vedo** da molti giorni! *
14. Quando **vedi** Rita per favore le dai questa lettera? *
15. Vuole **veder**ci nel suo studio. *
16. **Vedo** che ha fatto progressi. *
17. Vorrei **vedere** quella maglietta verde che e' in vetrina. *
18. Rossella **ha visto** la foto di Filippo sul giornale. *
19. Qualcuno dice che **ha visto** due uomini e una donna vicino ai binari. *
20. Ieri sera sono andato al cinema e **ho visto** un film interessante. *
21. **Hai visto** Marta? – Si', **l'ho vista** ieri. *
22. **Hai** gia' **visto** la mia amica canadese? – Si', **l'ha vista** ieri a casa di Marco. *

97. vedere

23. Sono passato sotto casa tua e **ho visto** che la luce era spenta. *

24. Non **ho visto** nessuno. *

25. Lo spettacolo che **abbiamo visto** ieri sera era veramente deludente. *

26. Mi fa **vedere** le scarpe in vetrina? / le scarpe con la zeppa? / le scarpe con i tacchi a spillo? / la pelliccia in vetrina? / quei vestiti in pelle? / quella gonna sotto il ginocchio? / quella minigonna? *

27. Quando comincia la sfilata, si **vede** un'astronave rotonda e si sente musica di Strauss. **

28. Alessandro **vede** passare una ragazza bionda altissima e magra in pantaloncini con un corpo da fotomodella. **

29. Dopo una settimana a Milano **non vedo l'ora** di tornare a casa per il mangiare. **

30. **Vedi** l'autobus da lontano. Corri alla fermata, l'autobus e' fermo e ti aspetta prima di chiudere la porta. **

GLOSSARIO(어휘)

visto agg.[p.ps.] 보여진, 승인된, 인정된
il visto 비자, 사증
la vista 시각, 시력 ; 관찰, 전망 ; 견해
vistoso agg. 눈에 띄는, 명료한 ← visto + oso(형용사형 어미)
visuale agg. 시각적인 ← visto + uale(형용사형 어미)

98 | viaggiare

v.intr. 여행하다 ; (물품이) 보내어지다 ; (기차가) 운행하다
➜ travel ; send ; run

- presente indicativo :
- passato prossimo : **avere viaggiato**
- imperfetto indicativo :
- participio passato : viagg**iato**
- participio presente : viagg**iante**
- gerundio : viagg**iando**

	현재	근과거	불완료과거
io	viaggio	ho viaggiato	viaggiavo
tu	viaggi	hai viaggiato	viaggiavi
lui, lei, Lei	viaggia	ha viaggiato	viaggiava
noi	viaggiamo	abbiamo viaggiato	viaggiavamo
voi	viaggiate	avete viaggiato	viaggiavate
loro	viaggiano	. hanno viaggiato	viaggiavano

COMPOSIZIONE

 livelo ✱ / ✱✱

01. 그들끼리 여행하는 것은 지루하다. ✱ (부정법현재 ← gr.1.5.1)
    da solo(a), da soli(e) [solo의 어미로 남성여성단수복수 구별] 홀로 ; noioso(a) 지루하다

02. 그 부인은 그와 함께 여행하는 것에 만족해한다. ✱
    essere contento(a) di ~에 만족해하다

98. viaggiare

03. 너희들은 자주 기차로 여행하니? *

04. 그 네덜란드 관광객은 적어도 한 달 동안 자전거로 여행한다. *
il turista olandese 네덜란드 관광객 ; almeno 적어도 ; in bici 자전거로

05. 많은 승객들은 2등 칸으로 여행한다. *
passeggeri 승객들 ; in seconda classe 2등 칸으로

06. 나는 여행을 좋아한다. *
piacere [mi piace ~] 나는 ~를 좋아하다

07. 그 자동차는 시속 50km로 여행하고 있었다. *
a 50km all'ora 시속 50km로

08. 그 기차는 50분 늦게 달리고 있다. *
con 50 minuti di ritardo 50분 늦게

09. 상품들은 해상을 통해 보내어진다. *
le merci 상품들 ; via mare 해상을 통해 ; viaggiare 보내어지다

10. 나는 섬유 회사를 찾기 위해 여행하고 있다. *
una ditta di tessuti 섬유 회사

11. Dino와 그 소녀는 함께 여행했다. *
insieme 함께

12. 몇 몇 축구팬들은 이 기차로 여행했다. *
tifosi 축구팬들

13. Riccione 출신 소녀인 Annarita도 내리고, 그녀와 함께 기차여행 했던 세 명의 청년들도 내린다. **

di ~ 출신 ; scendere 내리다, 하차하다

14. 옛날 군인들은 1년 사계절, 북쪽이나 남쪽으로 향하는 기차로, 군복을 입은 채 단체 여행을 하곤 했다. **
    i militari di un tempo 옛날 군인들 ; tutte le stagioni 1년 사계절 ; verso ~쪽으로 향하는 ;
    in divisa 군복을 입은 채 ; a gruppi 단체로

15. 그 디자이너와 함께 6인 객실에서 여행을 한 금발의 여성은 지금 홀로 남아, 말없이 차창 밖 경치를 바라보고 있다. **
    il designer 디자이너 ; nello scompartimento 6인 객실에서 ;
    la donna bionda 금발의 여성 ; ora 지금 ; essere rimasto(a) 남다 ; solo(a) 홀로 ;
    in silenzio 말없이 ; il paesaggio dal finestrino 차창 밖 경치

Chiavi

01. E' noioso **viaggiare** da soli! *

02. La signora e' contenta di **viaggiare** con lui. *

03. Voi **viaggiate** spesso in treno? *

04. Il turista olandese **viaggia** in bici almeno per un mese. *

05. Molti passeggeri **viaggiano** in seconda classe. *

06. A me piace viaggiare. *

07. La macchina viaggiava a 50km all'ora. *

08. Il treno viaggia con 50 minuti di ritardo. *

09. Le merci viaggiano via mare. *

10. Viaggio per una ditta di tessuti. *

11. Dino e la ragazza **hanno viaggiato** insieme. *

98. viaggiare

98. viaggiare

12. In questo treno **hanno viaggiato** dei tifosi. *

13. Scende anche Annarita, la ragazza di Riccione ed i tre ragazzi che **viaggiavano** con lei. **

14. I militari di un tempo **viaggiavano** in divisa a gruppi nei treni verso sud e verso nord, in tutte le stagioni. **

15. La donna bionda che **viaggiava** nello scompartimento col designer ora e' rimasta sola e guarda in silenzio il paesaggio dal finestrino. **

GLOSSARIO(어휘)

viaggiante agg. 여행을 직업으로 하는
  ← viagg<u>are</u> + ante(현재분사형, 형용사로 파생)

il viaggio 여행
  ← viagg<u>are</u> + o

il viaggiatore [s.f. –trice] 여행자
  ← viagg<u>are</u> + (a)tore(명사형 어미)

99 | visitare

v.tr. 방문하다, 가서 보다 ; 둘러보다 ; 진료하다 ← visit, go and see ; go round ; examine

- presente indicativo :
- passato prossimo : **avere visitato**
- imperfetto indicativo :
- participio passato : visit**ato**
- participio presente :
- gerundio : visit**ando**

	현재	근과거
io	visito	ho visitato
tu	visiti	hai visitato
lui, lei, Lei	visita	ha visitato
noi	visitiamo	abbiamo visitato
voi	visitate	avete visitato
loro	visitano	hanno visitato

COMPOSIZIONE

 livelo *

01. 나는 내일 밀라노를 방문하러 간다. *

02. Dino는 우리에게 집을 둘러보게 했다. *
    fare+inf. [사역] ~하게 하다

03. 그 의사는 집에서 환자들을 진료한다. *

99. visitare

pazienti 환자들

04. 그 의사는 진료 중이다. * (현재진행형 ← gr.5.3)

05. 그 의사는 목요일에만 진료한다. *

06. 나는 건강검진을 받을 필요가 있다. * (접속법현재 ← gr.1.3.1)
bisogna che + 접속법 ~할 필요가 있다 ; farmi visitare 내게 진찰하게 하다, 건강검진 받다

07. 한 스웨덴 남자 친구는 Stoccolma와 북해를 둘러보라고 권한다. *
un amico svedese 스웨덴 남자 친구 ; il mare del Nord 북해 ; visitare 둘러보다 ;
invitare 권하다

08. Stefano는 Sardegna의 동쪽 해안만을 둘러보았다. *
la costa orientale 동쪽 해안

09. Capitolini 박물관들을 가서 보았니? – 응, 작년에 가서 보았어. *
(직접대명사와 과거분사 성수일치 ← gr.7.1.2)
i musei 박물관들 ; l'anno scorso 작년에

A Chiavi

01. Vado a **visitare** Milano domani. *

02. Dino ci ha fatto **visitare** la casa. *

03. Il dottore **visita** i pazienti a casa. *

04. Il dottore **sta visitando**. *

05. Il dottore **visita** solo il giovedi'. *

06. Bisogna che mi faccia **visitare**. *

07. Un amico svedese lo invita a **visitare** Stoccolma e il mare del Nord. *

08. Stefano **ha visitato** solo la costa orientale della Sardegna. ＊

09. **Hai visitato** i musei Capitolini? – Si', **li ho visitati** l'anno scorso. ＊

GLOSSARIO(어휘)

la visita 방문 ; 진료 ; 시찰, 참관 ; 조사
　　　　← visit<u>are</u> + a(명사형 어미)
la visitazione 방문
　　　　← visit<u>are</u> + azione(여성명사 어미)
il visitatore [s.f. –trice] 방문객 ; 참관자 ; 견학인 ; 순시원 ; 검사관
　　　　← visit<u>are</u> + (a)tore(남성명사 어미, ~하는 사람)

100 | vivere

v.intr. 살다, 거주하다 ; 생존하다 ; 생활하다 ; 처신하다
➡ live, be alive ; feed on
v.tr. 세월을 보내다 ⬅ live through

- presente indicativo :
- passato prossimo : **essere vissuto/a/i/e, avere vissuto**
- futuro semplice : **vivro', vivrai, vivra', vivremo, vivrete, vivranno**
- imperfetto indicativo :
- participio passato : **vissuto**
- participio presente : viv**ente**
- gerundio : viv**endo**

	현재	근과거	불완료과거
io	vivo	sono vissuto/a	vivevo
tu	vivi	sei vissuto/a	vivevi
lui, lei, Lei	vive	e' vissuto/a	viveva
noi	viviamo	siamo vissuti/e	vivevamo
voi	vivete	siete vissuti/e	vivevate
loro	vivono	sono vissuti/e	vivevano

COMPOSIZIONE

A Primo livelo *

01. 그는 100세까지 살았다. * (근과거 ⬅ gr.1.1.2)
    fino a ~까지

02. 그에게 생존할 시간은 그리 많이 남아있지 않다. *

 동사를 알면 이탈리아어가 보인다

(il tempo) da vivere 생존할 시간 ; restare 남아있다

03. 그는 생을 마쳤다. *
cessare di vivere 생을 마치다

04. 나는 살아 있는 한, 내 아내를 사랑할 것이다. * (단순미래 ← gr.1.1.5)
finche' ~하는 한 ; amare 사랑하다

05. 살아 있는 자는 볼 것이다! * (단순미래)

06. 그는 현실과 동떨어진 다른 세계에 살고 있다. *
fuori dalla realta' 현실과 동떨어진 다른 세계에

07. 나는 적은 돈으로 혹은 무일푼으로 살아간다. *
vivere di poco 적은 돈으로 살다 ; niente 전혀 없이, 무일푼으로

08. 나는 하루하루를 근근이 살고 있다. *
vivere alla giornata 하루하루를 근근이 살다

09. 그들은 힘들게 살아간다. *
vivere di stenti 힘들게 살아가다

10. 그는 귀족처럼 산다. *
vivere da signore 귀족처럼 살다

11. 너는 아직도 인생에 대해 더 배워야만 한다. *
imparare a vivere 인생에 대해 배우다

12. 그는 번역으로 생활비를 번다. *
guadagnarsi 돈 벌다 ; le traduzioni 번역들

100. vivere

13. Caterina 부인은 수 년 전부터 밀라노에 살고 있다. *

14. 그 부인은 Sicilia에 살고 있다. *

15. 볼로냐에서는 사람들이 잘 먹는다. * (비인칭 SI ← gr.3)

16. 나는 Belgrado에 살고 있는 남자 친구가 있다. *

17. Carla는 캐나다에서 단 몇 년의 세월을 보냈다. * (근과거)
solo qualche anno 단 몇 년

18. 나는 런던에 살 때 전철로 직장에 가곤했다. City 근처에 살고 있었고 'Bank' 정류장에서 내리곤 했다. ** (불완료과거 ← gr.1.1.3)
in metro 전철로 ; al lavoro 직장에 ; alla fermata 정류장에서

▼ Chiavi

01. Lui **e' vissuto** fino a 100 anni. *

02. Non gli resta molto da **vivere**. *

03. Ha cessato di **vivere**. *

04. Finche' **vivro'**, amero' mia moglie. *

05. Chi **vivra'**, vedra'! *

06. **Vive** fuori dalla realta'. *

07. Io **vivo** di poco o niente. *

08. **Vivo** alla giornata. *

09. **Vivono** di stenti. *

10. **Vive** da signore. *

11. Devi ancora imparare a **vivere**. *

Corso Di Italiano Per Coreani

12. Lui si guadagna da **vivere** con le traduzioni. *

13. La signora Caterina **vive** a Milano da molti anni. *

14. La signora **vive** in Sicilia. *

15. A Bologna si **vive** bene! *

16. Ho un amico che **vive** a Belgrado. *

17. Carla **ha vissuto** solo qualche anno in Canada. *

18. Quando **vivevo** a Londra andavo al lavoro in metro. Lavoravo vicino alla City e scendevo alla fermata di "Bank". **

GLOSSARIO(어휘)

vivente agg.[p.pr.] 살아있는, 생명력 있는, 현존하는
　　← viv<u>ere</u>+ente(현재분사형, 형용사로 파생)
il/la vivente 생존자
　　← viv<u>ere</u>+ente(현재분사형, 명사로 파생)
i viveri 식량, 양식
　　← viv<u>ere</u>+i(복수 어미, 명사로 파생)
vivo agg. 생생한, 살아있는
　　← viv<u>ere</u>+o(남성어미, 형용사로 사용)

PARTE C

주요 동사 280

Parte C

01 제시된 동사들 가운데 선택하여 요구하는 시제로 빈 칸을 채워라.

abbandonare	abbinare *	accadere	accusare	addormentare
버리다, 포기하다	연결하다, 잇다	발생하다	꾸짖다, 비난하다	잠들다
adorare *	affittare	aggiungere	allargare	ammirare
존경/사랑하다	임대하다	첨가/추가하다	확장하다	찬미/경탄하다

01. (loro) _____ quella strada. (근)
02. E' una sequenza di azioni che _____ una dopo l'altra. (현)
03. Guardate il giornale e (voi) _____ parole alla lista! (명)
04. A me non piace un film che mi fa _____. (정)
05. Lui non _____ il suo nuovo progetto. (근)
06. Tutti e tre i ragazzi _____ la Sardegna. (현)
07. (loro) _____ una piccola casa per otto persone. (근)
08. Ci sono alcune persone in silenzio che _____ la faccia della chiesa. (현)
09. (tu) _____ le frasi ai simboli! (명)
10. L'uomo _____ Piero di essere troppo romantico e troppo dipendente dalla mamma. (현)

* (근)과거, (현)재, 부(정)법, (명)령형, (불)완료과거, (미)래, 수동(태), 진(행)형, (동)명사 *

[정답/해석]

01. **Hanno allargaro** /quella strada.
    그들은 확장했다 / 그 도로를
02. E' una sequenza di azioni / che **accadono** / una dopo l'altra. (직설법현재 → gr.1.1.1)
    행위들의 연속이다 / 발생하는 / 연이어(꼬리에 꼬리를 물고)
03. Guardate il giornale / e **aggiungete** parole / alla lista! (긍정명령 → gr.1.4.1)
    신문을 보세요 / 그리고 단어들을 추가하세요 / 리스트에
04. A me / non piace un film / che mi fa **addormentare**.
    나에게 / 영화가 싫다 / 나를 잠들게 하는
05. Lui non **ha abbandonato** / il suo nuovo progetto.
    그는 포기하지 않았다 / 그의 새로운 프로젝트를
06. Tutti e tre i ragazzi / **adorano** la Sardegna.

세 명의 청년들 모두는 / 사르데냐를 사랑한다

07. Hanno affittato / una piccola casa / per otto persone.

그들은 임대했다 / 작은 집을 / 8명이 살기 위한

08. Ci sono alcune persone / in silenzio / che **ammirano** / la faccia della chiesa.

몇 사람이 있다 / 침묵하는 / 찬미하는 / 교회의 정면을

09. Abbina / le frasi / ai simboli! (긍정명령 → gr.1.4.1)

연결시켜라 / 문장들을 / 상징들에

10. L'uomo **accusa** Piero / di essere troppo romantico / e troppo dipendente dalla mamma.

그 남자는 Piero를 꾸짖는다 / 너무 로맨틱하고 / 너무 엄마에게 의존한다고

02 제시된 동사들 가운데 선택하여 요구하는 시제로 빈 칸을 채워라.

analizzare	**annaffiare** *	**annotare** *	**annunciare** *	**apparecchiare** *
분석하다	물주다	필기하다, 적다	알리다, 공지하다	식탁을 차리다
apparire *	**appartenere** *	**applaudire**	**arredare** *	**arrestare**
출현하다	속하다, 관련 있다	박수치다	인테리어하다	체포하다

01. (tu) _____ le piante! (명)
02. (tu) _____ la tavola! (명)
03. L'assassino non _____ ancora _____ (근/태)
04. L'architetto progetta e _____ case. (현)
05. Tutto quello che fa Marco lo _____ sul registro. (현)
06. Quali frasi _____ al campo dello sport? (현)
07. Il pubblico _____ ed e' molto colpito dalla scenografia. (현)
08. Sul palcoscenico _____ una grande sfera, come un'astronave. (현)
09. Piero ha dimenticato di _____ il ritardo con l'altoparlante. (정)
10. I pubblicitari _____ i gusti dei consumatori per trovare messaggi adatti e convincenti. (현)

Parte C

[정답/해석]

01. **Annaffia** / le piante! (긍정명령 → gr.1.4.1)
    물 줘라 / 식물들에게
02. **Apparecchia** / la tavola!
    차려라(셋팅해라) / 식탁(밥상)을
03. L'assassino / non e' ancora **stato arrestato**. (일반수동태 근과거 → gr.4.1)
    살인범은 / 아직 체포되지 않았다
04. L'architetto progetta / e **arreda** case.
    그 건축가는 설계하고 / 집을 인테리어 한다
05. Tutto quello che fa Marco / lo **annota** / sul registro.
    마르코가 하는 모든 것을 / (그것을) 적는다 / 기록부에
06. Quali frasi **appartengono** / al campo dello sport?
    어떤 문장들이 관련 되는가 / 그 스포츠 분야에
07. Il pubblico **applaude** / ed / e' molto colpito / dalla scenografia.
    관객은 박수를 친다 / 그리고 / 무척 감명을 받는다 / 무대장치에
08. Sul palcoscenico / **appare** / una grande sfera, / come un'astronave.
    무대 위로 / 출현 한다 / 커다란 둥근 물체가 / 우주선 같은
09. Piero ha dimenticato / di **annunciare** il ritardo / con l'altoparlante. (부정법 → gr.1.5)
    피에로는 잊었다 / 연착을 알리는 것을 / 확성기로
10. I pubblicitari **analizzano** / i gusti dei consumatori / per trovare / messaggi adatti e convincenti.
    광고종사자들은 분석 한다 / 소비자들의 구미를 / 찾기 위해 /
    적절하고 설득력 있는 메시지를

03 제시된 동사들 가운데 선택하여 요구하는 시제로 빈 칸을 채워라.

assaggiare *	**assomigliare**	**attaccare**	**attendere** *	**atterrare** *
맛보다, 시식하다	닮다	붙이다	기다리다	착륙하다
attirare *	**attraversare**	**augurare**	**aumentare**	**avvisare** *
주의를 끌다	횡단하다, 건너다	축하하다	증가하다	알리다, 통지하다

Corso Di *Italiano* Per Coreani

01. Tutti telefonano per _____ del ritardo. (정)
02. _____ il numero di persone che lavora con il computer. (근)
03. (io) Non _____ mai _____ questo vino. (근)
04. (tu) _____ un attimo! (명)
05. Il treno _____ la pianura padana. (현)
06. Il signore dice che Franco _____ a suo nonno. (현)
07. _____ un elicottero, hanno cercato per molto tempo la vittima. (근)
08. Per _____ a qualcuno successo o fortuna si dice : Auguri! – Grazie! (정)
09. Lui _____ un manifesto sul muro. (근)
10. In italiano quando vogliamo _____ l'attenzione di qualcuno per cominciare a parlare diciamo : Senta, scusi _____ o senti, scusa _____ (정)

[정답/해석]

01. Tutti telefonano / per **avvisare** del ritardo.
    모두가 전화한다 / (기차) 연착을 알리기 위해
02. **E' aumentato** / il numero di persone / che lavora con il computer. (근과거 → gr.1.1.2)
    증가되었다 / 사람들의 수가 / 컴퓨터를 가지고 일하는
03. Non **ho** mai **assaggiato** / questo vino. (근과거)
    나는 한 번도 맛을 본 적이 없다 / 이 와인을
04. **Attenda** / un attimo!
    기다려라 / 잠시
05. Il treno **attraversa** / la pianura padana.
    그 기차는 횡단하고 있다 / 파다나 평원을
06. Il signore dice / che Franco **assomiglia** / a suo nonno.
    그 신사는 말한다 / 프랑코가 닮았다고 / 그의 할아버지를
07. **E' atterrato** / un elicottero, / hanno cercato / per molto tempo / la vittima.
    착륙했다 / 헬기 한 대가 / (구조대원들은) 찾았다 / 오랜 시간 동안 / 희생자를
08. Per **augurare** / a qualcuno successo o fortuna / si dice : / Auguri! – Grazie!
    축하하기 위해 / 성공한 이에게 혹은 행운아에게 / 이렇게 말한다 / 축하해 – 고마워
09. Lui **ha attaccato** / un manifesto / sul muro.

Parte C

Parte C

그는 붙였다 / 포스터를 / 벽에

10. In italiano / quando vogliamo **attirare** / l'attenzione di qualcuno /
per cominciare a parlare / diciamo : / Senta, scusi... o senti, scusa...
이탈리아어로 / 우리가 끌려고 할 때 / 어떤 사람의 주의를 /
대화를 시작하려면 / 우리는 이렇게 말한다 / 저기요, 미안해요 혹은 저기, 미안한데

04 제시된 동사들 가운데 선택하여 요구하는 시제로 빈 칸을 채워라.

badare * 아랑곳하다, 주목하다	**ballare** 춤추다	**bollire** 끓이다	**buttare** 버리다	**camminare** 걷다
cantare 노래하다	**cadere** 떨어지다, 넘어지다	**capitare** * 일이 생기다	**catturare** * 사로잡다	**cenare** 저녁식사하다

01. Il tacco mi sembra un po' alto, non ci _____ bene. (현)
02. Suo padre e sua madre _____ le opere. (불)
03. _____ foglie e soffia un vento leggero. (현)
04. Senti Franco, non devi preparare la cena, stasera _____ fuori. (현)
05. Il turista giapponese non _____ a spese e fotografa tutto il paese. (현)
06. Prova a ricordare la piu' bella sorpresa che ti _____ (근)
07. C'e' qualcosa di artistico che _____ l'attenzione di chi passa. (현)
08. Stasera andiamo a _____ in discoteca. (정)
09. Qualcosa _____ in pentola. (현)
10. (io) _____ per terra il mozzicone della sigaretta. (근)

[정답/해석]

01. Il tacco / mi sembra un po' alto, / non ci **cammino** bene.
구두 굽은 / 내게 좀 높은 것 같다 / 잘 걷지를 못 하겠어

02. Suo padre e sua madre / **cantavano** le opere. (불완료과거 → gr.1.1.3)
그의 아버지와 어머니는 / 오페라를 연주(노래)하셨다.

03. **Cadono** foglie / e soffia un vento leggero.

나뭇잎이 떨어지고 / 미풍이 분다

04. Senti Franco, / non devi preparare la cena, / stasera **ceniamo** fuori.
이봐 프랑코 / 저녁 준비할 필요 없어 / 오늘 저녁 외식한다

05. Il turista giapponese / non **bada** a spese / e fotografa tutto il paese.
그 일본 관광객은 / 쇼핑에는 아랑곳하지 않고 / 그 마을 전체를 사진에 담는다

06. Prova / a ricordare la piu' bella sorpresa / che ti **e' capitata**.
시도하라 / 가장 멋진 놀랄 일을 기억하도록 / 네게 생긴

07. C'e' qualcosa di artistico / che **cattura** l'attenzione / di chi passa.
예술적인 무언가가 있다 / 주의를 사로잡는 / 지나가는 사람들의

08. Stasera / andiamo a **ballare** / in discoteca.
오늘 저녁 / 우리는 춤추러 간다 / 디스코텍에

09. Qualcosa **bolle** / in pentola.
무언가 끓는다 / 냄비에서

10. **Ho buttato** / per terra / il mozzicone della sigaretta.
나는 버렸다 / 바닥(땅)에 / 담배꽁초를

05 제시된 동사들 가운데 선택하여 요구하는 시제로 빈 칸을 채워라.

circolare	classificare	collegare	collocare *	combinare
퍼지다, 순환하다	분류하다	연결하다	배치하다	조화시키다
commentare	**compilare** *	**completare**	**comporre** *	**comprendere**
설명 / 코멘트하다	채워 넣다, 작성하다	완성하다	구성하다	포함 / 이해하다

01. Colloca questi oggetti nel mobile vuoto! (명)
02. Circolano voci di attese di un'ora, due ore, minimo tre ore. (현)
03. Per iscriversi al corso si deve compilare il modulo d'iscrizione. (정)
04. Classifica i participi passati in regolari e irregolari! (명)
05. Combina gli articoli con i sostantivi e gli aggettivi! (명)
06. Al contrario, se voglio commentare qualcosa di positivo posso usare le espressioni : "per fortuna!" o "meno male". (정)
07. Completa con una risposta a scelta! (명)

Parte C

08. La casa comprende un salotto e due camere. (현)
09. Collega le espressioni della colonna A con le spiegazioni della colonna B! (명)
10. L'acqua e' composta di ossigeno e idrogeno. (현/태)

[정답/해석]

01. **Colloca** /questi oggetti /nel mobile vuoto!
    배치하라 / 이 물건들을 / 텅 빈 가구에
02. **Circolano** /voci di attese /di un'ora, due ore, minimo tre ore.
    떠돈다 / 기다려야 한다는 소리들이 / 한 시간, 두 시간, 최소 세 시간을
03. Per iscriversi al corso /si deve **compilare** /il modulo d'iscrizione. (부정법 → gr.1.5)
    과정에 등록하기 위해 / (사람들은) 작성해야 한다 / 등록 양식을
04. **Classifica** /i participi passati /in regolari e irregolari!
    분류하라 / 과거분사들을 / 규칙적인 것들과 불규칙적인 것들로
05. **Combina** /gli articoli con i sostantivi /e gli aggettivi!
    조화시켜라 / 명사와 함께 하는 관사들과 / 형용사들을
06. Al contrario, /se voglio **commentare** /qualcosa di positivo /
    posso usare le espressioni : /"per fortuna!" o "meno male".
    반대로 / 내가 코멘트하고 싶으면 / 긍정적인 무엇인가를 /
    나는 이런 표현들을 사용할 수 있다 / "다행이야" 혹은 "나쁘지 않아"
07. **Completa** /con una risposta /a scelta!
    완성하라 / 대답으로 / 선택한(골라잡은)
08. La casa **comprende** /un salotto e due camere.
    그 집은 포함 하고 있다 / 거실과 두 개의 방을
09. **Collega** /le espressioni della colonna A /con le spiegazioni della colonna B!
    연결하라 / A란의 표현들을 / B란의 설명들과
10. L'acqua **e' composta** di /ossigeno e idrogeno. (일반수동태 → gr.4.1)
    물은 구성 된다 / 산소와 수소로

06 제시된 동사들 가운데 선택하여 요구하는 시제로 빈 칸을 채워라.

comunicare	concordare *	condire *	confrontare *	consegnare
의사소통하다	일치하다	간을 하다, 조미하다	비교/대조하다	제출/인도하다
conservare	considerare	consigliare	costruire	consumare
보관/저장하다	고려/간주하다	조언/충고하다	구성/건설하다	먹다, 소비하다

01. (tu) _____ la pasta?(근)
02. Il meccanico non mi _____ ancora _____ la macchina. (근)
03. Al bar prima di _____ si deve fare lo scontrino. (정)
04. I militari parlano tra loro e _____ con un linguaggio settoriale. (현)
05. (tu) _____ le tue informazioni con quelle degli altri studenti! (명)
06. Certo, ma deve _____ lo scontrino. (정)
07. Il participio passato _____ con il pronome. (현)
08. Ma prima volevo chiederLe se Lei ora mi _____ come un passeggero. (현)
09. Che dizionario mi _____ di comprare? (현)
10. Tutto e' possibile, _____ la tua utopia personale! (명)

[정답/해석]

01. **Hai condito**/la pasta?
    너 간을 했니/파스타에
02. Il meccanico/non mi **ha** ancora **consegnato**/la macchina.
    자동차 정비공은/내게 아직도 인도하지 않았다/차를
03. Al bar/prima di **consumare**/si deve fare lo scontrino. (비인칭 SI → gr.3)
    빠에서/먹기 전에 먼저/(사람들은) 계산하고 영수증을 끊어야 한다
04. I militari parlano/tra loro/e **comunicano**/con un linguaggio settoriale.
    군인들은 말 한다/그들끼리/그리고 통 한다/(군사) 전문 용어로
05. **Confronta**/le tue informazioni/con quelle degli altri studenti!
    대조하라/너의 정보들을/다른 학생들의 그것들(정보들)과
06. Certo,/ma deve **conservare**/lo scontrino. (부정법 → gr.1.5)
    물론이지/근데 보관해야 한다/영수증을
07. Il participio passato/**concorda**/con il pronome.

Parte C

Parte C

근과거(의 과거분사어미)는 / (성, 수)일치 한다 / 대명사와

08. Ma prima / volevo chiederLe / se Lei ora mi **considera** / come un passeggero.
그런데 먼저 / 저는 당신께 묻고 싶어요 / 당신이 지금도 저를 간주하는지 / 승객으로
(불완료과거로 친절한 표현을 만들 수 있음 ; **vorrei**와 같다)

09. Che dizionario mi **consigli** / di comprare?
어떤 사전을 내게 권하니 / 사라고

10. Tutto e' possibile, / **costruisci** / la tua utopia personale!
모든 것은 가능하다 / 건설하라 / 너의 개인적인 이상향(유토피아)을

07 제시된 동사들 가운데 선택하여 요구하는 시제로 빈 칸을 채워라.

contare * 중요시 하다	contenere * 함유 / 수용하다, 담다	convincere(convinto) * 설득하다	coprire(coperto) 덮다	correggere 수정하다
corrispondere * 일치 / 상응하다	costare 비용이 들다	costringere(costretto) * 강요 / 압박하다	creare 창조 / 창안하다	credere 믿다

01. Per Giovanna l'aspetto fisico _____ moltissimo. (현)

02. La madre cerca di _____ Dino ma dice al figlio di non fare tardi. (정)

03. Comprerei volentieri quelle scarpe, ma _____ davvero troppo. (현)

04. Massimo, mi dispiace, ma (io) non ti _____ piu'. (현)

05. Vorrei una scatola che _____ mezzo chilo di piselli. (현)

06. (tu) _____ il testo, ascolta il dialogo e segna sulla cartina! (명)

07. (tu) _____ Correggi gli errori! (명)

08. Cosi' (io) _____ Valentina a accettare l'invito! (근)

09. Quale _____ al testo che hai appena letto? (현)

10. (loro) _____ una zona pedonale dove si puo' passeggiare tranquillamente. (근)

[정답/해석]

01. Per Giovanna / l'aspetto fisico / **conta** moltissimo.

Corso Di *Italiano* Per Coreani

지오반나에게 있어서 / 신체적 외모는 / 매우 중요하다

02. La madre cerca / di **convincere** Dino / ma dice al figlio / di non fare tardi.
어머니는 애 쓰신다 / 디노를 설득하려고 / 그러나 아들에게 말한다 / 늦지 말라고

03. Comprerei / volentieri / quelle scarpe, / ma **costano** davvero troppo.
나는 정말 사고 싶어 / 기꺼이 / 저 구두를 / 그런데 진짜 너무 비싸다

04. Massimo, mi dispiace, / ma non ti **credo** piu'.
맛시모, 미안하지만 / 너를 더 이상 믿지 못 하겠어

05. Vorrei una scatola / che **contiene** mezzo chilo di piselli.
한 상자 주세요 / 500그램이 담긴 콩

06. **Copri** il testo, / ascolta il dialogo / e segna sulla cartina!
텍스트를 덮어라 / 대화를 들어라 / 그리고 작은 종이에 표시해라

07. **Correggi** / gli errori!
수정하라 / 오류(틀린 것)들을

08. Cosi' **ho costretto** Valentina / a accettare l'invito!
그래서 나는 발렌티나를 압박했다 / 초대를 받아들이도록

09. Quale **corrisponde** / al testo / che hai appena letto?
어떤 것이 일치 하는가 / 텍스트에 / 네가 방금 읽은

10. **Hanno creato** / una zona pedonale / dove si puo' passeggiare / tranquillamente.
그들은 창안했다 / 보행자 전용 도로를 / 사람들이 산책할 수 있는 / 조용히

08 제시된 동사들 가운데 선택하여 요구하는 시제로 빈 칸을 채워라.

criticare	cucinare	cuocere(cotto)	curare	descrivere
비판/비평하다	요리하다	익히다	치료, 간호, 돌보다	서술/기술하다
desiderare	**detestare** *	**difendere**	**diminuire**	**dimagrire** *
갈망하다	싫어하다, 혐오하다	감싸다, 방어하다	인하/감소하다	살이 빠지다

01. Il prezzo della benzina _____ poco. (근)

02. Il medico _____ i malati. (현)

03. (tu) _____ mai _____ un piatto italiano? – No, non l'_____ mai _____. (근)

Parte C

Parte C

04. (tu) _____ ogni immagini! (명)
05. Rispettare i luoghi di culto e non _____ le loro usanze! (명)
06. Mescolare bene, far _____, salare e pepare! (정)
07. Un tempo amavo le spiagge affollate ma ora le _____. (현)
08. Il prete _____ per tanti anni mangiare la frutta siciliana. (근)
09. Chi vuole _____ deve mangiare meno carne. (정)
10. La madre non _____ mai Piero. (현)

[정답/해석]

01. Il prezzo della benzina / **e' diminuito** / poco.
휘발유 가격이 / 인하되었다 / 약간

02. Il medico **cura** / i malati.
의사는 치료한다 / 병자들을

03. **Hai** mai **cucinato** / un piatto italiano? / – No, non l'**ho** mai **cucinato**.
너 요리해 본 적 있어 / 이탈리아 요리를 / 아니, 한 번도 못 해봤어

04. **Descrivi** / ogni immagini!
서술하라 / 모든 이미지들을

05. Rispettare / i luoghi di culto / e non **criticare** / le loro usanze!
존중하라 / 교회를 / 그리고 비난하지 마라 / 그들의 관례를

06. Mescolare bene, / far **cuocere**, / salare e pepare!
잘 섞어라 / 익게 하라 / 소금 간을 하고 후추 가루를 넣어라

07. Un tempo / amavo le spiagge affollate / ma ora le **detesto**.
옛날에 / 나는 붐비는 해변들을 좋아했지만 / 지금은 그것들을 싫어한다

08. Il prete **ha desiderato** / per tanti anni / mangiare la frutta siciliana.
수도사는 갈망해 왔다 / 수 년 동안 / 시칠리아 과일을 먹어보는 것을

09. Chi vuole **dimagrire** / deve mangiare / meno carne. (부정법 → gr.1.5)
살이 빠지길 원하는 사람은 / 먹어야 한다 / 고기를 덜

10. La madre non **difende** mai / Piero.
어머니는 절대 감싸지 않는다 / 피에로를

Corso Di *Italiano* Per Coreani

09 제시된 동사들 가운데 선택하여 요구하는 시제로 빈 칸을 채워라.

dimostrare 나타내다, 보이다	**dipendere** 의존하다	**dipingere**(dipinto) 그림 그리다	**discutere**(discusso) 의논/토론하다	**disegnare** 묘사하다
distare * 떨어져있다	**distrubare** 방해하다	**dividere**(diviso) 분할, 분배, 나누다	**emigrare** 이민가다	**escludere**(escluso) * 제외시키다

01. Chi _____ "La Gioconda"? (원)
02. Quanto _____ Bari da Roma? (=Quanti chilometri sono da Bari a Roma?) (현)
03. (lui) _____ in Canada. (근)
04. Ha cinquant'anni, ma non li _____ (현)
05. Piero sente i genitori che _____ in cucina. (현)
06. Il passeggero _____ un oggetto strano. (현)
07. (loro) Mi _____ dagli esami orali. (근)
08. (io) Non _____ da te economicamente. (=non sto piu' sulle tue spalle) (현)
09. Mi scusi se (io) La _____. (현)
10. Il professore Grammaticus vuole _____ i verbi in tre gruppi. (정)

[정답/해석]

01. Chi **dipinse** / "La Gioconda"? (원과거 ➜ gr.1.1.4)
    누가 그렸니 / "라 지오콘다"를
02. Quanto **dista** Bari / da Roma? (=Quanti chilometri sono da Bari a Roma?)
    얼마나 떨어져 있니 바리는 / 로마로부터
03. **E' emigrato** / in Canada.
    그는 이민 갔다 / 캐나다로
04. Ha cinquant'anni, / ma non li **dimostra**.
    그는 50세이다 / 그런데 그래(50세 나이를) 보이지 않는다
05. Piero sente i genitori / che **discutono** in cucina.
    피에로는 부모님(의 말씀)을 듣는다 / 부엌에서 의논하시는
06. Il passeggero **disegna** / un oggetto strano.
    그 승객은 그린다 / 이상한 사물을

Parte C 475

Parte C

07. Mi **hanno escluso** / dagli esami orali.
그들은 나를 제외시켰다 / 구두시험에서
08. Non **dipendo** / da te / economicamente. (= non sto piu' sulle tue spalle)
나는 의존하지 않겠다 / 네게 / 경제적으로
09. Mi scusi / se La **disturbo**.
죄송합니다 / 당신(의 일)을 방해한다면
10. Il professore Grammaticus / vuole **dividere** i verbi / in tre gruppi.
그라마티쿠스 교수는 / 동사들을 나누고자 한다 / 세 그룹으로

10 제시된 동사들 가운데 선택하여 요구하는 시제로 빈 칸을 채워라.

esortare *	**esprimere**	**evidenziare** *	**fabbricare**	**fermare**
권하다, 재촉하다	표현 / 표출하다	처리 / 결제하다	생산 / 제작하다	멈춰 세우다
firmare	**fissare**	**fondare** *	**formare**	**formulare** *
서명 / 비준하다	약속을 정하다	설립 / 창건하다	형성 / 구성하다	공식화하다

01. La "Sonata" _____ dalla Hyundai. (현 / 태)
02. Chi _____ Roma? (원)
03. Ti esorto a non _____ quella compagnia. (현)
04. Signorina, _____ qui per favore! (명)
05. Prova a _____ una regola d'uso! (정)
06. Prova ad _____ emozioni con esclamazioni adatte a queste situazioni! (정)
07. Osserva tutti i verbi che _____ il passato prossimo con l'ausiliare 'avere'. (명)
08. Gli impiegati devono ritrovarlo e _____ un appuntamento per la restituzione. (정)
09. (tu) _____ nel testo tutti gli articoli determinativi! (명)
10. Un sorvegliante lo _____ perche' non ha l'invito. (현)

[정답/해석]

01. La "Sonata" **e' fabbricata** / dalla Hyundai. (일반수동태 ➡ gr.4.1)
"소나타"는 제작된다 / 현대자동차 회사에 의해

02. Chi **fondo'** / Roma? (원과거 ➡ gr.1.1.4)
누가 창건 했었나 / 로마를

03. Ti **esorto** / a non frequentare quella compagnia.
나는 네게 권한다 / 그런 동료와 어울리지(교제하지) 말 것을

04. Signorina, / **firmi** qui / per favore!
아가씨, / 여기에 서명 하세요 / 부탁입니다

05. Prova / a **formulare** / una regola d'uso!
시도해봐라 / 공식화하도록 / 사용 규칙을

06. Prova / ad **esprimere** emozioni / con esclamazioni adatte / a queste situazioni!
시도해봐라 / 감정을 표현하도록 / 적절한 감탄사들로 / 이런 상황에 맞는

07. **Osserva** tutti i verbi / che formano il passato prossimo / con l'ausiliare 'avere'.
모든 동사들을 관찰해라 / 근과거를 구성하는 / 'avere' 조동사와

08. Gli impiegati devono ritrovarlo / e **fissare** un appuntamento / per la restituzione.
사원들은 그를 다시 만나야 한다 / 약속을 정해야 하고 / 복직을 위해

09. **Evidenzia** nel testo / tutti gli articoli determinativi!
처리해라 텍스트에서 / 모든 정관사들을

10. Un sorvegliante lo **ferma** / perche' non ha l'invito.
경비원이 그를 멈춰 세운다 / 초대장을 소지하고 있지 않아서

11 제시된 동사들 가운데 선택하여 요구하는 시제로 빈 칸을 채워라.

fotografare	frenare *	frequentare	friggere *	fumare
사진 찍다	브레이크 걸다	~에 다니다, 교제하다	튀기다	담배 피우다
funzionare	**garantire**	**gettare**	**giocare**	**girare**
기능 / 작동하다	보증하다	버리다	놀다	회전하다, 돌다

01. Non ha una macchina fotografica, e gli dispiace molto perche' ci sono tante cose da _____. (정)

Parte C

02. Quando(io) _____ l'universita' conoscevo moltissimi ragazzi da tutta l'Italia. (불)
03. Dentro questo treno i telefoni cellulari non _____. (현)
04. Anna, reggiti bene, se l'autobus _____ e' pericoloso!(현)
05. L'importante e' _____ l'igiene. (정)
06. Per arrivare a piazza Colonna si deve _____ a destra. (정)
07. Da bambino io e Francesco _____ tutto il giorno davanti alla mia casa. (불)
08. Quando l'olio _____, metti la carne. (현)
09. Qui ci sono due che _____, manca l'aria! (현)
10. Non _____ mai nulla per terra, nemmeno una sigaretta. (명)

[정답/해석]

01. Non ha una macchina fotografica, / e gli dispiace molto /
    perche' ci sono tante cose / da **fotografare**.
    그는 카메라가 없다 / 그래서 그에게 매우 유감이다 /
    왜냐하면 많이 있어서 / 사진 찍을 만한 것들이
02. Quando **frequentavo** l'universita' / conoscevo moltissimi ragazzi / da tutta l'Italia.
    내가 대학교 다닐 때 / 아주 많은 애들을 알고 있었다 / 이탈리아 전 지역 출신의
03. Dentro questo treno / i telefoni cellulari / non **funzionano**.
    이 기차 내부에서는 / 휴대폰들이 / 작동하지 않는다.
04. Anna, / reggiti bene, / se l'autobus **frena** / e' pericoloso!
    안나, / 잘 잡아라, / 버스가 브레이크 걸면 / 위험하다
05. L'importante / e' **garantire** / l'igiene.
    중요한 것은 / 보증하는 것이다 / 위생을
06. Per arrivare a piazza Colonna / si deve **girare** a destra. (비인칭 SI → gr.3)
    콜론나 광장에 가기 위해서는 / (사람들은) 우회전해야 한다
07. Da bambino / io e Francesco **giocavamo** / tutto il giorno / davanti alla mia casa.
    어렸을 때 / 나와 프란체스코는 놀곤 했다 / 하루 종일 / 나의 집 앞에서
08. Quando l'olio **frigge**, / metti la carne.
    기름이 튀길 때 / 고기를 넣어라
09. Qui / ci sono / due (persone) che **fumano**, / manca l'aria!

여기/있다/담배 피우는 두 사람이/공기가 탁하다(부족하다)

10. Non **gettare** mai nulla / per terra, / nemmeno una sigaretta.
    절대 아무 것도 버리지 마라 / 바닥(땅)에 / 담배꽁초조차도

12 제시된 동사들 가운데 선택하여 요구하는 시제로 빈 칸을 채워라.

giudicare *	**gridare**	**guadagnare**	**guidare**	**imitare**
판단하다	외치다	돈 벌다	운전하다	모방하다, 흉내 내다
immaginare	**imparare**	**importare**	**incoraggiare** *	**incrociare**
상상하다	배우다	중요하다	용기를 주다, 고무하다	교차하다, 가로지르다

01. Il mio fratellino, Giovanni, mi _____ sempre a superare la difficolta'. (현)
02. C'e' un gruppo di tifosi che _____ slogan. (현)
03. E' pericoloso _____ la moto. (정)
04. (voi) _____ insieme qual e' il modello piu' originale, piu' elegante, piu' alla moda, piu' fuori moda! (명)
05. Lei e' incuriosita e dopo qualche minuto lo _____. (현)
06. Non parliamo di questo, non _____. (현)
07. Con questa attivita' Carla _____ molto. (현)
08. Ora (tu) _____ di essere su un treno e di iniziare a parlare con una persona vicina! (명)
09. Non e' difficile _____ l'italiano. (정)
10. La ferrovia _____ l'autostrada dove corrono le macchine e gli autocarri. (현)

[정답/해석]

01. Il mio fratellino, Giovanni, / mi **incoraggia** sempre / a superare la difficolta'.
    내 동생, 지오반니는 / 내게 늘 용기를 준다 / 어려움을 극복하는 데에
02. C'e' un gruppo di tifosi / che **gridano** slogan.

Parte C

단체 팬들이 있다 / 슬로건을 외치는

03. E' pericoloso / **guidare** la moto.
위험하다 / 오토바이를 운전하는 것은

04. **Giudicate** / insieme / qual e' / il modello piu' originale, / piu' elegante, /
판단하라 / 함께 / 어떤 것인지 / 가장 오리지널한 모델이 / 가장 우아한 모델이 /
piu' alla moda, / piu' fuori moda! 가장 유행하는 모델이 / 가장 유행에 뒤지는 모델이

05. Lei e' incuriosita / e dopo qualche minuto / lo **imita**.
그녀는 호기심이 많다 / 그래서 몇 분 후면 / 그것을 흉내 낸다

06. Non parliamo / di questo, / non **importa**.
우리 말하지 말자 / 이것에 대해 / 중요하지 않아(별 것 아니야)

07. Con questa attivita' / Carla **guadagna** molto.
이 같은 활동으로 / 카를라는 돈을 많이 벌고 있다

08. Ora **immagina** / di essere su un treno / e di iniziare a parlare / con una persona vicina!
지금 상상해봐라 / 네가 기차에 타서 / 말을 시작하려 한다고 / 옆 사람과

09. Non e' difficile / **imparare** l'italiano.
어렵지 않다 / 이탈리아어를 배우는 것은

10. La ferrovia **incrocia** / l'autostrada / dove corrono le macchine e gli autocarri.
기차는 가로 지른다 / 고속도로를 / 승용차들과 운송차량들이 달리는

13 제시된 동사들 가운데 선택하여 요구하는 시제로 빈 칸을 채워라.

indicare *	**informare**	**ingrassare**	**insegnare**	**inserire**
지적/지시/명시하다	정보 주다, 알리다	살찌다	가르치다	삽입하다
insistere *	**interessare**	**interrogare** *	**interrompere** *	**intervistare**
고집하다, 우기다	흥미 있다	심문하다, 묻다	차단/중단하다	인터뷰하다

01. Umberto Eco _____ all'universita' di Bologna. (현)

02. Lui _____ Laura di venire a trovarla stasera. (현)

03. La polizia _____ alcuni testimoni. (현)

04. (tu) _____ una persona della tua classe su questi argomenti! (명)

05. Un sorvegliante gli _____ dove andare, ma prima deve fare il biglietto. (현)

06. Non spegnere la radio, questo programma mi _____! (현)

07. Per non _____ non basta mangiare poco, si deve fare un po' di ginnastica. (정)

08. Ecco le prime dieci righe in cui mancano gli articoli. Riesci ad _____ li tu? (정)

09. Intanto passa il servizio bar ed _____ tutti i discorsi. (현)

10. Romeo _____ per i rigatoni ma su consiglio dello chef alla fine Annarita prende un classico piatto romano. (현)

[정답/해석]

01. Umberto Eco /**insegna** /all'universita' di Bologna.
움베르토 에코는 / 가르친다 / 볼로냐 대학교에서

02. Lui /**informa** Laura /di venire a trovarla /stasera.
그는 / 라우라에게 알린다 / 그녀를 만나러 가겠다고 / 오늘 저녁에

03. La polizia **interroga** /alcuni testimoni.
경찰은 심문한다 / 몇 몇 증인들을

04. **Intervista** /una persona della tua classe /su questi argomenti!
인터뷰해라 / 네 반의 한 사람을 / 이 주제에 관해

05. Un sorvegliante gli **indica** /dove andare, /ma prima deve fare il biglietto.
한 경비원이 그에게 가리킨다 / 어디로 가야하는지를 / 그러나 먼저 표를 끊어야 한다

06. Non spegnere la radio, /questo programma mi **interessa**!
라디오를 끄지 마라 / 이 프로그램은 내게 흥미롭다

07. Per non **ingrassare** /non basta mangiare poco, /si deve fare /un po' di ginnastica.
살이 찌지 않기 위해서는 / 소식하는 것으로는 충분하지 않다 / 해야 한다 / 약간의 운동을

08. Ecco le prime dieci righe /in cui /mancano gli articoli. /Riesci ad **inserir**li tu?
여기 문장 10행이 있다 / 이 안에는 / 관사가 빠져있다 / 관사를 삽입할 수 있겠니?

09. Intanto /passa il servizio bar /ed **interrompe** tutti i discorsi.
그러는 동안 / 이동식 미니 빠가 지나가며 / 모든 대화를 중단시킨다

10. Romeo **insiste** per i rigatoni /ma su consiglio dello chef /alla fine /
로메오는 리가토니(파스타)를 고집하지만 / 주방장의 조언에 / 결국 /
Annarita prende /un classico piatto romano. 안나리타는 먹는다 / 로마식 전통요리를

Parte C

14 제시된 동사들 가운데 선택하여 요구하는 시제로 빈 칸을 채워라.

invadere *	inventare	investire *	invidiare *	ispirare
침공 / 침략하다	발명하다	충돌하다, 차로 치다	부러워하다	영감을 불어 넣다
litigare *	mantenere	mescolare	mimare *	misurare
다투다, 싸우다	유지하다	섞다, 혼합하다	몸으로 표현하다	치수를 재다

01. Siamo fermi perche' il treno _____ una persona. (근)
02. Marco e' partito per il Brasile. Nel suo ufficio tutti lo _____. (현)
03. La seconda guerra mondiale comincio' nel 1939 quando la Germania _____ la Polonia. (원)
04. E' un'idea che non mi _____. (현)
05. Tutti si affacciano dai balconi o vanno a suonare alla porta per lamentarsi e _____. (정)
06. La sua ditta _____ i contatti con Samsung. (현)
07. _____ bene, far cuocere, salare e pepare! (정)
08. Chi _____ il telefono? (원)
09. Deve _____ una situazione cioe' raccontarla con i gesti. (정)
10. Buongiorno, volevo _____ quel paio di scarpe nere con i tacchi a spillo. (정)

[정답/해석]

01. Siamo fermi / perche' il treno **ha investito** / una persona.
   우리는 멈춰 있다 / 기차가 치었기 때문이다 / 한 사람을
02. Marco e' partito / per il Brasile. / Nel suo ufficio / tutti lo **invidiano**.
   마르코는 떠났다 / 브라질로 / 그의 회사에 근무하는 / 모든 사원들은 그를 부러워한다
03. La seconda guerra mondiale / comincio' nel 1939 / quando la Germania **invase** la Polonia.
   제2차 세계대전은 / 1939년에 시작되었다 / 독일이 폴란드를 침공했던 (원과거 ➔ gr.1.1.4)
04. E' un'idea / che non mi **ispira**.
   생각이다 / 내게 영감을 불어 넣지 못하는
05. Tutti / si affacciano dai balconi / o vanno a suonare alla porta / per lamentarsi e **litigare**.

모든 이들이 / 발코니로 얼굴을 내밀거나 / (옆집) 초인종을 울리러 간다 / 불평하며 다투려고

06. La sua ditta **mantiene** / i contatti con Samsung.
그의 회사는 유지하고 있다 / 삼성과의 계약을

07. **Mescolare** bene, / far cuocere, / salare e pepare!
잘 섞어라 / 익게 해라 / 소금 간을 하고 후추를 뿌려라

08. Chi **invento'** / il telefono? (원과거 → gr.1.1.4)
누가 발명 했니 / 전화를

09. Deve **mimare** una situazione / cioe' / raccontarla / con i gesti.
당신은 상황을 마임 해야 한다 / 다시 말해서 / 상황을 설명해야 한다 / 몸짓으로

10. Buongiorno, volevo **misurare** / quel paio di scarpe nere / con i tacchi a spillo.
안녕하세요, 재고 싶어요 / 저 검정색 구두의 치수를 / 가는 굽이 달린

15 제시된 동사들 가운데 선택하여 요구하는 시제로 빈 칸을 채워라.

modificare * 수정하다	**morire**(morto) 죽다	**mormorare** * 속삭이다, 투덜대다	**mostrare** 보여주다	**motivare** 동기/근거를 제시하다
nascere(nato) 출생하다	**nascondere**(nascosto) 숨기다, 감추다	**navigare** 항해 / 검색하다	**nevicare** 눈 내리다	**nominare** * 명명하다, 이름붙이다

01. Questa gentilezza _____ un'insidia. (현)
02. Svuota le tue tasche e la tua borsa e _____ le cose che possiedi! (현)
03. Marcello era bellissimo e molto famoso. _____ alcuni anni fa. (근)
04. Dante Alighieri _____ nel 1265. (원)
05. Discuti con altri studenti e _____ le tue scelte! (현)
06. Con il computer e' possibile _____ un testo infinite volte in poco tempo. (정)
7. La madre _____ qualcosa in un dialetto incomprensibile. (현)
08. Il maresciallo _____ alla signora le foto del matrimonio di suo figlio. (현)
09. _____ tanto in gennaio in Canada. (현)

Parte C

10. Quasi tutti i coreani _____ sempre in Internet. (현)

[정답/해석]

1. Questa gentilezza /**nasconde** un'insidia.
   이런 친절은/나쁜 계략(책략, 함정)을 숨긴다. (= 친절 뒤에 함정이 있다)
02. Svuota /le tue tasche e la tua borsa /e **nomina** /le cose che possiedi!
    비워라/너의 주머니와 가방을/그리고 명명하라/네가 소지하고 있는 물건들을
03. Marcello era bellissimo /e molto famoso. /**E' morto** /alcuni anni fa.
    마르첼로는 아주 미남이고/매우 유명했다/죽었다/몇 년 전에
04. Dante Alighieri /**nacque** /nel 1265. (원과거 → gr.1.1.4)
    단테 알리기에리는/출생했다/1265년에
05. Discuti /con altri studenti /e **motiva** le tue scelte!
    토론하라/다른 학생들과/그리고 선택의 동기를 제시하라
06. Con il computer /e' possibile /**modificare** un testo /infinite volte /in poco tempo.
    컴퓨터로/가능하다/텍스트를 수정하는 것은/무한대로/적은 시간에
07. La madre **mormora** qualcosa /in un dialetto incomprensibile.
    그 어머니는 무언가를 속삭인다/이해하기 어려운 사투리로
08. Il maresciallo **mostra** /alla signora /le foto del matrimonio /di suo figlio.
    사령관은 보여 준다/그 부인에게/결혼사진들을/그의 아들의
09. **Nevica** tanto /in gennaio /in Canada.
    눈이 많이 온다/1월에/캐나다에는
10. Quasi tutti i coreani /**navigano** sempre /in Internet.
    거의 모든 한국인들은/늘 검색 한다/인터넷에서

16 제시된 동사들 가운데 선택하여 요구하는 시제로 빈 칸을 채워라.

notare	nuotare	occorrere *	odiare *	ordinare
주목/유의하다	수영하다	필요하다	증오하다, 싫어하다	주문하다
organizzare	non+osare *	osservare	ossessionare *	parcheggiare
기획/조직하다	감히~하다	관찰하다	늘 붙어 다니다	주차하다

01. (io) Non _____ mai _____ in un fiume. (근)
02. Napoli si puo' amare e _____. (정)
03. Alessandro _____ solo un caffe'. (현)
04. Lui la osserva con curiosita'. (현)
05. _____ molto tempo per imparare bene una lingua straniera. (현)
06. Michele si preoccupa troppo quando deve _____ una festa. (정)
07. Si sente un po' come quegli stranieri che vengono in Italia e non _____ scendere al di sotto di Napoli. (현)
08. (tu) _____ l'uso di queste espressioni nel dialogo? (근)
09. Le mamme _____ i bambini. (현)
10. Romeo ha preso una multa perche' _____ male la macchina. (근)

[정답/해석]

01. Non **ho** mai **nuotato** / in un fiume.
    나는 한 번도 수영을 한 적이 없다 / 강에서
02. Napoli si puo' amare / e **odiare**. (수동태 SI → gr.4.2)
    나폴리는 사랑 받을 수 있고 미움을 받을 수도 있다
03. Alessandro **ordina** / solo un caffe'.
    알렛산드로는 주문한다 / 커피 만
04. Lui / la **osserva** / con curiosita'.
    그는 / 그녀를 / 관찰 한다 / 호기심으로
05. **Occorre** molto tempo / per imparare bene / una lingua straniera.
    많은 시간이 필요하다 / 잘 배우기 위해서 / 외국어를
06. Michele si preoccupa troppo / quando deve **organizzare** / una festa.
    미켈레는 너무 걱정한다 / 기획해야 할 때 / 파티를
07. Si sente un po' / come quegli stranieri / che vengono in Italia /
    e **non osano** scendere / al di sotto di Napoli.
    조금은 느껴진다 / 그런 외국인으로 / 이탈리아아에 와서 /
    감히 내려가는 / 나폴리 밑으로
08. **Hai notato** / l'uso di queste espressioni / nel dialogo?
    너는 주목했니 / 이런 표현들의 용법을 / 대화 속에 있는
09. Le mamme / **ossessionano** / i bambini.

Parte C

엄마들은/늘 붙어 다닌다/아이들 곁에

10. Romeo /ha preso una multa /perche' **ha parcheggiato** male /la macchina.
    로메오는/벌금을 물었다/잘 못 주차했기 때문에/차를

17 제시된 동사들 가운데 선택하여 요구하는 시제로 빈 칸을 채워라.

parere ~인 것 같다	partecipare 참석하다	passeggiare 산책하다	pesare 무게가 나가다	piangere 울다
piovere 비가 내리다	possedere * 소유/소지하다	pranzare 점심 먹다	precedere * 선행/우선하다	premere * (버튼을) 누르다

01. _____ che abbiamo investito qualcuno. (현)
02. Ma tutti mangiano la pizza, _____ nella piazza e pagano salato anche un piccolo gelato. (현)
03. Ho sentito alla radio che domani _____. (미)
04. Di solito _____ con un amico. Ma ieri che era festa ho pranzato a casa con la famiglia. (현)
05. Qualcuno _____ gia' _____ ad altre conferenze. (근)
06. Pero' e' ancora un po' innamorato di lei. La ricorda e _____. (현)
07. E' alta e _____ solo 50 chili : e' magra. (현)
08. Il pronome 'cui' _____ sempre da una preposizione. (현/태)
09. Per accendere il computer, _____ il tasto rosso!(명)
10. Svuota le tue tasche e la tua borsa e nomina le cose che _____! (현)

[정답/해석]

01. **Pare** /che abbiamo investito qualcuno.
    (~인 것) 같다 / 우리가 누군가를 (차로) 친 것
02. Ma tutti mangiano la pizza, /**passeggiano** nella piazza /e pagano salato /anche
    그러나 모든 사람들은 피자를 먹는다 /광장을 산책한다 /그리고 비싼 값을 치른다 /
    un piccolo gelato. 작은 아이스크림에도

Corso Di *Italiano* Per Coreani

03. Ho sentito /alla radio /che domani **piovera'**.
나는 들었다 / 라디오에서 / 내일 비가 내릴 거라는 것을

04. Di solito /**pranzo** con un amico./Ma ieri che era festa /ho pranzato a casa /con la famiglia.
흔히 / 나는 친구와 점심을 먹는다 / 근데 휴일이었던 어제 / 나는 집에서 점심 먹었다 / 가족과 함께

05. Qualcuno **ha** gia' **partecipato** /ad altre conferenze.
누군가 이미 참석했다 / 다른 회의에

06. Pero' /e' ancora un po' innamorato /di lei./La /ricorda /e **piange**.
그러나 / 그는 아직도 약간은 사랑에 빠져있다 / 그녀에게 / 그녀를 / 떠올리며 / 운다

07. E' alta /e **pesa** solo 50 chili : /e' magra.
그녀는 키가 크고 / 체중은 달랑 50킬로그램 / 그녀는 말랐다

08. Il pronome 'cui' /**e' preceduto** sempre /da una preposizione.
대명사 'cui'는 / 늘 선행 된다 / 전치사에 의해(= 전치사가 'cui'를 선행한다)

09. Per accendere il computer /**premi** il tasto rosso!
컴퓨터를 키려면 / 빨간 키를 눌러라

10. Svuota /le tue tasche e la tua borsa /e nomina /le cose che **possiedi**!
비워라 / 너의 주머니와 가방을 / 그리고 명명하라 / 네가 소지하고 있는 물건들을

18 제시된 동사들 가운데 선택하여 요구하는 시제로 빈 칸을 채워라.

presentare 소개하다	prestare 빌리다	prevedere(previsto) 예견/예측하다	produrre(prodotto) 야기 시키다, 생산하다	progettare 설계/기획하다
prolungare 연장시키다	promettere(promesso) 약속하다	proporre(proposto) 제안/제의하다	proseguire * 계속하다, 진척시키다	proteggere 보호하다

01. (lei) _____ di venire alla festa per il mio compleanno. (근)

02. Mi potrebbe _____ la penna? (정)

03. Perche' non mi _____ la tua amica? Non la conosco!(현)

04. La signorina sospetta che ci siano sostanze nocive nella formula per _____ Pastalife. (정)

05. Dino non ha tempo per fermarsi a lungo, deve _____ per Palazzo

Parte C

　　　Pitti. (정)
06. E' difficile _____ il futuro. (정)
07. Le _____ di andare a vedere un concerto di musica contemporanea. (근)
08. L'architetto _____ e arreda case. (현)
09. Per _____ la vera immagine di Pinocchio c'e' una associazione. (정)
10. (lui) _____ il soggiorno di qualche giorno. (근)

[정답/해석]

01. **Ha promesso** / di venire alla festa / per il mio compleanno.
　　그녀는 약속했다 / 파티에 오기로 / 내 생일을 위한
02. Mi / **potrebbe prestare** / la penna? (단순조건법 → gr.1.2.1)
　　제게 / 빌려주실 수 있어요 / 그 펜을
03. Perche' non mi **presenti** / la tua amica? / Non la conosco!
　　왜 너는 내게 소개하지 않니 / 네 여자친구를 / 나는 그녀를 모르거든
04. La signorina sospetta / che ci siano sostanze nocive / nella formula per **produrre** Pastalife. (접속법현재 → gr.1.3.1)
　　그 아가씨는 의심 한다 / 유해한 본질이 있다고 /
　　파스타 라이프를 유발하기 위한 표어에는
05. Dino non ha tempo / per fermarsi a lungo, / deve **proseguire** / per Palazzo Pitti.
　　디노는 시간이 없다 / 길게 머무를 / 계속 가야 한다 / 피티 궁전을 향해
06. E' difficile / **prevedere** il futuro.
　　어렵다 / 미래를 예견한다는 것은
07. Le / **ho proposto** / di andare a vedere / un concerto / di musica contemporanea.
　　그녀에게 / 나는 제안했다 / 보러 가라고 / 콘서트를 / 현대 음악의 (간접대명사 → gr.7.2)
08. L'architetto **progetta** / e arreda case.
　　건축가는 설계하고 / 집을 인테리어 한다
09. Per **proteggere** / la vera immagine di Pinocchio / c'e' una associazione.
　　보호하기 위한 / 피노키오의 본래 이미지를 / 협회가 있다
10. **Ha prolungato** / il soggiorno / di qualche giorno.
　　그는 연장했다 / 체류를 / 며칠

Corso Di *Italiano* Per Coreani

19 제시된 동사들 가운데 선택하여 요구하는 시제로 빈 칸을 채워라.

pulire 청소하다	**raccogliere(raccolto)** * 모으다, 수집하다	**raccontare** 이야기하다	**rallentare** * 속도를 늦추다	**recuperare** * 끌어 올리다, 회복하다
regalare 선물하다	**rendere(reso)** 되돌려주다	**restaurare** 복원하다	**riassumere(riassunto)** * 요약하다	**richiamare** 다시 전화하다

01. Il bambino voleva _____ le uova della gallina. (정)
02. Puoi _____ gli un disco? (정)
03. E' meglio che (tu) gli _____ la verita', sono sicuro che lui ti capira'. (현)
04. Pronto, ciao Paolo come stai? Ah, scusa Gianni, sto uscendo. (io)Ti _____ (현)
05. La Stazione Termini _____. (근/태)
06. I miei vicini _____ la casa tutti i fine settimana. (현)
07. Potresti _____ mi la penna? (정)
08. Fabio sente che il treno _____, e' gia' arrivato alla stazione di Napoli. (행)
09. Avvisiamo i signori viaggiattori che la polizia _____ il corpo della vittima. (근)
10. (tu)_____ il testo che riassume la conversazione tra Anna e i tre ragazzi. (명)

[정답/해석]

01. Il bambino / voleva **raccogliere** / le uova della gallina.
   그 아이는 / 모으고 싶어 했다 / 암탉의 달걀들을
02. Puoi **regalar**gli / un disco? (간접대명사 → gr.7.2)
   너 그에게 선물해 줄 수 있어 / 디스크 하나를
03. E' meglio / che gli **racconti** la verita', / sono sicuro / che lui ti capira'.
   더 낫다 / 네가 그에게 진실을 말하는 것이 / 난 확신 한다 / 그가 너를 이해할 거라고
04. Pronto, ciao Paolo / come stai? / Ah, scusa Gianni, / sto uscendo. / Ti **richiamo**.
   여보세요, 파올로 안녕 / 어떻게 지내 / 미안해 쟌니, / 외출하는 중이야 / 다시 전화할게
05. La Stazione Termini / **e' stata restaurata**. (근과거 수동태 → gr.4.1)

Parte C

      (로마의) 테르미니 역은 / 복원되었다
06. I miei vicini / **puliscono** la casa / tutti i fine settimana.
      나의 이웃들은 / 집을 청소한다 / 매 주말마다
07. Potresti **render**mi / la penna? (간접대명사 ➜ gr.7.2)
      내게 돌려줄 수 있겠니 / 그 펜을
08. Fabio sente / che il treno **sta rallentando**, / e' gia' arrivato / alla stazione di Napoli.
      파비오는 느낀다 / 기차가 속도를 늦추고 있는 중이라는 것을 / (기차는) 벌써 도착했다 /
      나폴리 역에 (현재진행형 ➜ gr.5.3)
09. Avvisiamo i signori viaggiattori / che la polizia **ha recuperato** / il corpo della vittima.
      승객 여러분들께 알립니다 / 경찰이 끌어올렸다는 것을 / 희생자의 사체를
10. **Ricostruisci** il testo / che riassume la conversazione / tra Anna e i tre ragazzi.
      텍스트를 재구성하라 / 대화를 요약하는 / 안나와 세 명의 청년들 간의

20 제시된 동사들 가운데 선택하여 요구하는 시제로 빈 칸을 채워라.

restituire	richiudere	ricominciare	riconoscere	ricostruire
되돌려주다	다시 닫다	다시 시작하다	식별 / 분별하다	재건하다
ricoverare *	ridere	rientrare	rifiutare	riformare
수용하다	웃다	다시 들어오다	거절하다	개량 / 개혁 / 개정하다

01. (lui) Mi _____ i soldi oggi. (근)
02. Il turista spagnolo, poverino, nessuno lo _____ perche' e' troppo latino. (현)
03. (loro) _____ un ammalato in ospedale. (근)
04. Dei ragazzi molto chiassosi scherzano e _____ a voce alta. (현)
05. Domenico _____ la porta. (현)
06. Ci sono turisti gia' bruciati dal sole ed immigrati che _____ per l'estate. (현)
07. (lui) _____ il giro di controllo dei biglietti. (현)

*Corso Di **Italiano** Per Coreani*

08. (noi) _____ l'Italia del dopoguerra. (근)

09. Lui propone alcune cose, lei _____ e propone delle alternative. (현)

10. (tu) _____ la grammatica! (명)

[정답/해석]

01. Mi / **ha restituito** / i soldi / oggi. (간접대명사 ➜ gr.7.2)
   네게 / 그는 되돌려 주었다 / 돈을 / 오늘

02. Il turista spagnolo, poverino, / nessuno lo **riconosce** / perche' e' troppo latino.
   가련한 스페인 관광객을 / (그를) 아무도 식별하지 못 한다 / 너무 라틴적이라서

03. **Hanno ricoverato** / un ammalato / in ospedale.
   그들은 수용했다 / 환자를 / 병원에

04. Dei ragazzi molto chiassosi / scherzano e **ridono** / a voce alta.
   많이 소란스러운 청년들은 / 농담하며 웃는다 / 큰 소리로

05. Domenico / **richiude** / la porta.
   도메니코는 / 다시 닫는다 / 문을

06. Ci sono / turisti gia' bruciati dal sole / ed immigrati che **rientrano** / per l'estate.
   있다 / 벌써 태양에 그을린 관광객들과 / 다시 들어오는 국내 이주민들 / 여름을 즐기려

07. **Ricomincia** il giro / di controllo dei biglietti.
   그는 순회를 다시 시작 한다 / 검표하기 위해

08. **Abbiamo ricostruito** / l'Italia del dopoguerra.
   우리는 재건했다 / (제2차 세계 대전) 전후의 이탈리아를

09. Lui propone alcune cose, / lei **rifiuta** / e propone delle alternative.
   그는 몇 가지를 제안 하는데 / 그녀는 거절하고 / 몇 가지 대안(방법)을 제시 한다

10. **Riforma** / la grammatica!
   개정하라 / 문법을

Parte C

21. 제시된 동사들 가운데 선택하여 요구하는 시제로 빈 칸을 채워라.

riguardare	rileggere(riletto)	rimborsare	rimettere(rimesso)	rimproverare
~에 관련되다	다시 읽다	환불하다	다시 넣다, 놓다	비난하다, 혼내다
ringraziare	riparare	ripartire	ripassare	ripetere
감사하다	고치다	재출발하다	다시 듣다	반복하다

01. (tu) _____ il testo e sottolinea tutti gli aggettivi possessivi! (명)
02. Le ferrovie _____ i ritardi, ma non in caso di incidente. (현)
03. La _____ molto della Sua gentilezza. (현)
04. Gliel'_____ cento volte. (근)
05. Leggi la pubblicita' e cerca tutte le parole che _____ la cucina. (현)
06. La figlia pulisce tutto con le salviettine bagnate, poi _____ le cose in valigia e cinque minuti dopo ricomincia da capo. (현)
07. Due passeggeri provano a _____ l'altoparlante. (정)
08. Pensavo di _____ in negozio. (정)
09. Mia madre mi _____ sempre, perche' ero troppo disordinata. (불)
10. Nessuno sa esattamente quando _____ il treno. (미)

[정답/해석]

01. **Rileggi** il testo / e sottolinea / tutti gli aggettivi possessivi!
    다시 읽어라 텍스트를 / 그리고 밑줄 쳐라 / 모든 소유형용사들을
02. Le ferrovie / **rimborsano** i ritardi, / ma non in caso di incidente.
    철도회사는 / 연착에 대해 환불하지만 / 사고의 경우 환불하지 않는다
03. La / **ringrazio** molto / della Sua gentilezza. (직접대명사+**ringraziare** → gr.7.1.3)
    당신께 / 대단히 감사드립니다 / 당신의 친절에 대해
04. Gliel'**ho ripetuto** / cento volte. (복합대명사 → gr.7.3)
    그에게 그것을 나는 반복했다 / 백 번
05. Leggi la pubblicita' / e cerca tutte le parole / che **riguardano** la cucina.
    읽어라 광고를 / 그리고 모든 어휘를 찾아라 / 요리에 관련되는
06. La figlia pulisce tutto / con le salviettine bagnate, / poi **rimette** le cose / in valigia / e cinque minuti dopo / ricomincia / da capo.
    그 딸은 모두 닦는다 / 젖은 타올로 / 그리고 나서 그 물건들을 다시 넣는다 /

여행 가방에 / 그리고는 몇 분 뒤 / 다시 시작한다 / 처음부터

07. Due passeggeri / provano / a **riparare** l'altoparlante.
두 명의 승객들은 / 시도한다 / 확성기를 고치려고

08. Pensavo / di **ripassare** / in negozio.
나는 생각하고 있었다 / 다시 들르겠다고 / 상점에

09. Mia madre / mi **rimproverava** sempre, / perche' ero troppo disordinata.
나의 어머니는 / 나를 항상 혼내곤 하셨다 / 왜냐하면 내가 너무 어질러놓곤 했기에

10. Nessuno sa esattamente / quando **ripartira'** il treno.
아무도 정확히 모른다 / 언제 기차가 재출발할 것인지

22 제시된 동사들 가운데 선택하여 요구하는 시제로 빈 칸을 채워라.

ripensare	riprendere(ripreso) *	risolvere(risolto)	rispettare	ristrutturare *
회상하다	(운행을) 재개하다	해결하다	존경 / 존중하다	리모델링하다
ritenere	**ritirare** *	**ritornare**	**ritrovare**	**rivedere(rivisto)**
생각하다, 믿다	발급하다 / 받다	다시 돌아오다	재발견하다	재회하다

01. Dopo la partenza da Roma il treno _____ la sua corsa : direzione Napoli. (현)

02. Lo _____ un ottimo insegnante. (현)

03. Come sono contenta di _____ ti!(정)

04. Questo problema non e' facile da _____. (정)

05. Il museo e' chiuso al pubblico. Loro _____ alcune sale. (현/행)

06. Il ragazzo _____ il biglietto. (현)

07. Piero _____. al suo passato e alle sue scelte. (현)

08. _____ i luoghi di culto e non criticare le loro usanze!(정)

09. Dopo qualche minuto _____ il proprietario del giornale. (현)

10. (tu) _____ il biglietto? Si', l'_____ ieri in agenzia. (근)

Parte C

[정답/해석]

01. Dopo la partenza da Roma /il treno **riprende** /la sua corsa : /direzione Napoli.
로마 출발 이 후 / 기차는 재개한다 / 운행을 / 나폴리 방향으로

02. Lo /**ritengo** /un ottimo insegnante.
그를 / 나는 생각한다 / 최고의 선생님으로

03. Come sono contenta /di **riveder**ti!
어찌나 흐뭇한지 모르겠어 / 너를 다시 만나게 되어

04. Questo problema /non e' facile /da **risolvere**.
이 문제는 / 쉽지 않다 / 해결하기가

05. Il museo e' chiuso /al pubblico. /Loro **stanno ristrutturando** /alcune sale.
박물관은 닫혀있다 / 대중에게 / 그들은 리모델링하고 있는 중이다 / 몇 개의 홀을
(현재진행형 → gr.5.3)

06. Il ragazzo **ritrova** /il biglietto.
그 청년은 다시 찾는다 / 기차표를

07. Piero **ripensa** /al suo passato /e alle sue scelte.
피에로는 회상한다 / 그의 과거를 / 또한 그의 선택들을

08. **Rispettare** /i luoghi di culto /e non criticare /le loro usanze!
존중하라 / 교회들을 / 또한 비난하지 마라 / 그들의 관례들을

09. Dopo qualche minuto /**ritorna** /il proprietario del giornale.
몇 분 뒤에 / 되돌아온다 / 신문 주인이

10. **Hai ritirato** /il biglietto? /Si', l'**ho ritirato** /ieri /in agenzia.
너는 발급 받았니 / 기차표를 / 응, 그것을 발급 받았어 / 어제 / 여행사에서

---

23 제시된 동사들 가운데 선택하여 요구하는 시제로 빈 칸을 채워라.

rompere(rotto) 파괴하다	**rovesciare** * 뒤엎다	**rubare** 훔치다	**sbagliare** 실수하다	**sbattere** * 부딪히다
sbucciare * 껍질 벗기다	**scappare** * 급히 내빼다	**scattare** * 셔터를 누르다	**scherzare** 농담하다	**schiacciare** * 키보드/자판을 누르다

01. (loro) _____ tante cipolle per preparare la cena. (근)
02. Dino _____ molte foto alla chiesa. (현)
03. Ad un certo punto la ragazza _____ un succo di frutta sul piccolo tavolo e ne cade un po' adosso alla persona di fronte, una suora. (현)
04. Il fiume _____ gli argini. (근)
05. Avevate solo soldi o anche documenti nella borsa che vi _____? (근)
06. (lui) _____ la testa contro il muro. (근)
07. Stasera resteremo volentieri, ma dobbiamo proprio _____. (정)
08. (io) _____ sportello, devo rifare la fila. (근)
09. (lei) _____ sui tasti e manda messaggi. (현)
10. Ci sono dei militari che _____ e ridono. (현)

[정답/해석]

01. **Hanno sbucciato** / tante cipolle / per preparare la cena.
    그들은 껍질을 벗겼다 / 많은 양파의 / 저녁을 준비하기 위해
02. Dino / **scatta** molte foto / alla chiesa.
    디노는 / 많은 사진을 찍는다(연신 셔터를 누른다) / 교회에서
03. Ad un certo punto / la ragazza **rovescia** / un succo di frutta / sul piccolo tavolo / e ne cade un po' / adosso / alla persona di fronte, una suora.
    어느 순간 / 그 소녀는 뒤 엎는다 / 과일 주스를 / 작은 테이블 위에 /
    그 중 약간의 양이 떨어진다 / 무릎 위로 / 앞에 있는 사람, 수녀의
04. Il fiume / **ha rotto** / gli argini.
    강은 / 파괴했다 / 제방들을
05. Avevate / solo soldi o anche documenti / nella borsa / che vi **hanno rubato?**
    있었는가 / 돈 만 아니면 서류들도 / 가방 속에 / 그들이 너희들에게서 훔친
06. **Ha sbattuto** / la testa / contro il muro.
    그는 부딪혔다 / 머리를 / 벽 정면으로
07. Stasera / resteremo volentieri, / ma dobbiamo proprio **scappare**.
    오늘 저녁 / 우리는 기꺼이 머무르고 싶다 / 근데 급히 내빼야겠어(가봐야겠어)
08. **Ho sbagliato** sportello, / devo rifare la fila.
    나는 창구를 실수했다(잘 못 봤다) / 줄을 다시 서야한다
09. **Schiaccia** sui tasti / e manda messaggi.

Parte C

그녀는 자판을 눌러 / 메시지를 보낸다
10. Ci sono dei militari / che **scherzano** e ridono.
서너 명의 군인들이 있다 / 농담하며 웃어대는

24 제시된 동사들 가운데 선택하여 요구하는 시제로 빈 칸을 채워라.

sciare 스키 타다	scomparire(scomparso) 사라지다	scolpire 조각하다	scoppiare * 폭발시키다	scoprire 발견하다
scorrere * 스쳐 지나가다	segnare 표시 / 기록하다	seguire 뒤쫓다, 따르다	servire 필요하다, 서빙하다	sfilare * 줄지어 행진하다

01. Tanti ragazzi giovani vanno a _____ in montagna d'inverno. (정)
02. La testa mi _____, ho un terribile mal di testa. Mi sento male. (현)
03. La campagna _____ dal finestrino come un ricordo. (현)
04. _____ tanti modelli tutti insieme con vestiti autunnali. (현)
05. _____ la valigia con lo spago. (근)
06. Ascolta il dialogo e (tu) _____ citta' o luoghi che vengono nominati! (명)
07. Chi non _____ la prima parte della lezione non puo' capire. (근)
08. Chi _____ la statua della "Pieta'"? (원)
09. La pasta che _____ in treno e' istantanea. (현 / 태)
10. Chi _____ l'America? (원)

[정답/해석]

01. Tanti ragazzi giovani / vanno a **sciare** / in montagna / d'inverno.
많은 젊은 청소년들이 / 스키 타러 간다 / 산으로 / 겨울에
02. La testa mi **scoppia**, / ho un terribile mal di testa. / Mi sento male.
머리가 나를 폭발시킨다(찌끈거린다) / 두통이 심하다 / 컨디션이 안 좋다
03. La campagna **scorre** / dal finestrino / come un ricordo.
전원은 스쳐 지나간다 / 기차 창문으로 / 기억처럼(주마등처럼)

Corso Di *Italiano* Per Coreani

04. **Sfilano** / tanti modelli / tutti insieme / con vestiti autunnali.
    줄 지어 행진한다 / 많은 모델들이 / 모두 함께 / 가을 의상을 입은 채
05. **E' scomparsa** / la valigia con lo spago.
    사라졌다 / 끈으로 묶은 여행 가방이
06. Ascolta il dialogo / e **segna** citta' o luoghi / che vengono nominati!
    대화를 들어라 / 도시와 지역을 표시해라 / 명명되는 (일반수동태 → gr.4.1)
07. Chi non **ha seguito** / la prima parte della lezione / non puo' capire.
    수강하지 않은 사람은 / 강의 첫 부분을 / 이해할 수 없을 것이다
08. Chi **scolpi'** / la statua della "Pieta'"? (원과거 → gr.1.1.4)
    누가 조각했니 / "피에타" 상을
09. La pasta / che **viene servita** in treno / e' istantanea. (일반수동태 → gr.4.1)
    파스타 / 열차에서 서빙되는 / 인스턴트이다
10. Chi **scopri'** / l'America? (원과거 → gr.1.1.4)
    누가 발견했니 / 미국을

25 제시된 동사들 가운데 선택하여 요구하는 시제로 빈 칸을 채워라.

sistemare 체계화 / 정리정돈하다	soffiare * 바람이 불다	soffrire 괴로워하다	somigliare 닮다	sorgere 떠오르다
sorridere 미소 짓다	**sospendere** * 중단 / 보류하다	**sospettare** * 의심하다	**sostituire** 대신 / 대체하다	**sottolineare** 강조하다, 밑줄 치다

01. Dove _____ il sole? (현)
02. Cadono foglie e _____ un vento leggero. (현)
03. La ragazza _____ alcune parti con una penna rossa. (현)
04. (tu) _____ tutti gli articoli determinativi negli spazi sotto! (명)
05. Oggi pero' Piero _____ un collega che sta male e continua il viaggio fino in Sicilia sullo stesso treno. (현)
06. Lei _____, lui dice : "buongiorno, e' libero, vero?" (현)
07. Lei _____ che ci siano sostanze nocive nella formula per produrre

Parte C

pastalife. (현)

08. La gente _____ le proprie attivita'. (현)

09. Lui _____ molto perche' e' sicuro che lei non tornera'. (현)

10. E' suo fratello ma non gli _____ affatto. (현)

[정답/해석]

01. Dove **sorge** / il sole?
    어디서 떠오르는가 / 태양은

02. Cadono foglie / e **soffia** un vento leggero.
    나뭇잎들이 떨어지고 / 산들바람이 분다

03. La ragazza **sottolinea** / alcune parti / con una penna rossa.
    그 소녀는 밑줄 친다 / 몇 군데 / 빨간 펜으로

04. **Sistema** / tutti gli articoli determinativi / negli spazi sotto!
    정돈하라 / 모든 정관사들을 / 아래 공간에

05. Oggi / pero' / Piero **sostituisce** / un collega che sta male / e continua il viaggio / fino in Sicilia / sullo stesso treno. (삽입사 **isc**)
    오늘 / 그러나 / 피에로는 대신한다 / 몸이 아픈 동료를 / 그리고 여행을 계속한다 / 시칠리아까지 / 같은 기차에 올라타

06. Lei **sorride**, / lui dice : / "buongiorno, e' libero, vero?"
    그녀는 미소 짓고 / 그는 말한다 / 안녕하세요, 자리 비었죠, 그렇죠

07. Lei **sospetta** / che ci <u>siano</u> sostanze nocive / nella formula per produrre Pastalife.
    그 아가씨는 의심 한다 / 유해한 본질이 있다고 / 파스타 라이프를 유발하기 위한 표어에는
    (접속법 → gr.1.3.1)

08. La gente **sospende** / le proprie attivita'.
    사람들은 중단한다 / 자신의 활동들을

09. Lui **soffre** molto / perche' e' sicuro / che lei non tornera'.
    그는 무척 괴로워한다 / 확신하기 때문에 / 그녀가 돌아오지 않을 것이라고

10. E' suo fratello / ma non gli **somiglia** affatto. (간접대명사 → gr.7.2)
    그의 형이다 / 근데 그와 전혀 안 닮았어

Corso Di *Italiano* Per Coreani

26 제시된 동사들 가운데 선택하여 요구하는 시제로 빈 칸을 채워라.

spedire 부치다, 발송하다	**spendere(speso)** 지출하다, 돈 쓰다	**sperare** 희망 / 기대하다	**spiegare** 설명하다	**spingere(spinto)** 밀다
spolverare ∗ 먼지 털다	**sposare** 결혼하다	**sprecare** ∗ 낭비하다	**squillare** ∗ 음이 울리다	**stendere** ∗ 빨래 널다, 펼치다

01. Il figlio della signora _____ una ragazza di Milano. (근)
02. Spero di _____ La. (정)
03. Quanto _____ per quella pelliccia? (근)
04. (io) _____ i mobili. (근)
05. (tu) _____ tutti i fax? Si', li _____ tutti. (근)
06. La madre _____ i panni bagnati. (현)
07. Dice che gli italiani _____ troppo tempo per mangiare e per preparare da mangiare. (현)
08. L'insegnante _____ la lezione agli studenti. (현)
09. In Italia i telefonini _____ dappertutto. (현)
10. Le onde ci _____ contro gli scogli. (근)

[정답/해석]

01. Il figlio della signora / **ha sposato** / una ragazza di Milano.
 그 부인의 아들은 / 결혼했다 / 밀라노의 처녀와
02. Spero / di **riveder**La.
 저는 희망합니다 / 당신을 다시 뵙기를
03. Quanto **hai speso** / per quella pelliccia?
 너는 얼마를 지출했니 / 저 모피코트를 사느라고
04. **Ho spolverato** / i mobili.
 나는 먼지를 털었다 / 가구들의
05. **Hai spedito** / tutti i fax? / Si', li **ho spediti** / tutti. (직접대명사+과거분사 ➜ gr.7.1.2)
 넌 발송했니 / 모든 팩스를 / 응, 그것들을 발송했어 / 모두
06. La madre **stende** / i panni bagnati.
 어머니는 넌다 / 젖은 모직물들을
07. Dice / che gli italiani **sprecano** / troppo tempo / per mangiare /

Parte C 499

Parte C

e per preparare da mangiare.
사람들은 말한다 / 이탈리아인들은 낭비한다고 / 너무 많은 시간을 / 식사하는 데에 /
또한 먹을 것을 준비하는 데에

08. L'insegnante **spiega** / la lezione / agli studenti.
선생님은 설명한다 / 학과목을 / 학생들에게

09. In Italia / i telefonini **squillano** / dappertutto.
이탈리아에서는 / 휴대폰들이 울려댄다 / 여기저기서(도처에서)

10. Le onde / ci / **hanno spinto** / contro gli scogli.
파도가 / 우리를 / 밀었다 / 바위(암초) 정면으로

27 제시된 동사들 가운데 선택하여 요구하는 시제로 빈 칸을 채워라.

strappare *	suonare	supporre *	superare	svegliare
찢다	연주하다, 울리다	생각하다	극복하다	깨우다
svuotare	tagliare	terminare	timbrare	tirare
비우다	자르다	끝내다, 끝나다	날인하다	끌어당기다, 잡아 뽑다

01. _____ la gonna. (원)
02. Chi _____ i capelli a Sansone? (원)
03. Piero non _____ un esame difficile. (근)
04. Per _____ bene il violino non basta un buon maestro, si deve fare pratica ogni giorno. (정)
05. (tu) _____ le tue tasche e la tua borsa e nomina le cose che possiedi! (명)
06. (io) _____ che sia lo stesso. (현)
07. Dove _____ la valle c'e' un lago. (현)
08. Su tutti i binari ci sono macchinette per _____ i biglietti. (정)
09. Poco fa sono andato al bar, _____ fuori il portafogli e il biglietto. (근)
10. Il servizio bar continua il suo giro _____ anche i passeggeri addormentati. (동)

Corso Di *Italiano* Per Coreani

[정답/해석]

01. Si **trappo'** /la gonna. (수동태 **SI** → gr.4.2)
    찢어졌다 / 치마가
02. Chi **taglio'** /i capelli /a Sansone?
    누가 짤랐니 / 머리를 / 싼소네의
03. Piero non **ha superato** /un esame difficile.
    피에로는 극복하지 못 했다 / 어려운 시험을
04. Per **suonare** bene il violino /non basta un buon maestro, /si deve fare pratica /ogni giorno.
    바이올린을 잘 연주하려면 / 좋은 스승만으로 충분하지 않다 / 연습해야 한다 / 매일
05. **Svuota** /le tue tasche e la tua borsa /e nomina /le cose che possiedi!
    비워라 / 너의 주머니와 가방을 / 그리고 명명하라 / 네가 소지하는 물건들을
06. **Suppongo** che /sia lo stesso. (접속법현재 → gr.1.3.1)
    나는 생각한다 / 똑같다고
07. Dove **termina** la valle /c'e' un lago.
    계곡이 끝나는 곳에 / 호수가 하나 있다
08. Su tutti i binari /ci sono macchinette /per **timbrare** i biglietti.
    모든 플랫폼에 / 작은 기구들이 있다 / 기차표를 날인하는(찍는)
09. Poco fa /sono andato al bar, /**ho tirato** fuori /il portafogli e il biglietto.
    좀 전에 / 나는 빠에 갔다 / 나는 꺼냈다 / 지갑과 기차표를
10. Il servizio bar /continua il suo giro /**svegliando** anche i passeggeri addormentati.
    이동식 빠는 순회 판매를 계속한다 / 잠이 든 승객들도 깨우면서 (단순동명사 → gr.5.1)

28 제시된 동사들 가운데 선택하여 요구하는 시제로 빈 칸을 채워라.

toccare	**togliere**(tolto)	**tramontare**	**trasportare**	**trattarsi di ~ ***
만지다, 터치하다	제거하다, 빼앗다	해가 지다	운송하다	~이 문제다
uccidere(ucciso)	**utilizzare**	**vendere**	**verificare**	**vincere**(vinto)
살해하다	활용하다	팔다	증명하다	승리하다, 이기다

01. (loro) Gli _____ tolto tutto quello che aveva. (근)
02. Allora, si _____ di un tipo di pasta istantanea. (현)

Parte C

Parte C

03. Un uomo e' rimasto _____ in un incidente. (근)
04. Filippo e' sicuro di _____ la gara. (정)
05. Quella ragazza carina _____ spesso il cellulare per vedere se funziona. (현)
06. Ora lavorate con l'insegnante e _____ le vostre ipotesi!(명)
07. Eravamo su una spiaggia bellissima, non c'era quasi piu' nessuno, il sole _____ e noi ci sentivamo felici e rilassati. (불)
08. Gli autocarri _____ le merci da nord a sud e viceversa. (현)
09. Alla Stazione Termini si _____ alcuni souvenir locali. (현)
10. Puoi _____ queste espressioni : sopra, sotto, dietro, davanti. (정)

[정답/해석]

01. Gli / **hanno tolto** / tutto quello che aveva.
    그에게서 / 그들은 빼앗았다 / 그가 갖고 있던 모든 것을
02. Allora, / **si tratta** / di un tipo di pasta istantanea.
    그렇다면 / 문제이다 / 인스턴트 파스타의 유형이
03. Un uomo e' rimasto / **ucciso** / in un incidente. (과거분사가 형용사로 사용 → Part E)
    한 남자가 남겨져 있었다 / 죽은 채 / 사고 현장에
04. Filippo e' sicuro / **di vincere** la gara.
    필립보는 확신한다 / 게임을 이길 거라고
05. Quella ragazza carina / **tocca** spesso il cellulare / per vedere / se funziona.
    그 귀여운 소녀는 / 휴대폰을 자주 만진다 / 보기 위해 / 작동하는지
06. Ora / lavorate con l'insegnante / e **verificate** le vostre ipotesi!
    지금 / 선생님과 작업해봐라 / 그리고 너희들의 가설을 증명해봐라
07. Eravamo / su una spiaggia bellissima, / non c'era quasi piu' nessuno, / il sole **tramontava** / e noi ci sentivamo felici e rilassati.
    우리는 있었다 / 매우 아름다운 해변에 / 더 이상 거의 아무도 없었다 /
    해는 지고 있었고 / 우리는 행복하고 편안함을 느끼고 있었다
08. Gli autocarri **trasportano** / le merci / da nord a sud / e viceversa.
    화물차량들은 운송한다 / 상품들을 / 북부에서 남부로 / 또한 역으로
09. Alla Stazione Termini / si **vendono** / alcuni souvenir locali. (수동태 SI → gr.4.2)
    테르미니 역에서는 / 팔린다 / 몇 몇 지역의 기념품들이
10. Puoi **utilizzare** / queste espressioni : / sopra, sotto, dietro, davanti.
    너는 활용할 수 있다 / 이런 표현들을 / 위, 아래, 뒤에, 앞에

PARTE D

재귀동사 90

Parte D

재귀동사(verbi riflessivi)

재귀동사는 거의 대부분 타동사(v.tr.)에 재귀대명사 si가 결합하여 형성된다.

	alzarsi (alzare+si)
io	**mi** alzo 나 자신을 일으킨다
tu	**ti** alzi 너 자신을 일으킨다
lui, lei, Lei	**si** alza 그/그녀/당신 자신을 일으킨다
noi	**ci** alziamo 우리 자신을 일으킨다
voi	**vi** alzate 너희들 자신을 일으킨다
loro	**si** alzano 그들 자신을 일으킨다.

'io(나는) mi(나 자신을) alzo(일으킨다)', 다시 말해 '나는 일어난다'의 뜻이다. 따라서 'tu(너는) ti(너 자신을) alzi(일으킨다)', 'Lei(당신은) si(당신 자신을) alza(일으킨다)'로 이해된다.
재귀동사 **alzarsi**는 '타동사 **alzare**(~를 일으키다)+재귀대명사 **si**(oneself)'인데, '재귀'는 '다시 돌아온다'라는 의미로서 내가 일으키는 행위를 하는데 대상이 바로 나 자신이다. 그러므로 '재귀동사'라 부른다. alzare의 어미 'e'가 탈락되어 alzarsi가 원형이 되는 이유는 소리 때문이다. 그럼 다른 예를 들어보자.

Come **si chiama** Lei? 당신은 이름이 뭐죠? (chiamarsi 자신을 부르다, 불리어지다)
Mi lavo con acqua calda. 나는 더운 물로 씻는다 (lavarsi 자신을 씻기다, 씻다)
Ti trucchi un po'? 너는 화장을 조금만 하니? (truccarsi 자신을 메이크업시키다, 화장하다)
Loro **si riposano**. 그들은 쉰다. (riposarsi 자신을 쉬게 하다, 쉬다)
Voi **vi svegliate** alle 8.00? 너희들은 8시에 깨니? (svegliarsi 자신을 깨우게 하다, 깨다)
Mi vesto in fretta. 나는 급히 옷을 입는다. (vestirsi 자신을 옷 입히다, 옷 입다)

재귀동사의 근과거

재귀대명사(**mi,ti,si,ci,vi,si**)+**essere**+**p.ps.**(주어와 성수일치)

	addormentar−**si** 잠이 들다
io	mi sono addormentato / a
tu	ti sei addormentato / a
lui, lei, Lei	si e' addormentato / a
noi	ci siamo addormentati / e
voi	vi siete addormentati / e
loro	si sono addormentati / e

Corso Di *Italiano* Per Coreani

01 제시된 재귀동사들 가운데 선택하여 요구하는 시제로 빈 칸을 채워라.

타동사 v.tr.	+재귀대명사 si	= 재귀동사 v.rifl.
abbracciare 포옹하다	si	abbracciarsi ~에게 안기다
accomodare 정리 / 수선 / 배치 / 조정하다	si	accomodarsi 편히 하다(자신을 잘 배치하다)
accontentare 만족시키다	si	accontentarsi 만족하다, 자신을 만족시키다
accordare 동의 / 화해 / 조화 / 일치시키다	si	accordarsi ~에(와) 일치 / 동의 / 화합 / 조화하다
		accorgersi 알다, 지각하다, 깨닫다.
addormentare 잠재우다	si	addormentarsi 잠들다
adeguare 적합하게 하다, 조정하다, 같게 하다	si	adeguarsi ~에 순응 / 적응하다
affacciare 얼굴을 내밀게 하다	si	affacciarsi ~로 모습을 / 얼굴을 나타내다
allontanare 멀게 하다, 멀리 가게 하다	si	allontanarsi 멀어지다, 자리를 뜨다
alzare 들어올리다	si	alzarsi 일어나다, 자신을 일으키다

01. (Lei) Bene, _____, signora! (명)

02. Arrivi a casa e (tu) _____ che non hai le chiavi. (현)

03. (tu) _____ sempre davanti alla TV. (현)

04. L'ideale e' _____ il piu' possibile ai gusti e alle mode del posto! (정)

05. Il bambino _____ alla mamma. (근)

06. (noi) Non _____ mai. (현)

07. L'aggettivo possessivo in italiano _____ col genere dell'oggetto posseduto. (현)

Parte D

Parte D

08. A che ora (tu) _____ la mattina? (현)
09. Tutti _____ dai balconi. (현)
10. Signori, per favore _____, non c'e' niente da guardare! (명)
* (근)과거, (현)재, 부(정)법, (명)령형, (불)완료과거, (미)래, 수동(태), 진(행)형
* 이후에는 (현)표시를 생략한다.

[정답/해석]

01. (Lei) Bene, /**si accomodi**, /signora!
    좋아요 / 편히 하세요 / 부인
02. Arrivi a casa /e **ti accorgi** /che non hai le chiavi.
    너는 집에 도착해서 / 깨닫는다 / 열쇠가 없다는 사실을
03. **Ti addormenti** /sempre /davanti alla TV.
    너는 잠이 든다 / 항상 / TV 앞에서
04. L'ideale e' **adeguarsi** /il piu' possibile /ai gusti e alle mode del posto!
    이상적인 것은 적응하는 것이다 / 가능한 한 / 현지의 유행과 취향에
05. Il bambino /**si e' abbracciato** /alla mamma.
    그 아이는 / 안겼다 / 엄마에게
06. Non **ci accontentiamo** mai.
    우리는 결코 만족하지 못 한다.
07. L'aggettivo possessivo /in italiano /**si accorda** /col genere dell'oggetto posseduto.
    소유형용사는 / 이탈리아어에 있어 / 일치된다 / 소유물의 성과
08. A che ora /**ti alzi** /la mattina?
    몇 시에 / 너는 일어나니 / 아침마다
09. Tutti /**si affacciano** /dai balconi.
    모든 사람들은 / 얼굴을 내 보인다 / 발코니로
10. Signori, /per favore **si allontanino**, /non c'e' niente /da guardare!
    여러분 / 자리를 뜨세요 / 아무 것도 없어요 / 볼 만한 것은

[해설]

01. si accomodi : si(당신 자신을)+accomodi(편하게 하세요)! Lei에 대한 명령(존칭명령)에서 대명사는 항상 동사 앞에 온다. (명령형+대명사 ➔ gr.1.4.3)
02. L'ideale e' adeguarsi : '적응하는 것'. 동사원형이 명사 역할을 한다. (부정법 ➔ gr.1.5.1)
10. Signori, si allontanino : si(당신들 자신을)+allontanino(멀리가게 하세요)! Loro에 대한 명령(존칭명령)에서 대명사는 동사 앞으로.

Corso Di *Italiano* Per Coreani

02 제시된 재귀동사들 가운데 선택하여 요구하는 시제로 빈 칸을 채워라.

타동사 v.tr.	+재귀대명사 si	= 재귀동사 v.rifl.
annoiare 싫증나게 / 귀찮게 / 지루하게 하다	si	**annoiarsi** ~에 싫증내다 ; 자신을 지루하게 하다
arrabbiare v.intr. 감정에 사로잡히다	si	**arrabbiarsi** 화내다, 성내다
assomigliare v.intr. 비슷하다, 닮다	si	**assomigliarsi** 서로 닮다
augurare 희망하다, 바라다, 기원하다	si	**augurarsi** ~하길 희망 / 기원하다, 바라다
avvicinare 가깝게 하다	si	**avvicinarsi** ~에 접근하다 / 다가가다
baciare 키스하다, 입맞춤하다	si	**baciarsi** 서로 키스하다
bloccare 차단 / 봉쇄 / 폐쇄하다, 고립시키다	si	**bloccarsi** 차단 / 봉쇄 / 폐쇄 / 고립되다
bruciare 태우다	si	**bruciarsi** 화상을 입다, 썬텐하다
cambiare 바꾸다, 변화시키다 ; 이전하다	si	**cambiarsi** 바뀌다
chiamare 부르다	si	**chiamarsi** ~라고 불리어지다

01. Io mi diverto alle feste, mio marito no, lui _____.
02. (io) _____ che succeda qualcosa.
03. I passeggeri vanno a _____ in Sardegna d'estate. (정)
04. Di solito Marco _____ facilmente quando ha fame.
05. (voi) _____ come due gocce d'acqua.
06. Dino _____ ad un'edicola per domandare informazioni.
07. Loro _____ e si baciano.
08. _____ Giuseppe, ma tutti lo chiamano Pino.

Parte D

Parte D

09. Migliaia di conversazione _____ all'improvviso sulle note di strane musichette.
10. Il suo vestito _____. (근)

[정답/해석]

01. Io / mi diverto / alle feste, / mio marito no, / lui **si annoia**.
    나는 / 즐긴다 / 파티를 / 나의 남편은 그렇지 않다 / 그는 싫증을 낸다
02. **Mi auguro** / che succeda qualcosa.
    나는 희망한다 / 무언가 발생되길
03. I passeggeri / vanno a **bruciarsi** / in Sardegna / d'estate.
    승객들은 / 썬텐하러 간다 / 사르데냐로 / 여름에
04. Di solito / Marco **si arrabbia** / facilmente / quando ha fame.
    보통 / 마르코는 화를 낸다 / 쉽게 / 배가 고플 때
05. **Vi assomigliate** / come due gocce d'acqua.
    너희들은 닮았다 / 두 개의 물방울처럼(붕어빵처럼)
06. Dino **si avvicina** / ad un'edicola / per domandare informazioni.
    디노는 접근한다 / 신문판매점에 / 정보를 물어 보기 위해
07. Loro **si abbracciano** / e si baciano.
    그들은 서로 포옹하고 / 키스한다
08. **Si chiama** Giuseppe, / ma / tutti / lo / chiamano Pino.
    그는 쥬세페라고 불리어진다 / 그러나 / 모든 사람들은 / 그를 / 피노라고 부른다
09. Migliaia di conversazione / **si bloccano** / all'improvviso / sulle note di strane musichette.
    수많은 대화들이 / 중단된다 / 갑자기 / 이상한 휴대폰 발신음으로 인해
10. Il suo vestito / **si e' cambiato**.
    그의 옷이 / 바뀌었다

[해설]

02. Mi auguro che succeda qualcosa : 주절(Mi auguro)이 주관적인 의미를 지니고 접속사 che가 나올 때 종속절의 동사는 접속법으로 활용되어야 한다. (접속법현재 → gr.1.3.1)
07. Loro si abbracciano e si baciano : '서로 ~한다' 는 상호적 재귀형태.
    본질적 재귀형태-mi diverto, si annoia … 재귀대명사가 직접목적어(~을/를) 역할
    형식적 재귀형태-ti fai la doccia, mi faccio la barba … 재귀대명사가 간접목적어(~에게) 역할을 할 경우이다.

08. **tutti lo chiamano Pino** : tutti(모든 사람이)+lo(그를)+chiamano(부른다)+Pino라고. 이 문장은 재귀형태가 아니다. 주어와 목적어가 동일인이 아니므로 그렇다. 재귀형태라는 것은 간단히 말해 '주어=목적어'이다. 그래서 '주어의 행위가 다시 자신에게로 되돌아온다'고 하여 재귀동사 혹은 재귀형태라고 부르는 것이다.

09. **sulle note di strane <u>musichette</u>** : 'musica+etta(축소형어미)'는 요즘 말하는 휴대폰 발신음이다. note는 '음'이므로 '이상한 발신음으로 갑자기 대화가 중단된다'로 해석된다.

10. **si <u>e' cambiato</u>** : 재귀동사의 근과거는 반드시 'essere' 조동사만을 사용해야 된다. 왜냐하면 결국 타동사가 '자동사화' 된 것이므로 그렇다. 'essere+p.ps'로 구성되는 복합시제에서 늘 그렇듯이 과거분사의 어미는 주어의 성, 수를 따른다.

Parte D

03 제시된 재귀동사들 가운데 선택하여 요구하는 시제로 빈 칸을 채워라.

타동사 v.tr.	+재귀대명사 si	= 재귀동사 v.rifl.
chiedere 묻다	si	**chiedersi** ~에 대해 이상 / 의아하게 생각하다
chiudere 닫다, 가두다	si	**chiudersi** ~에 자신을 가두다 ; 갇히다
complicare 복잡하게 하다, 사건에 휩싸이게 하다	si	**complicarsi** 자신을 복잡하게 하다 ; 복잡해지다
comportare 저항 / 대항하다 ; 허용하다	si	**comportarsi** ~처럼 처신하다 / 행동하다
concedere 부여하다 ; 승인하다 ; 허용하다	si	**concedersi** 자신에게 ~를 주다 / 허용하다
concentrare 집중시키다	si	**concentrarsi** ~에 집중되다 ; ~에 전념하다
controllare 검사 / 조사 / 지배 / 관리 / 통제하다	si	**controllarsi** 자제 / 절제하다 : 자신을 통제하다
conoscere 알다, 인식하다	si	**conoscersi** 서로 알다
dare 주다	si	**darsi** 서로 주다 ; 몰두하다 ; 굴복하다
dimenticare 잊어버리다, 망각하다 ; 잊고 놔두다	si	**dimenticarsi** ~대해 잊다

01. La storia _____!

02. A Firenze tutta la bellezza _____ in poco spazio.

03. Voi _____ sempre di spegnere la luce quando uscite.

04. Io e Francesca _____ da molti anni.

05. (io) _____ un gelato, il fine settimana. (미)

06. Anche Piero, il controllore, ogni tanto guardando i passeggeri _____ : "ma dove andranno?"

07. I militari _____ pugni e manate sulle spalle e parlano una lingua settoriale.

08. Un suo collega qualche giorno fa ha avuto paura e _____ in una carrozza. (근)

09. Con una fotocamera Kodak l'unica cosa difficile da controllare e' _____ (정)

10. A tavola _____ come gli autoctoni, se mangiano con le mani o con le bacchette fare lo stesso!(정)

[정답/해석]

01. La storia / **si complica**!
    스토리가 / 복잡해지는구나

02. A Firenze / tutta la bellezza / **si concentra** / in poco spazio.
    피렌체의 / 모든 아름다움은 / 집중된다 / 작은 공간에

03. Voi **vi dimenticate** / sempre / di spegnere la luce / quando uscite.
    너희들은 잊는다 / 항상 / 불 끄는 것을 / 외출할 때

04. Io e Francesca / **ci conosciamo** / da molti anni.
    나와 프란체스카는 / 서로 알고 있다 / 수 년 전부터

05. **Mi concedero'** / un gelato, / il fine settimana.
    나는 먹을 것이다 / 아이스크림을 / 주말에

06. Anche Piero, il controllore, / ogni tanto / guardando i passeggeri / **si chiede** : /
    "ma dove andranno?"
    검표원인 피에로 역시 / 가끔 / 승객들을 보면서 / 의아하게 생각한다 /
    "도대체 그들은 어디로 가려는 것인가?"

07. I militari / **si danno** / pugni e manate / sulle spalle /
    e parlano una lingua settoriale.
    군인들은 / 서로 주고받으며 / 주먹과 손을 / 어깨에서(장난삼아 어깨를 툭툭건드린다) /
    분야의 언어를 말 한다

08. Un suo collega / qualche giorno fa / ha avuto paura /
    e **si e' chiuso** / in una carrozza.
    그의 동료(철도청 직원)가 / 며칠 전 / 겁에 질려 / 자신을 가두었다(숨었다) / 객실에

09. Con una fotocamera Kodak / l'unica cosa difficile da controllare /
    e' **controllarsi**.
    Kodak 사진기를 사용할 때 / 조절하기 어려운 유일한 점은 / 자제하는 것이다

Parte D

10. A tavola / **comportarsi** / come gli autoctoni, / se mangiano /
con le mani o con le bacchette / fare lo stesso!
식탁에서 / 처신하는 것 / 토착민처럼 / 만약에 그들이 먹는다면 /
손으로 혹은 젓가락으로 / 똑같이 행하라

[해설]

05. Mi concedero' un gelato : '(나는) 나 자신에게 아이스크림을 허용할 것이다'의 의역.
06. <u>guardando</u> i passeggeri : -are는 -ando, -ere / -ire는 -endo를 첨가해 동명사 (gerundio)를 만든다. 의미는 '~하면서'. 단순동명사(guardando : 주절의 시제와 동일할 경우)와 복합동명사(avendo guardato ; 주절의 시제보다 먼저 발생된 경우)가 있다.
    ma dove <u>andranno</u> : '불확실성'을 내포할 때 미래를 사용한다. (단순동명사 → gr.5.1)
07. si danno <u>pugni e manate sulle spalle</u> : '어깨 위에서 손과 주먹을 서로 주고받는다'는 절친한 친구들끼리 장난삼아 손과 주먹으로 어깨를 툭툭 건드리며 즐거워하는 모습이다. 'si danno'는 '상호적 재귀형태(서로 ~하다)'라고 부른다.
    una lingua settoriale : '분야의 언어'. 여기서는 군대 용어.
08. A tavola <u>comportarsi</u> come gli autoctoni : '식탁에서 토착민처럼 처신하기'
    (부정법현재 → gr.1.5.1)

04. 제시된 재귀동사들 가운데 선택하여 요구하는 시제로 빈 칸을 채워라.

타동사 v.tr.	+재귀대명사 si	= 재귀동사 v.rifl.
dirigere 향하게 하다	si	**dirigersi** ~로 향하다
diventare v.intr. ~이 되다	si	**diventarsi** ~하게 되다
divertire 즐겁게 하다	si	**divertirsi** ~에서 즐기다, 자신을 즐겁게 하다
domandare 질문하다	si	**domandarsi** 자문하다, 자신에게 묻다
fare 하다	si	**farsi** 자신에게 ~하다
fermare 멈춰 세우다 ; 중단, 고정시키다	si	**fermarsi** ~에서 서다, 멈추다 ; 머무르다
fidanzare 약혼시키다	si	**fidanzarsi** ~와 약혼하다
fidare v.intr. 믿다, 신뢰하다	si	**fidarsi** ~에 대해 믿다, 신뢰하다
figurare v.tr./v.intr. 그리다 / 나타나다	si	**figurarsi** ~ 대해 상상하다
godere v.tr./v.intr. 즐기다	si	**godersi** 즐기다, 향유하다

01. Io _____ alle feste, mio marito no, lui si annoia.

02. Marco, _____ la doccia ogni giorno?

03. La tua macchina _____ improvvisamente in mezzo alla strada.

04. (io) _____ con la ragazza siciliana. (근)

05. Piero e la donna _____ verso la fine del treno dove c'e' la cabina di Piero.

06. Il controllore _____ : che lavoro fara' quella donna che parla sempre al cellulare.

 Parte D

07. Sono arrivato proprio tardi! Mi dispiace che hai aspettato tanto!
    – Ma no, _____, non e' un problema! (명)
08. Si', ma vedi con queste sculture non si diventa famosi?
09. Una signora settantenne vuole un caffe' ma non si fida.
10. Annarita proprio non vuole andare a casa di Romeo, preferisce passare la serata all'aperto, e godersi ancora la citta'. (정)

[정답/해석]

01. Io /**mi diverto** /alle feste, /mio marito no, /lui si annoia.
    나는 / 즐긴다 / 파티를 / 나의 남편은 그렇지 않다 / 그는 싫증을 낸다
02. Marco, /**ti fai** la doccia /ogni giorno?
    마르코 / 샤워하니 / 매일
03. La tua macchina /**si ferma** /improvvisamente /in mezzo alla strada.
    네 차가 / 멈춘다 / 갑자기 / 도로 한 복판에서
04. **Mi sono fidnanzato** /con la ragazza siciliana.
    나는 약혼했다 / 시칠리아 처녀와
05. Piero e la donna /**si dirigono** /verso la fine del treno /
    dove c'e' la cabina di Piero.
    피에로와 그 여인은 / 향한다 / 기차 끝 칸 쪽으로 / 피에로의 작은 방이 있는
06. Il controllore /**si domanda** : /che lavoro fara' quella donna /
    che parla sempre al cellulare. 줄곧
    그 검표원은 / 자문한다 / 무슨 일을 할까 그 여인은 / 줄곧 휴대폰으로 통화하는
07. Sono arrivato /proprio tardi! /Mi dispiace /che hai aspettato tanto! /
    Ma no, /**figurati**, /non e' un problema!
    나는 도착했구나 / 정말 늦게 / 미안해 / 너를 많이 기다리게 해서 /
    아니야 / 천만에 / 괜찮아
08. Si', ma vedi /con queste sculture /non **si diventa** famosi?
    그래, 근데 너 아니 / 이런 조각 작품들 가지고는 / 유명해지지 않는다는 사실을
09. Una signora settantenne /vuole un caffe' /ma non **si fida**.
    어느 70대 부인은 / 커피 한 잔 하고 싶어 하지만 / (기차에서 판매되는 커피를) 신뢰하지 않는다
10. Annarita /proprio /non vuole andare /a casa di Romeo, /
    preferisce /passare la serata /all'aperto, /e **godersi** ancora la citta'.

안나리타는 / 진짜 / 가고 싶지 않다 / 로메오 집에 /
선호한다 / 저녁 시간 보내는 것을 / 열린 공간에서 / 또한 도시를 즐기는 것을

[해설]

- **02.** ti fai <u>la doccia</u> : 너 자신에게(ti) 샤워를(la doccia) 하게 한다 너는(fai), 이것을 '형식적인 재귀형태'라고 부른다. 즉, 재귀대명사가 '간접목적어' 역할을 할 때이다.
- **04.** (io) **Mi sono fidnanzato** : 주어인 io는 남자일 것이다. 과거분사 어미가 -o이므로.
- **06.** che lavoro <u>fara'</u> quella donna : '불확실성'을 내포할 때 미래를 사용한다.
- **07.** figurati : figurare의 tu에 대한 명령형 figura + 재귀대명사 ti (명령형+대명사 ➔ gr.1.4.3).
- **08.** non s**i** diventa famos**i** : 재귀대명사 si가 형용사 famosi에 영향을 주어 어미일치.
- **09.** settantenne : ← settanta(70)+anni(년)
- **10.** <u>preferire</u> passare ~ e godersi ~ ; preferire + inf. / nome : ~를 선호하다

Parte D

05 제시된 재귀동사들 가운데 선택하여 요구하는 시제로 빈 칸을 채워라.

타동사 v.tr.	+재귀대명사 si	= 재귀동사 v.rifl.
guardare 보다, 응시하다	si	**guardarsi** 자신을 들여다 보다, 서로 보다
imbarcare 선적시키다, 승선시키다	si	**imbarcarsi** ~에 선적되다 / 승선하다 / 실리다
incontrare 만나다	si	**incontrarsi** 서로 만나다
innamorare 연애감정을 일으키다, 사랑에 빠뜨리다	si	**innamorarsi** 서로 사랑하다, (~을) 사랑하다
interessare 흥미를 갖게 하다,	si	**interessarsi** ~에 흥미를 / 관심을 갖다
interrogare 심문하다, 질문하다	si	**interrogarsi** 자문하다, 자신에게 질문하다
intrecciare 합쳐서 꼬다, 섞어 짜다, (머리를)땋다	si	**intrecciarsi** 혼합되다, 자신의 머리를 땋다
iscrivere 등록/등기/기입/입회시키다	si	**iscriversi** ~에 등록/가입하다
lamentare 슬퍼하다, 애도하다 ; 비난하다	si	**lamentarsi** ~에 슬퍼하다 ; ~에 불평하다
lavare 세탁/세척/정화하다/씻기다	si	**lavarsi** 씻다, 자신을 씻기다

01. Le ragazze _____ molto allo specchio.

02. Fabio e Carla _____ piazza dopo il lavoro.

03. Piero _____ ai due tipi strani.

04. Ogni tanto si alza, va al bagno e _____ la faccia, poi torna, si siede di nuovo e dice che ha caldo.

05. A Reggio Calabria il treno _____ sul traghetto che porta a Messina. (근)

06. L'arte a Napoli _____ con la vita.

Corso Di *Italiano* Per Coreani

07. E' la prima volta che il padre _____ di Piero.
08. Per _____ al corso si deve pagare un acconto e compilare il modulo d'iscrizione. (정)
09. Giovani bellezze nordiche _____ di luoghi e persone e spesso la passione supera le diffenrenze di lingua, costumi e cultura : "Come sono romantici gli uomini italiani!"
10. Piero _____ seriamente sul suo passato, sulle sue scelte, sul suo essere sempre cosi' serio, cosi' impegnato, cosi' attento a fare scelte coerenti col suo modo di pensare.

[정답/해석]

01. Le ragazze / **si guardano** / molto / allo specchio.
    소녀들은 / 자신을 들여다 본다 / 많이 / 거울에
02. Fabio e Carla / **si incontrano** / in piazza / dopo il lavoro.
    파비오와 카를라는 / 서로 만난다 / 광장에서 / 퇴근 후
03. Piero / **si interessa** / ai due tipi strani.
    피에로는 / 흥미를 갖는다 / 이상한 유형의 두 사람에 대해
04. Ogni tanto / si alza, / va al bagno / e **si lava** la faccia, / poi torna, / si siede / di nuovo / e dice che ha caldo.
    자주 / 그는 일어나 / 화장실로 가서 / 세수를 하고는 / 돌아와 / 자리에 앉는다 / 다시 / 그리고 덥다고 말한다
05. A Reggio Calabria / il treno / **si e' imbarcato** / sul traghetto che porta a Messina.
    레지오 칼라브리오에서 / 기차는 / 실렸다(선적되었다) / 메시나로 운반하는 선박에
06. L'arte a Napoli / **si intreccia** / con la vita.
    나폴리의 예술은 / 혼합되어 있다 / 그들의 삶과
07. E' la prima volta / che il padre **si lamenta** / di Piero.
    처음이다 / 아버지가 불평하는 것은 / 피에로에 대해
08. Per **iscriversi** al corso / si / deve pagare un acconto / e compilare il modulo d'iscrizione.
    과정에 등록하려면 / 사람들은 / 등록금을 지불해야 하고 / 등록 양식을 작성해야 한다
09. Giovani bellezze nordiche / **si innamorano** / di luoghi e persone / e spesso la passione / supera / le diffenrenze di lingua, costumi e cultura : / "Come sono romantici / gli uomini italiani!"

Parte D

Parte D

북유럽의 젊은 미녀들은 / 사랑한다 / 지역과 사람들을 /
또한 그들의 열정은 / 극복한다 / 언어, 풍습, 문화의 차이를 /
얼마나 낭만적인가 / 이탈리아 남자들은

10. Piero /**s'interroga** /seriamente /sul suo passato, /sulle sue scelte, /
sul suo essere /sempre cosi' serio, /cosi' impegnato, /cosi' attento /
a fare scelte coerenti /col suo modo di pensare.
피에로는 / 자문한다 / 진지하게 / 자신의 과거에 대해 / 자신의 (직업)선택에 대해 /
자신의 존재(실체)에 대해 / 늘 그토록 신중하고 / 그토록 열심이고 / 그토록 조심하는 /
일관성 있는 선택에 있어 / 자신의 사고방식으로

[해설]

05. 이탈리아 남부 Messina 항구에서 육지를 달린 기차는 시칠리아 행 대형 선박에 통째로 실린다. 관광 상품임에 틀림없다. 승객은 밖으로 나올 필요가 없다.

08. si deve pagare ~ e compilare ~ : 불특정 주어를 대신해 사용된다. 다시 말해서 SI를 '사람들은'으로 보면 되고 동사는 3인칭 단수로 활용된다. (비인칭 SI → gr.3)

10. Piero s'interroga seriamente sul suo passato, sulle sue scelte, su**l suo essere sempre cosi' serio, cosi' impegnato, cosi' attento a fare scelte coerenti col suo modo di pensare** : 밑줄 부분은 'il suo essere'를 수식하는 형용사구이다.

06 제시된 재귀동사들 가운데 선택하여 요구하는 시제로 빈 칸을 채워라.

타동사 v.tr.	+재귀대명사 si	= 재귀동사 v.rifl.
levare (닻을) 올리다, 제거/폐지하다	si	levarsi ～에서 벗어나다 / 물러나다
mantenere 보존/지속/부양/관리/육성하다	si	mantenersi 보존/지속되다, 자신의 생계를 유지하다
mettere 두다, 놓다, 입히다	si	mettersi 자신에게 ～을 입히다, ～에 착수하다
pettinare (머리를) 빗기다, 빗질을 하다	si	pettinarsi 자신에게 머리를 빗기다, 머리 빗다
preoccupare 불안케/염려케 하다	si	preoccuparsi ～에 대해 염려하다 / 불안해하다
preparare 준비하다, 준비시키다	si	prepararsi ～할 준비하다, ～에 대비하다
presentare 드러내다, 제출하다, 소개하다	si	presentarsi 서로 소개하다, 자신의 모습을 드러내다
pulire 깨끗하게 하다, 문지르다	si	pulirsi 자신의 신체를 씻기다, 닦다
raggruppare (무리를) 모으다 / 이루다	si	raggrupparsi (무리지어, 종류별로) 모이다
rassegnare (사표 등을) 제출하다	si	rassegnarsi (운명, 생각 등을) 받아들이다

01. Puoi _____ dalla luce? (정)
02. Devo _____ di fronte all'evidenza dei fatti. (정)
03. Questo formaggio _____ per poco.
04. Ma dai, (tu) non _____, i vigili non passano a quest'ora. (명)
05. Barbara _____ a giocare col telefonino.
06. Perche' non _____? Dobbiamo uscire, siamo in ritardo.
07. Marcella _____ sempre in modo strano.
08. Ancora non _____, cioe' nessuno dei due conosce il nome

Parte D

dell'altro. (근)

09. Per favore, _____ le scarpe sul tappeto prima di entrare! (명)
10. I militari _____ per provenienza e parlano dialetti di cui spesso non si capisce una parola.

[정답/해석]

01. Puoi **levarti** / dalla luce?
    물러서줄래(안 보인다) / 전등으로부터
02. Devo **rassegnarmi** / di fronte all'evidenza / dei fatti.
    나는 받아들여야만 한다 / 명백함 앞에서 / 사실을 (= 명백한 사실을 받아들여야 한다)
03. Questo formaggio / **si mantiene** / per poco.
    이 치즈는 / 보존된다 / 짧은 기간 동안 (= 오래 보존되지 못한다)
04. Ma dai, / non **ti preoccupare**, / i vigili non passano / a quest'ora.
    자, 어서 / 걱정하지 마라 / 교통경찰은 지나가지 않는다 / 이 시간에
05. Barbara / **si mette** / a giocare col telefonino.
    바르바라는 / 시작한다 / 휴대폰 게임을 (= 휴대폰으로 게임하는 일에 착수하다)
06. Perche' non **ti prepari**? / Dobbiamo uscire, / siamo in ritardo.
    왜 (나갈) 준비를 하지 않는거니 / 우리 외출해야 하는데 / 우리 늦었어
07. Marcella / **si pettina** / sempre / in modo strano.
    마르첼라는 / 머리 빗는다 / 항상 / 특이하게 (= 특이하게 머리를 한다)
08. Ancora / non **si sono presentati**, / cioe' / nessuno dei due / conosce il nome dell'altro.
    아직 / 그들은 서로 소개하지 않았다 / 즉 / 두 사람 중 어느 누구도 /
    상대의 이름을 모른다
09. Per favore, / **pulitevi** le scarpe / sul tappeto / prima di entrare!
    부탁 좀 할게 / 너희들 신발을 문질러라 / 카페트에 / 들어오기 전에
10. I militari / **si raggruppano** / per provenienza / e parlano dialetti /
    di cui / spesso non si capisce una parola.
    군인들은 / 모인다 / 지역 출신별로 / 그리고 사투리를 말한다 /
    사투리 중에 / 대부분 한 마디도 이해되지 못한다

[해설]

02. di fronte a ~ 앞에서.
04. dai : 상대가 주저주저할 경우 용기를 북돋기 위해 하는 말.

non <u>ti</u> preoccupare : tu에 대한 부정명령은 원형으로 처리하고 대명사는 본래 preocupare 뒤에 붙어야 하지만 음성학적 수월성의 이유로 도치 되었다.

07. in modo <u>strano</u> : 'in modo + 형용사'는 부사구를 만든다. '이상하게, 특이하게'.
    (= stranamente)

08. <u>nessuno</u> dei due (non) <u>conosce</u> il nome dell'altro : 부정대명사 nessuno가 문장 맨 앞에 위치할 경우 부정어 non은 형식상 필요 없다. 그러나 내용에는 살아 있다.
    (loro) non si sono presentati : 주어의 성, 수에 과거분사 어미는 일치된다.

09. pulite<u>vi</u> le scarpe : 비칭명령(tu, voi, noi)에서 대명사는 동사 끝에 붙어야 한다. vi가 간접대명사 역할을 하므로 '형식적인 재귀형태'이다. '너희는 <u>너희 자신에게</u> 신발을 닦게 하라'.
    (명령형 + 대명사 ➡ gr.1.4.3)

10. parlano dialetti <u>di cui</u> spesso non si capisce una parola : 관계대명사 cui는 항상 전치사를 앞에 둔다. 여기서 cui는 선행사 dialetti를 지시한다. 그리고 una parola에 연결된다. 즉, '사투리 중에 한 단어(마디)'. (관계대명사 ➡ gr.7.5)

Parte D

07 제시된 재귀동사들 가운데 선택하여 요구하는 시제로 빈 칸을 채워라.

타동사 v.tr.	+재귀대명사 si	= 재귀동사 v.rifl.
regolare 규제/통제/관리하다	si	regolarsi (올바르게) 행동하다
reggere 떠받치다, 견디어내다, 지배하다	si	reggersi 지탱하다, 서 있다
riconoscere 인정/공인하다	si	riconoscersi ~라고 인정되다, 공인되다
ricordare 기억하다, 기억나게 하다	si	ricordarsi 기억나다, ~하는 것을 기억하다
riferire 언급하다, 관련시키다	si	riferirsi ~에 언급/관련되다
rilassare (긴장을) 풀다, 이완시키다	si	rilassarsi (긴장이) 풀리다, 이완되다
riposare 쉬게 하다	si	riposarsi 쉬다
ritrovare 재발견하다, 재회하다	si	ritrovarsi 완수하다, 알아채다
salutare 인사하다	si	salutarsi 서로 인사하다
sbrigare 재촉하다, 급히 하게 하다	si	sbrigarsi 서두르다

01. Non so come _____ con lui. (정)

02. Mia madre _____ sempre del mio compleanno ; io invece non _____ sempre del suo.

03. Ormai _____. solo perche' quando passa il controllore mostrano il tesserino per il biglietto scontato.

04. L'austerita' dei costumi _____. (근)

05. (io) _____ da solo fare i lavori piu' umili. (원)

06. Anna, _____ bene, se l'autobus frena e' pericoloso! (명)

07. Elenca le espressioni che _____!
08. Sei molto stanco, _____ un po'. (명)
09. _____ Gino, il treno sta partendo. (명)
10. Loro non _____ mai benche' siano amici.

[정답/해석]

01. Non so / come **regolarmi** / con lui.
    나는 모르겠다 / 어떻게 행동할지 / 그와
02. Mia madre / **si ricorda** / sempre / del mio compleanno ; /
    io / invece / non **mi ricordo** / sempre / del suo.
    나의 어머니는 / 기억하신다 / 늘 / 내 생일을 /
    나는 / 반면에 / 기억 못한다 / 늘 / 그의 생일을
03. Ormai / **si riconoscono** / solo perche' / quando passa il controllore /
    mostrano / il tesserino per il biglietto scontato.
    벌써 / 그들은 인정된다 / 단지 ~ 때문에 / 검표원이 지나갈 때 /
    보여주기 때문에 / 학생 할인 증을
04. L'austerita' dei costumi / **si e' molto rilassata**.
    엄격한 풍속이 / 많이 완화되었다
05. **Mi ritrovo'** / da solo / fare i lavori piu' umili.
    나는 완수했다 / 혼자 / 가장 비천한 일을
06. Anna, / **reggiti** bene, / se l'autobus frena / e' pericoloso!
    안나 / 잘 서있어라(지탱해라) / 버스가 멈출 때 / 위험하거든
07. Elenca / le espressioni / che **si riferiscono**!
    리스트에 기재하라 / 관련되는 표현들을
08. Sei molto stanco, / **riposati** / un po'.
    너는 매우 피곤하구나 / 쉬어라 / 잠시
09. **Sbrigati** Gino, / il treno sta partendo.
    서둘러라 지노야 / 기차가 출발하는 중이다
10. Loro non **si salutano** mai / benche' siano amici.
    그들은 절대 서로 인사하지 않는다 / 비록 그들은 친구이지만

[해설]

01. Non so come + inf : ~하는 방법을 모른다
06. reggiti bene : reggi(tu에 대한 명령형)+ti. 비칭명령에서 대명사는 동사 뒤에 붙는다.

Parte D

08. riposati : riposa(tu에 대한 명령형)+ti.
09. sbirigati : sbriga(tu에 대한 명령형)+ti.
10. benche' siano amici : '비록 ~이지만(benche')의 접속사가 이끄는 절 속의 동사는 접속법으로 활용해야 된다. (접속법현재 ➔ gr.1.3.1)

08 제시된 재귀동사들 가운데 선택하여 요구하는 시제로 빈 칸을 채워라.

타동사 v.tr.	+재귀대명사 si	= 재귀동사 v.rifl.
scambiare 교환하다, 바꾸다, 교역하다	si	**scambiarsi** 서로 교환하다 / 바꾸다
scusare 용서하다	si	**scusarsi** 자신을 용서하다, ~와 화해하다
sedere v.intr. 앉다	si	**sedersi** 앉다(자신을 ~에 앉히다)
sentire 느끼다, 듣다	si	**sentirsi** 느껴지다
sistemare 정리정돈 / 체계화 / 조직화하다	si	**sistemarsi** 자리잡다(거처 / 취직 / 결혼)
	si	**specchiarsi** 거울에 얼굴을 비추다, 반영하다
spogliare (옷을) 벗기다, 빼앗다, 강탈하다	si	**spogliarsi** (옷을) 벗다, 버리다, 포기하다
sposare 결혼시키다	si	**sposarsi** 결혼하다
sporcare 더럽히다	si	**sporcarsi** 더러워지다
spostare 옮기다, 이동시키다, 연기하다	si	**spostarsi** 이전 / 이주 / 이동하다

01. Molte persone quando _____ ricevono regali da amici e parenti.
02. Prova a telefonare ad un tuo compagno _____ i ruoli! (동)
03. Alessandro _____ di fronte ad una giovane donna vicino al finestrino.
04. La donna vuole _____ con Piero. (정)
05. Sono l'unico uomo in un gruppo di 15 donne. _____ in disagio.
06. (lui) _____ subito. Perche' si e' sposato, ha trovato un buon lavoro. (근)
07. Marco, non _____ i pantaloni per favore! (명)
08. Noi due abiteremo volentieri a Milano, ma I nostri figli non _____ mai da Roma. (조건법 현재)
09. (lui) _____ di tutto. (근)
10. Le ragazze _____ spesso nelle vetrine.

[정답/해석]

01. Molte persone / quando **si sposano** / ricevono regali / da amici e parenti.
    많은 사람들은 / 결혼할 때 / 선물을 받는다 / 친구와 친척들로부터
02. Prova / a telefonare / ad un tuo compagno / **scambiandovi** i ruoli!
    시도하라 / 전화 통화를 / 너의 동료에게 / 역할을 서로 바꿔가면서
03. Alessandro / **si siede** / di fronte ad una giovane donna / vicino al finestrino.
    알렛싼드로는 / 앉는다 / 젊은 여자 앞에 / 기차 창문 가까이에 있는
04. La donna / vuole **scusarsi** / con Piero.
    그 여자는 / 화해하길 원한다 / 피에로랑
05. Sono l'unico uomo / in un gruppo di 15 donne. / **Mi sento** / in disagio.
    나는 유일한 남자다(청일점) / 15명의 여자 그룹에서 / 난 느낀다 / 불편하게(거북하게)
06. **Si e' sistemato** / subito. / Perche' si e' sposato, / ha trovato un buon lavoro.
    그는 자리 잡았다 / 곧 / 왜냐하면 결혼했고 / 좋은 일자리를 구했기 때문이다
07. Marco, / non **sporcarti** / i pantaloni / per favore!
    마르코 / 더럽히지 마라 / 바지를 / 제발
08. Noi due / abiteremo / volentieri / a Milano, / ma i nostri figli / non **si sposterebbero** mai / da Roma.
    우리 둘은 / 거주할 예정이다 / 기꺼이 / 밀라노에 / 그러나 우리 자식들은 /

Parte D

절대 이전하지 않을 것 같다 / 로마를 떠나
09. **Si e' spogliato** / di tutto.
그는 버렸다 / 모든 것을
10. Le ragazze / **si specchiano** / spesso / nelle vetrine.
그 소녀들은 / 자신들을 비춘다 / 자주 / 쇼윈도에

[해설]

02. prova a+inf. ~를 시도하다.
scambiando<u>vi</u> i ruoli : scambi<u>ando</u>(동명사)+vi(재귀대명사).
03. vicino a ~옆에, 곁에.
05. <u>Mi sento in disagio</u> : 부사구로 사용. '불편하게, 거북하게'.
07. <u>non sporcarti</u> : tu에 대한 부정명령형은 'non + 동사원형'.
08. non si <u>sposterebbero</u> mai : 가능성(possibilita') 혹은 추측(supposizione)을 표현할 때 조건법을 사용한다. (단순조건법 → gr.1.2.1)

09 제시된 재귀동사들 가운데 선택하여 요구하는 시제로 빈 칸을 채워라.

타동사 v.tr.	+재귀대명사 si	= 재귀동사 v.rifl.
svegliare 깨우다, 눈뜨게 하다	si	svegliarsi 깨다
tagliare 자르다	si	tagliarsi (자신의 신체 일부를) 자르다
tenere 잡다, 쥐다, 두다	si	tenersi 두어지다, ~에 있다
togliere 제거하다, 없애다, 빼다	si	togliersi (신발/안경/옷 등을) 벗다
trovare 발견하다, 찾다, 만나다	si	trovarsi 서로 마주치다, ~에 있다
truccare 메이크업시키다, 변장시키다	si	truccarsi 화장/분장하다
vedere 보다, 알다, 이해하다	si	vedersi 서로 만나다, 자신의 모습을 보다
	si	vergognarsi 부끄러워/창피하다, 얼굴이 빨갛게 되다
vestire 옷을 입히다	si	vestirsi 옷 입다
stancare 피곤하게 하다	si	stancarsi 피곤해지다

01. (io) _____ i capelli ogni mese.

02. Appena rientro in casa _____ le scarpe.

03. (lui) _____ un po', ma poi vede che tutti le comprano ed anche lui ne prende alcune.

04. Questa mattina Piero _____ in ritardo, in poco tempo ha fatto tante cose. (근)

05. I mega-centri commeciali non _____ solo al nord.

06. Ieri (io) _____ proprio mentre facevo la spesa, sono tornata a

Parte D

casa con delle buste pesantissime e sono salita a piedi perche' l'ascendore era rotto. (불)

07. Marta _____ in modo molto pesante. Sembra un clown.

08. Quando vai a teatro, _____ in modo elegante o sportivo?

09. Quelle due ragazze _____ molto spesso.

10. Alla fine della vostra intervista fate un sondaggio per vedere quali sono i luoghi dove piu' comunemente _____ le cose in casa.

[정답/해석]

01. **Mi taglio** i capelli / ogni mese.
    나는 머리를 자른다 / 매달

02. Appena rientro in casa / **mi tolgo** le scarpe.
    나는 집에 들어오자마자 / 신발을 벗는다

03. **Si vergogna** un po', / ma poi / vede che tutti le comprano / ed anche lui ne prende alcune.
    그는 조금은 부끄러웠지만 / 곧 / 모든 사람들이 그것을 사는 것을 보고 / 그도 역시 몇 개를 산다

04. Questa mattina / Piero **si e' svegliato** / in ritardo, / in poco tempo / ha fatto tante cose.
    오늘 아침 / 피에로는 잠에서 깼다 / 늦게 / 단시간에 / 많은 것을 했다.

05. I mega-centri commeciali / non **si trovano** / solo al nord.
    대형 백화점들은 / 있는 것은 아니다 / 북부지방에만(특히, 밀라노, 토리노 등)

06. Ieri / **mi stancavo** / proprio mentre facevo la spesa, / sono tornata a casa / con delle buste pesantissime / e sono salita / a piedi / perche' l'ascendore era rotto.
    어제 / 나는 피곤해졌다 / 쇼핑을 하는 동안 / 집에 돌아 왔다 / 아주 무거운 서너 개의 쇼핑봉투를 들고 / 그리고 올라갔다 / 걸어서 / 왜냐하면 엘리베이터가 고장나 있었기 때문에

07. Marta / **si trucca** / in modo molto pesante. / Sembra un clown.
    마르타는 / 화장한다 / 매우 진하게 / 마치 어릿광대 같다

08. Quando vai a teatro, / **ti vesti** / in modo elegante o sportivo?
    너는 오페라 극장에 갈 때 / 옷 입니 / 우아하게 아니면 스포티하게

09. Quelle due ragazze / **si vedono** / molto spesso.

저 두 소녀들은 / 서로 만난다 / 매우 자주

10. Alla fine della vostra intervista / fate un sondaggio / per vedere quali sono i luoghi / dove piu' comunemente / **si tengono** le cose / in casa.
인터뷰가 끝나면 / (통계) 조사해라 / 장소들이 어디인지 알아보기 위해 /
보다 일반적으로 / 물건들이 놓이는 (장소) / 집에

[해설]

07. <u>in modo</u> molto pesante : 'in modo + 형용사'는 부사구 역할 한다.
08. <u>in modo</u> elegante o sportivo : 부사구
10. Alla fine della vostra intervista : 이것은 'quando finite la vostra intervista'로 대체할 수 있다. a colazione / pranzo / cena 아침 / 점심 / 저녁식사 때. a Natale 성탄절 때. <u>dove</u> piu' comunemente si tengono le cose in casa : 관계부사 dove의 선행사는 i luoghi이다. 부사절 속의 주어는 le cose.

Parte D 529

PARTE E

동사에서 파생된 형용사

Parte E

1. 동사의 과거분사(**p.ps.**)와 현재분사(**p.pr.**)는 형용사로 사용될 수 있다.
2. 과거분사는 행위가 완료된 의미를 함유한다.
3. 현재분사는 행위가 진행되는 의미를 갖는다.
4. 명사구에 사용되는 경우("명사＋형용사")와 술어적인 표현("주어＋**essere**＋형용사")에 사용되는 경우로 나뉜다.

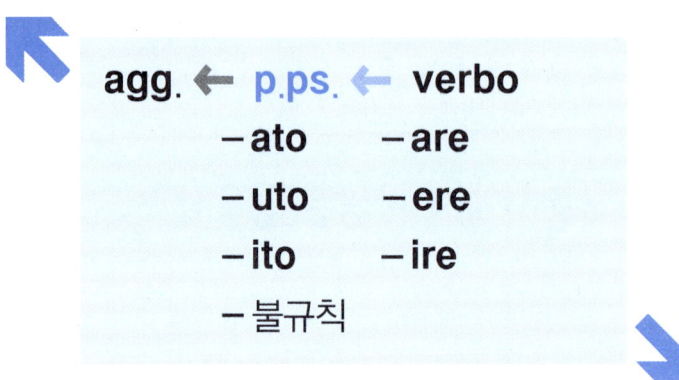

[1] 명사구에 사용된 형용사 : "명사＋형용사"

명사	형용사		← 과거분사 p.ps.	← 동사
gli oggetti	**abbandonati**	버려진 물건들	**abbandonato** 버려진	abbandonare 버리다
l'esempio	**abbreviato**	요약된 예	**abbreviato** 요약된	abbreviare 요약하다
il ragazzo	**abbronzato**	피부 태운 소년	**abbronzato** 피부 태운	abbronzare 피부를 태우다
l'azione	non **compiuta**	완성되지 못한 행위	**compiuto** 완성된	compiere 완성하다
Piero	**accaldato**	홍조를 띤 피에로	**accaldato** 홍조를 띤	accaldarsi 홍조를 띠다

Corso Di *Italiano* Per Coreani

명사	형용사		← 과거분사 p.ps.	← 동사
Carla	**affannata**	불안한 카를라	**affannato** 불안한	affannare 불안하게 하다
appartamento	**affittato**	임대된 아파트	**affittato** 임대된	affittare 임대하다
spiagge	**affollate**	혼잡한 해변	**affollato** 혼잡한	affollare 혼잡하게 하다
giovani	**affrancati**	자유로운 젊은이들	**affrancato** 자유로운	affrancare 자유롭게 하다
fidanzata	**amata**	사랑받은 약혼녀	**amato** 사랑받은	amare 사랑하다
la discussione	**animata**	활발한 토론	**animato** 고무된, 활발한	animare 생기를 주다
Giovanni	**annoiato**	싫증난 지오반니	**annoiato** 싫증난	annoiare 싫증나게 하다
un giornale	**aperto**	펼쳐진 신문	**aperto** 펼쳐진	aprire 열다, 펼치다
Fabio	**arrabbiato**	화가 난 파비오	**arrabbiato** 화가 난	arrabbiare 화내다
un fax	**arrotolato**	돌돌 말린 팩스	**arrotolato** 돌돌 말린	arrotolare 돌돌 말다
la maglietta	**attillata**	꼭 끼는 면 티셔츠	**attillato** 꼭 끼는	attilare 꼭 끼게 하다
sul pavimento	**bagnato**	젖은 바닥 위에	**bagnato** 젖은	bagnare 적시다
le persone	**bruciate**	(피부를) 태운 사람들	**bruciato** 태운	bruciare 태우다
l'idea	**cambiata**	바뀐 생각	**cambiato** 바뀐	cambiare 바꾸다
le scuole	**chiuse**	문이 닫힌 학교들	**chiuso** 문이 닫힌	chiudere 문을 닫다

Parte E

명사	형용사		← 과거분사 p.ps.	← 동사
la pelle	colorata	염색된 가죽	colorato 염색된	colorare 염색하다
il pubblico	colpito	충격 / 감명 받은 관객	colpito 충격받은	colpire 충격을 주다
le letterature	comparate	비교된 문학작품들	comparato 비교된	comparare 비교하다
I panini	comprati	구매된 빵들	comprato 구매한	comprare 사다, 구매하다
I verbi	coniugati	활용된 동사들	coniugato 활용된	coniugare 활용하다
il matrimonio	considerato	생각된 결혼	considerato 생각된, 고려된	considerare 생각 / 고려하다
itinerari romani	consigliati	추천된 로마여행기	consigliato 추천된	consigliare 조언 / 추천하다
con orario	continuato	계속된 근무시간	continuato 계속된	continuare 계속하다
denominazione di origine	controllata	관리된 원산지 표시	controllato 관리된	controllare 관리 / 통제하다
la pianura	coperta di fiori	꽃으로 덮인 평원	coperto 덮인	coprire 덮다
le risposte	corrette	수정된 대답들	corretto 수정된	correggere 수정하다
le unghie	ben curate	잘 관리된 손톱들	curato 관리된	curare 관리 / 간호하다
l'azione	definita	해결 / 결정된 행위	definito 해결 / 결정된	definire 해결 / 결정하다
l'aria	delicata	미묘한 분위기	delicato 미묘한 / 섬세한	*
gli antichi rioni	dimenticati	잊혀진 옛 지역들	dimenticato 잊혀진	dimenticare 잊다

명사	형용사		← 과거분사 p.ps.	← 동사
la camera	**disordinata**	어수선한 방	**disordinato** 혼란된, 무질서한	disordinare 혼란케 하다
un film	**divertito**	유쾌한/즐거운 영화	**divertito** 유쾌한, 즐거운	divertire 즐겁게 하다
la ragazza	molto **eccitata**	매우 흥분된	**eccitato** 흥분된	eccitare 흥분시키다
I verbi transitivi	**elencati**	열거된 타동사들	**elencato** 열거된	elencare 열거하다
Annarita	**emozionata**	감동받은 안나리타	**emozionato** 감동받은	emozionare 감동시키다
il prezzo	**esagerato**	과장된 가격	**esagerato** 과장된	esagerare 과장하다
le parti	**evidenziate**	명시된 부분들	**evidenziato** 명시된	evidenziare 명시하다
I panni	**fatti** a casa	집에서 만든 빵	**fatto** 만든	fare 만들다, 하다
la visita	**guidata**	수행된 방문	**guidato** 안내된, 수행된	guidare 안내/수행하다
questo posto	**impegnato**	예약된 좌석	**impegnato** 예약된, 선약된	impegnare 예약/약속하다
le scatole	**incartate** con la carta stagnola	은박지로 포장된 상자들	**incartato** 포장된	incartare 포장하다
le case	**incompiute**	미완성 된 집들	**incompiuto** 미완성된	*
Piero	**incuriosito**	호기심이 발동된 삐에로	**incuriosito** 호기심이 발동된	incuriosire 호기심 갖게 하다
la conversazione	**ininterrotta**	그치지 않는 대화	**ininterrotto** 그치지 않는	*
tutti	**innamorati** di lei	그녀에게 사랑에 빠진 모든 사람들	**innamorato** 사랑에 빠진	innamorare 사랑에 빠지다

Parte E

Parte E

명사	형용사		← 과거분사 p.ps.	← 동사
quei posti	**incantati**	매혹된 저 장소들	**incantato** 매혹된	incantare 매혹하다
le spiagge	**isolate**	고립된 해변들	**isolato** 고립된	isolare 고립시키다
bottiglie vuote	**lasciate** qua e la'	여기저기 버려진 빈 병들	**lasciato** 버려진	lasciare 버리다
tutti	molto **legati**	매우 결속된 모든 사람들	**legato** 결속된	legare 결속 / 친교하다
quantita'	**limitata**	제한된 량	**limitato** 제한된	limitare 제한하다
caffe'	**macchiato**	카페 마키아토 (우유로 얼룩진)	**macchiato** 얼룩진	macchiare 얼룩지게 하다
i colori	**metallizzati**	금속광택이 나는 색깔들	**metallizzato** 금속광택이 나는	metallizzare 금속광택을 내다
la cabina	gia' **occupata** da due giovani	두 청년에 의해 이미 점유된 화장실	**occupato** 점유/점령된	occupare 점유 / 점령 / 차지하다
un viaggio	**organizzato**	기획된 여행	**organizzato** 기획된	organizzare 기획하다
le loro vacanze	**passate**	그들의 지난 휴가	**passato** 지난, 보낸	passare 지나다, 보내다
pesce	appena **pescato**	막 낚인 물고기	**pescato** 낚인	pescare 고기를 낚다
il cellulare	**poggiato** sul tavolo	탁자에 놓인 휴대폰	**poggiato** 놓인	poggiare 놓다, 지탱하다
l'oggetto	**posseduto**	소유한 물건	**posseduto** 소유한	possedere 소유하다
tutti i tavoli (al ristorante)	**prenotati**	식당에 예약된 모든 테이블	**prenotato** 예약된	prenotare 예약하다
l'insegnate	molto **preparato**	많이 준비된 교사	**preparato** 준비된	preparare 준비하다

Corso Di *Italiano* Per Coreani

명사	형용사		← 과거분사 p.ps.	← 동사
tra le immagini	**presentate** nel testo	텍스트에 제시된 이미지 중에서	**presentato** 제시된	presentare 제시하다
ristoranti	non molto **puliti**	매우 깨끗하지 못한 식당들	**pulito** 깨끗한	pulire 깨끗하게 하다
la madre	**rassegnata**	체념한 어머니	**rassegnato** 체념한	rassegnare 체념하다
il sogno	**realizzato**	실현된 꿈	**realizzato** 실현된	realizzare 실현하다
le case	molto ben **rifinite**	마무리가 잘 된 집들	**rifinito** 마무리 된	rifinire 마무리하다
le lezioni	**ripetete**	반복된 수업들	**ripetuto** 반복된	ripetere 반복하다
carattere	**riservato**	신중한 성격	**riservato** 신중한	riservare 보존 / 유보하다
l'ascensore	**rotto**	고장난 엘리베이터	**rotto** 고장난	rompere 고장나다, 파괴하다
gli spaghetti	**salati**	소금 간이 된 스파게티	**salato** 소금 간이 된	salare 소금 간을 하다
una donna	**salita** sul treno	기차에 오른 여자	**salito** 오른	salire 오르다
Piero	**scioccato** dagli avvenimenti	사건들로 충격 받은 피에로	**scioccato** 충격/쇼크 받은	scioccare 충격/쇼크를 주다
due suore	**sedute** di fronte a me	내 맞은편에 앉은 두 수녀님들	**seduto** 앉은	sedere 앉다
oggetti	**smarriti**	잃어버린 물건들	**smarrito** 잃어버린	smarrire 잃어버리다
Romeo	**molto sorpreso** del ritardo del treno	기차 연착에 매우 놀란 로메오	**sorpreso** 놀란	sorprendere 놀라게 하다
la sua gente	**sparsa** nel mondo	세계로 흩어진 그의 사람들	**sparso** 흩어진	spargere 뿌리다, 유포하다

Parte E

Parte E

명사	형용사		← 과거분사 p.ps.	← 동사
il popolo	**spensierato**	근심 없는 국민	**spensierato** 근심 없는	*
un cugino	**sposato** con due figli piccoli	어린 두 자식을 데리고 결혼한 사촌	**sposato** 결혼한	sposare 결혼시키다
con colori e forme	**stabilite**	정해진 형태와 컬러로	**stabilito** 정해진, 제정된	stabilire 개설/제정/정하다
Dino	**stordito** dalla sfilata	패션쇼에 어리둥절한 디노	**stordito** 어리둥절한	stordire 어리둥절하게 하다
i tassisti stanchi,	**stressati**	스트레스 받은, 피곤에 지친 택시기사	**stressato** 스트레스 받은	stressare 스트레스 주다
il prete	**tornato** dalla Canada	캐나다에서 돌아 온 수도사	**tornato** 돌아 온	tornare 돌아오다 / 가다
le borse	**vendute**	팔린 가방들	**venduto** 팔린	vendere 팔다, 판매하다

[2] 술어적인 표현에 사용된 형용사 : "주어＋essere＋형용사"

　　아래 예문에서 "essere"를 제거하면 명사구가 만들어 진다!

01. La luce **e' accesa**.

　　불이 켜져 있다.

　　(acceso 켜진 ← **accendere** 켜다) cf. **la luce accesa** 켜진 불

02. Clara **era** la piu' **ammirata** per il suo fisico.

　　클라라는 자신의 몸매에 대해 가장 탄복했다.

　　(ammirato 탄복한, 감탄한 ← **ammirare** 감탄/탄복/경탄/찬미/칭찬하다)

03. Claudio **era** il piu' **applaudito**.

　　그는 가장 많은 갈채를 받았다.

　　(applaudito 갈채 받은 ← **applaudire** 갈채 / 격려하다, 박수치다)

04. Ti **sei** molto **disgustato**.

　　너는 아주 진절머리가 났구나.

　　(disgustato 진절머리 난, 구역질 난, 싫어진 ← **disgustare** 구역질 / 진절머리 나게 하다)

05. Un normale gesto con la mano potrebbe **essere frainteso**!

별것도 아닌 손짓이 오해받을 있을지 모른다!

(frainteso 오해 받은 ← **fraintendere** 오해하다)

06. Questa acqua minerale troppo **e' gasata**.

이 생수는 가스가 너무 들어가 있다.

(gasato, gassato 가스가 든 ← **gasare**, **gassare** 가스를 공급하다)

07. Io **sono guarito**. Mi sento bene.

나는 병이 나았다. 컨디션이 좋다.

(guarito (병에서) 회복된 ← **guarire** 회복하다, 치료하다)

08. L'odore dei vagoni per fumatori **e' ben impregnato** nell'aria.

흡연 칸의 (담배) 냄새가 공기 중에 가득하다.

(impregnato 가득한, 채워진, 침투된 ← **impregnare** 가득 채우다, 침투시키다)

09. Napoli **e'** molto **legata** alle tradizioni popolari.

나폴리는 대중적 전통과 매우 잘 매치(조화)되어 있다.

(legato 결속된, 매치된, 조화된 ← **legare** 결속하다, 매치시키다, 조화하다)

10. Lui **e' paragonato** a un bambino.

그는 아이와 비교된다.

(paragonato 비교된 ← **paragonare** 비교하다)

11. La luce **era spenta**.

불이 꺼져 있었다.

(spento 불 꺼진 ← **spegnare** 불을 끄다)

12. Ambrogio **era** un po' **stempiato**.

암브로지오는 약간 머리가 빠져있었다.

(stempiato 머리가 빠진 ← **stempiarsi** 머리가 빠지다)

13. E' vietato avere insegne pubblicitarie troppo grandi.

지나치게 큰 홍보 간판을 내거는 것은 금지되어 있다.

(vietato 금지된 ← **vietare** 금지하다, 방해하다)

Parte E

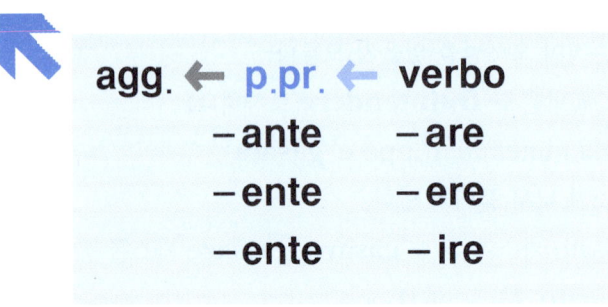

[3] 명사구 혹은 술어적인 표현에 사용된 형용사 ← 현재분사 ← 동사

명사구 / 술어적인 표현		← 현재분사	← 동사
un raccolto **abbondante**	풍부한 수확(풍작)	**abbondante** 풍부한	abbondare 풍부하다
Quella donna e' **affascinante**!	그 여자는 매력적이다.	**affascinante** 매력적인	affascinare 매료시키다
venditori **ambulanti**	이동하는 상인들 (행상인들)	**ambulante** 이동의, 순회의	ambulare 걸어다니다
Piero, **aspirante** giornalista	기자를 열망하는 피에로	**aspirante** 열망 / 갈망하는	aspirare 열망 / 갈망하다
messaggi **convincenti**	설득력 있는 메시지	**convincente** 설득력있는	convincere 설득 / 납득시키다
l'infinito **corrispondente**	일치하는 동사원형	**corrispondente** 일치하는, 동등한	corrispondere 일치 / 동등하다
biscotti **croccanti**	바삭바삭한 비스킷	**croccante** 바삭바삭한	croccare 바삭바삭해지다
Lo spettacolo e' veramente **deludente**.	공연은 정말로 실망스럽다.	**deludente** 실망스런	deludere 실망하게 하다
Quel politico e' **diffidente**.	저 정치인은 신용이 없다.	**diffidente** 믿지 못할, 신용 없는	diffidare 불신 / 경계하다
Il figlio e' troppo **dipendente** alla mamma.	아들은 엄마에게 너무 의지한다.	**dipendente** 의존 / 의지하는	dipendere 의존 / 의지하다

Corso Di *Italiano* Per Coreani

명사구/술어적인 표현		← 현재분사	← 동사
le vacanze **divertenti**	즐거운 휴가	**divertente** 즐거운, 유쾌한	divertire 즐겁게 하다
uno spettacolo **emozionante**	감동적인 공연	**emozionante** 감동적인	emozionare 감동시키다
Siamo molto **esigenti**.	우리는 무척 까다로워요.	**esigente** 까다로운	esigere 강하게 요구하다
Lui e' **ignorante** di musica.	그는 음악에 무지하다.	**ignorante** 무지한, 무식한	ignorare 모르다
E' **impaziente** di sedersi.	그는 앉고 싶어 안달이 나있다.	**impaziente** 안달 난, 성급한	impazzire 이성을 잃다
un avvenimento **importante**	중요한 사건	**importante** 중요한	importare 중요하다
Il suo cugino e' **insofferente**.	그의 사촌의 행동은 참을 수 없다.	**insofferente** 참을 수 없는	soffrire 괴로워하다, 참다
storia **interessante**	흥미 있는 스토리	**interessante** 흥미 있는	interessare 흥미를 갖게 하다
La Germania era molto **invadente**.	독일은 매우 침략적이었다.	**invadente** 침략적인, 철면피의	invadere 침략/침범/침해하다
le vacanze **riposanti**	마음이 편안해지는 휴가	**riposante** 마음이 편안해지는	riposare 휴식하다
Ascolta la onversazione **seguente**!	다음 대화를 들어라	**seguente** 다음의, 이어지는	seguire 뒤에 이어지다
un risultato **soddisfacente**	만족하는 결과	**soddisfacente** 만족하는	soddisfare 만족시키다
la cosa piu' **sorprendente** che hai visto	네가 본 가장 놀랄만한 것	**sorprendente** 놀랄만한	sorprendere 놀라게 하다
smalto **trasparente**	투명한 매니큐어	**trasparente** 투명한	trasparire 투명하다
il piu' noto direttore d'orchestra **vivente**	현존하는 최고의 오케스트라 지휘자	**vivente** 살아있는, 생존하는, 현존하는, 생명력있는	vivere 살다
le mie amiche siciliane **attraente**	매혹적인 시칠리아 여자친구들	**attraente** 매력/매혹적인	attrarre 매료/매혹시키다

Parte E 541

PARTE F

GRAMMATICA

Parte F

01. 동사 (Verbo)

거의 대부분의 언어가 그러하듯이 동사가 그 언어의 절반 이상을 차지한다고 본다. 이탈리아어는 특히, 동사와 연관되는 유사 어휘들이 많아 동사를 세밀히 분석한다면 어휘력 향상에 적지 않은 영향을 줄 것이다. 또한 동사가 활용하는 언어 구조를 갖고 있어서 그 무엇보다 동사 공부에 집중해야 할 것이다. 이러한 이유 때문에 이 책이 나온 것이다.

이탈리아어 동사는 법(직설법, 조건법, 접속법, 명령법, 부정법), 시제, 주어에 따라 형태를 달리한다. 그러나 일정한 규칙이 존재하고 회화체에서 자주 등장하는 법과 시제를 우선 정복한다면 어렵지 않게 이탈리아어를 자유자재로 구사할 수 있을 것이라 확신한다. PART A~E에서 다룬 문장들이 빈번히 사용되는 법과 시제들이 담긴 것들이다.

직설법에서는 **현재, 근과거, 불완료과거**를, 조건법에서는 **단순조건법**을, 명령법에서는 **긍정명령, 부정명령**을 집중적으로 다룰 것이며 여러분들은 이들의 개념을 철저히 파악하기를 바란다.

1.1 직설법(Indicativo)

1) 'Indicativo'는 동사 'indicare(지시하다, 지적하다)'의 형용사형이다.
2) 직설법은 사실을 객관적으로 서술할 때 사용하는 법으로서 8개의 시제를 갖고 있었으나 현대 이탈리아어에서는 선립 과거를 거의 사용하고 있지 않고 대과거가 그를 대신한다.
3) 시제 7개는 크게 과거, 현재, 미래로 나눌 수 있다. 한국의 학생들이 어려워하는 부분은 과거 중에서 "근과거, 불완료과거, 원과거(과거 삼형제라고 부르자!)"인데, 그들을 구별해서 사용하는 것이 그리 쉽지 않기 때문이다. 그러나 맥을 짚고 있다면 의외로 쉽게 풀린다.
4) '시제의' 계단을 통해 시간적인 개념을 이해하자!

		현재	복합미래 (미래완료)	단순미래
대과거 선립과거 *	근과거(近) 원과거(遠) 불완료과거 '과거 삼형제'			

현재를 기준으로 좌측은 과거, 우측은 미래이다. 좌측 낮은 계단에서 우측으로 올라 미래로 간다. 주절이 과거 삼형제 중 어느 하나일 때 종속절이 단 1초라도 먼저 발생한 사건이라면 대과거 (한 단계 낮은 계단에 위치)를 사용한다.

주절[과거 삼형제]+접속사+[대과거]

주절이 현재일 때 종속절이 단 1분이라도 먼저 발생한 사건이라면 '과거 삼형제'(한 단계 낮은 계단에 위치)를 사용한다. 이때 행위가 완료된 완료과거(근과거, 원과거 ; ~했다)를 사용할 것인가, 아니면 행위가 완료되지 못한 채 연속성을 지니는 불완료과거(~하고 있었다, ~하곤 했다)를 사용할 것인가를 결정해야 한다. 쉽게 말해서 근과거는 최근에 발생한 사실을, 원과거는 먼 과거에 발생한 사실을 표현하므로 구분이 어렵지 않을 것이지만, 시간의 연속성이 내재되어 있거나, 과거의 규칙적인 습관이 내포된다면 틀림없이 불완료과거일 것이다. 불완료과거의 용법을 관찰하기 바란다.

주절[현재]+접속사+[과거 삼형제]

주절이 미래일 때 종속절이 먼저 발생할 사건이라면 미래완료(한 단계 낮은 계단에 위치)를 사용한다.

주절[(단순)미래]+접속사+[미래완료]

주절과 종속절의 시제가 동일 선상에 있다면 같은 그룹에서 선택하여 사용하면 될 것이다.

1.1.1 현재(Presente)

규칙활용

	제1활용동사	제2활용동사	제3활용동사	
	-are	-ere	-ire	
io	-o	-o	-o	-isc-o
tu	-i	-i	-i	-isc-i
lui, lei, Lei	-a	-e	-e	-isc-e
noi	-iamo	-iamo	-iamo	-iamo
voi	-ate	-ete	-ite	-ite
loro	-ano	-ono	-ono	-isc-ono

Parte F

이탈리아어 동사는 도표와 같이 세 가지 그룹이 있다. 대부분의 동사들은 규칙활용 하는데, 주어에 따라 활용어미가 다르다. 그렇다고 어렵지 않다. 주어가 io, tu, noi의 경우 세 가지 동사 모두 활용어미가 동일하다. voi는 -are 동사에서 -ate, -ere 동사에서 -ete, -ire 동사에서 -ite이므로 규칙성이 있다. 다만 3인칭이 다소 복잡한데, -are는 -a, -ere는 -e, 그러나 -ire는 -i여야 하는데, tu에서 이미 사용되었기에 옆집 -ere와 함께 가고 있다. 따라서 3인칭복수도 같은 구조로 형성되고 있다.

또한 제3활용동사들 가운데 삽입사 -isc-가 들어가는 대표적인 동사로는 capire(이해하다), spedire(발송하다), finire(끝내다/끝나다), preferire(선호하다) 등을 들 수 있다.

1.1.2 근과거(Passato prossimo)

	avere 직설법 현재	+타동사의 과거분사
io	ho	mangiato
tu	hai	mangiato
lui	ha	mangiato
noi	abbiamo	mangiato
voi	avete	mangiato
loro	hanno	mangiato

	essere 직설법 현재	+자동사의 과거분사(주어와 성수일치)
io	sono	andato / a
tu	sei	andato / a
lui	e'	andato / a
noi	siamo	andati / e
voi	siete	andati / e
loro	sono	andati / e

타동사의 근과거에, 조동사 avere가 사용되는 반면, 자동사의 근과거에는 조동사 essere가 사용된다. 이때, 과거분사의 어미는 주어의 성수와 일치되어야 한다.

* **Davide** e' andat**o** a Stromboli. 다비데는 스트롬볼리에 갔다.
* **Daniela** e' andat**a** a Bolzano. 다니엘라는 볼짜노에 갔다.
* **Davide e Daniela** sono andat**i** in vacanza. 다비데와 다니엘라는 휴가 갔다.
* **Daniela e Maria** sono andat**e** al lavoro. 다니엘라와 마리아는 직장에 갔다.

특히, -ere 동사에서 불규칙 과거분사를 많이 볼 수 있다. 이유는 규칙과거분사 어미 -uto를 첨가할 때 발음이 어렵고 둔탁해서 좋은 소리로 변형되어 왔다고 볼 수 있다. 언어는 소리가 우선이다.

essere	io **sono stato**/a
rimanere	io **sono rimasto**/a
venire	io **sono venuto**/a
aprire	io **ho aperto**
bere	io **ho bevuto**
chiudere	io **ho chiuso**
dire	io **ho detto**
fare	io **ho fatto**
leggere	io **ho letto**
mettere	io **ho messo**
prendere	io **ho preso**
scegliere	io **ho scelto**
scrivere	io **ho scritto**
vedere	io **ho visto**

규칙과거분사

-are	-are	-ire
-ato	-uto	-ito

Parte F

근과거의 용법

~했다

1) '결론지어진 과거의 행위'를 표현할 때

   Ieri sera **siamo andati** al cinema. 어제 저녁 우리는 영화관에 갔다.

2) '단 한 번 발생된 행위'를 표현할 때

   Una volta **siamo usciti**. 딱 한 번 우리는 외출했다.

3) '연속해서 발생된 사건'에 대해 말할 때

   Sono uscito di casa, **ho comprato** un giornale e poi **sono andato** al bar.
   나는 외출해서, 신문을 사고 나서 빠에 갔다.

1.1.3 불완료과거(Imperfetto)

규칙활용

	parl**are**	viv**ere**	dorm**ire**
io	parl**avo**	viv**evo**	dorm**ivo**
tu	parl**avi**	viv**evi**	dorm**ivi**
lui	parl**ava**	viv**eva**	dorm**iva**
noi	parl**avamo**	viv**evamo**	dorm**ivamo**
voi	parl**avate**	viv**evate**	dorm**ivate**
loro	parl**avano**	viv**evano**	dorm**ivano**

불규칙활용

	essere	avere	fare ← fac**ere**	bere ← bev**ere**	dire ← dic**ere**
io	**ero**	av**evo**	fac**evo**	bev**evo**	dic**evo**
tu	**eri**	av**evi**	fac**evi**	bev**evi**	dic**evi**
lui	**era**	av**eva**	fac**eva**	bev**eva**	dic**eva**
noi	**eravamo**	av**evamo**	fac**evamo**	bev**evamo**	dic**evamo**
voi	**eravate**	av**evate**	fac**evate**	bev**evate**	dic**evate**
loro	**erano**	av**evano**	fac**evano**	bev**evano**	dic**evano**

직설법 불완료과거의 불규칙 동사들은 몇 개로 한정되어 있으며, 그나마 불규칙활용동사들도 이탈리아어의 모태인 라틴어 형태를 바탕으로 활용하므로 어렵지 않게 극복할 수 있다. 다시 말해서 불규칙동사가 거의 없다.

불완료과거의 용법
~했다, ~하고 있었다, ~하곤 했다

1) '불명확한 지속성을 내포한 과거 행위'를 표현할 때

   I miei nonni **abitavano** in campagna. 나의 조부모님들은 시골에 살고 계셨다.

2) '과거의 규칙적인 습관'을 표현할 때

   Da bambino **andavo** spesso in montagna. 어릴 때 난 산에 자주 가곤했다.

3) '인물, 사물, 상황의 특성'을 표현할 때

   Mia nonna **era** molto bella. 나의 할머니는 매우 아름다우셨다.

   In treno **faceva** caldo. 기차 내부는 더웠다.

   Alla festa **c'era** molta gente. 파티에 많은 사람들이 있었다.

4) '시간의 관용구'와 자주 함께 사용된다.

   Normalmente **andavo** al mare. 보통 나는 바닷가에 가곤했다.

   Di solito la sera **andavamo** a ballare. 흔히 저녁마다 우리는 춤추러 가곤했다.

   Da bambino/a **leggevo** tantissimo. 어릴 때 나는 책을 아주 많이 읽었다.

   Da piccolo/a **avevo** un cane. 어릴 때 나는 개를 키웠다.

5) '동시에 발생되는 일련의 사건'에 대해 말할 때

   Mentre **guidavo**, lui **controllava** la cartina. 내가 운전하는 동안, 그는 지도를 확인하고 있었다.

6) 두 번째 행위가 시작될 때, 첫 번째 행위가 아직 완료되지 않았다면, '지속성의 행위'는 불완료과거로, '시작하는 새로운 행위'는 근과거로 한다.

   Mentre **leggevo**, e' entrata una ragazza. 내가 독서 하고 있는데, 한 소녀가 들어왔다.

7) 'volere'동사의 직설법 불완료과거형은 친절하게 물어 볼 때, 그리고 의도나 바램을 표현할 때 사용된다.

   Volevo chiedere una cosa. 한 가지 여쭤 봐도 되겠습니까?

   Stasera **volevamo** andare a trovare Pino. 오늘 저녁 우린 삐노를 만나러 가고 싶다.

Parte F

1.1.4 원과거(Passato remoto)

1) 직설법 과거 삼형제(근과거, 불완료과거, 원과거) 가운데 하나다.
2) 현재와는 관련이 없는 먼 과거의 행위, 즉 역사적 사건이나 사실을 표현할 때 사용한다.
3) 원과거는 문어체에서는 사용빈도가 적다. 그러나 전혀 사용되지 않거나, 남부 어떤 지역에서만 사용된다는 것은 사실이 아니다. 분명한 것은 원과거가 이탈리아의 다른 어떤 지역보다 남부지방에서 더욱 빈번히 사용된다는 사실이다. 또한 중부 Toscana 지방에서도 빈번히 사용된다는 점을 잊어서는 안 된다.

	규칙활용		불규칙활용		
	gir-**are**	pot-**ere**	sal-**ire**	**essere**	**avere**
io	gir-**ai**	pot-**ei** (-etti)	sal-**ii**	fui	ebbi
tu	gir-**asti**	pot-**esti**	sal-**isti**	fosti	avesti
lui/lei	gir-**o'**	pot-**e'** (-ette)	sal-**i'**	fu	ebbe
noi	gir-**ammo**	pot-**emmo**	sal-**immo**	fummo	avemmo
voi	gir-**aste**	pot-**este**	sal-**iste**	foste	aveste
loro	gir-**arono**	pot-**erono** (-ettero)	sal-**irono**	furono	ebbero

* Il suo bisnonno **emigro'** in America nel secolo scorso.
  그의 증조할아버지는 지난 세기에 미국으로 이민 가셨다.
* La seconda guerra mondiale **comincio'** nel 1939 quando la Germania **invase** la Polonia. 제2차 세계대전은 독일이 폴란드를 침공했던 1939년에 시작되었다.

위의 예문에서 보듯이 'invase (invadere)'의 경우 불규칙 활용을 보이고 있는데, 그러나 나름대로의 규칙성을 지니고 있다. io에 대한 활용만 알고 있다면 쉽게 만들 수 있다.

	vedere	**prendere**	**chiedere**	**decidere**	**mettere**
io	**vidi**	**presi**	**chiesi**	**decisi**	**misi**
tu	ved-esti	prend-esti	chied-esti	decid-esti	mett-esti
lui	**vide**	**prese**	**chiese**	**decise**	**mise**
noi	ved-emmo	prend-emmo	chied-emmo	decid-emmo	mett-emmo
voi	ved-este	prend-este	chied-este	decid-este	mett-este
loro	**videro**	**presero**	**chiesero**	**decisero**	**misero**

vedere동사의 원과거 활용에 있어서 (io) **vidi**만을 알고 있다면, (lui) **vide**를 유추하고, (loro) **videro**를 만들어 낼 수 있다. 나머지는 규칙활용하는 tu, voi를 만들고 난 후, 마지막으로 noi를 만든다. 다시 말해서 vidi → vide → videro → vedesti → vedeste → vedemmo와 같이 순서를 바꾸어 연습하면 효과적이다.

빈번하게 사용되는 주요 불규칙 활용 동사 몇 개를 나열한다. 빈 칸을 채워 보자!

	io	tu	lui	noi	voi	loro
rispondere	**risposi**		**rispose**			**risposero**
leggere	**lessi**					
piacere	**piacqui**					
nascere	**nacqui**		**nacque**			**nacquero**
rimanere	**rimasi**					
sapere	**seppi**					
scrivere	**scrissi**					
venire	**venni**					
vivere	**vissi**		**visse**			**vissero**

1.1.5 단순미래(Futuro semplice)

규칙활용

	abit**are**	vend**ere**	part**ire**	sped**ire**
io	abit**ero'**	vend**ero'**	part**iro'**	sped**iro'**
tu	abit**erai**	vend**erai**	part**irai**	sped**irai**
lui	abit**era'**	vend**era'**	part**ira'**	sped**ira'**
noi	abit**eremo**	vend**eremo**	part**iremo**	sped**iremo**
voi	abit**erete**	vend**erete**	part**irete**	sped**irete**
loro	abit**eranno**	vend**eranno**	part**iranno**	sped**iranno**

-are, -ere 동사의 단순미래 활용어미는 동일하다. -ire 동사 가운데 삽입사 -isc-가 들어가는 동사들도 단순미래 활용에서 삽입사는 필요 없다.

Parte F

불규칙활용

	avere	essere
io	avro'	saro'
tu	avrai	sarai
lui	avra'	sara'
noi	avremo	saremo
voi	avrete	sarete
loro	avranno	saranno

불규칙 활용동사라 하더라도 io에 대한 활용 avro', saro'만 익힌다면 나머지 활용은 규칙적이다.

	andare	dovere	potere	sapere	vedere
io	andro'	dovro'	potro'	sapro'	vedro'
tu	andrai	dovrai	potai	saprai	vedrai
lui	andra'	dovra'	potra'	sapra'	vedra'
noi	andremo	dovremo	potremo	sapremo	vedremo
voi	andrete	dovrete	potrete	saprete	vedrete
loro	andranno	dovranno	potranno	sapranno	vedranno

위와 같은 불규칙 동사들은 공통점을 지니고 있다. 단순미래 규칙활용어미는 -are, -ere 동사 모두 -ero', -erai, -era' 등인데, 모음 'e'가 탈락된다는 것이다. 즉, andero'가 아니라 andro'인 것이다.

	bere	rimanere	venire	volere	tenere
io	berro'	rimarro'	verro'	vorro'	terro'
tu	berrai	rimarrai	verrai	vorrai	terrai
lui	berra'	rimarra'	verra'	vorra'	terra'
noi	berremo	rimarremo	verremo	vorremo	terremo
voi	berrete	rimarrete	verrete	vorrete	terrete
loro	berranno	rimarranno	verranno	vorranno	terranno

위와 같은 동사들의 특징은 자음 'r'가 첨가된다는 것이다. 즉, bero'가 아니라 berro'인 것이다.

	dare	stare	fare
io	d**aro'**	st**aro'**	f**aro'**
tu	d**arai**	starai	farai
lui	d**ara'**	stara'	fara'
noi	d**aremo**	staremo	faremo
voi	d**arete**	starete	farete
loro	d**aranno**	staranno	faranno

위와 같은 동사들은 규칙활용어미인 -ero', -erai, -era'가 아닌 -aro', -arai, -ara'로 활용된다.

단순미래의 용법

1) 미래에 발생할 사건을 서술할 때

   Domenica **andremo** al mare. 우리는 일요일에 바다에 갈 것이다.

2) 가정할 때

   Che dici? Questo pesce **sara'** fresco? 넌 어떻게 생각해? 이 생선이 신선할까?

1.1.6 복합미래(Futuro composto)

	essere 단순미래+자동사의 p.ps.	avere 단순미래+타동사의 p.ps.
io	saro' arrivato /a	avro' dimenticato
tu	sarai arrivato /a	avrai dimenticato
lui, lei, Lei	sara' arrivato /a	avra' dimenticato
noi	saremo arrivati /e	avremo dimenticato
voi	sarete arrivati /e	avrete dimenticato
loro	saranno arrivati /e	avranno dimenticato

복합미래의 용법

1) 단순미래 시제보다 앞서 발생할 사실을 표현할 때

   Quando **saro' arrivato** a casa, ti **telefonero'**.

   내가 집에 도착하면, 네게 전화할게.

   (두 사건 모두 미래에 일어날 것이나 집에 도착하는 행위가 우선하기에 복합미래를 사용)

Parte F

2) 과거 사실을 추측할 경우

Magari mi **avra'** gia' **dimenticato**.

그가 나를 이미 잊었다면 얼마나 좋을까.

1.1.7 대과거 (Trapassato)

1) 영어의 과거완료(had+p.p.)에 해당한다.
2) 복문의 경우, 주절의 시제(과거 삼형제 : 근과거, 불완료과거, 원과거) 보다 단 1초라도 먼저 발생한 사실을 표현할 때 사용한다.
3) [**essere** 직설법 불완료과거+자동사의 **p.ps**. (주어와 성수 일치)]
   [**avere** 직설법 불완료과거+타동사의 **p.ps**.]

	(타동사) mangiare	(자동사) tornare
io	avevo mangiato	ero tornato/a
tu	avevi mangiato	eri tornato/a
lui, lei, Lei	aveva mangiato	era tornato/a
noi	avevamo mangiato	eravamo tornati/e
voi	avevate mangiato	eravate tornati/e
loro	avevano mangiato	erano tornati/e

Francesco : Perche' non sei andato al ristorante con Lino ieri sera?
왜 너는 어제 저녁 리노와 레스토랑에 가지 않았니?

Vincenzo : Non ci sono andato perche' **avevo** gia' **mangiato**.
나는 그때 이미 밥을 먹었기 때문에 거기 안 갔어.

Francesco : E perche' non sei andato al cinema?
그럼 영화관에는 왜 가지 않았니?

Vincenzo : Perche' c'**era** gia' **stato**.
왜냐하면 이미 그 영화관에 갔었어(영화를 이미 보았어).

1.2 조건법(Condizionale)

1) 조건법은 2개의 시제를 갖는다.
2) 하나는 단순조건법이고, 다른 하나는 복합조건법이다. avere나 essere와 함께 시제를 만들기 때문에 복합이라고 부른다.

1.2.1 단순조건법(Condizionale semplice)

규칙활용

	parlare 말하다	vendere 팔다	dormire 잠자다
io	parlerei	venderei	dormirei
tu	parleresti	venderesti	dormiresti
lui	parlerebbe	venderebbe	dormirebbe
noi	parleremmo	venderemmo	dormiremmo
voi	parlereste	vendereste	dormireste
loro	parlerebbero	venderebbero	dormirebbero

-are, -ere 동사는 -erei로 시작하는 반면, -ire 동사는 -irei로 시작한다. 그런데 <u>직설법 단순미래규칙활용과 단순조건법 규칙활용은 밀접한 관계</u>가 있음을 발견할 수 있다. 예를 들어보자.

	동사원형	직설법 단순미래(io)	단순조건법(io)
규칙활용	parlare	parlero'	parlerei
	vendere	vendero'	venderei
	dormire	dormiro'	dormirei
불규칙활용	avere	avro'	avrei
	andare	andro'	andrei
	dovere	dovro'	dovrei
	potere	potro'	potrei
	sapere	sapro'	saprei
	vedere	vedro'	vedrei
	vivere	vivro'	vivrei
	rimanere	rimarro'	rimarrei

Parte F

tenere	ter**ro'**	ter**rei**
venire	ver**ro'**	ver**rei**
volere	vor**ro'**	vor**rei**

단순조건법의 용법(Uso del condizionale semplice)

1) <u>가능성 혹은 추측을 표현할 때</u> (possibilita' o supposizione)

   Pensi che **verrebbe** con noi? 그가 우리랑 갈지도 모른다고 너는 생각하니?

2) <u>완곡한 욕구, 욕망을 표현할 때</u> (desiderio)

   Vorrei fare un corso di spagnolo. 나는 스페인어 과정을 정말 다니고 싶다.

3) <u>친절하게 물을 때</u> (chiedere)

   Mi **darebbe** una mano? 제게 도움을 좀 주시겠어요?

4) <u>조심스럽게 조언할 때</u> (consiglio)

   Dovrebbe fumare meno. 당신은 담배를 덜 피워야 할 것 같네요.

5) <u>조심스럽게 제안할 때</u> (proposta)

   Potremmo andare al cinema? 우리 영화관에 가면 어떨까?

1.2.2 복합조건법(Condizionale composto)

[**essere** 단순조건법+자동사의 **p.ps.** (주어와 성수일치)]
[**avere** 단순조건법+타동사의 **p.ps.**]

	(자동사) uscire	(타동사) pensare
io	sarei uscito/a	avrei pensato
tu	saresti uscito/a	avresti pensato
lui, lei, Lei	sarebbe uscito/a	avrebbe pensato
noi	saremmo usciti/e	avremmo pensato
voi	sareste usciti/e	avreste pensato
loro	sarebbero usciti/e	avrebbero pensato

복합조건법의 용법(Uso del condizionale composto)

1) 과거 사실을 추측하거나 추정할 때

L'**avrebbe fatto** lui. 그가 그 일을 저질렀을지 몰라.

2) 과거 사실을 빈정거리거나 의혹을 표현할 때

E tu **avresti studiato**? 그런데 설마 네가 공부를 했다 이거지?

Tu **saresti stato** male! Ma va, con quella faccia!

설마 네가 아팠다고!?! 어이구, 얼굴은 생생한데!?

3) 불가능성, 비현실성의 가정문에서 결과절에 사용할 때 (이루지 못한 사실)

Se (tu) gli avessi scritto, (lui) ti **avrebbe risposto**.

만약 네가 그에게 편지를 썼었더라면, 그는 네게 답장을 했었을 텐데.

Se (io) avessi finito di lavorare presto, ieri sera (io) **sarei venuto** a trovarti.

만약 내가 일찍 일을 끝냈었더라면, 어제 저녁 나는 너를 보러 갔었을 텐데.

Se (tu) avessi preso quella medicina, (tu) **saresti guarito** presto.

만약 네가 그 약을 먹었었더라면, 너는 일찍 병이 나았을 텐데.

4) 과거, 현재, 미래에 있어서 실현 불가능한 사실을 표현할 때

* 과거에 원했지만 이루지 못한 경우 *

Mio padre **avrebbe voluto** vedermi all'universita', ma io non avevo voglia di stare sopra i libri.

나의 아버지는 대학에 다니는 나를 보고 싶어 했지만, 나는 책 속에 파묻혀 지내기를 원하지 않았다. (실제로 나는 공부가 싫어서 대학에 가지 않았다.)

* 현재 원하지만 여건 상 이루지 못하는 경우 *

Oggi (io) **sarei andata** volentieri a Venezia, ma devo restare a casa.

오늘 나는 즐거운 마음으로 베네치아에 가고 싶지만, 집에 남아야만 한다.

* 미래에 무엇을 하고 싶으나, 여건 상 이룰 수 없는 경우 *

Domani (io) **sarei andata** volentieri a Venezia, ma dovro' restare a casa.

내일 나는 즐거운 마음으로 베네치아에 가고 싶지만, 집에 남아야만 할 것이다.

5) 과거에 있어서 미래를 표현할 때

Clara mi ha detto che il sabato seguente **sarebbe andata** a Milano.

클라라는 다가오는 토요일에 밀라노에 갈 거라고 내게 말했다.

Parte F

1.3 접속법(Congiuntivo)

1) 주절의 동사가 불확실성(incertezza), 주관성(soggettivita')을 표현한다면, 종속절의 동사는 접속법을 사용해야 한다.

∗ incertezza / opinione soggettiva (불확실성/주관적 견해)

Non sono certo	나는 확신하지 않는다		
Non sono sicuro	나는 확신하지 않는다		
Non sono convinto	나는 확신하지 않는다		
Dubito	나는 의심한다		
Credo	나는 믿는다	che	lui **abbia** raggione.
Mi pare	내가 보기에 ~인 것 같다		그가 옳다(접/현재)
Direi	나는 정말 말하고 싶다		
Immagino	나는 생각한다		
Penso	나는 생각한다		
Suppongo	나는 추측한다		

∗ Probabilita', Possibilita' / Improbabilita', Impossibilita'
(개연성,가능성 / 비개연성,불가능성)

E' probabile	~할 개연성이 있다		
E' improbabile	~할 개연성이 없다	che	Giulio **sia** d'accordo con me.
E' possibile	~할 가능성이 있다		줄리오가 내 말에 동의할(접/현재)
E' impossibile	~할 가능성이 없다		

∗ Preoccupazione / Paura (걱정/두려움)

Temo	나는 두렵다	che	Carla **abbia preso** una decisione sbagliata.
Ho paura	나는 걱정이다		카를라가 잘 못된 결정을 내렸을까봐(접/과거)

*Stato d'animo soggettivo (주관적인 마음의 상태)

| Sono felice | 나는 행복하다 | che | Carlo **si sia laureato** a pieni voti. |
| Sono contento | 나는 만족한다 | | 카를로가 만점으로 졸업했기에(접/과거) |

*Speranza / Attesa (희망/기대)

| Spero | 나는 희망한다 | che | Marta **sia** di buon umore. |
| Aspetto | 나는 기대한다 | | 마르타가 기분이 좋기를(접/현재) |

*Volonta' / Desiderio (의지/바램)

Voglio	나는 원한다		
Non voglio	난 원하지 않는다		Franco **si occupi** di quella faccenda.
Pretendo	나는 기대한다	che	프랑코가 그 일에 전념하기를 / 하는 것을(접/현재)
Preferisco	나는 더 좋아한다		
Desiderio	나는 원한다		

*Necessita' / Opportunita' (필요성/적절성)

Bisogna			
E' necessario	필요가 있다	che	lui **chieda** il permesso.
Occorre			그가 허락을 받을 / 받는 것은(접/현재)
E' opportuno	적절하다		

*Mancanza di certezza (확실성의 결여)

Si dice	(사람들이)		
Dicono	~라고들 말한다	che	la festa **sia riuscita**.
Pare	~인 것 같다		파티가 성공적이었다고 / 성공적이었던 것(접/과거)
Sembra			

Parte F

* **Domanda indiretta** (간접 질문)

    Mi chiedo/**come** lei **possa** parlare male di lui.

    나는 자문한다/그녀가 어떻게 그에 대해 험담을 할 수 있는지를

2) 다음과 같은 접속사가 종속절을 이끌 때, 접속법을 사용한다.

* perche'/affinche' (목적절 : ~하게 하기 위해)

    Non aiuto Mario **perche' impari** a fare da solo.

    스스로 하는 법을 배우도록 하기 위해, 나는 마리오를 돕지 않는다.

* sebbene/benche'/nonostante che (양보절 : 비록 ~이지만)

    Usciro' con Marta **sebbene preferisca** restare a casa.

    비록 집에 더 머물고 싶지만, 나는 마르타와 외출할 것이다

* purche'/a patto che/a condizione che/basta che (조건절 : ~라면)

    Vengo in macchina con voi **purche'** non **corriate** troppo.

    너희들이 과속하지 않는다면, 나는 너희들과 차로 간다.

* senza che (제외절 : ~없이)

    Faremo tutto in segreto **senza che** loro se ne **accorgano**.

    그들이 알아챔이 없이(알아채지 못하도록), 우리는 모든 것을 비밀로 할 것이다.

* che (필요성과 관련된 문장)

    Devo comprare una macchina **che consumi** meno. (non so se esista)

    휘발유를 덜 소비하는 차를 한 대 나는 사야 한다.

    (그런 차가 존재하는지 모르는 경우)

* prima che (시간절 : ~하기 전에)

    Parlero' con Lucio **prima che** voi **usciate**.

    너희들이 외출하기 전에 나는 루치오와 대화할 것이다.

* chiunque/qualunque persona/qualsiasi persona (누구라도)
* E' pronto ad aiutare **chiunque abbia** bisogno.

    필요한 사람 누구라도 도울 준비가 되어있다

* dovunque (어디라도)

    Verro' con voi **dovunque andiate**.

    너희들이 어디를 가든 나는 너희들과 갈 것이다.

* comunque (어떻든지)

    E' sempre allegro **comunque vadano** le cose.

    일이 어떻게 되어가든, 그는 늘 쾌활하다.
* (선행사가 최상급)

    Ti dico che Mario e' **il** ragazzo **piu' intelligente che** io **conosca**.

    마리오는 내가 알고 있는 가장 똑똑한 청년이라고 네게 말할 수 있다.

3) 접속법의 시제는 4개 : [현재/과거], [불완료과거/대과거]

   주절[직설법 현재]+**che, purche'** ... + 접속법[**현재/과거**]

   주절[직설법 과거 삼형제] +**che, purche'** ... + 접속법[**불완료과거/대과거**]

1.3.1 접속법 현재(Congiuntivo presente)

	규칙활용			불규칙활용	
	torn-**are**	perd-**ere**	part-**ire**	**essere**	**avere**
io	torn-i	perd-a	part-a	sia	abbia
tu	torn-i	perd-a	part-a	sia	abbia
lui	torn-i	perd-a	part-a	sia	abbia
noi	torn-iamo	perd-iamo	part-iamo	siamo	abbiamo
voi	torn-iate	perd-iate	part-iate	siate	abbiate
loro	torn-ino	perd-ano	part-ano	siano	abbiano

아래 예문들은 주절과 종속절의 시제가 같은 '시제의 계단'에 위치하는 경우이다.

* Bisogna /che (tu) **accetti** questa responsabilita'.

    필요가 있다 /네가 이러한 책임을 받아들일
* Credo /che oggi la segretaria **torni** in ufficio.

    나는 믿는다/오늘 비서가 사무실로 돌아오리라고
* E' necessario /che (lui) **prenda** una decisione.

    필요가 있다/그가 결정을 내릴

Parte F

* Bisogna /che (io) **senta** la sua opinione.
  필요가 있다/내가 그의 의견을 들을

1.3.2 접속법 과거(Congiuntivo passato)

[**avere** 접속법 현재+타동사의 **p.ps.**]
[**essere** 접속법 현재+자동사의 **p.ps.** (주어와 성수일치)]

	(타동사) mangiare	(자동사) arrivare
io	abbia mangiato	sia arrivato/a
tu	abbia mangiato	sia arrivato/a
lui	abbia mangiato	sia arrivato/a
noi	abbiamo mangiato	siamo arrivati/e
voi	abbiate mangiato	siate arrivati/e
loro	abbiano mangiato	siano arrivati/e

아래 예문들은 종속절의 시제가 주절의 그것보다 한 계단 밑에 위치하는 경우이다.

* Marco e' contento /che tu **abbia accettato** l'invito.
  마르코는 만족한다/네가 초대를 받았기에
* Temo /che Carla **abbia preso** una decisione sbagliata.
  나는 두렵다/카를라가 잘 못된 결정을 내렸을까봐
* Sono felice /che Carlo **si e' laureato** a pieni voti.
  나는 행복하다/카를로가 만점으로 졸업을 했기에

1.3.3 접속법 불완료과거(Congiuntivo imperfetto)

	규칙활용				불규칙활용
	torn-**are**	perd-**ere**	part-**ire**	av-**ere**	**essere**
io	torn-assi	perd-essi	part-issi	av-essi	fossi
tu	torn-assi	perd-essi	part-issi	av-essi	fossi
lui	torn-asse	perd-esse	part-isse	av-esse	fosse
noi	torn-assimo	perd-essimo	part-issimo	av-essimo	fossimo
voi	torn-aste	perd-este	part-iste	av-este	foste
loro	torn-assero	perd-essero	part-issero	av-essero	fossero

종속절의 우리말 번역이 현재인 것처럼 보이지만 주절에서 시제를 결정하는 우리말의 특성으로 그렇게 번역된다. 그러나 시제 일치에서, 주절이 과거 삼형제 가운데 하나 일 경우 종속절에는 접/불완료과거 혹은 접/대과거가 올 수 있다. 간혹 과거가 오기도 한다.

아래 예문들은 주절과 종속절의 시제가 같은 '시제의 계단'에 위치하는 경우이다.

→ 544p. 참조.

* Pensavo /che lui **avesse** ragione.
  나는 생각하고 있었다/그가 옳다고
* Era possibile /che Giulio **fosse** d'accordo con me.
  가능했다/쥴리오가 내 의견에 동의하는 것은
* Volevo /che Franco **si occupasse** di quella faccenda.
  나는 원하고 있었다/프랑코가 그 일에 전념하길
* Bisognava /che lui **chiedesse** il permesso.
  필요했다/그가 허락을 구하는 것이

Parte F

1.3.4 접속법 대과거(Congiuntivo trapassato) :

[**avere** 접속법 불완료과거＋타동사의 **p.ps.**]
[**essere** 접속법 불완료과거＋자동사의 **p.ps.** (주어와 성수일치)]

	(타동사) mangiare	(자동사) arrivare
io	avessi mangiato	fossi arrivato/a
tu	avessi mangiato	fossi arrivato/a
lui	avesse mangiato	fosse arrivato/a
noi	avessimo mangiato	fossimo arrivati/e
voi	aveste mangiato	foste arrivati/e
loro	avessero mangiato	fossero arrivati/e

주절이 과거 삼형제 가운데 하나일 때(대부분 불완료과거), 종속절의 시제가 한 계단 밑으로 내려가는 아래와 같은 경우 접/대과거를 쓴다.

아래 예문들은 종속절의 시제가 주절의 그것보다 한 계단 밑에 위치하는 경우이다.

➡ 544p. 참조.

* Loro credevano /che (lui) **avessi cambiato** idea.
  그들은 믿고 있었다/그가 생각을 바꾸었다고 (바꾼 것이 먼저이고 믿은 것은 나중)

* Temevo /che Carla **avesse preso** una decisione sbagliata.
  나는 두려워하고 있었다/카를라가 잘 못된 결정을 했을까봐

* Credevo /che l'altro ieri Marco **fosse tornato** in ufficio.
  나는 믿고 있었다/그저께 마르코가 회사로 돌아왔다고

* Ero felice /che Carlo **si fosse laureato** a pieni voti.
  나는 행복했다/카를로가 만점으로 졸업을 했기에

1.4 명령법(Imperativo)

1.4.1 긍정명령(Imperativo positivo)

	규칙 형태			
	-are	-ere	-ire	
tu 너 ~해라!	**-a**	**-i**	**-i**	
voi 너희들 ~해라! noi 우리 ~하자!	**-ate** **-iamo**	**-ete** **-iamo**	**-ite** **-iamo**	직설법현재
Lei 당신 ~하세요! Loro 당신들 ~하세요!	-i -ino	-a -ano	-a -ano	접속법현재

1) 명령형에는 긍정명령과 부정명령이 있다.
2) 긍정명령의 경우, -are 동사 'tu'에 대한 명령형(-a)을 제외하고는 'tu, voi, noi'의 명령형은 직설법현재형을 따른다.
3) 존칭명령(Lei, Loro)은 접속법 현재를 따른다.

	ascolt-**are**	ripet-**ere**	sent-**ire**
tu	ascolt-a	ripet-i	sent-i
voi noi	ascolt-ate ascolt-iamo	ripet-ete ripet-iamo	sent-ite sent-iamo
Lei Loro	ascolt-i ascolt-ino	ripet-a ripet-ano	sent-a sent-ano

Parte F

불규칙 형태

	andare	avere	dare	dire	essere
tu	va'	abbi	da'	di'	sii
Lei	vada	abbia	dia	dica	sia
voi	andate	abbiate	date	dite	siate
	fare	sapere	stare	tenere	venire
tu	fa'	sappi	sta'	tieni	vieni
Lei	faccia	sappia	stia	tenga	venga
voi	fate	sappiate	state	tenete	venite

1.4.2 부정명령(Imperativo negativo)

1) Noi/Voi/Lei/Loro 부정명령=NON+긍정명령
2) Tu 부정명령=NON+inf.

tu	non	fumare!	담배 피우지 말아라!
		disturbare!	방해하지 말아라!
		essere triste!	슬퍼하지 말아라!
		avere fretta!	서두르지 말아라!
		dimenticare di spegnere il gas!	가스 끄는 것 잊지 말아라!
Lei	non	fumi!	담배 피우지 마세요!
		disturbi!	방해하지 마세요!
		sia triste!	슬퍼하지 마세요!
		abbia fretta!	서두르지 마세요!
		dimentichi di spegnere il gas!	가스 끄는 것 잊지 마세요!
voi	non	fumate!	담배 피우지들 말거라!
		disturbate!	방해하지들 말거라!
		siate tristi!	슬퍼하지들 말거라!
		abbiate fretta!	서두르지들 말거라!
		dimenticate di spegnere il gas!	가스 끄는 것 잊지들 말거라!

3) tu / voi 부정명령에서 대명사는 동사 앞에 가거나 혹은 뒤에 올 수 있다.

　(tu) Non **ti** alzare tardi! / Non alzar**ti** tardi! 늦게 일어나지 마라!

　(voi) Non **lo** bevete tutto! / Non bevete**lo** tutto! 그것을 모두 마시지 마라, 너희들!

4) Lei 부정명령에서 대명사는 반드시 non과 동사 사이에 와야 한다.

　(Lei) Non **lo** beva tutto! 그것을 모두 마시지 마세요!

1.4.3 명령형+대명사(Posizione dei pronomi nell'imperativo)

1) tu와 voi에 대한 명령형에서 직/간접/재귀대명사와 대명사 ne, 장소부사 ci는 결합한다.
2) Lei에 대한 명령형에서 직/간접/재귀대명사, 대명사 ne, 부사 ci는 동사 앞에 온다.

	대명사의 위치	
tu	Prendi**lo**, se vuoi! Compra**ne** due!	네가 원하면, 그것 가져라(먹어라)! 그중에 2개 사라!
voi	Alzate**vi**!	너희들 일어나라!
Lei(존칭)	**Ci** vada subito! **Si** accomodi! **Ne** prenda ancora uno!	곧 거기 가세요! 앉으세요 / 편히 하세요! 그중에 하나만 더 사세요 / 가지세요 / 드세요!

3) 직접대명사, 간접대명사(gli는 예외), 대명사 ne, 장소부사 ci와 andare, dare, dire, fare, stare 동사의 명령형이 만날 때 대명사의 자음을 하나 더 첨가한다. 음성학적 효과이다.

동사원형	(tu) 명령형	대명사의 자음 첨가	해　　석
andare	**va'**	In ufficio va**cc**i a piedi!	회사에 걸어서 가라!
dare	**da'**	Il giornale da**ll**o a Piero!	삐에로에게 신문을 줘라!
fare	**fa'**	Fa**mm**i vedre le foto!	내게 사진을 보게 해 주라!
stare	**sta'**	Sta**mm**i bene!	날 잘 있게 해 줘!
dire	**di'**	Di**gl**i la verita'!	진실을 그에게 말해라!

Parte F

1.5 부정법(Infinito)

1) 동사원형을 사용해야 하는 여러 가지 경우에 관한 법이다.
2) 부정법 현재와 부정법 과거가 있다.

1.5.1 부정법 현재(Infinito presente)

1) 부정법 현재는 동사원형으로 표현한다.
2) 주절의 시제와 동일 선상에 있다. 또한 명사로 쓰이기도 한다.
3) 주절의 주어와 동일해야 한다.

1) volere+inf.(~하길 원하다)

(io) Vorrei / (io) **prenotare** un posto.

좌석 하나 예약하고 싶은데요.

2) potere, dovere+inf.(~할 수 있다, ~해야 한다)

(io) Potrei / (io) **ordinare**?

주문해도 되나요?

(io) Dovrei / (io) **fare** una passeggiata.

나는 산책해야 될 것 같아.

Il treno deve / (il treno) **restare** fermo ancora mezz'ora.

기차는 30분 더 머물러 있어야 한다.

(tu) Non devi / (tu) **preparare** la cena, stasera ceniamo fuori.

너 저녁 식사 준비할 필요없다. 오늘 저녁 우리 외식한다.

3) stare+per+inf.(막 ~하려 한다)

(noi) Stavamo per / (noi) **uscire**, ma poi Gianni si e' sentito male.

우리는 막 외출하려던 참이었는데, 지안니가 커디션이 좋지 않았다.

4) 명사화되어 주어로 사용(~하는 것)

E' possibile / **prenotare** un tavolo per 4 persone?

4인 테이블 예약이 가능한가요?

E' piu' interessante / **imparare** la lingua viva che / **studiare** a fondo la

grammatica.
문법을 깊게 공부하는 것보다 생생한 언어를 배우는 것이 더 흥미롭다.
Mi piace piu'/**mangiare** a casa che alla mensa.
구내식당 보다 집에서 밥 먹는 것이 나는 더 좋다.

5) cercare di+inf.(~하려고 애쓰다)

Annarita cerca di/(Annarita) **rispondere** a tutti.
안나리따는 모두에게 대답하려고 애쓴다.

6) bisogna+inf.(~할 필요가 있다)

Bisogna/(si) **comprare** il biglietto prima di salire sull'autobus.
버스에 오르기 전에 버스표를 살 필요가 있다.

7) provare a+inf.(~하려고 시도하다)

(lui, lei) Prova ad/(lui, lei) **indovinare** le distanze.
그는 거리를 맞혀보려고 애쓴다.

8) finire di+inf.(~를 끝내다)

(io) Finisco di/(io) **lavorare** alle 18.
나는 18시에 일을 끝낸다.

9) iniziare a+inf.(~를 시작하다)

(noi) Iniziamo a/(noi) **lavorare** alle 9.
우리는 9시에 일을 시작한다.

10) credere di+inf.(~라고 믿다)

Carlo crede di/(Carlo) **avere** ragione.
까를로는 (자신이) 옳다고 믿는다.

11) sperare di+inf.(~를 희망하다)

Carlo sperava di/(Carlo) **tornare** al piu' presto.
까를로는 (자신이) 최대한 빨리 돌아오기를 희망했다.

12) prima di+inf.(~하기 전에)

Bisogna/(si) comprare il biglietto prima di/(si) **salire** sull'autobus.
버스에 오르기 전에 버스표를 살 필요가 있다.

Parte F

1.5.2 부정법 과거(Infinito passato)

1) 부정법 과거는 avere/essere 원형+p.ps.로 표현된다.
2) 주절의 시제보다 먼저 발생한 시점의 표현이다.
3) 주절의 주어와 동일해야 한다.

* (noi) Confermiamo (현재)/di (noi) **aver ricevuto** tale merce. (근과거)
 우리는 확인합니다/(우리가) 그 물품을 받았다는 것을
* Dopo (voi) **aver analizzato** il testo(근과거),/(voi) provate a costruire una regola!(현재)
 (너희들이) 텍스트를 분석한 후에,/너희들 하나의 규칙을 정립해 보도록 하라!
* Dopo (Anna) **essere guarita** dall'influenza(대과거),/
 Anna ha dovuto fare una cura per lo stomaco. (근과거)
 (안나는) 독감이 나은 후, 안나는 위장 치료를 받아야만 한다.
* Carla pensa (현재)/di (Carla) **essere arrivata** in orario. (근과거)
 까를라는 생각한다/(자신이) 정시에 도착했다고
* Paola pensava (불완료과거)/di (Paola) **avere mangiato** troppo la sera prima. (대과거)
 까를라는 생각하고 있었다/(자신이) 전 날 저녁 과식했다고

'시제의 계단' → 1.1 참조.

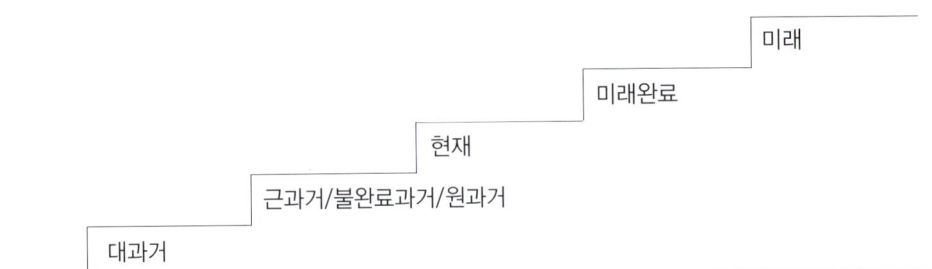

Corso Di *Italiano* Per Coreani

02. 재귀동사(Verbi riflessivi)

2.1 현재(Presente)

재귀동사는 일반 동사와 동일한 활용을 하는데 이때, 재귀대명사는 활용된 동사 앞에 위치한다. 그러나 조동사 volere, potere, dovere 등과 함께 할 경우엔 동사원형 뒤에 바로 이어질 수 있다.

	alzarsi (alzare+si)	
io	**mi** alzo	나 자신(**myself**)을 일으킨다
tu	**ti** alzi	너 자신(**yourself**)을 일으킨다
lui, lei, Lei	**si** alza	그(**himself**)/그녀(**herself**)/당신 자신(**Yourself**)을 일으킨다
noi	**ci** alziamo	우리들 자신(**ourselves**)을 일으킨다
voi	**vi** alzate	너희들 자신(**yourselves**)을 일으킨다
loro	**si** alzano	그들 자신(**themselves**)을 일으킨다.

'io(나는) mi(나 자신을) alzo(일으킨다)', 다시 말해 '나는 일어난다'의 뜻이다. 따라서 'tu(너는) ti(너 자신을) alzi(일으킨다)', 'Lei(당신은) si(당신 자신을) alza(일으킨다)'로 이해하면 된다.

재귀동사 **alzarsi**는 '타동사 **alzare**(~를 일으키다) + 재귀대명사 **si**(oneself)' 인데, '재귀'는 '다시 돌아온다' 라는 의미로서 내가 일으키는 행위를 하는데 대상이 바로 나 자신이다. 그래서 '재귀동사' 라 부르는 것이다.

alzare의 어미 'e'가 탈락되어 alzarsi가 원형이 되는 이유는 소리 때문이다. 그럼 다른 예를 들어보자.

* Come **si chiama** Lei? 당신은 이름이 뭐죠?
  (chiamarsi 자신을 부르다, 불리워지다)
* **Mi lavo** con acqua calda. 나는 더운 물로 씻는다
  (lavarsi 자신을 씻기다, 씻다)
* **Ti trucchi** un po'? 너는 화장을 조금만 하니?
  (truccarsi 자신을 메이크업시키다, 화장하다)

Parte F

* Loro **si riposano**. 그들은 쉰다.
  (riposarsi 자신을 쉬게 하다, 쉬다)
* Voi **vi svegliate** alle 8.00? 너희들은 8시에 깨니?
  (svegliarsi 자신을 깨우게 하다, 깨다)
* **Mi vesto** in fretta. 나는 급히 옷을 입는다.
  (vestirsi 자신을 옷 입히다, 옷 입다)
* Devo **alzarmi** subito. = **Mi** devo **alzare** subito. 나는 곧바로 일어나야 한다.
* Devo **vestirmi** in fretta. = **Mi** devo **vestire** in fretta. 나는 급히 옷을 입어야 한다.

2.2 근과거(Passato prossimo)

1) 재귀동사는 자동사화 된 것이므로 조동사는 반드시 essere를 사용해야 한다.
2) 과거분사의 어미는 주어와 성, 수 일치해야 한다.
3) [재귀대명사(**mi, ti, si, ci, vi, si**)+**essere**+**p.ps.**(주어와 성수일치)]

	addormentar**si** 잠이 들다
io	mi sono addormentato/a
tu	ti sei addormentato/a
lui, lei, Lei	si e' addormentato/a
noi	ci siamo addormentati/e
voi	vi siete addormentati/e
loro	si sono addormentati/e

* Mario **si e' alzato** in fretta. 마리오는 급하게 일어났다.
* Maria **si e' truccata** in fretta. 마리아는 급하게 화장했다.
* Noi **ci siamo lavati** i capelli. 우리는 머리를 감았다.

03. 비인칭 "SI" (SI impersonale)

1) 불특정 주어를 대신해 사용된다.
2) "SI"를 '사람들은' 으로 보면 되고 동사는 3인칭 단수로 활용된다.

* D'estate **si beve** di piu'.
  여름에 (사람들은) 더욱 마신다.
* **Si consiglia** di evitare l'autostrada.
  (사람들은) 고속도로를 피하라고 충고한다.
* Non **si sa** mai.
  (사람들은) 절대로 모른다.
* **Si puo'** passare di qui?
  (사람들이) 이쪽으로 지나갈 수 있나요?
* Per chiamare l'Italia da Londra **si deve** fare il prefisso internazionale.
  런던에서 이탈리아를 부르기 위해서 (사람들은) 국가 번호를 눌러야 한다.
* Per chiamare la polizia **si deve** fare il numero 113.
  경찰을 부르려면 (사람들은) 113을 눌러야 한다.

Parte F

04. 수동태(Forma passiva)

4.1 일반형태의 수동태

1) 단순시제 수동태와 복합시제 수동태가 있다.
2) 조동사는 essere 혹은 venire가 사용된다.
3) 과거분사의 어미는 주어와 성수일치 되어야 한다.

단순시제 수동태	
현재 수동	essere/venire 현재+p.ps.+(da) La "Sonata" **e'/viene fabbricata** dalla Hyundai. 소나타는 현대에 의해 생산된다.
불완료과거 수동	essere/venire 불완료과거+p.ps.+(da) Anche la "Pony" **era/veniva fabbricata** dalla Hyundai. 포니도 현대에 의해 생산되고 있었다.
원과거 수동	essere/venire 원과거+p.ps.+(da) Un uomo **fu/venne ucciso** davanti a un cinema. 한 남자가 어느 영화관 앞에서 피살되었다.
미래 수동	essere/venire 미래+p.ps.+(da) Una nuova macchina **sara'/verra' fabbricata** dalla Hyundai. 신형 자동차는 현대에 의해 생산될 것이다.
복합시제 수동태	
근과거 수동	essere 현재+**stato/a/i/e**+p.ps.+(da) Un uomo **e' stato ucciso** da un rapinatore. 한 남자가 강도에 의해 피살되었다. La ragazza **e' stata uccisa** da un rapinatore. 그 소녀는 강도에 의해 피살되었다. I ladri **sono stati arrestati** dalla polizia. 도둑들은 경찰에 의해 체포되었다. Le donne **sono state arrestate** dalla polizia. 그 여인들은 경찰에 의해 체포되었다.

4.2 수동태 "SI"(SI passivante)

1) 대체로 사물이 주어일 경우 수동태 "SI"가 사용된다.
2) 사물이 주어가 되므로 동사는 3인칭단수 혹은 복수로 활용된다.

* Il parmigiano reggiano **si produce** in Emilia Romagna. (=e'/viene prodotto)
  파르마산 치즈는 에밀리아 로마냐 주에서 생산된다.
* I tortellini **si producono** in Emilia. (=sono/vengono prodotti)
  또르뗄리니는 에밀리아 주에서 생산된다.
* La colazione **si serve** alle 8.
  아침 식사는 8시에 서비스된다.
* Come **si pronunciano** queste parole?
  이 단어들은 어떻게 발음되나요?
* Quale lingua **si parla** nel tuo paese?
  네 나라에서는 어떤 언어가 통용되니?
* In macelleria **si vende** la carne.
  고기는 정육점에서 팔린다.
* In macelleria non **si vendono** i salumi.
  쌀루미(돼지고기)는 정육점에서는 안 팔린다.
* Con il pesce **si beve** il vino bianco.
  백포도주는 생선요리와 마셔진다.
* Gli spaghetti non **si mangiano** solo con la forchetta.
  스빠겟띠는 포크로만 식사되지 않는다.
* Dopo i pasti non **si beve** il cappuccino.
  까뿌치노는 식후에 마셔지지 않는다
* Il salame non **si compra** in macelleria.
  쌀라메(소시지)는 정육점에서 구입되지 않는다.
* I vini rossi non **si bevono** freddi.
  적포도주들은 차갑게 마셔지지 않는다.
* A colazione **si mangiano** i salumi.
  쌀루미(돼지고기)는 아침식사 때 섭취된다.

Parte F 575

Parte F

* La vera pizza **si prepara** con la mozzarella.
  진정한 뻿짜는 못짜렐라 치즈로 만들어 진다.
* Qui **si parla** francese.
  여기서는 불어가 통용된다.
* Qui **si parlano** quattro lingue.
  여기서는 4개 국어가 통용된다.
* il paese che **si e' scelto**
  선택된 마을

Corso Di Italiano Per Coreani

05. 동명사(Gerundio)

5.1 단순 동명사(Gerundio semplice)

aspett-**are**	av-**ere**	usc-**ire**
aspett-**ando**	av-**endo**	usc-**endo**

5.2 단순 동명사의 용법(Uso del gerundio semplice)

주절의 시제와 종속절의 시제가 동일하며 주절의 주어와 종속절의 주어가 동일할 경우 사용한다. 양태, 시간, 원인, 조건, 수단, 양보를 표현한다.

양태

(lui) Me l'ha detto (lui) **sorridendo**.
그는 웃으면서 내게 그 사실을 말했다.

시간

Anche ieri, (io) **facendo** colazione, (io) ho ascoltato la radio.
어제도 나는 아침을 먹으며, 라디오를 들었다.

원인

(Carlo) Non **avendo** tempo, Carlo non e' venuto con noi.
카를로는 시간이 없어서, 우리와 함께 가지를 못했다.
(Anna) **Essendo** in pensione, Anna ha molto tempo libero.
안나는 연금생활자라서, 여유 시간이 많다.

조건

(tu) **Parlando** di piu' con la gente, (tu) impareresti prima la lingua.
사람들과 더 많이 대화한다면, 너는 언어를 일찍 배울텐데.

Parte F

Parte F

> 수단

(io) Imparo molte parole, (io) **leggendo** questo romanzo.
이 소설을 읽음으로써, 나는 많은 어휘를 익힌다.

> 양보

Pure (io) **studiando** molto, (io) non riesco a superare quest'esame.
비록 공부를 많이 한다 하더라도, 나는 이 시험을 통과할 수 없다.

5.3 복합 동명사의 용법(Uso del gerundio composto)

주절의 시제보다 먼저 발생하고 주절의 주어와 동일하며, 또한 원인, 조건, 양보, 시간을 표현한다. 시간의 경우, dopo와 함께 부정법 과거로도 표현할 수 있다.

> 시간

(io) **Avendo mangiato,** (io) sono uscito.
 =**Dopo aver mangiato**, ~
 =**Dopo che avevo mangiato**, ~
 나는 밥을 먹은 후, 외출했다.
(io) **Essendo tornata** a casa, (io) ho preparato la cena.
 =**Dopo essere tornata** a casa, ~
 =**Dopo che ero tornata** a casa, ~
 나는 집에 돌아온 후에, 저녁을 준비했다.

> 원인

(Maria) **Essendo andata** in pensione, Maria ha ora molto tempo libero.
=**Poiche' e' andata** in pensione, ~
마리아는 연금생활에 들어갔기 때문에, 지금 여유시간이 많다.

> 조건

(tu) **Avendo parlato** di piu' con la gente, (tu) avresti imparato prima la lingua.

=**Se tu avessi parlato** di piu' con la gente, ~
만약에 네가 사람들과 더 많은 대화를 했었더라면, 언어를 일찍 배웠을 텐데.

5.4 진행형(Forma progressiva)

	현재진행형 : stare 직설법 현재+gerundio	
io	sto	parl**ando** 말을 하고 있는 중이다 ＊fac**endo** (fare) ~하고 있는 중이다 sciv**endo** 글을 쓰고 있는 중이다 ＊bev**endo** (bere) ~를 마시고 있는 중이다 sent**endo** 듣고 있는 중이다 ＊dic**endo** (dire) ~를 이야기 하고 있는 중이다
tu	stai	
lui, lei, Lei	sta	
noi	stiamo	
voi	state	
loro	stanno	
	과거진행형 : stare 직설법 불완료과거+gerundio	
io	stavo	parl**ando** 말을 하고 있는 중이었다 scriv**endo** 글을 쓰고 있는 중이었다 sent**endo** 듣고 있는 중이었다
tu	stavi	
lui, lei, Lei	stava	
noi	stavamo	
voi	stavate	
loro	stavano	

Parte F

06. 명사(Nomi)

6.1 성(Il genere)

1) 이탈리아어의 모든 명사는 남성과 여성으로 나뉘어 진다.
2) 대표적인 남성명사 어미는 -o, 여성명사 어미는 -a, 남성과 여성 명사를 가질 수 있는 어미는 -e이다.

남성(maschile)	여성(femminile)
il libro 책	la casa 집
il signore 신사	la pensione 모텔, 연금(노후)생활

3) -o 어미를 지니지만 여성명사인 어휘들이 있다.

la mano, la radio, la moto(cicletta), l'auto(mobile)

4) 생명체에 관련된 명사들의 경우, 문법적인 성은 자연적인 성과 일치한다. 대부분의 경우 남성명사가 -o 어미를 지니는 경우, 어미를 -a로 바꾸면 여성명사가 만들어진다.

남성(maschile)	여성(femminile)
il commesso 남자 점원	la commessa 여자 점원
il bambino 남자 어린이	la bambina 여자 어린이

5) 몇 몇 경우에는 남성, 여성 명사가 동일한 형태를 갖는다. 이때 관사로 남성, 여성을 구별할 수밖에 없다.

남성(maschile)	여성(femminile)
il collega 남자 동료	la collega 여자 동료
il turista 남자 관광객	la turista 여자 관광객
il francese 프랑스 남자	la francese 프랑스 여자
il cliente 남자 손님	la cliente 여자 손님

6) 모음 -e로 끝나는 몇 몇 남성명사들은 -essa를 첨가시켜 여성명사로 만들고, -tore로 끝나는 남성명사에 -trice를 대체하면 여성명사가 만들어 진다.

남성(maschile)	여성(femminile)
lo studente 남학생	la studentessa 여학생
il dottore 남자 의사	la dottoressa 여자 의사
il traduttore 남자 번역사	la traduttrice 여자 번역사

7) 축소형 변의어미 -ino, -etto는 'piccolo' 혹은 'carino' 의 의미를 준다.

anell(o)+ino=**anellino** (piccolo anello)
작은 반지

mamm(a)+ina=**mammina** (mamma buona e dolce)
성격 좋고 부드러운 엄마

libr(o)+etto=**libretto** (piccolo libro)
작은 책

cas(a)+etta=**casetta** (casa piccola e carina)
작고 예쁜 집

Parte F

6.2 복수(Il plurale)

1) -o와 -e 어미를 지니는 남성명사의 복수는 -i 어미를 갖는다. -a 어미를 지니는 여성명사는 -e를, -e 어미를 지니는 여성명사의 복수는 -i 어미를 갖는다.

	단수(singolare)	복수(plurale)
남성(maschile)	il negozio 상점	i negozi 상점들
	il ponte 교각	i ponti 교각들
여성(femminile)	la casa 집	le case 집들
	la notte 밤	le notti 밤들

2) -a 어미를 갖는 남성명사들은 복수가 될 때 본래의 위치(-i)로 돌아온다.

단수(singolare)	복수(plurale)
il problema 문제	i problemi 문제들
il turista 남자 관광객 la turista 여자 관광객	i turisti 남자 관광객들 le turiste 여자 관광객들

3) 복수가 되더라도 단수와 동일한 형태를 취하는 명사가 있다. 끝 모음에 강세가 오는 어휘, 외래어, 단축된 어휘들이 그렇다.

	단수(singolare)	복수(plurale)
남성(maschile)	il caffe' il film il cinema(tografo)	i caffe' i film i cinema(tografi)
여성(femminile)	la citta' la bici(cletta) la foto(grafia)	le citta' le bici(clette) le foto(grafie)

4) -ca / -ga로 끝나는 명사의 복수형은 -che / -ghe이다.

l'ami**ca** – le ami**che**

5) -co / -go로 끝나는 명사들 중에 강세가 끝에서 두 번째 음절에 올 경우 복수는 -chi / -ghi가 된다.

il tede'**sco** → i tede'**schi**, l'albe'**rgo** → gli albe'**rghi**

예외 : l'ami'**co** → gli ami'**ci**, l'urolo'**go** → gli urolo'**gi**

6) -co/-go로 끝나는 명사들 중에 강세가 끝에서 세 번째 음절에 올 경우 복수는 -ci/-gi가 된다.

il me'di**co** → i medi**ci**, l'aspa'ra**go** → gli aspara**gi**,

lo psico'lo**go** → gli psico'lo**gi**

7) 자음 다음에 -cia/-gia가 올 경우 복수는 -ce/-ge이고, 모음 다음에 -cia/-gia가 올 경우 복수는 -cie/-gie이다.

la man**cia** 팁, 사례금 la spia**ggia** 해변	le man**ce** 팁들, 사례금들 le spia**gge** 해변들
la cami**cia** 티셔츠 la vali**gia** 여행가방 la farma**cia** 약국	le cami**cie** 티셔츠들 le vali**gie** 여행가방들 le farma**cie** 약국들

8) -io로 끝나는 명사의 복수는 일반적으로 어미 -i를 갖는다.

il nego'z**io** – i negoz**i**, il via'gg**io** – i viagg**i**

9) -io로 끝나지만 -i 모음에 강세가 있는 명사의 복수는 어미 -ii를 갖는다.

lo zi'o – gli z**ii**

10) 불규칙 복수형태도 존재한다.

l'uovo(계란) – le uova, il paio(한 켤레) – le paia, la mano(손) – le mani

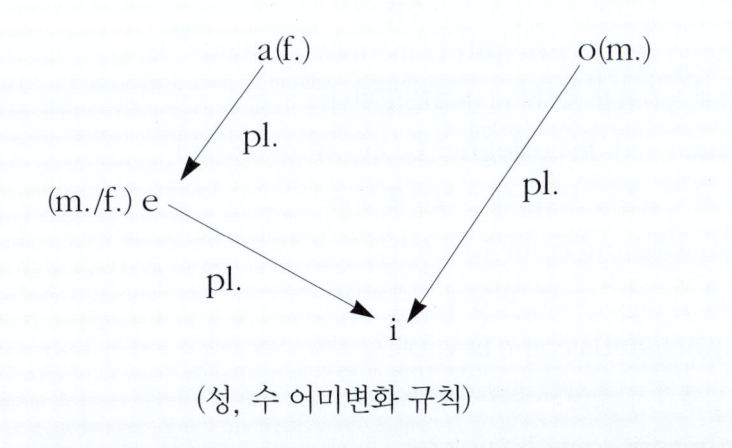

(성, 수 어미변화 규칙)

Parte F

07. 대명사(Pronomi)

7.1 직접대명사(Pronomi diretti)

주격인칭대명사	무강세형(forme atone)	강세형(forme toniche)
io	**mi** (나를)	**me**
tu	**ti** (너를)	**te**
lui	**lo** (그를, 그것을)	lui
lei	**la** (그녀를, 그것을)	lei
Lei	**La** (당신을)	Lei
noi	**ci** (우리들을)	noi
voi	**vi** (너희들을)	voi
loro	**li / le** (그들을, 그것들을)	loro

1) 앞에서 표현된 명사를 대신하는 직접대명사는 '-을/를'로 번역된다.
2) 대체되는 명사의 성, 수에 따라 lo, la, li, le를 선택한다.

* Quando vedi **Mario**? **Lo** incontro domani.
  넌 언제 마리오를 보니? 내일 그를 만나.

* Quando vedi **Maria**? **La** incontro domani.
  넌 언제 마리아를 보니? 내일 그녀를 만나.

* Quando vedi **i colleghi**? **Li** incontro domani.
  넌 언제 동료들를 보니? 내일 그들을 만나.

* Quando vedi **le colleghe**? **Le** incontro domani.
  넌 언제 동료들를 보니? 내일 그들을 만나.

* **Il parmigiano** come **lo** vuole?
  파르마 산 치즈, 그것을 어떻게 드릴까요?

* **La mortadella** come **la** vuole?
  모르따델라, 그것을 어떻게 드릴까요?

* **I peperoni** come **li** vuole?
  피망, 그것을 어떻게 드릴까요?

* **Le olive** come **le** vuole?

    올리브 열매, 그것을 어떻게 드릴까요?

3) 무강세 직접대명사가 동사 앞에 올 때, lo, la는 동사의 첫 모음과 축약되는 반면, li, le는 축약되지 못한다. → 모음축약 12.1.3 참조

* **L'**accompagno (**Lo** accompagno) domani.

    나는 내일 그를 동행한다.

* **L'**accompagno (**La** accompagno) domani.

    나는 내일 그녀를 동행한다.

* **Li/Le** accompagno domani.

    나는 내일 그들(남자)을/그들(여자)을 동행한다.

4) lo는 문장 전체를 대신할 수 있다.

* Dov'e' Mario? – Non **lo** so. (=non so **dov'e' Mario**)

    마리오 어디 있니? – 몰라.

5) 강조하기 위해서는 강세형 직접대명사를 사용할 수 있다. 활용된 동사 뒤에 위치한다.

* Chi vuole? – Vuole **te**. (=ti vuole)

    그는 누구를 원하니? – 바로 너를 원해.

6) 전치사와 함께 사용될 경우 반드시 강세형 직접대명사가 와야 한다. 위치는 자유롭다.

* Questo e' un regalo **per lei**. 이것은 그녀를 위한 선물이다.

7.1.1 대명사(Pronome) NE

1) 전체 중에 일부분을 의미한다.

* Vorrei **del parmigiano**.

    파르마 산 치즈 좀 주세요.

    Lo vuole stagionato o fresco? **Quanto** (parmigiano) **ne** vuole?

    숙성된 것을 원하세요 아니면 신선한 것을 원하세요? 얼마나 드릴까요?

* Ada, **quanti caffe'** bevi al giorno?

    아다, 하루에 몇 잔의 커피를 마시니?

    Ne bevo **quattro/pocchi**.

Parte F

4잔/한두잔 마신다.

Non ne bevo **nessuno**.

전혀 마시지 않는다.

* Ida, **quante persone** conosci a Milano?

이다, 밀라노에 몇 사람을 알고 있니?

Ne conosco **una/alcune/molte**.

한 사람/서너 사람/많은 사람을 알고 있다.

* Hai **dei pomodori**? – Si', **ne** ho due/**ne** ho alcuni/**ne** ho molti.

토마토 있니? 응, 두 개 있어/몇 개 있어/많이 있어.

* Vuoi un po' di birra?

맥주 좀 마실래?

Grazie, **ne** bevo **un bicchiere**.

고마워, 한 잔 마실게.

7.1.2 직접대명사와 과거분사 성수일치

(La concordanza del p.ps. con il pronome diretto)

1) 근과거에 avere 조동사가 쓰이면 과거분사 어미는 변화가 없었다.
2) 그러나 근과거가 직접대명사 lo, la, li, le와 함께 할 경우 과거분사의 어미는 그 대명사의 성, 수에 일치되어야 한다.
3) 단수 직접대명사 lo, la만이 뒤따르는 모음과 축약될 수 있다.
4) 대명사 NE와 함께 할 경우에는 직접목적어와 성수 일치 한다.

Hai visto **il film**?	Si', **l'**ho vist**o**. (il film)
Ha chiuso **la finestra**?	Si', **l'**ho chius**a**. (la finestra)
Hai chiamato **i ragazzi**?	Si', **li** ho chiamat**i**. (i ragazzi)
Ha spedito **le lettere**?	No, non **le** ho ancora spedit**e**. (le lettere)
Quanti panini hai mangiato?	Ne ho mangiat**i** **tre** (**panini**). *ne=di panini
Quante cassette hai portato?	Ne ho portat**a** solo **una** (**cassetta**). *ne=di cassette

7.1.3 직접대명사+salutare/pregare/ringraziare

우리말로 "~에게 인사하다, ~에게 부탁하다, ~에게 감사하다"인데, 간접대명사(~에게)가 오지 않고 직접대명사(~을/를) mi, ti, lo, la, La, ci, vi, li, le가 온다. 이것은 전적으로 위의 동사가 직접목적어만을 요구하기 때문이다.

* Incontro Annarita e **la** saluto.
  나는 Annarita를 만나 그녀에게 인사한다.
* Signorina, **La** prego di fare silenzio!
  아가씨, 조용히 해 주시길 당신께 부탁드립니다.
* Dottore, **La** ringrazio del Suo aiuto.
  의사 선생님, 당신의 도움에 대해 당신께 감사드립니다.

7.1.4 강조용법

Il medico io **lo** chiamo.
의사, 나는 그를 부른다(그에게 전화한다).
La signorina io **la** chiamo.
그 아가씨, 나는 그녀를 부른다(그녀에게 전화한다).
Mario e Claudio io **li** chiamo.
마리오와 클라우디오, 나는 그들을 부른다(그들에게 전화한다).
Maria e Claudia io **le** chiamo.
마리아와 클라우디아, 나는 그녀들을 부른다(그들에게 전화한다).

위 문장에서 보듯이 강조 대상을 먼저 언급하고 이어서 직접대명사를 사용하여 강조하고 있다.

Parte F

7.2 간접대명사(Pronomi indiretti)

주격인칭대명사	무강세형 (forme atone)	강세형 (forme toniche)
io	mi	a me
tu	ti	a te
lui	gli	a lui
lei	le	a lei
Lei	Le	a Lei
noi	ci	a noi
voi	vi	a voi
loro	gli	a loro

1) '~ 에게'로 번역된다.
2) 강세형은 항상 전치사와 함께 쓰인다. a me, di me, per me, da me ...
3) 무강세형 대명사는 항상 활용된 동사 앞에 온다. 부정어 non은 무강세형 앞에, 강세형 뒤에 온다. 다시 말해서 무강세는 약한 형태이므로 막강한 동사와 바로 붙어 있어야 된다.

* (Non) **Mi piace** sciare. = **A me** (non) **piace** sciare.
   나는 스키 타는 것을 좋아해.
* (Non) **Ti piace** il corso d'italiano? = **A te** (non) **piace** il corso d'italiano?
   너는 이탈리아어 과정을 좋아하니?
* (Non) **Le piace** navigare su Internet? = **A Lei** (non) **piace** navigare su Internet?
   당신은 인터넷 검색을 좋아하세요?

4) 강세형은 강조할 때 주로 사용된다.

   A me non piace sciare. E **a te**?
   나는 스키 타는 것을 좋아하지 않아. 근데 너는?

Corso Di *Italiano* Per Coreani

7.3 복합대명사(Pronomi combinati)

1) 간접대명사+직접대명사를 일컫는다.
2) mi lo가 me lo로 변화되는 이유는 모음동화작용에 의해 소리를 편하게 하기 위함이다.
3) gli lo 사이에 모음 'e'가 삽입된 것은 모음 'i'에서 'o'로 넘어가는 중간에 마치 징검다리를 놓아 발음을 부드럽게 넘기는 것과 같다. 언어는 소리에 기초하고 있음을 명심해야 한다.
4) gliene에서 ne는 직접목적어를 100% 대신하지 못할 경우 사용하는 대명사로서 '그 중에 일부'라는 의미이다. 예문에서 '나는 그들에게 디스크 몇 개를 빌려 준다'인데, alcuni dischi(디스크 몇 개)를 직접대명사 'li'로 받을 수가 없다. 만약 'i dischi'라고 했다면, 'li'로 받아 glieli로 사용되었을 것이다.

	간접대명사		직접목적어		복합대명사		
Paolo	**mi**	presta. 빌려준다	il libro.	=	**Me**	**lo**	presta. 빌려준다
	ti		la penna.		**Te**	**la**	
	ci		i libri.		**Ce**	**li**	
	vi		le penne.		**Ve**	**le**	

	간접대명사		직접목적어		복합대명사	
lo	**gli** (a lui)	presto	il libro	=	**Glielo**	presto.
	le (a lei)		la penna		**Gliela**	
	Le (a Lei)		i libri		**Glieli**	
	gli (a loro)		le penne		**Gliele**	
			alcuni dischi		**Gliene**	presto alcuni.

7.4 복합관계대명사(Pronomi relativi composti) CHI

1) 선행사를 포함한 관계대명사인 chi는 사람에게만 사용한다.
2) 지시대명사와 관계대명사의 기능을 모두 포함한다.
3) la persona che / le persone che, colui che / colei che를 의미한다.
4) chi 앞에 정관사는 오지 않는다.
5) 성, 수에 관계없이 항상 chi의 형태를 유지한다.

Parte F

6) 주격, 목적격으로 사용되며, 간접보어로 쓰일 때 전치사를 동반한다.

(주격)
Chi cerca, trova!
구하는 <u>자는</u> 얻는다!
Chi va al lavoro in macchina ha sempre problemi con il parcheggio.
자동차로 직장에 가는 <u>사람은</u> 항상 주차의 문제를 지닌다.
Chi vuole venire alla festa stasera deve portare qualcosa da bere o da mangiare.
오늘 저녁 파티에 오고 싶은 <u>사람은</u> 마실 것 혹은 먹을 것을 가져와야 한다.
Chi naviga in internet puo' avere contatti interessanti.
인터넷 검색을 하는 <u>사람은</u> 흥미로운 접촉을 할 수 있다.

(목적격)
Non sopporto **chi** parla male degli altri.
나는 타인에 대해 험담하는 <u>사람을</u> 참지 못한다.

(간접보어)
Non parlo mai dei miei affari **con chi** non conoscono.
나는 모르는 <u>사람하고</u> 나의 일에 대해 절대로 말하지 않는다.

7.5 관계대명사(Pronomi relativi)

CHE

Quella maglietta **che** hai comprato, non mi piace per niente. 네가 구입한 그 티셔츠는 내게 전혀 마음에 들지 않는다.	목적격
Ma chi e' <u>questa tua amica</u> **che** (=la quale) viene a cena da noi stasera? 근데 오늘 저녁 우리 집에 저녁 식사하러 오는 네 여자 친구는 누구니?	주격

1) 형태의 변화가 없고 주격과 목적격의 기능을 한다.
2) 주격관계대명사 che를 **il quale**/**la quale**/**i quali**/**le quali**가 대신할 수 있다. 그러나 이것들은 구어체에서는 사용 빈도가 낮지만, 일간지 문체에 특히 자주 사용된다. 왜냐하면, 기사 쓰는 공간이 좁고 길게 형성되어 있어 문장이 길어지는 경우, 무변인 che를 사용하면 선행사를 재빨리 찾기 어렵다. 그러므로 성, 수를 표현해 주는 quale를 더욱 빈번하게 사용하는 것이다. 선행사 찾기가 매우 쉽다.

CUI

1) 항상 전치사를 앞에 둔다. 그러므로 주격과 목적격의 기능을 가질 수 없다.
2) 또한 il quale/la quale/i quali/le quali로 대체될 수 있다.

* Dimmi un solo motivo **per cui** (per il quale) dovrei restare qui!
  정말 내가 여기 있어야 하는 유일한 이유를 내게 말해줘!
* La persona **con cui** (con la quale) ho parlato e' il direttore!
  내가 함께 대화를 나눈 사람은 사장님이야!
* Ho molti amici stranieri, **tra cui** (tra i quali) anche degli americani.
  나는 많은 외국인 친구들을 갖고 있는데, 그 가운데 미국인들도 있어.
* L'amica **a cui** (alla quale) scrivo questo e-mail vive a New York.
  내가 이 이메일을 쓰고 있는 여자 친구는 뉴욕에 살고 있다.
* Il libro **di cui** (del quale) ti ho parlato e' di un autore indiano.
  내가 네게 말한 그 책은 인도 작가의 작품이다.
* Il negozio **in cui** (nel quale) vendono questi strani oggetti si trova in centro.
  이런 이상한 물건들을 파는 상점은 시내에 있다.
* Il dentista **da cui** (dal quale) vado e' veramente bravo.
  내가 가는 치과의 의사는 정말 훌륭하다.
* Giovanni e' il mio grande amico **su cui** (sul quale) conto molto sempre.
  지오반니는 내가 항상 염려하는 대단한 친구이다.

Parte F

7.6 의문대명사(Pronome interrogativo) CHI

의문문을 만들어 주는 대명사

* **Chi** compra il vino per stasera?

 오늘 저녁을 위해 누가 와인을 사 올래?

* **Chi** e'?

 누구세요? (문을 노크하는 사람에게)

* **Chi** parla?

 누구세요? (전화 통화에서)

7.7 지시대명사(Pronomi dimostrativi)
Questo(this)/quello(that)

1) 사람이나 사물의 명사를 대신하며, 화자와 근거리에 있으면 **questo**, 화자와 비교적 원거리에 있으면 **quello**를 사용한다.
2) 명사의 성수에 따라 questo, questa, questi, queste ; quello, quella, quelli, quelle
3) 지시하는 대상의 성수를 따른다.

 Questo e' un tavolo. Questi sono tavoli. Questa e' una sedia. Queste sono sedie.

 Quello e' un tavolo. Quelli sono tavoli. Quella e' una sedia. Quelle sono sedie

08. 형용사(Aggettivi)

8.1 소유형용사(Aggettivi possessivi)

1) 형용사이므로 명사와 성, 수 일치해야 한다.
2) 피소유물의 성수에 따라 소유형용사 어미를 일치시킨다.
    '그녀의 외투'를 **la sua** cappotto라고 해서는 안 된다. 'cappotto'에 성, 수 일치하여 **il suo** cappotto가 올바른 표현이다.
3) loro는 성수에 무관하게 동형이다.

io	**mio**, mia, miei, mie	나의	la **mia** casa 나의 집
tu	**tuo**, tua, tuoi, tue	너의	il **tuo** libro 너의 책
lui	**suo**, sua, suoi, sue	그의	il **suo** cappotto 그의 외투
lei	**suo**, sua, suoi, sue	그녀의	il **suo** cappotto 그녀의 외투
Lei	**Suo**, Sua, Suoi, Sue	당신의	la **Sua** borsa 당신의 가방
noi	**nostro**/a/i/e	우리들의	il **nostro** gatto 우리들의 고양이
voi	**vostro**/a/i/e	너희들의	la **vostra** camera 너희들의 방
loro	**loro**	그들의	la **loro** amicizia 그들의 우정

8.2 지시형용사(Aggettivi dimostrativi)

1) **questo**(this)는 화자와 가까운 곳에 있는 사물이나 생명체를 지시할 때 사용하는 반면 **quello**(that)는 화자와 먼 곳에 있는 사물이나 생명체를 지시할 때 사용한다.
2) 지시 대상의 성수를 따른다.
3) quello는 지시형용사로 사용될 경우 뒤따르는 명사와 정관사규칙을 준수한다.
    정관사규칙이란 본래 뒤따르는 명사와 성, 수 일치하는 것이나 소리를 부드럽게 넘기기 위해 형태를 달리하는 이유도 있다. questo는 소리가 쉬운 반면, quello는 어렵다.
    questo tavolo, questi tavoli, questa sedia, queste sedie
    quello tavolo, quelli tavoli (×) **quel tavolo, quei tavoli** (○)

Parte F

5) 지시하는 대상의 첫 철자가 모음일 경우 축약된다.
quest'anno, quest'estate, quell'albergo, quell'isola

il tavolo	que**l** tavolo
i tavoli	que**i** tavoli
lo studente	quel**lo** studente
gli studenti	que**gli** studenti
l'albergo	quell'albergo
gli alberghi	que**gli** alberghi
la sedia	quel**la** sedia
le sedie	quel**le** sedie
l'isola	quell'isola
le isole	quel**le** isole

8.3 수 형용사(Aggettivi numerali)

1) 기수와 서수가 있다.
2) 기수는 영어로 one, two, three …, 서수는 first, second, third …
3) 기수는 성, 수일치 없고, 서수만 성, 수일치 한다.
4) 영어의 수읽기 구조와 동일하다.
5) 1.000은 mille, 2.000부터 mila인 것에 주의
6) 10.000은 '천 원짜리가 열장 있다' 고 생각한다.
7) 구두점은 우리와 달리 마침표를 사용한다.
8) 1.000.000 미만의 숫자는 서법 상 모두 붙여 쓴다.

8.3.1 기수(Numeri cardinali)

0	zero	10	dieci
1	uno	11	un**dici**
2	due	12	do**dici**
3	tre	13	tre**dici**
4	quattro	14	quattor**dici**
5	cinque	15	quin**dici**
6	sei	16	se**dici**
7	sette	17	**dici**assette
8	otto	18	**dici**otto
9	nove	19	**dici**annove
		20	venti

20 **venti**, 21 ventuno, 28 ventotto, 30 **trenta**, 31 trentuno, 38 trenotto, 40 **quaranta**, 50 **cinquanta**, 60 **sessanta**, 70 **settanta**, 80 **ottanta**, 90 **novanta**, 91 novantuno, 98 novantotto

100	**cento**	
101	**cento**uno	100+1
112	**cento**dodici	100+12
200	due**cento**	2×100
250	due**cento**cinquanta	2×100+50
290	due**cento**novanta	2×100+90
800	otto**cento**	8×100
900	nove**cento**	9×100
933	nove**cento**trentatre	9×100+33
*1.000	**mille**	**mille**nnium(mille anni) 1000년
2.000	due**mila**	2×1000
10.000	dieci**mila**	10×1000
1.000.000	un **milione**	
2.000.000	due **milioni**	2×1.000.000
1.000.000.000	un **miliardo**	
2.000.000.000	due **miliardi**	2×1.000.000.000

Parte F

8.3.2 서수(Numeri ordinali)

1) 서수는 명사와 성, 수일치 한다.
2) XI부터 무한대의 서수는 기수의 끝 모음 탈락시키고 -esimo를 첨가한다.

   XI = undici(11) + esimo = undicesimo

   XII = dodici(12) + esimo = dodicesimo

   XXX = trenta(30) + esimo = trentesimo

I	primo	Lezione Prima 제1과
II	secondo	Secondo Atto 제2막
III	terzo	Terza scena 제3장
IV	quarto	quarto piano 4층(5층이라고도 함)
V	quinto	quinto posto 제5위
VI	sesto	sesto anno 여섯 번째 해
VII	settimo	settimo compleanno 일곱 번째 생일
VIII	ottavo	ottava fila 여덟 번째 줄
IX	nono	nono autobus 아홉 번째 버스
X	decimo	decimo giocatore 열 번째 선수

8.4 비교급(Gradi comparativi)

piu' ~ **di**(우등비교) / **meno** ~ **di**(열등비교) / ~ **come**(동등비교)

두 개의 명사(사물, 사람)들이 비교될 때

* Questa poltrona e' **piu'** comoda **del** divano. (명사)

  이 (1인용) 소파는 (다인용) 소파보다 편안하다.

piu' ~ **che**

두 개의 동사(구), 형용사, 부사, 전치사구, 수량명사들이 비교될 때

* Mi piace **piu'** viaggiare in aereo **che** (viaggiare) in treno. (동사구)

  기차 여행보다 비행기 여행이 나는 더 좋다.

* Carla e' **piu'** simpatica **che** bella. (형용사)
  카를라는 아름답다기 보다 성격이 좋다.
* Lui agisce **piu'** istintivamente **che** razionalmente. (부사)
  그는 이성적으로라기보다 본능적으로 행동한다.
* Mi piace **piu'** mangiare a casa **che** alla mensa. (전치사구)
  나는 구내식당에서보다 집에서 밥먹는 것을 더 좋아한다..
* Ho **piu'** cassette **che** dischi. (수량명사)
  나는 디스크보다 카세트를 더 갖고 있다..

8.5 최상급(Gradi superlativi)

상대적 최상급(Superlativo relativo)
[정관사+명사+**piu'**+형용사+(**di/in**)]

* **l'**uomo **piu'** alto del mondo 세계에서 가장 키가 큰 남자
* **l'**automobile **piu'** famosa in Corea 한국에서 가장 유명한 자동차
* **lo** sport **piu'** popolare d'Italia 이탈리아에서 가장 대중적인 스포츠
* **le** cose **piu'** importanti 가장 중요한 것들

절대적 최상급(Superlativo assoluto)
[형용사/부사+**issimo**]=[**molto**+형용사/부사]

* La Ferrari e' una macchina **velocissima**. (=una macchina **molto veloce**)
  페라리는 매우 빠른 자동차이다.
* Mio zio e' **ricchissimo**. (=**molto ricco**)
  나의 삼촌은 매우 부자이다.
* Sono tornato a casa **tardissimo**. (=**molto tardi**)
  나는 매우 늦게 집에 돌아 왔다.
* In quel ristorante ho sempre mangiato **benissimo**. (=**molto bene**)
  그 식당에서 나는 항상 아주 맛있게 잘 먹었다.

Parte F

09. 부사(Avverbio)

1) 형용사에 여성어미를 첨가시킨 후 접미사 -mente를 붙여 만든다.

형용사	여성어미 첨가(a/e)	+mente	
tranquillo	tranquill+a	tranquilla+mente	조용하게
libero	liber+a	libera+mente	자유롭게
elegante	elegant+e	elegante+mente	우아하게

2) 반면, -le, -re 어미를 갖는 형용사들은 모음 -e를 탈락시키고 -mente를 붙인다.

형용사	e 모음 탈락	+mente	
norma**le**	normal	normal+mente	정상적으로
regola**re**	regolar	regolar+mente	규칙적으로
genti**le**	gentil	gentil+mente	친절하게

3) 시간 부사(구)

* Ho **gia'** fatto la spesa.

 나는 <u>이미</u> 장을 보았다.

* **Non** ho **ancora** telefonato al medico.

 나는 <u>아직</u> 그 의사에게 전화하지 <u>못했다</u>.

* **All'inizio** non mi ha riconosciuto.

 <u>처음에</u> 그는 나를 알지 못했다.

* **Alla fine** siamo andati a bere qualcosa.

 <u>결국</u> 우리는 무엇을 좀 마시러 갔다.

* Lavoro **fino a**lle 15.00

 나는 15시<u>까지</u> 일한다.

Corso Di *Italiano* Per Coreani

10. 전치사(Preposizioni)

10.1 단순전치사(Preposizioni semplici)

DI

출신(Provenienza)
Sei **di qui**? – No, sono **di Ferrara**. 너 이곳 출신이니? – 아니, 페라라 출신이다.

시간(Tempo)
di mattina / di sera / di giorno / di notte / di domenica 아침의 / 저녁의 / 낮의 / 밤의 / 일요일의

재료/내용물(Materiale/Contenuto)
una cravatta **di seta** 실크(로 만든) 타이
una bottiglia **di vino** 포도주(가 들어 있는) 한 병

량(Quantita')
un chilo **di zucchero** 설탕 1킬로그램
un litro **di latte** 우유 1리터
un po' **di pane** 약간의 빵

일부분(Funzione partitiva)
Vorrei **del pesce**. 생선 몇 마리 주세요.

상술(Specificazione)
il figlio **di Franco** 프랑코의 아들
gli orari **dei negozi** 상점들의 영업시간들

비교(Paragone)
Edoardo e' piu' piccolo **di Piero**. 에도아르도는 피에로보다 작다.
Il Po e' piu' lungo **dell'Adige**. 포 강은 아디제 강보다 길다.

주제(Argomento)
corso **d'italiano** 이탈리아어 과정

Parte F

다른 동사원형/동사활용과 조합될 때(In combinazione con alcuni verbi/forme verbali)

Finisco **di lavorare** alle 18.00. 나는 18시에 일을 마친다.
Ho intenzione **di andare** in Italia in estate. 나는 여름에 이탈리아에 갈 의향이 있다.
Che ne **dici di** quel film? 너는 그 영화에 대해 어떻게 생각하니?

A

장소에 존재, 장소로 이동(Stato in luogo e moto a luogo)

Sono a Firenze/casa/scuola/teatro. 나는 피렌체에/집에/학교에/오페라극장에 있다.
Vado a Firenze/casa/scuola/teatro. 나는 피렌체에/집에/학교에/오페라극장에 간다.
Sono al bar/ristorante/cinema. 나는 빠에/레스토랑에/영화관에 있다.
Vado al bar/ristorante/cinema. 나는 빠에/레스토랑에/영화관에 간다.

거리(Distanza)

a 50 **metri** dal mare 바다에서 50미터 떨어진(거리에)
a 10 **chilometri** da Roma 로마에서 10킬로미터 떨어진(거리에)

시간(Tempo)

alle tre/**a mezzanotte** 3시에/자정에
A piu' tardi!/**A domani**! 이따 봐!/내일 봐!
Vieni **a Natale**/**a Pasqua?** 성탄절 때/부활절 때 너 오니?

양식 혹은 방식(Modo o maniera)

te' **al limone** 레몬(이 들어 간) 차
andare **a piedi** 걸어서 가다

간접보어(Complemento di termine)

Ho scritto **a mia madre**. 나는 어머니께 편지를 썼다.

배분(Distributivo)

due volte **al giorno** 하루에 두 번
una volta **alla settimana** 일주일에 한 번

다른 동사원형과 조합될 때(In combinazione con alcuni verbi)
Vado spesso **a ballare**. 나는 자주 춤추러 간다.
Adesso comincio **a studiare**. 지금 나는 공부를 시작한다.

DA

장소에 존재, 장소로 이동(Stato in luogo e moto a luogo)
Com'e' il tempo **da voi**? 너희가 있는 곳(너희 나라, 너희 고향) 날씨 어때?
Domani vado **da una mia amica**. 내일 나는 내 여자 친구 집에 간다.

출신/출발(Provenienza)
Da dove viene? – **Da Roma**. 당신은 어디 출신인가요? – 로마 출신입니다.
il treno **da Milano** 밀라노 발 기차

시간(Tempo)
Lavoro qui **da cinque anni**. 나는 여기서 5년 전부터 일하고 있다.
Da lunedi' comincio un nuovo lavoro. 월요일부터 나는 새로운 일을 시작한다.
Lavoro **da lunedi'** a sabato. 나는 월요일부터 토요일까지 일한다.
Lavoro **dalle** 8 alle 17. 나는 8시에 17시까지 일한다.

목적(Scopo)
scarpe **da ginnastica** 운동화(운동 용 신발)
scarpe **da tennis** 테니스 화(테니스 용 신발)

IN

장소에 존재, 장소로 이동(Stato in luogo e moto a luogo)
Sono/**Vado in** Italia/banca/un bar/vacanza.
나는 이탈리아에/은행에/어느 빠에/휴가(에) 있다/간다.

양식 혹은 방식(Modo o maniera)
andare **in treno** o **in macchina** 기차로 혹은 자동차로 가다

Parte F

시간(Tempo)
in gennaio 1월에
in inverno 겨울에

CON

동행(Compagnia)
Esci sempre **con gli amici**? 너는 늘 친구들과 함께 외출하니?

질(Qualita')
Per me un cornetto **con la marmellata**. 저는 쨈 바른 크라상 주세요.
Mi piacciono le scarpe **con i tacchi alti**. 높은 굽이 달린 구두가 나는 좋다.

수단(Mezzo)
pagare **con la carta di credito** 신용카드로 지불하다
andare **con la macchina** 자동차로 가다 * con + 정관사 + 교통수단 / in + 교통수단

SU

장소(Luogo)
Ho fatto un'escursione **sulle Alpi**. 나는 알프스 산맥에서 하이킹했다.
Sono salito anche **sul cratere**. 나는 분화구 위에도 올라갔다.
navigare **su Internet** 인터넷 상에서 검색하다

주제(Argomento)
Vorrei una guida/un libro **sulla Toscana**. 토스카나에 관한 가이드 북/책 한 권 주세요.

PER

지명 / 지정(Destinazione)
Per me un caffe', per cortesia. 저에게는 커피 한 잔 주세요.

목적 / 의도(Fine)
Siamo qui **per visitare** la citta'. 우리는 도시를 방문하기 위해 여기 와 있다.

시간(Tempo)

Per quanto tempo resta qui? 얼마 동안 당신은 여기 체류하시나요?

Posso restare qui solo **per un'ora**. 저는 겨우 한 시간 동안만 여기 머물 수 있어요.

장소로 이동(moto a luogo con il verbo "partire")

L'altro ieri e' partito **per la Svizzera**. 그저께 그는 스위스로 떠났다.

목적(Scopo)

Sono qui **per** (motivi di) lavoro. 나는 일 때문에 여기 와 있다.

화법(Modi di dire)

Puo' venire **per piacere**/**per cortesia**/**per favore**? 와 주실 수 있습니까? 부탁입니다.

Per fortuna e' arrivata. 다행히 그녀는 도착했다.

Per carita'! 자비를 베푸소서!

per esempio 예를 들어

FRA/TRA

FRA/TRA

시간(Tempo)

Il corso d'italiano finisce **fra** due mesi. 이탈리아어 과정은 2개월 후 끝난다.

Vengo **fra** le due **e** le due e mezza. 나는 2시에서 2시 반 사이에 가겠다.

장소(Luogo)

La chiesa e' **fra** il museo **e** il teatro. 교회는 박물관과 오페라극장 사이에 있다.

10.2 기타 전치사(Altre preposizioni)

DIETRO ~ 뒤에

Dietro la stazione c'e' una chiesa. 역 뒤에 교회가 하나 있다.

DOPO ~ 후에, 넘어

Parte F

Torno a casa dopo le dodici. 나는 12시 넘어 집에 돌아온다.
Dopo cena resti a casa? 저녁 식사 후 집에 있니?

DURANTE ~ 동안
Durante le vacanze non voglio fare niente! 휴가 동안 나는 아무 것도 하고 싶지 않다.

SENZA ~ 없이
La coca senza ghiaccio, per cortesia. 얼음 없이 콜라 한 잔 주세요.

SOPRA ~ 위에
Oggi la temperatura e' sopra la media. 오늘 기온은 평균을 웃돈다.

SOTTO ~ 밑에, 속에
Sotto il cappotto indossa un vestito blu. 그는 외투 속에 파란색 옷을 입는다.

VERSO ~ 쯤에, ~ 경에
Vengo verso mezzanotte/verso le nove/verso l'una.
나는 자정쯤/9시 경/한 시경 가겠다.

10.3 전치사구(Locuzioni preposizionali)

ACCANTO A ~ 옆에
La chiesa e' accanto alla stazione. 교회는 역 옆에 있다.

DI FRONTE A ~ 맞은편에
Abitiamo di fronte alla stazione. 우리는 역 맞은편에 거주한다.

DAVANTI A ~ 앞에
Davanti alla posta c'e' una cabina telefonica. 우체국 앞에 공중전화박스가 있다.

FINO A ~까지
Resto fuori fino a tardi/fino alle due. 나는 늦게까지/두 시까지 밖에 머문다.

IN MEZZO A ~ 한 복판에
In mezzo all'incrocio c'e' un semaforo. 사거리 한 복판에 신호등이 하나 있다.

Corso Di *Italiano* Per Coreani

INSIEME A ~와 함께

Oggi esco insieme a un mio amico. 오늘 나는 내 친구와 함께 외출한다.

PRIMA DI ~ 전에

Vengo prima delle otto/prima della lezione. 나는 8시 전에/수업 전에 가겠다.

OLTRE A ~ 외에

Oltre al pane puoi comprare del latte? 빵 외에 우유도 사다 줄 수 있겠니?

VICINO A ~ 근처에

Abito vicino all'ospedale. 나는 병원 근처에 거주한다.

10.4 전치사관사(Preposizioni articolati)

	il	i	lo	gli	la	le	l'
di	del	dei	dello	degli	della	delle	dell'
a	al	ai	allo	agli	alla	alle	all'
da	dal	dai	dallo	dagli	dalla	dalle	dall'
in	nel	nei	nello	negli	nella	nelle	nell'
su	sul	sui	sullo	sugli	sulla	sulle	sull'

Antonio e Gabriele sono due gemeli **del** mio fratellino Giovanni.
안토니오와 가브리엘레는 나의 남동생 지오반니의 두 쌍둥이다.
Vado spesso a prendere qualcosa **al** bar con i miei amici.
나는 자주 친구들과 뭘 좀 마시기 위해 빠에 간다.
Dovresti andare **dal** medico per farti visitare.
너는 건강검진을 받기 위해 병원에 가봐야 할 것 같다.
Nel 1960 e' nato ad un piccolo paese.
1960년에 그는 어느 한 작은 마을에서 태어났다.
E' salita **sul** treno una donna con sua figlia.
어느 한 여자가 그의 딸과 기차에 올랐다.

Parte F

Parte F

11. 접속사(Congiunzioni)

* **Mentre** studiavo ascoltavo la musica.
  나는 공부를 하면서(하고 있는 동안) 음악을 듣고 있었다.
* L'ho incontrato **mentre** tornavo a casa.
  나는 집으로 돌아오는 길에(돌아오는 동안) 그를 만났다.
* Stavo leggendo **quando** e' entrata.
  그녀가 들어왔을 때 나는 책을 읽고 있는 중이었다.
* **Quando** si e' sposato aveva solo 23 anni.
  그가 결혼했을 때 겨우 23살이었다.
* **Quando** abitavo in citta' non uscivo mai fuori a giocare.
  나는 도시에 거주할 때 한 번도 밖에 놀러나간 적이 없었다.
* Siamo rimasti a casa **perche'** pioveva.
  비가 내리고 있었기 때문에 우리는 집에 머물렀다.
* **Siccome** pioveva siamo rimasti a casa. (이유절이 주절 보다 앞에 나올 때)
  비가 내리고 있었기 때문에 우리는 집에 머물렀다.
* **Comunque** ti sforzi, non riuscirai di certo.
  네가 아무리 노력한다 하더라도, 분명히 성공하지 못할 것이다.
* Penso, **dunque** sono.
  나는 생각한다. 고로(그러므로, 그렇기 때문에) 존재한다.
* **Se** arrivo tardi, ti chiamo.
  내가 늦게 도착하면, 네게 전화할게.
* **Se** apriro' uno studio, prendero' te come socio.
  내가 스튜디오를 오픈하면, 너를 회원으로 받아들일 것이다.
* **Se** vedi Teresa, dille di portarmi il libro.
  테레사를 보면, 내게 책을 가져오라고 말해주라.

* Aspettami, se **pero'** non saro' di ritorno per le tre, vai pure.
  나를 기다려라, 그러나(그런데) 3시까지 내가 돌아오지 않으면, 그냥 가라.

* E' un libro difficile **ma** interessante.
  어려운 책이지만 흥미롭다.

* **Pur(e)** non essendo un angelo, non e' tuttavia un cattivo ragazzo.
  비록 천사는 아니더라도 나쁜 청년은 아니다.

* **Pur(e)** volendo, non riuscirei a farlo.
  비록 하고 싶다 하더라도, 나는 그것을 할 수 없을텐데…

* Verro' anch 'io, **purche'** mi accompagnate.
  너희들이 나를 동행한다는 조건이면, 나도 갈 것이다.

* **Anche se** volendo, non finiremmo in tempo.
  비록 하고 싶다 하더라도, 우리는 시간 안에 끝내지 못 할텐데…

* Dovrai affrettarti, **oppure** perderai il treno.
  너는 서둘러야 할 것이다. 그렇지 않으면 기차를 놓칠 것이다.

* Credo **che** Carlo abbia ragione.
  나는 카를로가 옳다고 믿는다.

* Scrivo a Marta **affinche'**/**perche'** mi prenoti una camera in albergo.
  (마르타가) 내게 호텔 방 예약해 주도록 나는 마르타에게 편지 쓴다.

* Esco di casa **benche'**/**sebbene** il medico me l'abbia proibito.
  비록 의사가 내게 외출을 금지했지만 나는 외출한다.

* Vorrei/Desidererei/Mi piacerebbe **che** lui tornasse al piu' presto.
  그가 최대한 빨리 돌아오기를 나는 진정으로 바란다.

Parte F

Parte F

12. 관사(Articoli)

12.1 정관사(Articoli determinativi)

12.1.1 남성 정관사

lo를 사용하는 경우

1) 's+자음' 으로 시작하는 남성명사 : **st**udente, **sv**izzero ...
2) **z**로 시작하는 남성명사 : **z**io, **z**aino ...
3) **pn**, **ps**, **sc**, **gn**로 시작하는 남성명사 : **sc**ioco ...
4) 모음 **a**,**e**,**i**,**o**,**u**로 시작하는 남성명사 : l'**a**mico, l'**e**ffetto, l'**i**ncendio, l'**o**rologio, l'**u**rologo

위의 네 가지 경우를 제외한 나머지 남성명사에 정관사 'il'을 사용한다.

끝 모음에 액센트가 오면 단, 복수 동형이다.

   il t**e**' → i t**e**', la specialit**a**' → le specialit**a**'

대부분 남성명사인 외래어는 어미변화가 불가능하여 관사로 성, 수를 구분한다.

   il **toast** → i **toast**

단수		복수	
il	treno 기차 panino 샌드위치 giornale 신문 caffe' 커피 toast 토스트	i	treni panini giornali **caffe'** * 끝 모음 강세는 불변 **toast** * 외래어는 불변
lo	studente 학생 scompartimento 6인용 열차 객실 zio 삼촌, 숙부 pneumonite 폐렴 psicologo 정신과 의사 scioco 바보, 얼간이 gnocco 이탈리아 식 떡 albergo (l'albergo) 호텔 effetto (l'effetto) 효과 incendio (l'incendio) 불, 화재 orologio (l'orologio) 시계 urologo (l'urologo) 비뇨기과 의사	gli	studenti scompartimenti zii pneumoniti psicologi sciocchi gnocchi alberghi effetti incendi (gl'incendi) orologi urologi

12.1.2 여성 정관사

단수		복수	
la	strada 길, 도로 pizza 피자 stagione 계절 **specialita'** 특수성, 특별성 isola (l'isola) 섬 amica (l'amica) 여자친구 erba (l'erba) 잔디, 풀밭	le	strade pizze stagioni **specialita'** 끝 모음 강세는 불변 isole amiche erbe (l'erbe)

Parte F

12.1.3 모음축약(Abbreviazione)

lo / la	어떤 모음과도 축약 (a, o는 강한 모음)
gli	i만 축약 (i는 약한 모음)
le	e만 축약 (e는 약한 모음)

1) l'albergo는 lo albergo, l'amico는 lo amico의 축약형인데, lo의 모음 'o'는 강한 모음이므로 대범하게 모든 모음들과 바로 결합한다.

2) 또한 l'isola는 la isola, l'amica는 la amica의 축약형으로서 역시 la의 모음 'a'도 강한 모음이라 축약이 된다.

3) 그러나 gli alberghi, gli amici, le isole, le amiche 들은 축약이 불가능하다. gli의 'i'와 le의 'e'는 약한 모음이라 소심하게 자신과 똑같은 모음이 올 경우에만 결합한다.
   gl**i** **i**ncendi → gl'incendi 불, 화재 : l**e** **e**lezioni → l'elezioni 선거

12.2 부정관사(Articoli indeterminati)

남성/여성 부정관사

uno :
1) 's+자음'으로 시작하는 남성명사 : **st**udente, **sv**izzero ...
2) z, pn, ps, gn, sc로 시작하는 남성명사 : **sc**ioco ...

un :
위의 두 가지 경우를 제외한 나머지 남성명사에 사용한다.

una :
모든 여성 명사 앞에서 사용된다. 모음으로 시작하는 명사와 만날 경우 축약된다.

un	carrello 쇼핑 카터 libro 책 biglietto 티켓 binario 플랫폼 tavolino 작은 탁자 telefonino 휴대폰 caffe' 커피 annuncio 알림, 광고	**dei**(some) **degli**(some)	carrelli libri biglietti binari tavolini telefonini caffe' * (끝 모음 강세는 무변) annunci
uno	straniero 외국인 sport 스포츠 specchio 거울 zaino 배낭, 쌕 psicologo 정신과 의사 gnomo 땅의 혼	**degli**(some)	stranieri sport * (외래어는 무변) specchi zaini psicologi gnomi
una	birra 맥주 bottiglia 병 citta' 도시 valigia 여행가방 stazione 역 commessa 여점원 aranciata (un'aranciata) 오렌지 impiegata (un'impiegata) 여직원	**delle**(some)	birre bottiglie citta' * (끝 모음 강세는 무변) valigie stazioni commesse aranciate impiegate

dei, degli, delle등은 부분관사라 부르며, 부정관사의 복수 형태로 사용된다. 영어의 some 이다.

Parte F

13. 음과 철자(Suoni e scrittura)

13.1 알파벳(Alfabeto)

a	a	h	acca	q	cu		외래문자
b	bi	i	i	r	erre	j	i lunga
c	ci	l	elle	s	esse	k	cappa
d	di	m	emme	t	ti	w	doppia vu
e	e	n	enne	u	u	x	ics
f	effe	o	o	v	vi/vu	y	ipsilon/i greca
g	gi	p	pi	z	zeta		

13.2 발음(Pronuncia)

1) 자음 16개와 모음 5개가 만나 소리를 낸다.
2) h는 묵음이다. ha는 '아', ho는 '오'.
3) 양순음 'ba'와 순치음 'va' 구분해서 읽어야 한다.
4) 자음 'q'는 항상 모음 'u'를 달고 다닌다.

	b	c	d	f	g	h	l	m	n	p	qu	r	s	t	v	z
a	ba		da	fa		ha	la	ma	na	pa	qua	ra	sa	ta	va	za
e	be		de	fe		*	le	me	ne	pe	que	re	se	te	ve	ze
i	bi		di	fi		*	li	mi	ni	pi	qui	ri	si	ti	vi	zi
o	bo		do	fo		ho	lo	mo	no	po	quo	ro	so	to	vo	zo
u	bu		du	fu		*	lu	mu	nu	pu	quu	ru	su	tu	vu	zu

Corso Di *Italiano* Per Coreani

	c	g	sc	gn	gl
a	ca 까	ga 가	sca 스까	gna 냐	gla 글라
e	c<u>h</u>e / ce 께 / 체	g<u>h</u>e / ge 게 / 제	sc<u>h</u>e / sce 스께 / 쉐	gne 녜	gle 글레
i	c<u>h</u>i / ci 끼 / 치	g<u>h</u>i / gi 기 / 쥐	sc<u>h</u>i / sci 스끼 / 쉬	gni 니	**gli** 리 *
o	co 꼬	go 고	sco 스꼬	gno 뇨	glo 글로
u	cu 꾸	gu 구	scu 스꾸	gnu 뉴	glu 글루

5) 자음 'c'와 'g'가 강한 모음 'a, o, u'와 짝을 이룰 경우와 약한 모음 'e, i'와 짝을 이룰 경우 소리가 달리 난다. 그러나 'h'를 삽입하여 동일한 음가를 갖도록 한다.
   ca, che, chi, co, cu ; ga, ghe, ghi, go, gu

6) 'gli'를 '글리'라고 읽지 않도록 조심한다. Pagliucca(빨리웃까)

7) 이탈리아어는 기본적으로 서법대로 읽기 때문에 쉽게 읽혀진다. 다음과 같은 독특한 발음들만 주의하면 된다.

Parte F

Parte F

Lettera singola/composta	Pronuncia	Esempio
c (+a, o, u)	까, 꼬, 꾸	**ca**rota, **co**lore, **cu**oco
ch (+e, i)	께, 끼	an**che**, **chi**lo
c (+e, i)	체, 치	**ce**llulare, **ci**tta'
ci (+a, o, u)	챠(치아), 쵸(치오), 츄(치우)	**cia**o, **cio**ccolata, **ciu**ffo
g (+a, o, u)	가, 고, 구	**Ga**rda, **go**nna, **gu**anto
gh (+e, i)	게, 기	lun**ghe**, **ghi**accio
g (+e, i)	제, 쥐	**ge**lato, **Gi**gi
gi (+a, o, u)	쟈(지아), 죠(지오), 쥬(지우)	**gia**cca, **gio**rnale, **giu**sto
gl (+i)	리	**gli**, bi**gli**etto, fami**glia**
gn (+a, e, i, o, u)	냐, 녜, 니, 뇨, 뉴	dise**gna**re, si**gno**ra
h (+a, o)	아, 오	**ho**tel, **ho**, **ha**nno
qu (+a, e, i, o, u)	꾸아, 꾸에, 꾸이, 꾸오, 꾸우	**qua**si, **qua**ttro, **que**sto
r (+a, e, i, o, u) 굴려서	라, 레, 리, 로, 루	**ri**so, **ro**sso, **ri**sposta
sc (+a, o, u)	스까, 스꼬, 스꾸	**sca**rpa, **sco**nto, **scu**ola
sch (+e, i)	스께, 스끼	**sche**ma, **schi**avo
sc (+e, i)	쉐, 쉬	**sce**lta, **sci**
sci (+a, e, o, u)	쉬아, 쉬에, 쉬오, 쉬우	**scia**rpa, **scie**nza, la**scio**, **sciu**pare
v (+a, e, i, o, u) 순치음	봐, 붸, 뷔, 보, 부	**ve**nto, **ve**rde, **ve**rdura

13.3 강세(Accento)

1) 대부분의 어휘들은 끝에서 두 번째 음절에 강세가 온다. 이유는 소리내기 편해서다.
2) 강세가 있는 음절의 위치에 따라 4가지로 분류된다.

　끝 음절에 오는 강세(accento sull'ultima sillaba)
　cit–**ta'** (서법상, 끝 음절 강세는 반드시 표기되어야 한다)
　끝에서 두 번째 음절에 오는 강세(accento sulla penultima sillaba)
　stra'–da
　끝에서 세 번째 음절에 오는 강세(accento sulla terz'ultima sillaba)
　me'–di–co
　끝에서 네 번째 음절에 오는 강세(accento sulla quart'ultima sillaba)
　te–**le'**–fo–na–no